沿海地区

"十四五"海洋经济发展规划汇编

Compilation of The 14th Five Year Plan for
Marine Economic Development in Coastal Areas

姜祖岩　张海文 ◎ 主编

中国出版集团 | 全国百佳图书
中国民主法制出版社 | 出版单位

图书在版编目（CIP）数据

沿海地区"十四五"海洋经济发展规划汇编／姜祖

岩,张海文主编 . —北京:中国民主法制出版社,

2023.8

ISBN 978-7-5162-3328-3

Ⅰ.①沿⋯ Ⅱ.①姜⋯ ②张⋯ Ⅲ.①沿海经济—经

济发展—经济规划—汇编—中国—2021—2025 Ⅳ.

①F127

中国国家版本馆 CIP 数据核字(2023)第 143374 号

图书出品人:刘海涛
责 任 编 辑:庞贺鑫

书名/沿海地区"十四五"海洋经济发展规划汇编
作者/主 编 姜祖岩 张海文

出版·发行/中国民主法制出版社
地址/北京市丰台区右安门外玉林里 7 号（100069）
电话/（010）63055259（总编室） 63058068 63057714（营销中心）
传真/（010）63055259
http：// www. npcpub. com
E-mail:mzfz@ npcpub. com
经销/新华书店
开本/16 开 710 毫米 ×1000 毫米
印张/23.5 **字数**/342 千字
版本/2024 年 1 月第 1 版 2024 年 1 月第 1 次印刷
印刷/北京虎彩文化传播有限公司

书号/ ISBN 978-7-5162-3328-3
定价/ 70.00 元

编者说明

海洋是经济社会发展的重要依托和载体,海洋经济在扩展发展空间和保持经济持续增长方面发挥了举足轻重的作用。面对国内外复杂多变的环境,在以习近平同志为核心的党中央领导下,国务院有关部门和沿海地方深入贯彻落实党的十九大、二十大精神,立足新发展阶段,贯彻新发展理念,加快构建新发展格局,持续推进海洋经济高质量发展。

《中华人民共和国国民经济和社会发展第十四个五年规划和2035年远景目标纲要》提出"坚持陆海统筹、人海和谐、合作共赢,协同推进海洋生态保护、海洋经济发展和海洋权益维护,加快建设海洋强国",并具体从"建设现代海洋产业体系""打造可持续海洋生态环境""深度参与全球海洋治理"三个维度对我国海洋经济的发展指明了方向。《"十四五"海洋经济发展规划》具体提出要"优化海洋经济空间布局,加快构建现代海洋产业体系,着力提升海洋科技自主创新能力,协调推进海洋资源保护与开发,维护和拓展国家海洋权益,畅通陆海连接,增强海上实力,走依海富国、以海强国、人海和谐、合作共赢的发展道路,加快建设中国特色海洋强国"。沿海地区也陆续发布海洋经济发展"十四五"规划,更为具体和全方位地指导海洋经济工作的开展。以"建设现代海洋产业体系"为例,"十四五"时期沿海地区的发展重点主要集中于四个方面:一是推动海洋战略性新兴产业实现规模化发展,构建海洋产业集群。二是整合上下游资源,着力打造海洋产业链供应链。三是促进海洋战略性新兴产业与其他产业融合发展,培育新业态、新模式。四是注重培育自主知识产权,推进海洋领域科技成果产业化。

自然资源部海洋发展战略研究所课题组在承担国家自然科学基金科技活动项目"陆海统筹视角下空间治理的基础研究需求"研究过程中,收集整理了中国沿海11个省(自治区和直辖市,不含台港澳地区)海洋经济发展"十四五"规划,现整理汇编,供相关工作和研究参考。本汇编内沿海地区顺序按《沿海行政区域分类与代码》(HY/T 094—2006)的顺序排列。同时,课题组还提炼了中国沿海11个省(自治区和直辖市,不含台港澳地区)海洋经济发展"十四五"规划中的高频词,制作了高频词图。从高频词图可以看到,"发展""海洋产业""创新"是各沿海地区"十四五"时期海洋经济发展共同的最突出主题。

自然资源部海洋发展战略研究所课题组
2023 年 1 月 19 日

目　　录

天津市海洋经济发展“十四五”规划 ………………………………… 1

河北省海洋经济发展“十四五”规划 ………………………… 26

辽宁省“十四五”海洋经济发展规划 ………………………… 58

上海市海洋“十四五”规划 …………………………………… 86

江苏省“十四五”海洋经济发展规划 ………………………… 99

浙江省海洋经济发展“十四五”规划 ………………………… 125

福建省“十四五”海洋强省建设专项规划 …………………… 146

山东省“十四五”海洋经济发展规划 ………………………… 202

广东省海洋经济发展“十四五”规划 ………………………… 235

广西海洋经济发展“十四五”规划 …………………………… 286

海南省海洋经济发展“十四五”规划 ………………………… 320

中国沿海 11 个省(自治区和直辖市,不含台港澳地区)

海洋经济发展"十四五"规划高频词图

天津市海洋经济发展"十四五"规划

海洋是高质量发展战略要地。"十四五"时期,是天津在全面建成高质量小康社会基础上,开启全面建设社会主义现代化大都市新征程的第一个五年,也是天津实现高质量发展的关键时期。深刻把握国际国内发展形势,贯彻新发展理念,科学谋划和实施《天津市海洋经济发展"十四五"规划》(以下简称《规划》),对于贯彻落实国家加快建设海洋强国战略部署,推进海洋经济转型升级,培育海洋经济新动能,提升海洋治理能力和水平,高水平建设现代海洋城市,支撑天津经济社会高质量发展,具有重要的战略意义。

本《规划》根据《天津市国民经济和社会发展第十四个五年规划和二〇三五年远景目标纲要》和市委、市政府有关要求,明确天津海洋经济发展总体目标、重大任务和政策措施,是指导未来五年天津海洋经济发展的纲领性文件。规划期2021—2025年。

一、发展基础与形势

(一)发展回顾

"十三五"期间,本市坚持以习近平新时代中国特色社会主义思想为指导,围绕打造全国海洋经济科学发展示范区目标,着力促进海洋经济高质量发展。经过近五年的努力,海洋经济总体实力逐步提升,海洋产业结构调整成效显现,海洋科技创新步伐不断加快,海洋生态文明建设成效显著,海洋治理能力再上新台阶。

海洋资源条件支撑经济发展。本市管辖海域面积约2146平方公里,海岸线北起津冀海域行政区域界线北线,南至津冀海域行政区域界线南线,岸线全长153.67公里,自然岸线长18.63公里,沿海地势平坦,天津唯一海岛——三河岛位于永定新河河口。本市拥有港口、油气、盐业和旅游等优势海洋资源,为海洋经济发展提供了良好基础条件。

海洋经济总体实力不断提升。海洋生产总值由 2016 年 4046 亿元增加到 2019 年 5268 亿元,年均增速达到 5.1%,占地区生产总值比重年均 30% 以上,成为本市经济发展的重要支柱。单位岸线海洋生产总值 34.3 亿元,居全国领先。滨海旅游业、海洋油气业、海洋交通运输业、海洋科研教育管理服务业占主导,为海洋经济高质量发展打牢坚实基础。

区域海洋经济发展格局初步形成。本市按照以陆促海、以海带陆、优势集聚、合理分工的原则,优化布局海洋产业,滨海新区"核心区"驱动作用逐步凸显,沿海蓝色产业发展带和海洋综合配套服务产业带建设日渐完善,南港工业区、天津港保税区临港片区、天津港港区、滨海高新区海洋科技园、中新天津生态城五大海洋产业集聚区发展水平不断提升,"一核两带五区"的海洋经济总体发展格局基本形成。天津港保税区临港片区获批全国海洋经济发展示范区。

海洋先进制造与新兴产业发展态势良好。以天津港保税区临港片区为核心的海洋工程装备制造基地初步形成,以中船重工、博迈科、海油工程等企业为龙头,高端海洋装备产业集聚。海水淡化装机规模 30.6 万吨/日,占全国的 19.4%,继续保持全国前列。自然资源部天津临港海水淡化与综合利用示范基地项目开工建设,北疆电厂"海水淡化—浓温海水化学元素提取—浓海水化工"循环经济模式被列为全国海水综合利用循环经济发展试点,并纳入市政供水试点单位。

海洋现代服务业持续健康发展。港口引领作用持续增强,2020 年天津港集装箱吞吐量 1835 万标准箱,增幅继续位居全球十大港口前列。以中新天津生态城为核心的高品位海滨休闲旅游区初步建成,国家海洋博物馆开馆试运行,接待超过 166 万人次。邮轮旅游发展势头强劲,全国首家国际邮轮母港口岸进境免税店正式对外营业,邮轮母港综合配套服务能力进一步提升。船舶海工租赁产业加速聚集,国际航运船舶和海工平台租赁业务分别占全国的 80% 和 100% 。

海洋科技创新成效显著。海洋科技研发能力不断提高,混合驱动水下航行器"海燕"获得国家技术发明二等奖,形成海洋平台生活楼、动态海洋柔性复合软管、综合船桥系统等一批核心技术产品。海洋科技平台建设不断加快,临港海洋高端装备产业示范基地获批成为全国科技兴海产业示范基地。"十三五"以来,本市形成涉海发明专利、实用新型专利等知识产权约400项,省部级以上海洋重点实验室、工程中心、研发中心达到35家,建设科技兴海示范工程39个,培育产生海洋领域亿元以上科技型企业58家。

海洋绿色发展稳步推进。紧紧围绕打好渤海综合治理攻坚战,编制实施了天津市近岸海域污染防治实施方案和天津市打好渤海综合治理攻坚战三年作战计划,对标对表国家要求,制定了12条入海河流"一河一策"治理方案和打好渤海综合治理攻坚战强化作战计划,渤海综合治理全面提速升级,"十三五"期间近岸海域优良水质面积平均占比提升至51.1%。强化海洋生态环境整治与修复,印发《天津市"蓝色海湾"整治修复规划(海岸线保护与利用规划)(2019—2035)》,加快实施岸线生态修复和综合整治工程。海洋环境监测网逐步完善,防灾减灾能力进一步提升,为打造生态宜居的现代化大都市保驾护航。

海洋治理能力不断提升。海洋法规体系不断健全,修订了《天津市海洋环境保护条例》《天津古海岸与湿地国家级自然保护区管理办法》,出台了《天津市海洋听证工作规则》等十几项规范性文件,政务公开、法律顾问、社会监督等保障体系逐步健全。严格围填海管控,加强海洋执法监察,海域岸线资源从规模开发向集约利用转变,完成自然岸线保有量不低于18公里的目标。深化海洋管理体制机制改革,坚持陆海统筹,重组建立市规划资源局,进一步提升海洋治理能力和水平。

在取得成绩的同时,也要清楚看到与其他沿海省市相比,海洋经济发展还存在明显短板和不足,需要在"十四五"时期加以解决。

一是海洋经济较先进省市仍存差距。经过"十三五"时期的努力,天津海洋经济保持平稳增长,产业结构进一步优化。但对标沿海先进省份,仍然存在明显差距。2019年天津海洋生产总值5268亿元,居全国第7位,仅约占上海的1/2,海洋经济总量规模偏小。

二是海洋产业结构升级进展缓慢。海洋油气、海洋化工等传统海洋产业仍然占据主导地位,海洋战略性新兴产业虽然增长速度较快,但总体规模不大,占天津海洋经济总量不足10%。海洋服务业水平依然偏低,难以满足高质量发展需要,天津港虽位居世界十大港口,但与全国先进水平相比仍存在差距,依靠投资拉动经济增长的模式没有根本改变。

三是海洋经济发展活力有待提升。海洋经济发展仍以国有企业为主,民营企业数量少、规模小,龙头企业不足,经济活跃度和创业活跃度不高。海洋产业发展较为零散,产业链条不完整,配套产业发展明显滞后,产业间联系不紧密,产业集聚发展水平不高。

四是海洋自主创新能力亟需增强。海洋领域科研经费投入不足,科研条件建设仍需加强,国际领先的研发成果不多,产学研用结合不够紧密,重要领域缺乏领军人才,创新创业机制和环境有待进一步优化。上海拥有全国7个涉海国家重点实验室中的3个,天津目前尚属空白。

五是海洋资源环境问题短板突出。岸线资源稀缺,对海洋经济发展有明显制约,海洋环境承载力较弱。尽管近年来天津海洋生态环境状况有所好转,但长期看形势依然严峻,陆源入海污染压力持续存在,部分典型海洋生态系统依然处于亚健康或不健康状态。

(二)面临的形势

纵观国内外发展形势,海洋在国际政治经济格局和我国战略全局中的作用将更加突显,加快发展海洋经济,既面临重大机遇,也需要应对诸多挑战。

发展机遇。从国际看,蓝色经济正成为全球经济的重要增长点,主要国家与国际组织纷纷加紧战略布局。随着新一轮科技革命和产业变革蓬勃兴起,新兴经济体加速向海洋价值链高端布局,全球海洋经济版图深刻重构,将为天津深化海洋经济开放合作发展提供重大机遇。从国内看,党的十九大作出加快建设海洋强国的战略部署,以国内大循环为主体、国内国际双循环相互促进的新发展格局正在形成,随着供给侧结构性改革与扩大内需同步推进,将为天津培育海洋经济新引擎注入强大动力。从天津看,京津冀协同发展、自由贸易试验区、国家自主创新示范区等国家政策优势汇聚,海洋经济发展示范区建设深入推进,将为天津海洋高端要素集聚、新动能培育与壮大提供良好的发展空间。特别是天津港地处受台风影响极小的渤海湾,是国内最安全、年度工时最长的深水大港,正在打造世界一流的智慧港口、绿色港口,更加凸显濒海临港的"出海口"优势和全国先进制造研发基地的研发与生产优势,为促进高质量发展提供坚实的动力支撑。

面临挑战。从国际看,全球经济增长持续放缓,中美经贸摩擦影响加深,单边主义和贸易保护主义加剧,新冠肺炎疫情等非传统安全威胁持续蔓延,全球供应链"短链化"态势明显,将对天津海洋产业对外投资和合作建设带来诸多不确定因素。从国内看,宏观经济下行压力持续增大,经济结构性矛盾凸显,实体经济困难增多,国内投资消费减缓,部分海洋行业产能过剩和高技术产业发展不足并存,将对天津海洋产业结构调整和转型升级形成较大压力。周边沿海各地海洋经济发展势头强劲,以主要海洋城市为引领的城市群虹吸海洋高端要素与资源、积极抢占海洋科技和人才战略高地。从天津看,天津港受到曹妃甸港、秦皇岛港、大连港等周边港口的冲击,面临着先行优势减弱、竞争形势严峻的双重压力。

二、指导思想、基本原则和发展目标

(一)指导思想

以习近平新时代中国特色社会主义思想为指导,全面贯彻党的十九大和十九届二中、三中、四中、五中全会精神,深入贯彻落实习近平总书记对天津工作"三个着力"重要要求和一系列重要指示批示精神,立足新发展阶段,贯彻新发展理念,构建新发展格局,以推动高质量发展为主题,以深化供给侧结构性改革为主线,以改革创新为根本动力,对标全球海洋中心城市,加快构建现代海洋产业体系,促进区域海洋经济优化布局,推进海洋绿色低碳发展,深化海洋经济开放合作,打造国内大循环重要节点、国内国际双循环战略支点,为高质量建成经济领先、技术创新、区域协调、开放合作、生态宜居的现代海洋城市提供坚强支撑。

(二)基本原则

陆海统筹、协调发展。坚持陆海统筹,加快提高陆海资源要素统筹配置效率和陆海经济联动发展水平,推进陆海科技创新、现代金融、人力资本等生产要素的协同发展,加快形成资源整合、设施对接、产业联动、生态共建、管理高效的陆海统筹发展新格局。

生态优先、绿色发展。树立海洋生态文明理念,以海洋资源环境承载力为基础,强化海洋资源集约节约利用,加强入海污染源控制和综合治理,恢复并维护海洋生态功能,全面构建绿色宜居的"蓝色海湾",着力推动海洋经济绿色低碳循环发展,促进经济发展与海洋生态环境保护协调共赢。

科技引领、创新发展。充分发挥科技创新的支撑引领作用,实施创新驱动发展战略,增强自主创新能力,加快突破海洋领域关键技术与核心装备,优化产学研用协同攻关模式,促进创新链、产业链与资金链的协同创新,持续推动海洋产业发展迈向中高端。

互利共赢、开放发展。坚持海洋经济全球发展观,秉承开放包容、互利共赢的理念,加强海洋产业投资和国际产能合作,深度融入"21世纪海上丝绸之路"建设,加快培育海洋经济开放合作新优势,积极参与全球海洋治理,推动构建海洋命运共同体。

以人为本、共享发展。坚持以人为本、民生优先,把民生需求作为海洋经济发展根本导向,扩大海洋公共产品和公共服务供给,引导海洋资源供给利用向消费服务型转变,提升海洋防灾减灾能力,防范环境灾害和安全生产风险,不断提高人民群众获得感、幸福感、安全感。

(三)发展定位

建设海洋强国建设支撑引领区。深入实施海洋强国战略和京津冀协同发展重大国家战略,强化北方国际航运枢纽功能,加快推进海洋科技自主创新,优化海洋产业结构与布局,引导海洋高端要素与资源的高效配置和集聚,加快推进海洋经济向质量效益型转变,发挥本市在海洋强国建设中的支撑引领作用,推动海洋经济高质量发展。

建设北方国际航运核心区。发挥天津港在京津冀协同发展中的海上门户枢纽作用,对标世界一流港口,以智慧港口、绿色港口建设为引领,推进世界级港口群建设,加快建成航运基础设施完善、航运资源高度集聚、航运服务功能齐备、资源配置能力突出的天津北方国际航运枢纽。

建设国家海洋高新技术产业集聚区。依托天津海洋科教人才优势和先进制造业基础,加快搭建海洋科技创新和成果转化平台,健全完善产学研用相结合的科技创新体系,重点突破海洋装备、海水淡化、海洋油气等领域关键技术,推动形成以海洋装备、海水利用、海洋油气为核心的海洋高新技术产业集群。

建设国家海洋文化交流先行区。依托国家海洋博物馆、航母主题公园等文化旅游设施,加强海洋文化与海洋意识的宣传普及,扩展与"一带一路"

沿线国家和地区航海文化、海洋贸易文化、海洋文物遗产等海洋文化交流合作,形成国家海洋文化与旅游深度融合发展的新高地。

建设国家海洋绿色生态宜居示范区。深度融合京津冀大生态格局体系,依托河、海、湿地等生态资源,大力推进蓝色海湾修复和绿色生态屏障建设,以生态倒逼产业结构优化升级,高质量营造美丽海岸、碧净海水、洁净海滩的亲海亲水生态空间,打造京津冀地区重要的生态宜居家园、绿色发展高地、生态旅游目的地。

(四)规划目标

到 2025 年,海洋经济高质量发展水平显著提升,海洋产业结构和布局更趋合理,海洋科技创新能力进一步提升,海洋绿色低碳发展取得显著成效,海洋经济开放合作深度拓展,现代海洋城市建设迈上新台阶。

海洋经济综合实力显著提升。海洋经济规模进一步扩大,海洋生产总值年均增长 6.5% 左右,占地区生产总值比重年均达到 33%,对社会经济的贡献稳步提升,成为带动经济发展新的增长点。海洋经济提质增效迈出实质性步伐,产业结构更趋合理,海洋二三产业协同发展,海洋新兴产业增加值年均增长 10%,现代海洋产业体系初步构建。

海洋产业集群初具规模。传统优势产业竞争力不断增强,新兴产业发展壮大,港口集装箱吞吐量达到 2200 万标准箱,海水淡化水年供水量达 1 亿立方米左右,海水淡化实际产能利用率超过 60%,海洋装备制造产业规模达到 600 亿元,海洋原油产量达到 3800 万吨。

海洋科技创新能力大幅提升。海洋科技创新取得重大进展,优势领域海洋科技自主创新能力达到国际先进水平,深水、绿色、安全的海洋高技术产业支撑和保障能力进一步增强,海洋专利授权数年均超过 120 件,涉海专业人才培养数量超过 3500 人。

海洋可持续发展能力显著增强。海洋绿色发展水平不断提高,自然岸线保有量不低于 18 公里,海洋自然保护地面积占管辖海域面积比重达到 10%,海域环境质量明显改善。

海洋经济开放合作层次显著提升。海洋命运共同体理念深入人心,"一带一路"海上合作取得更多成果,与海上丝绸之路沿线国家贸易额累计达到 8000 亿元左右,在全球和区域性海洋事务中的话语权和影响力不断提升。

民生共享水平进一步提升。整治修建公共亲海岸线 15 公里以上,市民亲海亲水的获得感进一步提升。海洋文化和旅游深度融合,海洋文化高地基本形成,全民海洋意识水平进一步增强。

海洋治理能力进一步增强。海洋综合治理体制机制不断健全,海洋事务统筹协调、快速应对和公共服务能力显著增强,将蓝色经济发展纳入天津经济社会发展全局,统一思想、协调联动、共商共建的政策合力水平进一步提升。

表 1　天津"十四五"时期海洋经济发展主要指标

序号	指标		2020 年	2025 年	属性
1	综合实力	海洋生产总值占地区生产总值年均比重(%)	31.4	33	预期性
2		海洋生产总值年均增速(%)	5.1	6.5	预期性
3		海洋新兴产业增加值年均增速(%)	7.2	10	预期性
4	产业发展	港口集装箱吞吐量(万标准箱)	1835	2200	预期性
5		海水淡化水年供水量(亿立方米)	0.43	1	预期性
6		海水淡化实际产能利用率(%)	42	>60	预期性
7		海洋装备制造产业规模(亿元)	200 *	600	预期性
8		海洋原油产量(万吨)	3242.2	3800	预期性
9	科技创新	海洋专利年均授权数量(个)	120	>120	预期性
10		涉海专业人才培养数量(人)	3481 *	>3500	预期性
11	绿色发展	海洋自然保护地面积占管辖海域面积比重(%)	1.6	10	约束性
12		自然岸线保有量(公里)	18.63^	≥18	约束性
13	对外开放	与海上丝绸之路沿线国家贸易额(亿元)	[7197]	[8000]	预期性
14	民生共享	整治修建公共亲海岸线长度(公里)	[5]	[>15]	预期性

注:^为 2018 年数据;* 为 2019 年数据;[ ]为五年累计指标。

三、优化"双核五区一带"空间布局

立足"一基地三区"功能定位,坚持陆海统筹、科学开发,以"津城""滨城"为双核引领,五大海洋产业集聚区为拓展联动,沿海蓝色生态休闲带为生态屏障,优化海洋产业空间布局,形成各具特色、协调发展的"双核五区一带"海洋经济发展新格局。

(一)强化"双核"引领

"津城"核心支撑区。以"小白楼+远洋大厦"国际航运服务集聚区、南开环天南大知识创新集聚区为核心,打造总部经济和知识创新型服务经济集聚区。重点发展航运物流、涉海金融服务、全域旅游、科技信息服务等,着力拓展港航信息、现代物流、航运服务、国际贸易等现代服务业,吸引企业总部或区域中心落户。发挥涉海企业和高校科研院所聚集优势,加快创新研发和人才培育,为海洋装备、生物化工、信息服务等涉海产业发展提供有力支持。

"滨城"核心发展区。加快建设国家先进制造研发基地中心区,引育具有国家创新引领力的产业集群,发展海洋战略性新兴产业,推动生产性服务业与先进制造业融合发展,强化金融服务实体经济的能力和水平。着力建设完善智慧港口、绿色港口、枢纽港口,凸显北方国际航运枢纽地位。积极搭建国内国际经济双向循环的资源要素配置平台,加快国内国际高端创新要素集聚,打造海洋经济综合服务基地和创新驱动发展核心区。

(二)推动"五区"联动

南港工业区。以石化和港口经济产业链为支撑,打造世界一流化工新材料基地和国家级石化产业聚集区,重点发展化工新材料、高端精细化学品、石化物流、大宗散货和仓储物流等产业,加快推进渤化"两化"搬迁改造,建设国家级石化产品交易中心和港口石化物流基地。

天津港保税区。依托临港片区,建设国家海洋经济创新发展示范区,聚焦海水淡化、海洋装备等产业链延伸与拓展,集聚发展海洋装备制造、高附加值船舶、海水淡化与综合利用等产业,建设全国海水淡化产业先进制造研发基地和海水淡化技术创新高地,打造世界一流高端装备制造基地。依托海港,充分发挥综合保税区政策优势,推动国际贸易、加工制造、保税物流、展示展销产业聚集。

天津港港区。充分发挥京津冀"出海口"作用和自由贸易试验区政策优势,深度融入"一带一路"建设,重点发展集装箱、滚装、邮轮运输。整合天津市域港口资源,以东疆、北疆和南疆港区作为天津建设北方国际航运核心区的主要港口,大沽口、高沙岭和大港港区重点服务临港工业发展,为拓展运输功能以及部分货类转移提供空间,高沙岭港区是天津港未来集装箱增长的拓展区。推动形成东疆港区高端多元发展,南疆、北疆港区优化提升发展,大沽口、高沙岭和大港港区港产联动发展格局,加快打造世界一流智慧港口、绿色港口。

滨海高新区海洋科技园。积极推进向东向海发展战略,依托海洋科技园,重点发展海上油田技术服务、信息技术服务、科技服务等现代服务业,着力提升高端海洋装备研发生产水平,加快推进海洋科技成果转化和产业化发展,推动形成中海油渤海区域研发总部,壮大海洋石油产业集群。

中新天津生态城。加快建设中新天津生态城国家绿色发展示范区,以打造亲海旅游生态空间为目标,重点发展滨海旅游、文化体验、研学科普等,打造形成国家海洋旅游和文化产业高地。依托中心渔港重点发展海洋水产品精深加工、冷链物流和休闲渔业等特色产业,打造北方冷链物流基地。

（三）完善"一带"屏障

沿海蓝色生态休闲带。深入推进渤海综合治理,推动实施"蓝色海湾"修复整治工程,加大海洋生态保护修复整治力度。加强天津港保税区临港片区生态湿地、南港工业区人工湿地、北大港湿地保护和修复。依托中新天津生态城、东疆滨海生活旅游岸线,落地建设一批城水共融、人水相亲的标杆文旅项目,打造形成富有活力、生态宜居的蓝色生态休闲带。

四、大力培育新兴海洋产业

立足本市新兴海洋产业的发展基础和潜力,重点培育海水利用业、海洋装备制造业、海洋药物与生物制品业、航运服务业等新兴海洋产业,积极谋划海洋经济发展新动能。

（一）海水利用业

引导具备使用条件的新建和改扩建项目优先配置海水淡化水,以应用场景为牵引,以培育壮大海水淡化产业为主线,全面提升产业聚集和协同创新能力,打造海水淡化产业健康生态,建设全国海水淡化示范城市。将海水淡化水纳入天津水资源供给体系,积极消纳现有产能,着力拓展北疆电厂海水淡化水应用场景,推动向中新天津生态城供水,鼓励天津港保税区临港片区用户使用海水淡化水,加快南港工业区海水淡化项目建设。以膜制造、海水淡化装备整机制造为引领,引进和培育本市紧缺的高性能海水淡化膜、海水高压泵、高效能量回收装置、高性能蒸汽压缩装置等关键装备制造企业,延伸上下游产业链,构建集研发设计、整机制造、装备集成、设备加工、关键材料部件、药剂生产、工程总包于一体的百亿级海水淡化产业链,打造形成全国海水淡化产业先进制造研发基地。推动天津市海水资源利用技术创新中心建设国家级创新中心,筹建天津市海水资源利用产业技术研究院,集中力量突破一批海水淡化关键材料和关键设备研发生产,畅通产学研合作渠道,将天津建成世界海水淡化技术的创新引擎。

（二）海洋装备制造业

加快推动海洋高端装备产业示范基地建设,以智能化、绿色化、服务化为目标,重点围绕海洋油气装备、港口航道工程装备、海水淡化和综合利用装备、海洋环境探测装备、海洋风电装备五大产业,强化制造等优势环节,串联高端配套等关键环节,补齐装备服务等薄弱环节,打造形成以成套海洋装备为核心、以关键配套为支撑、以链条式服务为特色的产业集群,不断提升海洋装备制造业的核心竞争力和国际竞争力。海洋油气装备领域,重点发展浅海钻井平台、勘查船和高端物探船等勘探开发装备,深水半潜式储卸油等生产装备,J-LAY型铺管船和动力定位铺管船等工程装备,LNG支持船舶等生产辅助装备,提升海洋油气开发能力。港口航道工程装备领域,重点发展多功能锚艇、自航耙驳、大型吊机、海上施工船、海上起重机、桥吊、码垛机、岸边起重机、装船机等大型港口航道机械装备及其配套装备。海水淡化装备领域,重点发展大型膜法/热法海水淡化成套设备、中小型系列化海水淡化装置、模块化海水淡化装置等整机装备,加快发展海水淡化废水处理等环保设备,形成船用、单人等专业小型化海水淡化装备。海洋环境探测装备领域,推动海洋环境探测装备产业聚集,重点发展低成本、低功耗的波浪能滑翔器、无人艇、水下滑翔机、Argo等机动自主探测平台,以及国产海洋探测传感器产业。海洋风电装备领域,重点发展高效风力发电机组,提高海上风机高品质轴承、齿轮箱、控制系统以及高压电缆等关键部件制造能力,突破海上风电自安装技术,提升海上风电大容量机组向规模化、智能化和高端化发展。加快智能化、模块化、技术工程化应用,创新智能油气开采、智能疏浚、智能淡化等智能应用新场景,催生智能应用新业态。

(三)海洋药物与生物制品业

依托天津生物医药领域完整的创新链条和研发体系,推动产学研协同创新,加快推动涉海药物与生物制品科技成果产业化。开展盐田微藻高值化利用研究,建设微藻养殖、产物提取、终端产品开发三大平台,重点发展盐藻藻粉、盐藻藻油、盐藻压片糖果、盐藻凝胶糖果等盐藻系列产品。以真菌创新体外诊断技术和产品开发为核心,推进企业总部基地建设,开发鲎试剂系列产品,推进鲎血液中鲎素、防卫素等肿瘤、病毒抑制剂的研究开发,探索研制高纯度血蓝蛋白应用于临床诊断试剂所需的稳定剂、封闭液。加强海洋生物保健品和功能制品研发,扩大具有保健功能的滋补中药生产规模,积极拓展国内市场,满足人民群众不断增长的健康需求。

(四)航运服务业

以天津北方国际航运枢纽和自由贸易试验区建设为契机,积极推进航运要素跨境自由流动和航运制度创新,推动自由贸易试验区政策向港口延伸,提升天津港航运服务产业的国际竞争力。强化北方国际航运核心区对航运要素的聚集能力,大力发展航运金融、航运保险、航运交易、航运经纪、海事仲裁、交易结算、船舶管理等航运服务业,促进航运高端要素集聚,建成航运总部集聚区。完善船舶保税维修、船用物资备件配送等配套产业,推动航运融资租赁业务创新,吸引国际领先航运保险机构在天津设立办事处,促进航运保险公司的设立取得实质性突破。提升航运物流组织服务能力,积极探索建设北方国际航运交易中心,开展船舶融资、资产评估、船舶管理、资产运营、信息咨询、资产证券化等业务,探索"互联网+航运"模式。探索发展融资租赁业务发展指数,提升高端航运服务功能。搭建自主化港航气象服务保障系统,建设港航气象服务中心。

五、巩固做强优势海洋产业

立足本市优势海洋产业的发展基础,做强海洋交通运输业、海洋油气及石油化工业、海洋旅游与文化产业、海洋工程建筑业等优势海洋产业,打造一批"蓝色品牌"。

(一)海洋交通运输业

深入贯彻习近平总书记视察天津港时重要指示精神,积极对接京津冀协同发展重大国家战略和共建"一带一路"倡议,着力打造世界一流的智慧港口、绿色港口,以天津港为中心加快天津北方国际航运枢纽建设。强化津冀港口集装箱干支联动,逐步实现以资本为纽带的津冀港口企业协同发展。高水平修编天津港总体规划,优化港城空间布局,科学划定港区边界,加快天津北方国际航运枢纽建设,推进港城协调发展。加强集疏运体系建设,有序推进港口铁路专用线建设,加快推进天津港集疏运专用货运通道开工建设,规划研究至雄安新区的水运新通道。完善多式联运体系,不断拓展集装箱航线网络,加快完善以天津港为核心的环渤海内支线网络,大力发展集装箱海铁联运,推进大宗货物"公转铁+散改集",支持中欧班列国际海铁联运发展,打造联通日韩、东北亚地区与中亚、欧洲等地区的国际海铁物流大通道。加快推进智慧港口建设,建设北疆港区C段等一批先进智能化码头,推进集装箱码头装卸设备自动化改造,全面推行电子运单、网上结算等互联网服务。推进部门间信息互联共享,建设运行天津港关港集疏港智慧平台,提升港口集疏运智能水平。拓展港口物流服务,推动北疆、东疆专业化物流资源整合,深化与航运或物流企业合作,构建高效港口物流体系。深化港口"放管服"改革,提升港口作业和通关效率,持续优化营商环境。

(二)海洋油气及石油化工业

加大海洋油气勘探开发力度,提高现有油田采收率,重点加强大中型油气田的勘探和开发,加快稠油、低渗、边际油田的技术攻关,实现油气的增储上产,预计到 2025 年海洋原油产量达到 3800 万吨,天然气产量达到 30 亿立方,形成千亿级海洋油气产业链条。挖掘海洋石油体系上下游投资、研发、供应、采购、服务资源,不断延展海洋石油产业链,推动形成中海油渤海区域研发总部,壮大海洋石油产业集群。依托南港工业区现有产业基础和发展条件,重点围绕原油深加工、烯烃深加工、化工新材料、精细化工及特种化学品行业等领域,坚持从产业链中段突破开展石化产业串链补链强链,提高烯烃产业的原料多元化水平,提升烯烃下游产品价值。强化传统精细化工绿色工艺和产品的升级改造,加快发展化工新材料和高端精细化学品,推动甲醇制烯烃、百万吨乙烯等大项目落地,加快氢能产业基地建设,培育氢能产业链,推动建成世界一流化工新材料基地。

（三）海洋旅游与文化产业

依托独具特色的海洋文化与旅游资源,坚持文旅融合发展思路,以北部国际休闲湾、中部智慧未来湾及南部国际生态湾为重点,推进国际蓝色海湾建设,建成集滨海旅游度假、探奇体验、海洋科普、海洋文化传承等功能于一体的滨海文旅融合产业带,实现城市气质、区域文化、旅游服务、基础设施全面提升和产城融合发展。整合现有旅游产品,串联海洋特色景区,将影视动漫、艺术民俗、生态环保与亲海亲水相融合,打造都市海洋精品旅游线路。依托国际邮轮母港基础优势,丰富邮轮旅游线路和岸上产品,完善东疆保税港区邮轮母港综合配套服务设施,推动集邮轮综合服务、休闲度假、购物居住于一体的邮轮港城建设,将天津建设成为北方国际邮轮旅游中心。完善泰达航母主题公园基础设施建设,与大沽口炮台、大沽船坞遗址等共同打造国防教育旅游品牌。完善并丰富国家海洋博物馆场馆功能,建设形成集收藏保护、展示教育、科学研究、交流传播、旅游观光等功能于一体的国家级爱国主义教育基地、海洋意识教育基地和科普教育基地。发展盐田湿地文化旅游,探索以盐文化体验为核心的综合型滨海生态旅游度假区建设,打造天津盐业特色旅游项目。挖掘保护渔村文化资源,留住渔村"乡愁"。串联步行廊道、亲海公园、生态湿地公园等生态旅游资源,推广海洋生态旅游新模式。依托中新天津生态城全域旅游示范区建设,进一步加大对滨海特色旅游资源的宣传和推介,积极发展交通、食宿等旅游配套服务,吸引和促进滨海游客与邮轮乘客停留消费。统筹做好产业规划布局,重点项目优先配置自然资源,强化配套设施建设,为滨海文旅产业发展提供有力支撑。

(四)海洋工程建筑业

提高港口港湾、深水航道、海岸堤坝、海洋桥梁和海底隧道工程的规划设计、施工管理水平,强化在跨海通道、远海岛礁、海上风电、混凝土海洋平台建设等方面领先优势,统筹开发新兴领域施工技术和工艺,打造具有国际水平的天津海洋工程建筑品牌。建造大型打桩船等海上施工重器,推进施工船舶智能化、信息化技术应用,提升服务"深蓝"的能力。依托海洋工程建筑的技术优势,广泛承接国内外大型海洋建筑工程项目,深度参与沿海港口和物流园区等基础设施的投资和建设。服务天津港建设世界一流港口,做好北疆港区 C 段智能化集装箱码头、大沽口港区通用泊位码头等工程建设,积极拓展港口运维、升级改造、健康监测与维护等工程后期运营维护业务。大力推进跨海通道、远海工程、海上风电、海洋环保等业务布局。建立健全专业化、科学化、市场化的工程总承包和工程项目管理服务体系,培养一批具有国际竞争力的龙头企业,结合"一带一路"倡议推进基础设施互联互通的有利契机,持续深耕海外重点区域市场开发,加强海外属地化经营,积极争取东南亚、非洲沿海地区的港口、公路、两铁、电厂等传统基础建设项目。

六、优化升级传统海洋产业

立足本市传统海洋产业的发展基础,重点优化海洋渔业、海洋盐业及盐化工业、海洋船舶工业等产业发展,促进传统海洋产业转型升级和绿色发展。

(一)海洋渔业

优化养殖品种结构,提升工厂化海珍品养殖的生产效率和效益,结合市场需求,扩大半滑舌鳎、石斑鱼、河鲀、南美白对虾等名特优海珍品养殖规模。调整水产养殖模式结构,创新循环水养殖和尾水处理技术,降低养殖密度、减少尾水排放总量,提高设施化养殖比例。实施"走出去"战略,推动有条件的远洋渔业企业开展境外合作,鼓励远洋自捕水产品回运。积极推进中心渔港北方冷链物流与水产品加工集散中心建设,建成集水产加工、仓储、冷链物流、交易于一体的现代化渔港。大力发展沿海特色休闲渔业,建设高品质沿海都市休闲旅游基础设施。严格控制近海捕捞强度,保护海洋渔业资源及水域生态环境。加强渔业资源修复,开展增殖放流,恢复海洋渔业资源。进一步完善天津大神堂海域国家级海洋牧场示范区建设管理,提升海洋牧场管护能力,推动在南港工业区东部海域新建海洋牧场。

（二）海洋盐业及盐化工业

把握国家食用盐改革的契机,优化产品结构调整,扩大精制盐产品产能,增加高端、高附加值鱼籽盐、自然食用盐及多品种食用营养盐产品供应,开发浴盐和洗涤盐等保健类盐产品。大力开发浓海水及苦卤综合利用深加工新技术新产品,研发适用于海水浓缩饱和卤制取高纯度精制盐新工艺,深度开发溴资源,实施球形氯化镁、镁盐晶须材料等新产品新技术开发,提升甲醇、醋酸等传统产能,打造高端盐化工产业基地。加快盐业转型升级,建设汉沽盐场现代水产养殖科技示范区,打造以对虾全产业链为特色的渔盐循环产业链,建设国内一流的现代渔盐综合发展示范园区。

（三）海洋船舶工业

加快建设天津临港造修船基地技术中心,推动火车轮渡、客滚船、滚装船等传统船舶建造与修理改装产品做精做强。以深海、极地、智能、绿色为目标,加快推动传统船舶向高技术船舶转型发展,重点发展 LNG、VLCC 等大型油气储运装备,以及海洋环保船、大型医疗船、大型客滚船、豪华游船和邮轮、科考船等高附加值智能船舶。强化船舶配套产业体系建设,引育船用钢材、焊材、涂料、电缆等船舶高端配套企业,以信息化、智能化为目标,重点发展船用智能化电控、网络和信息安全防护、气体动力及混合燃料等系统以及高端船用发电机、新型船用齿轮箱、甲板机械及关键部件等配套设备,进一步提升船用设备高技术附加值。打造智能船坞,推动智能化技术应用,创新智能船坞新场景。开展无人艇核心技术攻关,健全无人艇研发生产体系,力争形成无人艇协同控制与试验检验能力。依托天津港保税区保税维修政策,适时启动修船坞建设,拓展"一带一路"沿线的欧、亚地区修船业务。

七、促进海洋经济创新发展

抢抓新一轮科技革命和产业变革机遇,以技术创新抢占未来技术制高点,集中攻克一批关键核心技术,积极搭建海洋科技创新平台,健全海洋科技成果转化机制,着力提升海洋人才保障水平,推动海洋科技向创新引领型转变,建成全国海洋科技创新和成果转化集聚区。

(一)突破海洋重大关键技术

瞄准海洋领域重大需求,加强海洋科技创新的系统谋划,增强基础研究和原始创新能力,重点围绕海洋工程装备、海水淡化与化学资源提取、海洋油气、海洋能利用、海洋环境保护与监测技术进行研发攻关。面向深海资源勘探开发,重点研发深海环境保障和资源开发工程新型高端装备,突破水下导航定位、水下生产系统、海洋装备防污防腐等基础共性关键技术。持续推动海水淡化与综合利用技术攻关,重点发展反渗透/纳滤膜及组件、高效大容量高压泵和能量回收装置、耐腐蚀高效率新型传热材料等关键设备及材料。围绕海水化学资源提取和高值化利用,研发海水苦卤高效分离溴化物及资源综合利用新技术,构建苦卤资源的绿色高效利用示范工程。攻关海洋能高效开发与多能互补技术,建立精确、可靠、可控的波浪、潮流及波流耦合试验测试环境。破解稠油、低渗等边际油田和天然气田开发技术难题,开展海上稠油热采膜法水处理、海上低渗油田采出水膜精细处理和海上气田开采膜等膜过程强化系统装备技术研究。围绕美丽海湾建设和渤海环境治理,开展生物资源养护繁育、海岸带生态修复等关键技术研究。开展北斗/GPS探空系统、大气波导探测系统等研制,建设海洋大气环境探测设备实验室,带动传感器国产化研发应用进程。

(二)健全海洋科技创新平台

充分发挥驻津单位的作用,打造天津海洋创新战略力量。鼓励组建天津市海洋环境监测与治理产业技术创新战略联盟,促进高校、企业、研究院所技术创新融合,打造本市海洋环境智能立体监测和治理技术产业高地。建设天津海洋生态环境监测装备试验测试基地,打造海洋生态环境监测装备科技创新和成果孵化平台。研制国产高端海洋探测监测装备和自主观测平台,重点攻关海洋传感器关键技术,建设渤海观测场。加强天津海洋装备产业(人才)联盟建设,打造国家级海洋装备产业集群,提升海洋装备制造产业链核心竞争力。加强天津海水淡化产业(人才)联盟建设,汇聚海水淡化技术研发、装备制造、产品生产、工程建设及场景应用等各方优势资源,构建"政府搭台、人才主角、产业集聚"融合发展环境。依托自然资源部天津临港海水淡化与综合利用示范基地,建设10万吨级大型海水淡化试验场,集中开展海水淡化自主重大关键技术和产品、装备的实验测试、研发、成果转化及应用示范。加强海洋药物与生物制品产业创新载体建设,推动建设"中国特色植物和海洋天然产物资源数据库及在线服务平台",加强鲎产品综合开发研究,支持申报建设国家级企业技术中心、国家级重点实验室。建设多功能、全场景和综合性的无人船海上测试场,服务无人艇产业发展。鼓励建设天津大学环渤海滨海地球关键带国家野外科学观测研究站、河北工业大学海洋化工协同创新中心。

(三)完善海洋创新及成果转化机制

尊重科学研究规律,构建有利于创新创造的体制机制,强化科技创新对海洋经济发展的支撑作用。建立以企业为主体、市场为导向、产学研深度融合的技术创新体系。加快海洋科技创新成果转化市场培育,依托科技成果交易转化中心,组织开展海洋技术成果对接交流活动,推动海水淡化与综合利用、海洋工程装备制造、海洋生物医药、海洋高端仪器装备等海洋领域成果转化。聚焦海洋生物医药产业核心技术的原始创新,支持已有成果评估折价引资,加速沉淀成果的产业转化。健全海洋科技创新成果向标准转化机制,推动"标准化"和"海洋科技创新"协同发展,加速科技成果转化应用。构建市场导向的海洋科技成果转移转化机制,落实科技成果的使用权、处置权、收益权归属制度,实施激发市场创新动力的收入分配制度。以科研项目为纽带,以产业协作为桥梁,建立涉海科技人才双向流动机制,支持科研人员离岗创业、企业研发人才高校任职,建立多元分配机制,有力激发海洋经济创新发展活力。

(四)强化海洋科技人才支撑建设

构建多层次海洋教育体系,鼓励涉海高校加快新兴海洋产业学科专业设置,增设海洋类学科和专业课。支持天津科技大学积极申报海洋学科博士一级点,打造海洋领域教育部重点实验室,建设滨海海洋经济研究院。推进产教融合、校企合作,鼓励高等院校利用涉海机构、企业科考船队、台站网络、大型仪器区域中心以及重点实验室开放基金等创新资源,开展涉海人才联合培养和订单式培养。鼓励天津海运职业学院建设水上训练中心和智能港口与无人船舶制造研训中心,形成海运人才培养基地。深入实施"海河英才"行动计划、"鲲鹏计划"等人才政策,聚焦推动海水淡化与综合利用、海洋资源勘探开发、海洋生物医药、海洋装备、国际邮轮游艇等领域高质量发展,将海洋重点产业人才需求纳入天津高层次和急需紧缺人才引进计划,鼓励用人单位通过顾问指导、项目合作等柔性方式引进海洋高端人才,为天津建设现代海洋城市提供坚实人才智力支撑。

八、推进海洋绿色可持续发展

贯彻落实生态文明建设总体要求,加强滨海湿地保护修复,提升海洋空间资源集约节约利用水平,强化陆海统筹的海洋环境综合治理,增强海洋防灾减灾服务能力,促进海洋产业向绿色低碳、节能环保的生产模式转变。

(一)推进海洋生态保护与修复

深入推进"蓝色海湾"整治修复规划实施,按照"一区一策"要求,加快岸线生态重建和湿地整治修复,积极推进南港工业区湿地二期、天津港保税区中港池北部岸线二期生态廊道、中新天津生态城生态海堤和南湾滨水区景观建设等一批整治修复工程。做好保护地优化整合工作,推动大神堂牡蛎礁国家级海洋特别保护区建设国家海洋公园,推动北大港滨海湿地申报世界自然遗产,按照节约优先、保护优先、自然恢复方针,做好滨海湿地保护修复。优化调整海洋生态红线区,将永定新河入海口滨海湿地、汉沽八卦滩湿地、大神堂近岸海域等生态敏感和脆弱地区补划入海洋生态红线。加强海洋类型保护地规范化建设。加强海洋资源和生态环境保护,建立健全海洋生态保护补偿制度,制定天津市海洋生态保护补偿办法。

(二)强化海域空间资源集约节约利用

优化海域功能布局,统筹海岸线开发利用、资源保护和陆海产业发展,联动资源要素配置和生态环境保护,促进海域、海岸线资源集约节约高效利用。扎实做好海岸线修测工作,推动编制《天津市海域海岛保护利用规划》和《天津市滨海新区海岸带保护利用规划》。强化自然岸线保护与修复,制定自然岸线管控措施,按照岸线分类和管控原则,实施岸线分类保护与管理,加强严格保护、限制开发、优化利用岸线管控。严格管控围填海活动,加快推进围填海历史遗留问题处理,强化围填海监视监测。有关涉海功能区加大招商引资力度,推动项目尽快落位围填海区域。

(三)实施陆海统筹的海洋环境综合治理

强化陆海统筹的海域污染治理,加强直排海污染源管控,深入实施入海排污口排查整治专项行动,严格落实排污许可制度和管理长效机制。推广绿色养殖新模式,强化海水养殖污染治理。加大港口污染防治管控力度,完善港口环境监测网络。完善"海上环卫"工作机制,实现新修测海岸线向海一侧500米净岸。加强海洋行政执法能力建设,加快提升海洋行政执法信息化水平。

(四)提升海洋防灾减灾和应急能力

提高海洋灾害预警监测能力,推动监测任务常态化。提升海洋环境预报精细化服务水平,推进海洋灾害信息共享。开展海洋生态预警监测与评价,做好海洋灾害风险普查。强化重点区域监管能力建设,建立部门间信息共享、协同监管和应急联动机制。紧盯南港工业区、天津港等重点沿海区域风险安全,加强危化品监督管理,推动实施危险货物港口经营企业、码头经营企业、国内水路运输经营企业安全生产责任保险制度。建设海上溢油应急处置联合实验室,开展溢油监测、治理、评价等相关研究。依托溢油应急俱乐部,整合区域应急资源,加强应急救援专业设备设施和队伍建设,培育发展涉海应急新产业。依托滨海新区国家气象科技园,构建北方海洋气象业务创新基地和国家海洋气象装备保障基地。逐步构建岸基、海基、空基、天基一体化的海洋气象综合观测系统和相应的配套保障体系,形成国家北方海洋气象核心区。

(五)加快海洋产业绿色低碳发展

着力推进海洋生产方式绿色化和产品绿色化,积极打造绿色环保型海洋产业,加快海洋产业绿色低碳发展。加快绿色港口建设,推进港口装卸、运输、仓储等关键环节技术升级改造,港口作业机械和运输车辆优先使用清洁能源,推行港作船舶低硫燃油使用。研制深水水库模块化绿色智能清淤装备、新能源船舶推进装置、高功率密度永磁同步电机等,应用能耗监测技术,积极推广绿色产品和绿色制造工艺。发展小型智能化温差能海洋观测装备供电装置、海洋能发电装置、实海况测试装置、新型高效波浪能发电装置。发展长寿命海水电池供电装置和原位生物供电装置。继续打造海水淡化与综合利用绿色产业链条,促进海水淡化与盐田保护协调绿色可持续发展。

九、推动海洋经济开放合作

积极践行"21世纪海上丝绸之路"合作倡议,深化与"21世纪海上丝绸之路"沿线国家和地区海洋经济贸易文化交流合作,加强海洋产业投资合作,促进海洋领域国际交流,打造全面开放合作新格局,推动海洋经济高质量发展,构建海洋命运共同体。

(一)促进海洋产业对外交流

鼓励涉海产业走出去,推动有条件的远洋渔业企业开展境外技术合作,在缅甸等渔业资源相对稳定的海域或地区开展捕捞生产。持续优化海洋工程建设海外战略布局,力争在资源配置、市场开发有优势的国别,加快推进海外分公司、实体专业公司布局,建立巴新和孟加拉基地。积极引进国际海水淡化装备先进制造、项目运营优势企业,鼓励本地企业通过引进国外战略投资等方式开展合资合作。培育具有国际影响力的海水淡化工程总包龙头企业,重点选取中亚、西亚等"一带一路"沿线缺水国家,以自主海水淡化技术和装备转移输出为核心,参与当地海水综合利用建设项目,推动海水淡化与综合利用技术、装备"走出去",占领国际市场。加强与日本、韩国、新加坡等国家邮轮游艇领域的合作,允许境外邮轮公司在津注册设立经营性机构,开展经批准的国际航线邮轮服务业务。发挥海底光缆工程总包和技术优势,积极承接东南亚、中东、非洲等"一带一路"沿线国家和地区项目,持续做大做强海底光缆和通信产业规模。

(二)提高园区开放合作水平

依托东疆保税港区,持续深化自贸试验区改革及金融领域改革创新,打造与国际接轨的便利化物流、贸易、航运金融环境。增强国际航运和口岸服务功能,争取在分拨配送、国际中转集拼、多式联运、保税维修、分类监管等功能创新方面取得突破。深化国际船舶登记制度创新,争取在东疆综合保税区设立船舶登记办事机构,进一步优化船舶登记工作流程,提升登记服务水平。推进区域性国际航行船舶保税油供应基地建设,建设国际航运船舶船用物资、备品备件分拨配送中心,创新东疆邮轮船供配送模式,拓展航运中心服务功能。支持涉海高新技术企业利用股权、知识产权开展质押融资,规范稳妥开发航运物流金融产品和供应链融资产品。探索沿海捎带、启运港退税、整船换装等创新。依托国家租赁创新试点区,支持筹建定位专、精的东疆租赁资产交易平台,开展租赁资产交易流转,在条件具备时设立中国(天津)租赁资产交易平台,更有效地聚集租赁资源,保持东疆融资租赁优势地位。

(三)加强海洋科教文化交流

鼓励涉海高校、科研单位与"21世纪海上丝绸之路"沿线国家和地区在海洋科技教育、文化交流、人才培养等领域的交流合作,打造国际产业合作新平台。依托"中国—东盟智慧海洋中心",推动与东盟各国海洋领域人才培养、战略研究、科研合作,形成多层次教育、科技与人才交流的合作共同体。以亚太脱盐协会为平台,加强与国际脱盐协会、国外企业、科研机构的交流合作,推进与中亚、西亚国家在海水淡化领域技术研发、平台建设、标准互认、人员交流与培训等全方位合作。依托分离膜与膜过程国家重点实验室,推进与国际院校和科研院所的合作,加大膜技术在海水淡化、污水处理、工业循环用水等领域应用规模,提升天津市膜技术的国际竞争力。支持天津科技大学与马来西亚登嘉楼大学建立联合实验室,深化在海洋生物技术等领域的科研交流和人才培养。

(四)提升海洋事务国际影响力

发挥国家级海洋科研机构集中的优势,深化与国际组织、东盟、日韩等主要国家与地区海洋事务深度合作,提升海洋事务国际影响力。推动中国—东盟海平面与气候变化国际合作交流、中国—东盟海洋信息技术高级研修班、中日韩—东盟蓝色经济合作研讨会等项目实施,打造国际海洋事务高端培训平台。通过全球海洋和海洋气候资料中国中心(CMOC/China)、中国 Argo 资料中心等节点业务化运行,履行国家义务与职责,持续开展与国际组织海洋资料交换与合作。与自然资源部合作举办国际海洋空间规划论坛,筹建世界海洋空间规划和蓝色经济发展平台与信息系统。举办世界海水淡化技术研讨会,积极筹办世界海水淡化装备制造展览会,提升海水淡化先进装备制造基地国际影响力。依托亚太区域海洋仪器检测评价中心、全球海洋教师学院,开展海洋标准计量国际交流与合作,积极参与最佳实践和国际规则的制定。

十、保障措施

(一)加强组织协调

强化政府层面的组织推动,将海洋经济发展纳入天津总体发展战略,成立由市领导同志牵头的海洋经济发展领导小组,作为市政府议事协调机构,强化各涉海部门的沟通与协作。发挥涉海企业主导作用,推进产学研用协同创新,推动海水淡化、海洋装备、海洋生态保护修复等领域产业联盟建设,增强行业信息互通、资源共享和产业合作,广泛动员社会力量共同建设高质量发展的现代海洋城市。

(二)实施项目带动

提升重大项目对延伸海洋产业链、促进海洋产业集聚发展的支撑带动作用,加强全链条招商引资工作,瞄准世界海洋产业新业态及领跑团队、顶尖人才、最新技术、高端产品,盯紧国内外龙头企业,开展专业化、点对点的以企招商、产业链招商,吸引知名海洋企业总部落户。建立海洋经济发展重点项目库,加强项目实施动态跟踪管理,确保《规划》任务顺利实施。

(三)引导多元投入

强化财税政策支持。加大对新兴海洋产业和优势海洋产业的发展支持力度,围绕海水淡化等重点产业,落实好国家支持政策,研究出台地方鼓励举措。优化财政资金引导机制,充分发挥财政资金杠杆作用,支持海洋经济发展。加大对海洋经济发展、涉海公共基础设施投入力度,争取中央资金支持。采取多种方式,支持科技投入和科技成果转化。

引导社会资本投入。加强与国内外金融机构合作,研究设立海洋产业基金,重点引育海洋装备和海水淡化龙头企业,营造区域产业生态。鼓励和促进社会资本通过政府和社会资本合作(PPP)中的使用者付费等方式参与涉海基础设施和重大项目建设。积极推动符合条件的涉海企业上市、发行债券,扩大直接融资规模。创新"现代化供应链金融"模式,拓宽融资业务领域。搭建银企合作平台,引导银行业金融机构降低贷款门槛和信贷成本、简化审批流程,加大对海洋经济重点产业园区、重点企业、重点项目、重大创新平台的信贷资金投放力度。

(四)健全实施机制

建立《规划》实施机制,落实实施责任,提高实施效能。完善规划评估和动态调整机制,组织开展《规划》中期评估,及时研究实施中的重大问题,提出调整和完善建议。健全完善海洋经济运行监测评估体系,拓展海洋经济运行监测节点,推进海洋经济数据共享,加强跟踪分析与评估,定期通报海洋经济发展情况。

(五)推进全民参与

加强海洋国土、海洋经济的宣传教育,把海洋意识融入国民教育和干部培训教育,推进中小学海洋文化意识教育,实现海洋知识"进校园、进课堂"。加强《规划》实施的社会监督,及时公布实施进展情况,让社会公众参与《规划》实施。加大宣传力度,强化海洋经济与涉海产业发展宣传展示,营造全社会共同参与海洋经济建设的良好氛围。

《天津市海洋经济发展"十四五"规划》高频词图

河北省海洋经济发展"十四五"规划

海洋是高质量发展战略要地。以习近平同志为核心的党中央高度重视海洋经济发展,就建设海洋强国作出了一系列重要论述。党的十九大对坚持陆海统筹,发展海洋经济,建设海洋强国作出重要部署。为深入贯彻落实国家关于建设海洋强国的战略部署,培育壮大我省海洋经济,提升海洋产业竞争力和可持续发展能力,更好发挥海洋经济对全省经济的促进作用,根据《河北省国民经济和社会发展第十四个五年规划和二〇三五年远景目标纲要》《中共河北省委河北省人民政府关于大力推进沿海经济带高质量发展的意见》等相关文件,特制定本规划。

一、现实基础

"十三五"以来,我省主动适应经济发展新常态,坚持立足实际、创新驱动、绿色发展,海洋经济呈现结构优化、动力增强的稳健发展态势。

海洋经济总体实力日益增强。"十三五"时期,我省海洋经济总量稳中有增,在国民经济中的地位和作用逐步提升。2020 年,全省海洋生产总值初步核算为 2309 亿元,比 2015 年增加 181 亿元,海洋生产总值占全省生产总值比重达到 6.38%。全省陆海统筹发展能力明显增强,以海带陆、以陆促海发展格局初步形成。沿海地区生产总值由 2015 年的 8968.4 亿元增长到 2020 年的 12596.6 亿元,人均 GDP 从 49769 元增至 69431 元,高于全省平均水平 43%。

海洋产业结构调整成效显著。海洋产业体系逐步完善,海洋产业结构更加优化。2020 年,全省海洋第一产业增加值 108.5 亿元,第二产业增加值 780.4 亿元,第三产业增加值 1420.0 亿元,三次产业占比为 4.7:33.8:61.5,海洋第三产业比重较 2015 年明显提高。特色海洋经济快速发展,形成高端装备制造、海洋生物医药、海水综合利用等一批特色产业集群,海洋产业带动能力明显增强。

海洋科技创新迈出新步伐。涉海创新主体不断壮大,先后引进培育了一批涉海创新团队、创新英才,海洋经济发展人才支撑更加有力。涉海关键核心技术研发进展明显,以海水综合利用、海洋生物资源开发、海洋生态环境保护为重点,组织实施了一批重点研发项目,建设了一批涉海重点实验室、技术创新中心等省级研发平台,海洋科技创新能力持续加强。

沿海基础设施功能更加健全。全省港口"一纵五横"集疏运综合通道基本建成,海洋基础设施保障能力明显增强。2020年,全省港口生产性泊位达到237个,完成货物吞吐量12亿吨,比2015年增长31.9%,居全国第4位,其中集装箱吞吐量增长77.0%。全省散杂货物通达全球70多个国家和地区,联通国际港口100余个,累计开通集装箱航线63条。唐山港曹妃甸港区煤码头三期工程、黄骅港综合港区通用散货码头工程等建成投产;迁曹高速一期建成通车,北戴河机场快速路主体完工,京秦高速二通道开工建设;秦皇岛北戴河机场建成运营;引青济秦三期工程如期竣工。

海洋生态环境质量明显提升。海洋污染治理取得长足进展,对焦化、造纸、印染等"十大"重点行业进行了专项治理与清洁化改造,全面清理非法或设置不合理的入海排污口。持续推进重污染河流环境治理攻坚专项行动,"河长制""湾长制"全面实施,入海河流水质监测与考核不断强化,入海排污量大幅降低,2020年我省近岸海域优良(第一、二类海水)水质比例为99%,其中第一类海水比例达到70%。海域海岛整治修复持续推进,在全国率先划定海洋生态红线、海洋生态功能区、生态敏感区和生态脆弱区,生态环境得到有效保护修复。北戴河近岸流域水环境综合治理与可持续发展试点深入推进,海洋生态系统功能得到有效维护。

二、面临形势

"十四五"时期是我国全面开启社会主义现代化强国建设新征程的第一个五年,也是加快海洋经济发展,建设海洋强国的重要时期。

从国际看,当今世界正经历百年未有之大变局,国际力量对比深刻调整,和平与发展仍然是时代主题。"一带一路"海上合作进入深耕期,海洋命运共同体理念提出并引起共鸣,开启我国深度参与国际海洋开放合作新篇章。各国海洋意识持续增强,发展以实现可持续发展为目标的蓝色经济成为国际社会广泛共识,主要国家和国际组织纷纷制定出台相关发展计划和战略,蓝色经济将成为新的经济增长点。新一轮科技革命和产业革命深入发展,海洋科技创新日新月异,基础海洋科学、应用海洋科学、海洋高新技术不断取得重大进步,全球海洋经济竞争正日益向科技创新能力竞争集中,开发利用海洋的能力有望实现重大突破。生产要素在全球范围内的重组和流动进一步加快,海洋在畅通内外连接、构建全球产业链供应链的地位更加突出,成为全球资源配置的重要环节。但也要看到,全球疫情持续蔓延,经济全球化遭遇逆流,世界经济增长放缓态势明显,单边主义和贸易保护主义抬头,产业链供应链面临冲击,科技制高点与全球价值链竞争日趋激烈,海洋生态环境约束日益显现,全球气候变化与海洋灾害影响加剧等问题更加突出,未来全球海洋发展仍然面临复杂变数。

从国内看,我国发展仍处于重要战略机遇期,正转向高质量发展阶段,治理效能提升,物质基础雄厚,经济长期向好,发展韧性强劲,社会大局稳定,发展海洋经济、建设海洋强国具备扎实物质基础和优越制度保障。我国已经进入由海洋大国向海洋强国转变的关键阶段,党中央作出推动构建国内大循环为主体、国内国际双循环相互促进的新发展格局的重大决策,内需潜力不断释放,区域重大战略深入推进,西部陆海新通道、中欧班列等重大基础设施建设运营,陆海联动更加畅通高效,海洋经济发展空间有望持续拓展。但也要看到,我国海洋经济还存在着发展不平衡不充分的问题,满足人民日益增长的美好生活需要、推动海洋经济高质量发展依然任务艰巨。

从河北看,我省区位优势明显,京津冀协同发展、雄安新区规划建设、"一带一路"建设等重大国家战略实施,有利于我省加强对外交流合作,弥补海洋经济发展短板。我省沿海港口条件优越,土地资源丰富,开发潜力较大,海洋产业特色明显,具备做大做强的基础条件。中国(河北)自由贸易试验区获批,临港产业园区不断发展壮大,海洋经济发展环境更加良好,企业向海拓展发展的动力明显增强。省委省政府明确提出,加快推进沿海经济带高质量发展,大力发展海洋经济、临港产业,全方位高水平扩大开放合作,为我省海洋经济发展指明了方向。

"十四五"时期我省海洋经济发展也面临一些困难和挑战。一是海洋经济发展新动能培育不足。我省传统海洋产业占比较高,海洋战略性新兴产业发展不足,海洋产业总体竞争力不强。二是海洋生态环境压力较大。我省近岸海域和岸线开发利用强度大,部分海域生态治理任务较重。三是海洋经济发展平台建设滞后。我省海关特殊监管区发展起步晚、数量少,与周边省市同业竞争激烈,河北作为山西、内蒙等内陆省份出海口的地位有所下降。四是海洋经济服务支撑能力较弱。海洋科技创新能力总体不高,海洋专业人才匮乏,涉海金融服务体系尚不完善,涉海投资贸易便利化水平有待提高。

针对这些制约我省海洋经济发展的薄弱环节和突出短板,必须认真贯彻习近平总书记关于建设海洋强国的重要指示精神,严格落实省委省政府决策部署,统筹谋划、精准施策、有序推进,全力开创河北海洋经济发展新局面。

三、总体要求

(一)指导思想

以习近平新时代中国特色社会主义思想为指导,全面贯彻党的十九大及十九届历次全会精神,深入贯彻习近平总书记关于海洋强国建设的重要论述和对河北工作的系列重要指示批示,认真落实省第十次党代会部署,坚持稳中求进工作总基调,立足新发展阶段,完整、准确、全面贯彻新发展理念,主动融入新发展格局,以高质量发展为主题,以深化供给侧结构性改革为主线,以改革创新为动力,以满足人民群众日益增长的美好生活需要为目标,以陆海统筹、创新驱动、综合治理为主要手段,抢抓新一轮科技革命和产业变革机遇,全面优化海洋开发空间布局,着力提升海洋科技自主创新能力,加快构建现代海洋产业体系,完善海洋基础设施和公共服务体系,不断深化沿海地区对外开放,增强对内陆腹地的辐射带动作用,打造融入"一带一路"和国内国际双循环的战略枢纽、环渤海开放发展新高地,为建设现代化经济强省、美丽河北奠定坚实基础。

(二)基本原则

坚持陆海统筹。统筹陆海资源配置、产业布局、生态保护协调联动发展,引导要素资源向沿海聚集,畅通陆海连接,以海带陆、以陆促海,打造安全高效海上通道,构建内外畅通、供需均衡的海洋经济发展格局。

坚持创新引领。强化科技支撑和引领作用,加快推进海洋科技自主创新和成果转化,推动重点领域和关键环节率先突破,破除体制机制障碍,加快转变发展方式,主动融入新发展格局,全面提升海洋经济发展质量和水平。

坚持人海和谐。牢固树立和践行绿水青山就是金山银山理念,尊重自然、顺应自然、保护自然,坚持发展与保护相统一,科学利用海洋资源,维护海洋自然再生产能力,建设美丽和谐之海,共享蓝色家园。

坚持合作共赢。树立全球视野,秉承开放包容、互利共赢理念,用好国际国内两个市场、两种资源,主动承接科技、产业、人才等资源要素外溢,扩大高水平向海开放,进一步提升海洋对全省经济发展的支撑作用。

(三)发展目标

到2025年,海洋经济综合实力稳步增强,海洋产业结构进一步优化,海洋科技创新能力稳步提升,海洋生态保护水平明显提高,海洋公共服务体系更加完善,海洋经济对全省经济发展的带动能力显著增强。

海洋经济总量持续增长。海洋生产总值平稳较快增长,到2025年,全省海洋生产总值力争达到3200亿元,海洋在构建以国内大循环为主体、国内国际双循环相互促进的新发展格局中的作用更加重要。

海洋产业发展提质增效。海洋优势产业带动能力明显增强,海洋三次产业结构持续优化,前沿和战略性新兴产业规模不断壮大,产业链供应链现代化水平有效提升。到2025年,全省港口年设计通过能力达到12.5亿吨,集装箱吞吐能力达到700万标准箱,海洋二次产业占比达到35%左右。

海洋科技创新能力明显增强。海洋科技投入显著增加,创新生态明显改善,海洋产业关键技术取得新突破,科技对海洋经济增长的贡献率稳步提高。到2025年,沿海地区研究与试验发展经费支出增长率达到10%左右。

海洋生态环境稳定改善。海洋生态环境保护进展明显,各类入海污染源排放得到有效控制,重要河口湿地、浅海滩涂等典型海洋生态系统功能基本恢复,海洋生态系统质量和稳定性明显提升。到2025年,海洋类型自然保护地面积达到4.84万公顷,近岸海域优良水质比例达到98%。

海洋经济保障服务能力持续加强。海陆基础设施互通共享初步实现,海洋环境监测、海洋灾害防控、海洋信息服务等海洋服务支撑体系基本健全,海洋经济发展基础支撑能力明显提高。

展望 2035 年,我省海洋经济综合实力明显增强,海洋产业竞争力大幅提升,对国民经济的引领和支撑作用跃上新台阶,美丽海洋建设目标基本实现,更好满足人民群众对蓝色家园的美好向往,高水平对外开放新格局初步形成。

表1 河北省海洋经济发展主要指标

指标		2020 年	2025 年	指标属性
综合实力	海洋生产总值(亿元)	2309	3200	预期性
	港口年设计通过能力(亿吨)	11.3	12.5	预期性
	集装箱吞吐能力(万标准箱)	426	700	预期性
科技创新	沿海地区研究与试验发展经费支出增长(%)	—	10	预期性
产业结构	海水淡化日产能力(万吨/日)	31.57	49	预期性
	海洋第二产业占海洋生产总值比重(%)	33.8	35	预期性
生态环境	近岸海域优良(一、二类)水质面积比例(%)	—	98	约束性
	主要入海河流入海断面水质达标比例(%)	—	100	约束性
民生福祉	人均海产品供应量(千克/人)	9.11	9	预期性
	海洋类型自然保护地面积(万公顷)	4.81	4.84	预期性

四、构建优势特色全面彰显的海洋经济布局

按照生态优先、陆海统筹、优势集聚、合理分工的原则,立足河北沿海自然资源条件和区域比较优势,统筹沿海地区国土空间利用和陆海资源配置,持续优化海洋产业空间布局,培育海洋经济发展新引擎,打造"一带、三极、多点"的海洋经济发展新格局。

(一)一带隆起:建设沿海蓝色经济带

以秦皇岛、唐山、沧州三市为依托,立足引领和支撑海洋经济发展,全面

统筹我省沿海地区陆海资源要素开发与保护,全面加强政策资源支持力度,加快先进生产要素向沿海地区集聚,加快沿海港口转型升级,加快临港产业、海洋经济发展,加快提升海洋经济服务能级,着力构建功能完善、开放发展、协同高效的现代化港群体系,着力构建品质高端、生产高效、集约发展的现代产业体系,着力构建布局合理、生态宜居、承载力强的现代城镇体系,着力提升港产城互动融合发展水平,推动沿海经济带在全省经济社会高质量发展中走在前列,打造具有全国影响力的沿海蓝色经济带。

（二）三极带动：打造蓝色经济增长极

以曹妃甸区、渤海新区、北戴河新区为骨干,以提高产业核心竞争力为目标,建设优势互补、各具特色的海洋经济高质量发展增长极。

曹妃甸区增长极。发挥曹妃甸港口资源优势,按照港产融合、产城融合、港城融合的总思路,谋划放大中国（河北）自由贸易试验区曹妃甸片区的政策优势,做大做强港口物流、海洋盐化工、海水综合利用、石油化工、装备制造等主导产业,培育发展新一代信息技术、高端装备、新材料、节能环保、精细化工等新兴产业集群,加快构建煤炭、铁矿石、钢铁、木材价格中心和交易平台,建设综合贸易港、京津冀协同发展示范区、环渤海新型工业化基地、高品质现代化滨海城市,打造东北亚经济合作引领区、临港经济创新示范区。

渤海新区增长极。依托黄骅港综合贸易港,聚焦沧州渤海新区城市功能定位,以港产城融合发展为主线,持续推进黄骅港转型升级、临港产业聚集、黄骅新城建设,承接京津及国内外产业转移和优势要素外溢,引进高端、绿色、生命力强的传统产业改造升级项目和战略性新兴产业项目,发展港口物流、海洋化工、海水淡化及浓海水综合利用、海洋工程装备制造、海洋科技渔业、海洋药物与生物制品、滨海旅游等产业,构建以海洋石油化工、生物医药、冶金装备、新能源、新材料等特色优势产业为支撑的现代临港产业体系,打造河北沿海重要增长极、全省高质量发展的样板城市。

北戴河新区增长极。发挥滨海生态资源优势,以海洋大健康产业为引领,全面整合创新资源要素,建设高端海洋科技创新平台,集聚国内外优质科研机构、优秀创新团队、高新技术企业和"专精特新"龙头企业、优质项目,大力发展滨海旅游、医疗保健、康养护理、生物医药、海洋食品等特色产业,培育国家级海洋生物产业集群,构建"医药养健游"五位一体的生命健康产业创新发展格局,打造以人文和生态为核心的国际知名滨海休闲旅游度假胜地。

(三)多点支撑:培育壮大沿海经济园区

围绕提质、增效、扩容,以沿海各市的经济开发区、产业园区为依托,加快扶持一批海洋产业功能园区或产业基地,引进一批海洋产业重大项目、重大工程,全面夯实海洋经济发展的平台载体。

秦皇岛经济技术开发区。发挥高端装备制造基础优势,大力发展海洋装备制造、电子信息、生物医药、节能环保等高新技术和战略性新兴产业,积极发展海洋新兴产业和现代服务业,完善海洋科技服务功能,加快海洋人才引进培养,提升海洋科技成果转化能力,打造海洋科技成果高效转化和产业化基地。支持引进高端整船项目,推动修船、造船和特种船舶并举发展。

乐亭经济开发区。以河钢乐亭钢铁基地建设为契机,持续放大临港优势,加快发展精品钢铁、精细化工、现代物流、装备制造、新能源产业,积极引进海洋高端装备制造、海洋化工、海洋生物制药、海水综合利用、海洋新材料等优质项目,做大做强海洋特色产业,打造精品钢铁深加工基地、北方区域型临港物流基地和京津唐产业转移承载地。

滦南经济开发区。发挥港口、土地和产业优势,紧盯大型央企民企外企和行业隐形冠军,加大招商引资、招才引智力度,集聚国内外优质资源、先进要素和高端人才,大力发展现代装备制造、新材料新技术、精细化工、海洋食品加工、再生资源循环利用、港口物流等产业,建设综合贸易集散地、军民融合产业集聚区。以河北滦南南堡嘴东省级湿地公园和滦南南堡嘴东候鸟栖息地为基础,发展湿地观光、休闲度假、科普教育等生态文化旅游产业。

南堡经济开发区。围绕"大盐场、大碱厂、大港口、大盐田",持续加大招商引资力度,引进产业链条上下游企业,构建以海洋化工为特色,上游海盐生产、中游"两碱一化"(纯碱、烧碱、化纤)、下游氯气利用的盐碱化工产业链条,加快装备升级、工艺升级、产品升级,建设海洋化工循环产业基地。

沧州临港经济技术开发区。东区重点发展海洋石油化工、煤化工、海洋盐化工、合成材料等产业,形成以石油炼化、PVC、TDI、合成氨、尿素、烧碱为龙头骨干产品的石油化工产业链。西区重点发展生物医药产业,建设高端原料药及中间体、医药制剂、现代中药及医药关联行业(包括药包材、医疗器械、保健食品)的产业生态系统,形成石油化工、煤化工、海洋盐化工、氢元素和氯元素综合利用循环经济产业链。

南大港产业园区。发挥产业基础优势,发展海洋石油加工、石化物流、先进制造业、海洋生物工程、新材料及应用技术、新能源及高效节能技术、生物环境保护技术、电子信息技术等,形成以战略性新兴产业为支撑的特色工业体系。以南大港湿地为基础,发展滨海生态旅游、亲子研学、休闲观光、户外运动、康体养生等现代服务业,打造环渤海国家级旅游度假区。

五、打造竞争有力的现代海洋产业体系

聚焦海洋经济重点领域、关键环节,加快海洋产业延链拓链补链强链,培育发展战略性新兴产业,改造提升传统产业,积极发展现代海洋服务业,加快海洋制造业与服务业深度融合,推动产业发展向链条高端延伸,构建具有较强竞争力的现代海洋产业体系。

(一)推动海洋战略性新兴产业扩能提质

1. 海洋装备制造业

围绕服务海上石油钻井平台、港口深水航道、防波堤、跨海桥隧、海底线路管道、人工岛、海上城市等重大海洋建设工程,加强关键技术研发,开发系列产品,培育一批具有国际竞争力的龙头企业,打造全国重要的海洋工程装备制造业基地。支持省内企业与大型设备制造厂家联合研发智能化港口作业机械设备,培育智能化港口作业机械一体化研发、设计、制造产业链条。推进山船重工海上平台项目建设,探索海警用、旅游用、运输用等多种类海上平台产品研发。突破海洋设施腐蚀防护技术,建设海洋防腐蚀材料研发、生产、施工一体化产业基地。推动实施海陆油气开发超高压井用集成管束、海底电缆、防井喷装置等一批海洋装备研发与产业化应用项目,支持发展深海探测、资源开发利用、海上作业保障装备及其关键系统和专用设备,推动深海空间站的开发和工程化。鼓励发展散货装卸机械、船厂用重型龙门起重机械、大型起重船机等临港机械装备。适应高集成、多平台、数字化海洋仪器设备发展趋势,加快研发海域使用动态监视监测、海洋环境监测、海洋通信与导航等新型技术设备。鼓励发展围填海及航道疏浚工程成套装备,推动发展新型防波堤结构、码头建设、吹填软基加固、防波堤快速加固等海洋工程技术和大型化、环保型疏浚装备。

2. 海洋药物与生物制品业

以北戴河生命健康产业创新示范区、北京·沧州渤海新区生物医药产业园、滦南(北京)大健康产业园、沧州华晨药业海洋生物科技产业园等为依托,引进发展一批具有核心竞争力的海洋生物医药、医疗器械类优质企业、优质项目,培养引进一批海洋生物医药领军人才、创新团队,开发一批防治重大疾病、拥有自主知识产权的海洋创新药物、新型海洋生物制品。鼓励省外国家级生物医药创新平台、研发外包机构、生产企业到沿海地区集聚。加强海洋生物资源挖掘、筛选,鼓励与国内外著名海洋药物科研机构、高新技术企业合作,开展抗肿瘤、抗病毒、抗菌等海洋创新药物研发。支持利用生物提取、合成和基因工程等技术,发展以海洋生物提取的壳聚糖、海藻多糖、胶原蛋白为主的可降解医用生物材料和高分子材料。

3. 海水利用业

以突破核心关键技术和提高产业化水平为抓手,全面推进海水规模化利用。支持沿海地区将海水淡化水作为生活补充水源、市政新增供水和重要应急备用水源,纳入区域水源规划和水资源统一配置,提高海淡水在水资源配置中的比例。支持唐山市、沧州渤海新区推进建设海水淡化示范城市,开展海淡水规模化供水、运营管理、政策机制等集成示范。推广利用海淡水作为锅炉补水、工艺用水、"点对点"直供企业用水等先进经验,扩大工业园区海淡水利用规模。

加强曹妃甸海水淡化工程研究中心、沧州渤海新区海水淡化与膜工程技术研发中心建设。支持开展超大型膜法、热法脱盐和浓盐水高值化利用科技创新,优化海水淡化工艺,提升技术集成水平,降低海水淡化成本。鼓励研发反渗透膜组件、高压泵、能量回收装置等关键核心技术装备,推动聚砜、无纺布等关键基础原材料以及海水淡化绿色处理、新型药剂、贵稀金属及高附加值资源提取、纳滤及其他新型分离膜等技术研究。合理引导企业开展海水直流冷却和循环冷却利用,培育浓盐水养殖、耐盐作物品种选育栽培等产业。

4. 海洋可再生能源利用业

支持海洋清洁能源与海水淡化、深远海养殖、油气平台、海洋观测等融合发展。积极推进海水氢能源开发利用。完善风电价格政策,创新补贴机制,推动可再生能源发电全额保障性收购制度全面落地。

专栏1 海洋新兴产业重点项目

海洋盐业。沧州临港晶山盐业10万吨粉洗干项目、唐山三友盐化海盐结晶池自动化改造项目、唐山三友盐化海盐蒸发自动化改造项目。

海水利用业。唐山沿海地区海水淡化工程、沧州中铁装备海水淡化工程项目。

海洋船舶工业。圣蓝游艇制造产业园项目、耀华集团玻璃钢无人艇项目。

海洋化工业。华润电力曹妃甸制氢项目,中海油中捷石化、中石化沧炼及鑫海化工合作建设化工新材料升级改造项目。

海洋药物和生物制品业。北戴河新区鸿宇制药镇痛、戒毒新药注射液项目(河豚毒素)。

(二)加快传统优势海洋产业深度转型

1. 海洋渔业

强化渔业资源养护,严格控制近海捕捞,积极发展远海远洋渔业,有序发展海水生态健康增殖业,提升海产品精深加工水平,推动海洋渔业提质增效。加大渔业资源修复力度,持续开展近海渔业增殖放流,推进国家级海洋牧场示范区建设,构建海洋牧场碳汇能力评估体系,到2025年,创建国家级海洋牧场示范区总数达到20个以上。规范滩涂与近海海水养殖,清理违规占用海养殖行为。因地制宜推广工厂化循环水养殖、深水抗风浪网箱养殖等生态健康养殖模式,发展对虾、海参、扇贝、河豚、鲆鲽等优势水产品种。健全水产原种保护、良种培育及扩繁研究体系,推动建设水产原良种场和良种繁育基地,到2025年,基本建成省级水产种质资源库,特色种质资源实现应保尽保。强化养殖投入品管理,降低水产养殖疫病风险。探索发展低碳渔业。培育壮大水产品精深加工,加快发展冷链物流体系。改造提升沿海渔业示范区基地,完善渔业平台配套设施,建设渔港经济区,推动发展涉渔贸易、加工、物流、休闲观光等产业,推动实现"依港管渔、依港促安、依港兴业、依港兴城"。

专栏 2　现代海洋渔业项目

国家海洋牧场建设工程。推动以人工鱼礁投放为主,以底播增殖、人工增殖放流为辅的海洋牧场创建深入开展。2025 年,全省国家级海洋牧场示范区达到 20 个以上。

水产种业提升工程。完善水产原良种繁育体系,加强海参、对虾、扇贝、河豚、鲆鲽等优势主导品种育种创新,保护保存中国对虾、三疣梭子蟹等特有原种资源,建设水产原良种场和种质资源场,开展优势主导特色品种保种培育、提纯复壮和扩繁。

增殖放流工程。在秦皇岛、唐山、沧州沿海实施公益性增殖放流,放流中国对虾、褐牙鲆、三疣梭子蟹、毛蚶等水生生物苗种,突出渔业碳汇功能,促进曹妃甸以东至秦皇岛海域海珍品底播区、曹妃甸以西至沧州海域大宗贝类底播区形成规模,提升水域生态系统功能。

沿海渔港群建设工程。立足加强渔港建设,补齐渔业基础设施短板,提升渔业安全管理和防灾减灾能力,建设智慧渔港,筑牢安全第一防线。推动形成以中心渔港、一级渔港为核心,二级及以下渔港为补充的沿海渔港经济区,将渔港经济区建设成为沿海经济社会发展的重要平台、产业融合发展的重要基地、防灾减灾的重要屏障、现代渔业管理的重要支撑和特色城镇建设的重要载体。到 2025 年,建设国家级渔港经济区 1 个,现代化提升改造渔港 12 个以上。

---

2. 海洋盐业

建立健全盐田保护制度,探索划定基本盐田保护区,保障原盐生产有序开展。加大盐田技改力度,支持塑苫池向大浮卷池的升级换代,推广盐田生产全机械化操作技术,提升盐田产出效率。鼓励海水淡化浓盐水综合利用,引导海水淡化与原盐生产相结合,提高海水淡化浓盐水利用比例。细分海盐消费市场,开发高附加值盐业产品,推动原盐生产加工精细化、高端化。强化海盐品牌宣传,扩大盐业品牌影响力。鼓励大型盐业企业兼并改造中小型盐场(厂),提高产业集中度。加强新型制盐和盐化工结合,推动饱和卤水工厂化制盐和制盐废液综合利用。探索开展盐田生物养殖,支持发展盐田观光、垂钓、制盐工业游等海洋盐业旅游项目,提升盐田综合效益。

3. 海洋船舶业

巩固提升修造船研发生产水平,推动修船、造船和特种船舶并举发展,建设山海关修造船综合基地。培育引进高端整船项目,发展大型工程船、液化天然气船、高档化学品船、海洋风车安装船、远洋渔船、中高档游艇游轮、公务执法船等高技术、高附加值船舶。支持船舶分段制造及舱盖、船用阀门、电缆、电子仪表、通讯导航、甲板机械、舱室设备等配套设施研发和制造,延伸拓展产业链条。依托首钢、河钢邯钢基地、盐山管道基地,发展船用钢板、钢材、管材等船舶材料。通过项目合作、自主研发等方式,引进一批造船配套设备集成化、智能化、模块化设计制造核心技术,提升船舶制造研发创新能力。落实军民融合战略,支持无人平台、无人艇、水下机器人研发与制造。鼓励发展防务类舰船修理与制造。

4. 海洋化工业

发挥海洋盐业基础资源优势,以南堡经济开发区、沧州临港经济技术开发区为依托,持续做大纯碱、烧碱规模,延伸有机氯、氯酸盐、聚氯乙烯等产业链,加快含氯中间体、新型制冷剂等氯碱深加工产品和氢、溴等新产品开发,提高资源利用率和产品附加值。推动工艺装备提升和产品升级,支持采用重碱离心机二次过滤重碱技术、新型变换气制碱技术等进行改造升级。加强浓盐水化学资源综合利用,重点突破浓海水综合利用和达标排放的国产化关键材料、装备和成套技术,发展浓海水制盐、提钾、提溴,加快锂镁分离提取技术的商业化应用,探索碱渣资源高效利用技术,形成海水淡化、海水冷却和浓海水综合利用全产业链创新发展模式。探索建立浓海水综合利用产业化示范基地,支持曹妃甸区、渤海新区海水淡化和综合利用产业规模化发展、高值化提升。

5. 海洋油气业

统筹油气资源勘探开发,实施老油田采收率提升等专项工程,加强油气开采关键技术攻关,加大先进开采技术应用,推动渤海湾石油产量稳步增长。按照炼化一体化发展模式建设曹妃甸大型石化基地,以"减油增化"为着力点推进渤海新区临港石化基地建设,加快石化产业向沿海集聚。推动曹妃甸原油、成品油战略储备和商业储备基地建设。支持渤海新区建设合成化工新材料基地。承接海洋石油化工上下游产业项目,引进液化天然气(LNG)关键技术及核心产品研发及产业化、重油制芳烃、乙醇及副产品综合利用项目,推动石油化工产业链条化、集群化、产业化发展。鼓励发展合成橡胶、合成树脂、车用聚丙乙烯树脂、聚甲醛等高端化工产品。加强海洋石油安全监管,支持海上石油应急处置能力建设,有效防控安全风险。

（三）促进现代海洋服务业创新发展

推动生产性服务业向专业化和高端化延伸,推动生活性服务业向高品质、多样化升级,发展海洋交通运输业、滨海旅游业、海洋信息服务业、海洋环境服务业等现代服务业,提高海洋服务业规模和水平,提升对海洋经济发展的支撑能力。

1. 海洋交通运输服务业

发挥"一带一路"重要战略支点和节点的作用,优化港口资源,构建布局合理、分工明确、优势互补的现代化综合性港口集群,推动海洋交通运输业加速发展。

统筹港口功能布局。实施港口转型升级工程,优化省内港口资源,提升港口基础设施和资源利用效能,共同建设津冀沿海世界级港口群。秦皇岛港立足一流国际旅游城市定位,调整港口功能结构,建设集装箱码头和邮轮码头,发展旅游、进出口贸易、融资租赁、大数据等产业,打造国际一流旅游港和现代综合贸易港。唐山港发挥深水大港优势,围绕环渤海地区新型工业化基地的定位,打造服务重大国家战略的能源原材料主枢纽港、综合贸易大港和面向东北亚开放的桥头堡。黄骅港在巩固国家煤炭运输大通道基础上,提高集装箱运量,打造现代化综合服务港、国际贸易港、"一带一路"重要枢纽和雄安新区及中西部腹地便捷出海口。

完善港口集疏运体系。完善秦皇岛港、唐山港、黄骅港集疏运体系,谋划建设雄安新区到黄骅港快速通道。推进港区铁路系统改造升级,畅通港区对外骨干路网衔接,打通港口运输"最后一公里"。加快集疏港铁路、干线公路建设,打造陆海双向物流通道。拓展海铁联运亚欧大陆桥功能,发展港、铁、航、陆多式联运,提升港口集疏运综合运输效率。巩固日韩集装箱外贸航线,挖掘唐山港—日本关东、唐山港—日本关西、唐山港—韩国釜山、秦皇岛—韩国仁川、秦皇岛—日本关东等航线潜力,积极拓展东南亚航线。推进韩国—秦皇岛港—蒙古国、韩国仁川—唐山港—蒙古国乌兰巴托等中亚班列常态化运行。完善北戴河机场口岸功能,拓展俄罗斯国际包机业务。加强与"一带一路"沿线国家合作,深化与重要节点城市共建港口联盟和空港联盟,将河北港口打造成连接中蒙俄、中欧和海上丝绸之路的陆海贸易重要节点。加快内陆港、海外仓布局,完善保税、交易、金融等贸易服务功能,扩大港口运输服务辐射范围。

发展港口物流服务。依托秦皇岛、唐山、沧州港口型国家物流枢纽承载城市建设,持续拓展港口对腹地辐射区的货物集散、国际中转、转口贸易、保税监管等物流服务和其他增值服务功能。推动港口综合运输信息、物流资源交易、电子口岸和大宗商品交易等平台建设,培育壮大煤炭、铁矿石、石化、建材、汽车及零部件、水果、粮油、皮草等一批交易中心或价格指数发布中心。加强与国内外知名船务公司及船代、货代公司合作,扩大我省注册运营的船队规模。支持电子商务企业与制造企业深化合作,打造制造、营销、物流等高效协同的生产物流一体化新生态。大力导入电商新业态,鼓励跨境电商发展。

发挥海运、铁路运输、公路运输和管道运输等多种运输方式集聚优势,加大港口后服务业招商力度,发展保税燃料油调配、船舶交易、船舶经济和管理、航运咨询、船舶检验等现代航运业务,引进供应链管理、第三方物流、电子商务等大型总部企业,全力推动港口后服务业发展。

2. 滨海旅游业

发挥渤海湾山海相依、文化深厚、生态优越的资源优势,统筹秦唐沧三地旅游资源开发、设施配套和市场开拓,大力发展帆船、帆板、游艇、海钓等海上运动休闲旅游项目,积极培育滨海温泉康体疗养、葡萄酒庄等高端休闲度假业态,打造滨海旅游带。加快滨海风景道、海上旅游航线建设,推动山海关长城文化体验、北戴河休疗度假、黄金海岸四季旅游、唐山湾国际旅游岛、渤海湿地休闲、渤海新区沙滩狂欢等特色旅游区建设,发展高品质滨海旅游度假产品,打造一批国内外知名的滨海旅游度假目的地。

鼓励沿海地区开展全域旅游示范区及 A 级景区、旅游度假区创建,重点打造"秦皇山海康养旅游区""唐山湾国际海岛旅游区"和"沧州运河武术杂技旅游区",促进滨海旅游向内地延伸、向海洋进取、向海岛深入。秦皇岛依托京津冀创新资源优势,以建设国际邮轮港为引擎,发展邮轮游艇、康养度假、海洋旅游、海洋体育赛事、长城文化体验、葡萄酒庄等产业,特色化发展海洋经济。唐山市以唐山国际旅游岛建设为契机,发展滨海旅游、湿地观光、海岛休闲、海上运动、工业观光等产业。沧州市以大运河文化带建设为契机,积极建设滨海生态休闲旅游带,发展湿地观光、盐业科普、武术杂技、温泉度假等产业。

挖掘海洋文化资源,加大海洋文化遗产保护,推进海洋文化生态保护区、博物馆等建设,强化老龙头、秦皇求仙入海处、歧口炮台等历史文化遗址遗迹保护。推动实施海洋文化精品项目,培育一批具有核心竞争力的海洋文化创意企业。发展海洋数字创意、动漫游戏等新兴文化产业,推动海洋文化创意与旅游、渔业等产业融合发展。

专栏3 滨海旅游景区与重点项目

滨海旅游度假区。秦皇岛北戴河滨海旅游度假区、唐山国际旅游岛旅游度假区、南大港湿地休闲度假区、沧州滨海旅游度假区(黄骅港城区)。

滨海旅游休闲项目。北戴河国际康养旅游中心、秦皇岛国际邮轮港、渔岛温泉度假区、北戴河新区葡萄岛旅游综合体、唐山国际旅游岛中南旅游娱乐城、大钊故里红色旅游小镇(大黑坨村)、曹妃甸多玛乐园、曹妃湖康养度假区、南大港湿地景区、南大港生态旅游度假区、渤海新区沧海文化风景区等。

滨海旅游休闲线路。开发"秦皇岛—唐山—沧州"旅游线路,串联山海关、北戴河滨海旅游度假区、新澳海底世界、乐岛海洋王国、南戴河国际娱乐中心、唐山国际旅游岛、南大港湿地、沧海文化风景区等景区。

---

3. 海洋信息服务业

促进海洋产业数字化发展,加快现代信息技术与海洋产业深度融合,推进大数据在海洋产业中的应用,提升产业链供应链资源共享和业务协同能力。加强海洋产业数字化、网络化、智能化改造,推动重点海洋产业数字化转型,发展智慧港口、智慧旅游等,培育海洋产业发展新模式。加大海洋新型基础设施建设力度,强化第五代移动通信技术应用,推动海洋港口信息服务、海洋科技信息服务、海洋工程咨询服务等高端海洋服务业发展,打造海洋综合服务平台、国际交流合作平台。培育海洋信息服务企业,鼓励有实力的信息服务企业向海洋信息服务领域拓展。加快海洋信息网络体系建设，构建统一开放的物流信息和交易平台，实现港口、海关、海事、航运等信息资源共享。完善物流市场信息平台系统信息发布、交易匹配、合同签订、支付结算、信用评价、整体物流等解决方案，健全交易、金融、监督"三合一"物流平台架构。完善电子口岸物流环境，加快推进建立区域公共物流信息服务平台，形成港口、航运、物流、监管等综合信息共享和应用体系。鼓励科技信息服务中介组织发展，推动海洋科技创业服务中心、科技咨询中心等科技服务机构的社会化、专业化建设，加快海洋服务业发展。

4. 海洋环境服务业

以美丽海湾建设为契机，以北戴河近岸生态环境保护及修复为引领，加强海洋环境保护与生态修复相关技术研究及应用，培育发展岸线整治、近海生态修复、河口资源保护、沿海防护林建设、滩涂生态涵养、海洋环境监测保护修复等相关工程设计和技术研发服务业。加快发展洁净产品生产技术、环境工程与技术咨询、环保科技推广、环境信息服务等环保中介服务。

六、构建富有活力的海洋科技创新体系

坚持创新核心地位，深入实施科技兴海战略，大力发展海洋高新技术，加强海洋科技创新平台建设，推动各类科技资源向海洋产业集聚，构建以企业为主体、市场为导向、产学研相结合的海洋科技创新体系。

（一）优化海洋科技资源配置

强化海洋科技创新力量整合。统筹省内外优势资源力量，加强涉海重大创新平台和基础设施建设，支持在秦皇岛、唐山、沧州设立涉海工程研究中心、重点实验室、技术创新中心，建设海洋产业技术创新战略联盟，提升全省海洋科技研发能力。支持国家涉海科研院所、涉海央企和涉海民营领军企业来冀合作建设高水平科技创新试验平台、新型中试和产业化基地，开展海洋战略性新兴产业共性技术研发与产业化应用。鼓励沿海开发区规划建设专业化、全要素、开放式的涉海众创空间，打造各具特色的海洋科技创新高地。

推进海洋科技创新要素一体化配置。实施引陆下海工程，推动信息技术、生物技术、新材料等创新技术和成果应用于海洋资源保护开发。强化重大科技研发项目、资金和人才等一体化配置,增强陆海协同创新能力。深入实施"人才强冀工程""巨人计划""青年拔尖人才支持计划""河北省三三三人才工程",引进、培养面向海洋资源开发利用前沿的科学家、工程师和创新团队。开辟内陆人才向海快速通道,健全海洋人才使用、评价和激励机制,提升海洋科技人才创新积极性。支持省内高校优化专业设置,鼓励引进海洋类高层次人才,加快海洋相关学科发展,提升海洋人才学历教育层次。鼓励省内高等院校和职业院校开展海洋相关在职教育和行业培训。

(二)开展核心关键海洋技术攻关

组织开展重大海洋科技攻关。强化海洋核心装备和关键技术自主研发,聚焦海水淡化、海洋生物医药、海洋工程装备、海洋化工、海洋新能源等开展攻关,形成一批具有自主知识产权、技术领先的海洋创新成果,带动相关上下游企业加速集聚、加快发展。聚焦海洋防灾减灾、海洋生态环境保护、海洋资源优化配置、海洋信息化、蓝色碳汇等领域,开展海洋灾害预警报、海洋环境容量、海洋生态保护红线、生态系统修复、海域空间资源利用、海洋环境立体监测、海洋大数据分析、蓝碳增汇等关键技术研究。

加强海洋基础性、战略性技术储备。鼓励省内高校、涉海科研院所发挥学科优势,开展海洋物理学、海洋化学、海洋生物学、海洋地质学等基础科学研究。加大原始创新投入,聚焦海洋先进装备、生物技术、生命健康、清洁能源、新材料开发、蓝碳等科技前沿,实施科技专项,部署前沿性技术、颠覆性技术研发,构建面向未来发展的战略性技术储备优势。

加快海洋应用技术研发推广。推进超疏海水功能涂层的制备方法、处理工艺研究,研发低成本、可循环使用、可回收污油的高性能吸油材料,提升海洋环境治理技术装备水平。重点开展渤海湾陆源入海污染物监控、海洋卫星遥感监测、近海多参数全水深剖面观测、海底观测等关键核心技术攻关和应用示范,开发海洋生态灾害多源遥感监测预警技术及关键陆源入海污染物智能监控预警平台,提升渤海湾近海生态监测预警能力。开展浓海水制盐用单价离子选择性交换膜制备技术研发,推动海水淡化制盐交换膜规模化生产工艺国产化。

提高海洋科技成果转移转化成效。以海洋生物科技、海水淡化科技为引领,逐步构建市场导向的海洋科技成果转移转化机制,打通创新与产业化应用之间的通道。加强海洋技术市场、知识产权保护与经营管理制度建设。支持社会资本组建技术推广中介组织。鼓励科技中介机构开展与海洋科技成果转化相关的技术交流、技术评估、技术转让等活动。鼓励海洋勘测设计、海域评估等中介服务机构开展专业化服务,推动海洋产业重大科技成果产业化。

(三)支持创新型涉海企业发展

培育壮大创新型涉海企业。加大涉海高新技术企业支持力度,扶持发展一批创新能力强的涉海龙头企业。支持传统涉海企业围绕核心基础零部件、关键基础材料、先进基础工艺等实施产业基础再造工程。实施科技型中小企业成长计划,大力培育细分市场占有率高、掌握核心关键技术的专精特新涉海中小企业。

提升涉海企业技术创新能力。发挥企业在海洋科技创新、研发投入、成果转化中的主体作用,加快海洋科技、人才、资金等创新要素向涉海企业集聚。深入推进产学研合作、校企合作,支持涉海企业牵头组建海洋科研团队,承担国家、省重大海洋科技项目。加大科技、金融等支持涉海企业创新力度,激发涉海企业创新活力。

七、维护绿色可持续的海洋生态环境

树立生态文明理念,节约集约利用海洋资源,加强海洋空间资源利用管控,强化海洋生态保护修复,统筹海陆污染综合防治,推动海洋经济可持续发展。

(一)全面提高海洋资源利用效率

加强海洋资源调查评价监测与确权登记。按照国家统一部署开展水面、水体、海床、底土等海洋资源调查,摸清海洋资源"家底",构建海洋资源基础信息平台。加强海洋资源开发利用活动动态监管,开展海洋资源保护和开发利用状况系统评估。落实海洋资源产权制度,实施海域统一确权登记。

严格用海产业活动的空间规划与用途管制。加强行业用海的精细化管理,严格控制海域开发规模和强度。提高各类海洋产业节约集约用海标准,严格限制低水平、同质化、高耗能、高污染建设项目准入。规范养殖用海管理,积极探索海域立体综合利用模式,鼓励深水综合增养殖,探索推进浴场、海上娱乐、开放式养殖等活动与海底管线等海底设施分层用海,探索渔业养殖与风电立体发展新模式。支持海洋牧场、海洋旅游等兼容用海、融合发展。

推进临海产业园区资源要素高效利用。优化临海产业园区布局,推进临海产业向园区集中。引导海洋装备制造企业向临港装备制造基地集聚。严格管控港口改扩建用地用海,严禁占多用少、占而不用,合理布局沿海LNG项目,节约集约布局码头和接收站,提高港口综合利用效率。

(二)强化海洋环境综合整治

加强陆海污染协同治理。深入打好近岸海域综合治理攻坚战。巩固渤海入海河流断面水质治理成效,集中实施入海排污口溯源整治,拓展入海污染物控制范围,进一步控制污染源总氮总磷排放。推进入海排污口分类治理,因地制宜制定入海排污口整治方案,明确整治时间表、路线图和分类整治要求,按期完成入海排污口整治任务。持续巩固深化全省入海河流水质消劣成效,强化入海河流监测考核体系,采取河道清淤、人工净化、建设潜流湿地等措施,对石河、排洪河、新开河、戴河等入海河流进行综合整治,提升入海河流水环境质量。实施入海河流全流域治理,构建流域—河口—近岸海域污染防治联动机制。到 2025 年,全面消除河流入海断面劣 V 类水质,实现入海河流国控、省控断面水质稳定达标,近岸海域优良水质比例达到98% ,主要河口生态系统消除不健康状态。

推动工业、城镇污染源精准防治。加强沿海、沿河城镇、产业园区和旅游区等重点陆源污染控制。落实"三线一单"(生态保护红线、环境质量底线、资源利用上线和生态环境准入清单),严格环境准入。加快工业园区污水处理设施提标改造,推动工业园区废水全收集、全处理、全达标。实施沿海城镇污水管网补短板工程,推动沿海建制镇以上污水处理设施全覆盖。推广污泥集中焚烧等无害化处理方式,建设污水资源化利用设施,提高中水利用效率。推进农业农村生态环境综合整治,完善农村生活垃圾收集、转运、处理机制,提升农村生活污水处理能力。强化畜禽养殖污染治理,实施农药、化肥零增长行动,改善河渠池塘水体环境质量。到 2025 年,沿海县(市、区)城镇污水处理厂出水满足流域排放标准,污泥无害化处置率达到

100%,沿海村镇农村生活污水无害化处理全覆盖,沿海村镇生活垃圾收集处理全覆盖。

加强港口污染、海洋垃圾治理。强化海洋垃圾污染陆海协同防治,将绿色岸电、环卫设施、污水处理设施建设统一纳入沿海城市基础设施建设规划,提升港口、船舶污染处置能力。加快秦皇岛港转型升级,改造完善码头环保设施,推进港口码头、船舶污染物接收、转运与处理设施建设,配齐垃圾收集、转运等污染防治设施。严厉打击化学品非法水上运输以及油污水、化学品洗舱水等非法排放行为。深入实施海洋垃圾污染防治专项行动,健全完善"海上环卫"工作机制,提升滨海旅游区、沿海村镇等重点区域海洋垃圾清理、打捞、分类处置能力。开展海洋塑料垃圾污染排查和微塑料垃圾专项调查,治理海洋微塑料污染。

提升环境风险防控能力。加强对沿海环境风险较大行业、海上生产设施等风险隐患排查,建立沿海工业园区、企业及周边水域、海域环境风险防控体系。开展环境风险临近区域环境监测和定期巡查,防范溢油、危险品泄露等重大环境风险。

专栏4　河北省海洋环境综合整治项目

入海排污口溯源整治工程。对唐山市入海排污口开展溯源整治,有序推动秦皇岛市、沧州市入海排污口的监测、溯源整治,确保全省海域沿岸无不合理或非法入海排污口设置。

入海河流综合治理工程。采取人工净化、建设潜流湿地、河道清淤等措施,对石河、排洪河、人造河、新开河、戴河、大清河、稻子河、老米河及一排干等入海河流实施综合整治,提升河流水质。

入海河流流域污水处理厂新建与改造工程。实施秦皇岛第一污水处理厂、第四污水处理厂、山海关污水处理厂,唐山滦南县北河新区污水处理厂、乐亭县城东污水处理厂、丰南惠众及丰南瑞源污水处理厂等污水处理厂新建与改造工程。

渔港环境综合整治工程。实施新开口一级渔港、大蒲河渔港、新开河渔港、卸粮口渔港、洋河口渔港环境综合整治。

绿色港口建设工程。沿海港口建设配备船舶污染物接收及预处理设施,为靠港船舶提供正常的船舶污染物接收服务。

(三)提升海洋生态系统质量和稳定性

强化海洋生态系统整体保护。开展海洋生物多样性调查和监测,建立健全海洋生物多样性保护、监测、评估网络体系,促进海洋资源恢复和生物多样性保护。严格执行休禁渔制度,落实渔船"双控"、捕捞许可等渔业资源保护制度,推动实现近岸海域捕捞产能负增长。实施海洋生物资源养护工程,加大"三场一通道"(产卵场、索饵场、越冬场和洄游通道)和水产种质资源保护区保护力度,加强国家保护动物、候鸟栖息地、迁徙路线保护。严格控制损害生物资源环境的开发活动,加强昌黎黄金海岸国家级自然保护区、曹妃甸南堡湿地、沧州南大港湿地等重要区域保护建设管理。将海草床等重要生态区域纳入生态保护红线或自然保护地管理。

实施海洋生态保护修复重大工程。以秦皇岛北部湾区、秦皇岛湾、沧州南部湾区黄骅港区域为重点,大力推进实施"美丽海湾"的保护与建设工作,到 2025 年"美丽海湾"建成岸线长度占全省岸线长度的四分之一以上。落实国家对海岸带生态修复的政策,通过环境综合整治、退养还海、清淤疏浚、海草床构建等措施,逐步恢复海湾生态功能。妥善处理围填海历史遗留问题,采取岸线整治修复、滨海湿地修复、填海区域生态功能提升等多种措施,修复恢复围填海区域的海洋生态环境。实施龙岛海域海草床保护恢复工程。开展河口生态修复专项行动,有效恢复南排河口、滦河口、七里海湿地生态功能,建设河北乐亭滦河口省级湿地公园。推进石河南岛生态岛建设,提升岛体抗侵蚀能力和沙滩质量。实施渔业资源修复工程,通过增殖放流、海洋牧场、人工鱼礁、海底生态修复等综合措施,恢复海洋生态自我平衡功能。加强海域、海岛、海岸线受损生态系统保护修复,开展退养还滩、退围还海,恢复自然岸线,修复芦苇、碱蓬等湿地植被,筑牢海洋生态安全屏障。

提升蓝色碳汇能力。聚焦"碳达峰""碳中和"目标,开展海洋碳汇研究,发展蓝色碳汇产业,推动海洋经济包容性增长。实施沿海地区和近岸海域"蓝碳"本底资源调查,摸清生态系统"蓝碳"资源状况。鼓励开展溶解度泵海洋固碳、生物泵海洋固碳、微型生物泵海洋固碳等基础理论研究。开展海草床、盐沼等典型海洋生态系统碳储量调查评估,为"碳达峰""碳中和"提供海洋领域基础数据。合理布局海洋碳汇生态系统,加强滨海湿地、盐沼、海草床等保护、修复,持续扩增"蓝碳"资源碳汇能力。

完善海洋生态保护修复监管机制。开展"绿盾"自然保护地监督检查专项行动,加强生态保护红线监管。采用遥感监测、现场调查、野外长期监控等多种手段,对海岸线、海湾、河口等典型海洋生态系统、重要海洋生态功能区、关键海洋物种分布区进行监测监控,定期评估重点区域海洋生态系统质量和稳定性。加大对海洋生态保护红线的常态化监管,禁止任何违反生态保护红线管控要求的开发利用活动。开展海洋生态系统保护成效监督,建立健全监督、反馈与问责机制。到2025年,全省典型海洋生态系统纳入常态化监控。

专栏5 海洋生态保护修复重点项目

海洋生物资源养护工程。构建海洋生物多样性调查监测、评估保护体系,健全完善养护和可持续利用机制。在秦皇岛、唐山、沧州增殖放流海洋生物15亿单位,新建国家级海洋牧场2个以上,养护重要渔业品种,恢复海洋生物多样性。开展滦南湿地生物调查,保护底栖生物多样性。

生态系统恢复修复工程。实施七里海湿地、滦河口湿地修复保护工程和冯家堡北段海堤整治修复建设、退养还滩工程。实施石河南岛生态建设、唐山湾祥云岛岸滩修复保护工程、滦南湿地修复保护、龙岛海草床修复保护、海兴湿地保护恢复、渤海新区围填海整治修复工程。

"净海净滩"工程。实施秦皇岛天使湾岸线、金沙湾及大蒲河口区岸线、昌黎黄金海岸旅游区综合岸线修复整治工程和唐山国际旅游岛唐山祥云岛北岸生态保护修复项目,建立健全北戴河新区"海上环卫"制度,对昌黎黄金海岸旅游区岸线实施常态化保洁。

美丽海湾建设工程。推进美丽海湾建设,到2025年,建成秦皇岛北部湾区、秦皇岛湾、沧州南部湾区黄骅港区域等美丽海湾。

(四)推进海洋生态产品价值转化

增强优质海洋生态产品供给能力。严格保护海洋生态产品生产环境,增强海洋生态技术保障能力,加快海洋生态修复、节能减排、智能化制造技术等推广应用,提升海洋生态系统生态产品供给能力。加大海洋绿色技术创新,打通海洋科技成果转化和产业化通道,延伸海洋生态产品产业链。完善海洋生态治理体系,增强海洋生态产品服务能力。

探索海洋生态产品价值实现路径。鼓励省内外科研院所,开展海洋生态产品价值核算体系、蓝色碳汇核算与交易研究。综合考虑海洋生态产品类型、保护开发成本、市场需求等,试算海洋生态系统生产总值,评估海洋生态资产价值,为生态补偿、生态损害赔偿、绩效评估考核等提供基础支撑。创新海洋生态产品价值实现机制,探索多元化价值实现方式。积极参与国家排污权交易、海水淡化参与水权交易、蓝色碳汇交易等指标产权交易市场。

推进海洋生态补偿。坚持受益者付费、保护者受益原则,完善市场化、多元化海洋生态补偿机制。建立健全纵向海洋生态补偿政策。采取资金补偿、产业转移、共建园区等方式,推动受益地区与生态保护地区、流域与海域之间建立多元化横向补偿机制。

(五)推广绿色低碳循环生产方式

推进海洋产业低碳发展。加快绿色港口建设,鼓励新增和更换港区作业机械优先使用新能源和清洁能源。鼓励发展低耗能、低排放的海洋服务产业和高新技术产业。对海洋化工等高耗能产业实行节能减排,加快淘汰落后产能。鼓励发展海洋清洁能源。

加快生产方式绿色转型。实施海洋油气绿色发展行动计划,推动海洋固废减量化、无害化处理及资源化利用。采用绿色船舶技术,推动船舶设计、制造、应用、报废回收的全周期管理。鼓励海洋化工企业采取新技术、新设备、新工艺,推动海洋化工产品生命周期全过程绿色化。支持海洋产业绿色技术、材料、设备研发应用,鼓励发展海洋绿色环保产业。

支持发展海洋循环经济。推动海水淡化与综合利用集成技术拓展,推广"发电—海水淡化—浓海水制盐—土地节约整理—废弃物资源化再利用"循环模式。优化海洋盐业与盐化工生产工艺,推动"海水制盐—提溴—制碱"循环产业链建设。

八、塑造开放共赢的海洋经济合作局面

发挥区位资源优势,搭建对外开放合作承接平台,深化与京津海洋开发合作,提升对内陆腹地辐射带动能力,打造"一带一路"北方重要节点和新亚欧大陆桥"桥头堡"。

(一)搭建对外开放合作承接平台

加快建设中国(河北)自由贸易试验区曹妃甸片区,发挥天然深水大港优势,发展国际大宗商品贸易、港航服务、能源储配、国际贸易、高端装备制造等产业,开展大宗商品现货交易、国际能源储配贸易,开展矿石混配和不同税号下保税油品混兑调和业务。开展汽车平行进口试点,设立国际船舶备件供船公共平台和设备翻新中心等。探索"自贸+综保+跨境电商"新模式,拓展矿石混配、能源储配及钢铁、木材等大宗商品交易,提升跨境贸易、投融资结算便利化水平,打造总量万亿级、税收百亿元的国际商贸物流产业集群,建设东北亚经济合作引领区、临港经济创新示范区。

持续推进秦皇岛加拿大泰瑞斯工业园区、姆巴莱工业园区等境外园区和中东欧(沧州)中小企业合作区建设,打造一批国家和地区产业合作、企业聚集发展新平台和对外投资载体。进一步做大做强各类开发区,加快临港物流产业园区、北京生物医药产业园等产业新平台建设,全力推进黄骅港综合保税区获批,提升开发区发展能级,增强吸引外商投资合作的平台功能。提高开发区聚集产业外向度,扩大外贸规模。实施北京(曹妃甸)现代产业发展试验区、综合保税区、中日韩循环经济示范区和滦南保利国际物流产业园建设,打造河北对外开放"新窗口"。

(二)深化京津冀海洋开发合作

全面深化与京津在海洋领域合作,加快培育一批京津冀海洋产业合作发展平台、科技协同创新平台,承接京津产业项目转移。推进北京渤海新区生物医药产业园、天津渤海新区生物医药产业园、北戴河生命健康产业创新示范区、中关村海淀园秦皇岛分园等平台建设,加快海洋生物医药、海洋装备、海水利用等产业发展。鼓励京津骨干企业、涉海央企参与我省海洋经济发展,共同建设海洋经济示范区。支持有条件的市县建设海洋高新技术企业孵化器、加速器(中试基地)。

(三)提升对内陆腹地辐射带动力

深入落实京津冀协同发展战略,推进港口与北京、雄安等京津冀腹地互动发展,提升港口功能向内陆腹地辐射能力。加强与石家庄综合保税区、廊坊综合保税区、辛集保税物流中心、武安保税物流中心等海关特殊监管区对接,促进内陆外贸经河北沿海港口出口。加强与内蒙、山西、河南等内陆腹地联络互动,推进新能源、原材料、制成品等产业向沿海工业园区集聚。借助港口资源优势,加强与内陆地区合作,建设一批无水港、内陆港。

(四)融入"一带一路"建设

以政策沟通、设施联通、贸易畅通、资金融通、民心相通为主要内容,全方位推进与"一带一路"沿线国家和地区的交流合作。借助中国(河北)自由贸易试验区、秦皇岛综合保税区、曹妃甸综合保税区对外开放优势,建立口岸与海关特殊监管一体化通关物流体系,打造中国北方"一带一路"重要出海口。以唐山港为出海口,畅通至二连浩特口岸综合运输大通道;以秦皇岛港为出海口,畅通中蒙韩国际物流通道;以黄骅港为出海口,构建"沧—石—新—欧"国际综合物流通道。加强曹妃甸—乌兰巴托—安特卫普、黄骅—新疆—杜伊斯堡等国际货运班列配套设施建设,提升班列频次,逐步实现中欧中亚班列常态化运行。

加快推进中国—中东欧(沧州)中小企业合作区建设,持续办好"中国—中东欧中小企业合作论坛"暨进口商品博览会。加强与亚洲其他国家在能源、石化、钢铁、建材等领域的合作,深化与非洲、澳洲、拉美在大宗商品和基础原材料领域合作。

九、建立支撑有力的海洋基础设施和公共服务体系

(一)完善涉海交通设施

港口码头。优化港口布局,调整港口结构,统筹推进港口资源整合,加快集装箱、散杂货、油气及液体化工等码头建设和改造。秦皇岛港谋划建设邮轮码头改造工程等项目,唐山港、黄骅港实施煤炭、矿石、原油、LNG、集装箱、液体化工码头等项目建设,完善铁矿石、油品、集装箱、粮食、滚装运输功能。

公路交通。加快推进赤峰至曹妃甸公路(G508)滦州至青坨营段工程,

实施秦唐高速公路、S323姜各庄至玉田公路等,加密综合交通网络,健全港口与腹地公路集疏运体系,畅通出海通道。对接雄安新区规划,谋划建设雄安新区至黄骅港公路,打造雄安新区便捷高效出海口。

轨道交通。完善陆海双向物流通道,加快黄大铁路和京唐、石衡沧港城际铁路工程建设,开展环渤海城际铁路、津承城际铁路、遵曹城际铁路、汉曹铁路、唐曹铁路东延、承秦铁路等项目前期工作。谋划建设雄沧港铁路、迁青铁路、承秦铁路、秦皇岛地方铁路北延、津沧铁路、张家口至保定至黄骅港等铁路项目。推进邯黄铁路与京沪铁路互联互通、立体交叉,提升邯黄铁路运输效能。完善港区内铁路连接线和站场布点,推进朔黄、邯黄、沧港铁路的互联互通,围绕朔黄铁路沿线、邯黄铁路延伸线"两线",利用朔黄铁路反向运输模式,支持西北地区所需货物通过黄骅港上水。加强港内铁路支线与港外铁路干线的对接,提升港内铁路接卸能力。

沿海机场。推动沧州机场开工建设,实施秦皇岛机场改扩建、中捷通用机场改扩建项目。

(二)加强新型基础设施建设

加强海上新型基础设施建设和信息化智慧化赋能。在国家统筹规划下,全力支持海洋系列卫星、全球海上立体观测网、海底光缆电缆系统等新型基础设施建设。面向海上重大需求,依托有条件的岛礁、海上平台等布局4G/5G移动通信基站及无线电管理技术设施。按照国家统一部署加快卫星通信网络建设,鼓励商渔船安装使用北斗导航、海上宽带等设备,在严防商船碰撞、海上救援和服务保障等领域积极开展应用。

推进智慧海洋工程实施,以近岸海域为重点,推动新一代信息技术与海洋环境、海洋装备、涉海活动等有机融合。加快海洋产业数字化、网络化、智能化改造,建设智慧渔业、智能制造、智慧港口、智慧航运等"智能＋海洋产业"。加强无人航行器、智能观测机器人、无人观测艇等应用,完善海洋信息采集与传输体系,提升大范围海域感知能力。按照国家统一部署,推动建立海洋数据共享交换机制,促进海洋信息资源开放共享。

(三)优化沿海能源供给

能源开发。统筹推进光伏发电等清洁能源开发。支持滩涂光伏电站发展,鼓励发展渔光互补、渔能融合电站。实施沿海煤改气、地源热泵、集中供热、光热＋等供热改造。

能源储运。加快完善石油和天然气储备体系,推进中俄东线南段(河北段)及秦丰沿海输气管道项目建设。建设一批油气储运项目,扩大油气储备规模。适时启动唐山LNG第二码头工程、京唐港LNG项目、黄骅港LNG码头工程,完善油气输送管网。持续推进沿海特高压通道和主干电网建设工程。研究出台港口岸电扶持政策,推动新改建非危险品码头同步建设岸基供电设施。实施新一轮城乡电网改造升级。推进能源储运设施智能化、集成化。

(四)强化沿海水源保障

实施石河—引青济秦供水管线联通工程、昌黎县滦河引水工程等项目,构建以现有河、湖、库为骨干,外来水、淡化海水为补充的沿海水资源保障体系。合理分配地表水资源,提升沿海重点区域供水保障能力。鼓励淡化海水、中水等水资源利用。

(五)提升防灾减灾能力

加强临海防潮堤和入海河道防潮堤建设,强化侵蚀岸段防护堤坝和挡潮闸加固除险。支持建设沿海防波防潮景观一体观光带。完善海洋灾害预警预报业务平台,增强预警预报能力。推动岸基、海上平台、浮标、航空遥感等观测站点设施升级改造。加强秦皇岛、唐山、沧州海上应急救援基地建设,推动救援设备智能化升级,进一步提高海上救援效率。

十、打造协同高效的海洋经济政策体系

加大财政、金融、用海用地等政策支持,强化要素集聚能力,推动海洋产业转型跨越,提升海洋经济综合竞争力。

(一)财政政策

统筹现有相关专项资金,支持沿海地区海洋产业发展。在防范政府债务风险的前提下,继续加大对沿海地区新增政府债务限额的倾斜支持力度。加大对海洋战略性新兴产业、海洋优势产业及重大海洋科技专项、海洋科技人才引进培养的支持力度。落实好沿海港口集装箱发展支持政策。统筹河北省质量资助激励资金,对新获得国家级度假区、5A旅游景区的经营单位予以奖励。完善海水淡化综合利用水价政策、电价政策、金融政策,进一步落实免收需量(容量电费)、企业所得税抵免等优惠政策。

(二)金融政策

发挥政策性、商业性金融和多层次资本市场在支持海洋经济发展中的作用,落实《关于银行业金融机构支持沿海地区发展奖励资金管理办法》,鼓励银行业金融机构加大沿海经济带发展支持,引导银行业金融机构采取项目贷款、银团贷款多种形式满足海洋产业资金需求。鼓励银行机构设立服务海洋经济的专门部门,为海洋产业融资需求提供专业化服务。探索发行"蓝色债券",鼓励和支持沿海地区符合条件的企业通过发行企业债、公司债、中小企业集合债等筹集资金。鼓励河北产业投资基金支持海洋产业发展项目,扶持带动产业发展。引导社会资本投入海洋新兴产业、现代海洋服务业、海洋渔业等特色优势产业。完善涉海保险机制,推动构建渔业互助保险、海洋巨灾保险等特色涉海保险保障体系。

(三)用地用海政策

争取自然资源部支持,加快解决沧州渤海新区等围填海历史遗留问题,创新用地用海政策,保障全省海洋经济发展的用地用海需求。对科技创新、战略性新兴产业、高新技术产业、主导产业和特色产业等"蓝色经济"重点产业项目用地,积极安排建设用地指标。"蓝色经济区"各类产业用地(房地产业用地除外)可以采用长期租赁、先租后让、租让结合、弹性年期出让方式供应。盘活存量围填海资源,组织开展海域使用论证、用海预审和用海审批,做好重点项目用海服务保障,保障航道、锚地、海洋环保、防灾减灾等公共基础设施建设的用海需要。推进土地资源节约集约利用,严格实施"增存挂钩"机制,大力推进批而未供和闲置土地盘活,提高土地利用质量效益。推进海域使用权招拍挂出让,发挥好市场在海域资源配置中的决定性作用。探索海域使用权立体分层设权。

(四)开放政策

加大中国(河北)自由贸易试验区曹妃甸片区在通关模式、监管方式、金融扶持、人才引进等方面政策先行先试的力度。在北戴河新区复制推广全国自由贸易试验区改革试点经验,形成一批政策创新成果。争取海关总署等国家部委支持,加快推进黄骅港综合保税区申请等相关工作。全面取消海运提单换单环节,简化免予 CCC 认证证明工作流程,推进进出口许可证网上审批,推进通关与物流并联作业。

十一、保障措施

(一)强化组织实施

充分发挥政府的调控引导作用,建立健全海洋经济综合管理与协调机制,强化相关涉海管理部门在海洋经济发展、海洋科技创新、海洋生态环境保护、海洋综合管理等重大事项上的沟通、协调与联通。沿海市县要依据本规划,结合本地实际,制定工作方案,明确责任和进度要求,推动规划各项任务落地落实。

(二)完善体制机制

创新海洋经济管理体制,深化"放管服"改革,提升海洋公共服务和综合管理水平。建立重点涉海企业联系制度,支持有序组建涉海行业协会、商会或产业联盟,形成多方参与的综合协调机制。支持建设一批重大海洋经济项目,注重优化投资结构,引导提高战略性新兴产业、高新技术产业、重大海洋基础设施等项目投资比例,推动重大项目向沿海市县倾斜。

(三)强化要素保障

强化资源要素支撑,统筹土地、海域资源,做好用地用海保障。完善海洋经济高质量发展政策支撑体系,强化财政、金融、人才、产业、区域、公共服务等政策的协同配合,形成政策合力。坚持底线思维,防范化解重大风险,共同维护产业链供应链稳定。

(四)开展监测评估

健全海洋经济统计制度,加强海洋经济运行分析和海洋经济重大问题研究,提升海洋经济宏观调控能力。建立动态调整机制,组织开展规划中期评估,适时调整规划目标任务。加强海洋经济政策宣传,准确解读规划和相关配套政策,畅通公众意见渠道,形成全社会关心、支持和主动参与海洋经济发展的良好氛围。

《河北省海洋经济发展"十四五"规划》高频词图

辽宁省"十四五"海洋经济发展规划

按照国家海洋经济发展总体部署,根据《辽宁省国民经济和社会发展第十四个五年规划和二〇三五年远景目标纲要》《辽宁沿海经济带高质量发展规划》编制本规划。本规划明确未来全省海洋经济的发展战略、发展目标、重大任务、空间部署和保障措施。规划范围包括辽宁省全部海域和大连、丹东、锦州、营口、盘锦和葫芦岛6个市以及海洋经济发展所依托的相关陆域,规划期限为2021年至2025年,展望到2035年。

第一章 发展现状与形势

第一节 发展优势

资源禀赋。辽宁毗邻渤海和黄海,海洋空间资源丰富,大陆海岸线长度2110公里,位居全国第五,海洋功能区划面积4.13万平方公里,共有海岛633个。滨海湿地资源丰富,120多万亩的碱蓬形成独具特色的红色海岸。海洋渔业资源丰富,拥有辽东湾、海洋岛两大传统渔场,国家级海洋牧场示范区数量位居全国第二。辽宁沿海风能资源丰富,具备开发建设海上风电场的资源优势。辽东湾具有良好的油气地质条件,具备海洋油气业发展潜力。同时,辽宁是我国重要的海盐产区之一。

区位优势。辽宁是我国最北端的沿海省份,是东北唯一的陆海双重通道,位于东北亚中心地带,是丝绸之路经济带和21世纪海上丝绸之路的重要交汇点,拥有沿海、沿江、沿边的地缘优势,是东北地区通向世界的重要门户。随着"一带一路"、京津冀协同发展、新一轮东北振兴等国家战略实施,依托环渤海、东北广阔的腹地市场,及东北亚国际航运中心建设,辽宁具备融入和服务新发展格局的优势条件。

产业基础。辽宁是国家船舶与海工装备重要的研制生产基地,生产了我国第一艘万吨轮船、第一艘航母,建设全国最大的粮食、铁矿、石油装卸平台等。现有规模以上船舶工业企业 240 余户,大连船舶重工、大连中远海运重工、大连中远海运川崎、渤海船舶重工等龙头企业在国内具有较强的竞争力,同时在沈阳、鞍山、营口、锦州、丹东等地分布着规模不一的船舶配套企业,业已形成大连湾、旅顺开发区、葫芦岛龙港等船舶与海工装备总装基地。2020 年辽宁海洋船舶工业实现增加值 91.5 亿元,在全国排名第三。远洋渔业发展优势显著,南极磷虾捕捞技术和海上产品加工技术国内领先,远洋捕捞产量位居全国第四。此外,海洋交通运输、滨海旅游等海洋产业也具有良好的发展基础和条件。

第二节 成效回顾

海洋经济总体实力不断提升。辽宁聚焦海洋经济转型升级新突破,聚力海洋经济创新驱动新引擎,坚持生态优先、陆海统筹、区域联动、协调发展,以改革创新、科技创新为动力,强化提质增效,强化海洋综合管理,推动海洋环境质量逐步改善、海洋资源高效利用,推动形成产业结构合理、经营体制完善、支撑保障有力的海洋经济发展格局,助力地区经济高质量发展。初步核算,2020 年全省海洋生产总值达到 3125 亿元,占全省地区生产总值的 12.4%,海洋三次产业结构为 11.2∶28.1∶60.8,海洋新兴产业持续发展,海洋产业结构不断优化。

主要海洋产业发展成效显著。辽宁初步形成了以船舶与海工装备制造业、海洋渔业、海洋交通运输业、滨海旅游业为主,海洋药物与生物制品业、海洋信息服务业、海水淡化与综合利用业、海洋新能源等新兴产业不断壮大的海洋产业体系。2020 年全省造船完工 534.8 万载重吨,占全国造船总量的 13.9%,位居全国第三位。截至 2020 年底,全省共创建争取中央专项转移支付人工鱼礁补助项目 31 个,投放人工鱼礁 43.6 万空方。辽宁沿海港口承担东北地区 70% 以上的海运货物,2020 年全省港口完成货物吞吐量 8.2 亿吨,其中集装箱吞吐量 1310.8 万标准箱,大连港进入全国十大沿海港口行列。沿海地区形成各具特色的滨海旅游布局,大连市成为全国 6 个邮轮旅游发展实验区之一。

海洋科技创新与应用实力增强。"十三五"期间,辽宁重点在海洋水产、海工装备、深海装备、海洋能源等领域,整合创新资源,加大科研投入,开展关键技术攻关,渔业新品种、谱系化海洋机器人装备、天然气水合物取样、海水淡化等高水平海洋科技成果接连涌现。中国科学院沈阳自动化研究所参加的"蛟龙号载人潜水器研发与应用"获得 2017 年国家科技进步一等奖。大连理工大学"海洋天然气水合物分解演化理论与调控方法"荣获 2019 年国家自然科学二等奖。辽宁相继建成和投入使用一批海洋领域国家重点实验室(工程研究中心)、省级重点实验室等创新平台,实施"兴辽英才计划",不断加大人才培养力度,为建设海洋强省提供了强有力的人才和技术支撑。

海洋生态保护与修复取得成效。辽宁划定并严守海洋生态红线,先后在渤海、黄海建立了海洋生态红线制度,大力实施"蓝色海湾"生态整治修复,将海洋保护区、海洋生态敏感区和脆弱区、入海河口、自然岸线等重要海洋生态功能区 12717.7 平方公里以及大陆自然岸线 720.7 公里划入海洋生态保护红线,实施严格管控。积极开展入海排污口排查整治,率先完成渤海入海排污口溯源监测工作,截至 2020 年底,按立行立改要求完成整治任务572 个。渤海 13 条国控入海河流均达到四类及以上,国控入海河流消劣目标全部完成。渤海综合治理攻坚战圆满收官,辽宁渤海近岸海域优良水质比例 80.3%,高于渤海综合治理攻坚战目标约 5 个百分点。2020 年,辽宁省近岸海域优良水质比例 92.3%,比"十二五"末提高 10.4 个百分点。

海洋公共服务体系逐渐完善。辽宁持续推动海洋防灾减灾工作,初步形成省、市、县三级海洋防灾减灾体系。实施海洋资源开发利用活动管控,对黄渤海红线区域开展常态化监测与监管,加强海岸线管理,严格围填海管控,实施海洋污染监管和联防联控,海洋监测体系逐步完善。不断完善税收和支持政策,多渠道筹措资金支持海洋产业发展,重点支持了海洋渔业、海洋生态保护修复、港口航运设施建设、海洋灾害预警监测等一批项目和工程。

第三节 面临形势

发展机遇。在国家加快构建以国内大循环为主体、国内国际双循环相互促进的新发展格局要求下,海洋经济发展迎来前所未有的机遇。同时,科技创新正在成为引领海洋经济发展的第一动力,海洋领域新技术、新装备、新材料发展不断催生新产业、新业态,开发利用海洋的能力有望实现重大突破,海洋在畅通内外连接、重构产业链供应链中的地位更加突出。习近平总书记做出新时代东北全面振兴"十四五"时期要有新突破等重要指示,东北地区步入全面振兴的新阶段,为辽宁海洋经济加快发展注入新的活力和动力,提供了广阔空间。区域经济合作不断深化,生产要素流动和产业转移日益加快,为提升开发开放水平创造有利条件。从全省来看,雄厚的基础和产业优势为推动制造业高质量发展和实体经济提质增效提供了有力保障,推动适应和引领经济发展新常态,深化供给侧结构性改革,培育经济增长新动能的发展态势正在形成,海洋经济发展从要素驱动、投资驱动向创新驱动、高质量发展迈进。

面临挑战。辽宁作为新时代东北全面振兴的重要沿海区域,具有发展海洋经济的区位优势和资源优势,海洋经济在快速发展的同时,仍面临着较为严峻的挑战。海洋经济支柱产业仍是海洋渔业、滨海旅游、船舶制造等传统产业,海洋新兴产业较为薄弱,海洋产业链有待完善,产业发展质量和结构有待进一步优化。在海工装备新技术应用、海洋生物新产品推出、海洋能源开发等方面形成了一定的产业基础,但是在成果转化落地、产业集约发展等方面仍存在诸多不足。发展空间受到限制,资源型消费、原始型产品、粗放型经济仍然不同程度存在。淡水资源缺乏,海洋自然资源及原生地不断退化,生态环境问题不容忽视。海洋管理体制机制尚不完善,沿海各地海洋经济发展不平衡,陆海联动、区域协同的海洋经济发展格局有待进一步优化,对外开放总体水平不高,海洋经济总体实力和广东、山东等省份存在较大差距。

第二章 总体要求

第一节 指导思想

以习近平新时代中国特色社会主义思想为指导,全面贯彻党的十九大和十九届历次全会精神,紧紧围绕统筹推进"五位一体"总体布局和协调推进"四个全面"战略布局,按照党中央、国务院决策部署,立足新发展阶段、贯彻新发展理念、服务构建新发展格局,推动实现全面振兴新突破,积极推进我省现代海洋产业体系构建,促进区域海洋经济协调发展,着力加强海洋科技创新,着力建设海洋生态文明,深化海洋经济对外开放合作,强化陆海统筹与协调发展,构建内外联动、陆海互济的全面开放新格局,为辽宁经济全面振兴、全方位振兴注入强劲动力。

第二节 基本原则

陆海统筹、协调发展。加强规划引导,注重与我省国民经济和社会发展规划、国土空间规划等相衔接,根据资源禀赋和产业基础,统筹配置陆海资源、合理布局海洋产业。

市场主导、创新驱动。引领民间资本投入海洋经济,发挥市场对资源的配置作用。以创新为手段激发市场活力,推动海洋经济体制机制改革,引导海洋新技术转化应用和海洋新产业、新业态形成,培育海洋经济增长新动力,提升发展质量和效益。

生态优先、人海和谐。科学合理开发利用海洋资源,加强海洋生态保护与修复,改善沿海地区海陆环境质量,养护自然属性,实现减排增汇,增强海洋经济可持续发展能力。

筑链强基、提质增效。依托资源优势和产业基础锻长板,围绕产业关键技术攻关补短板,巩固提升优势海洋产业领先地位,不断壮大海洋新兴产业,完善产业链供应链,促进海洋产业提质增效和海洋经济高质量发展。

开放合作、共享发展。主动参与国际和区域海洋经济合作,服务构建海洋命运共同体,逐步提升海洋产业在全球价值链中的地位与作用。以增进人民福祉为目的,共享海洋经济发展成果。

第三节 发展定位

"十四五"期间,围绕海洋强省建设,综合考虑我省海洋经济发展基础和潜力,努力打造成为东北地区全面振兴"蓝色引擎"、我国重要的"蓝色粮仓"、全国领先的船舶与海工装备产业基地、东北亚海洋经济开放合作高地。

东北地区全面振兴"蓝色引擎"。加快"老字号"海洋产业改造升级,促进"原字号"海洋产业深度开发,推动"新字号"海洋产业培育壮大,加快构建现代海洋产业体系,深化海洋科技创新和成果转化体制改革。深入推进辽宁沿海经济带六城市协同发展,建设辽宁现代海洋城市群,协同拓展沿海港口腹地纵深,构建国际海铁联运大通道的重要枢纽,引领全省、带动东北向海图强,打造引领东北地区全面振兴的"蓝色引擎"。

我国重要的"蓝色粮仓"。发挥水产种质资源优势,养护原生优质海洋生物资源,建设国家海珍品种质资源库和高品质海珍品生长繁育保护中心。提升海产品精深加工能力,创建国家骨干冷链物流基地,打造东北亚水产品冷链物流中心。发展可持续远洋渔业,创建国家远洋渔业基地,推动远洋渔业产业基础高级化和产业链现代化。发展精品海水养殖、深海智能网箱养殖,高标准建设现代化海洋牧场。

全国领先的船舶与海工装备产业基地。发挥老工业基地底蕴和工业基础优势,推动高技术船舶及海洋工程装备向深远海、极地海域发展,实现主力装备结构升级,突破重点新型装备,提升设计能力和配套系统水平,形成覆盖科研开发、总装建造、设备供应、技术服务的完整产业体系,培育形成具有国际竞争力的船舶与海洋工程装备产业集群。

东北亚海洋经济开放合作高地。推进辽宁港口群协同发展,加快东北亚国际航运中心建设,巩固面向日韩俄的比较优势,积极开拓欧美市场。大力推进太平湾合作创新区建设,努力将太平湾打造成集"港、产、城、融、创"于一体的东北亚对外开放桥头堡。依托辽宁自由贸易试验区、"一带一路"综合试验区建设,引领构建东北亚海洋经济合作新格局,拉动中蒙俄经济走廊与东北亚经济走廊对接发展,形成面向东北亚海洋经济开放合作的战略高地。

第四节　规划目标

"十四五"期间,我省海洋经济发展力争实现以下目标:

海洋经济综合实力显著增强。到 2025 年,力争全省海洋生产总值突破4500 亿元,占全省地区生产总值的 14% 以上。海洋经济提质增效迈出实质性步伐,海洋产业结构不断优化,海洋新兴产业占比逐年增加,成为新的增长点,现代海洋服务业成为引领海洋经济发展的新引擎,现代海洋产业体系初步形成。

海洋科技创新能力大幅提升。海洋科技创新取得重大进展,智慧海洋工程建设有效推进,高端装备制造科技自主创新能力达到国际先进水平,建设一批省级以上涉海科技创新平台,海洋科技研发经费投入逐步提升,科技创新驱动海洋经济高质量发展作用增强。

海洋经济可持续发展能力显著增强。海洋资源集约节约与高效利用能力进一步提升,海洋产业绿色低碳循环生产方式得到广泛应用,到2025年,全省海水淡化日产能力达到45万吨以上,力争海上风电累计并网装机容量达到4050兆瓦。海洋生态保护修复成效显著,海洋环境综合治理体系逐步健全,美丽海湾建设取得实质性进展。到2025年,近岸海域优良水质比例稳定达到92%。绿色安全放心海产品供应得到更好保障,亲海亲水空间更加广阔,海洋给人民群众更多获得感、幸福感。

海洋综合管理体系更加完善。海洋法规规章体系日益完善,海洋执法能力显著增强。海洋综合管理体制机制不断健全,海洋事业繁荣发展。海洋开发开放进一步深化,海陆统筹联动发展机制灵活。海洋防灾减灾及应急能力提升,海洋公共服务能力显著增强。

展望2035年,我省海洋经济综合实力和质量效益再上新台阶,海洋产业结构和布局更趋合理,海洋科技支撑和保障能力进一步增强,海洋生态文明建设取得显著成效,海洋经济国际合作取得重大成果,海洋经济调控与公共服务能力进一步提升,形成陆海统筹、人海和谐的海洋发展新局面,实现海洋经济发展走在全国前列、世界影响力全面提升,基本建成人海和谐的美丽辽宁。

表1 辽宁省"十四五"海洋经济发展主要目标

	指标名称	2020年	2025年	指标属性
综合实力	海洋生产总值(亿元)	3125	>4500	预期性
	海洋生产总值占地区生产总值的比重(%)	12.4	>14	预期性
产业发展	海洋新兴产业增加值年均增速(%)	12.2	高于"十三五"时期	预期性
	海水淡化日产能力(万吨/日)	11.5	>45	预期性
	海上风电累计并网装机容量(兆瓦)	300	4050	预期性
	集装箱海铁联运量占集装箱吞吐量比重(%)	6.6[①]	10	预期性

续表

指标名称		2020 年	2025 年	指标属性
创新驱动	海洋研发经费投入年均增长（%）	11.6②	高于"十三五"时期	预期性
	省级以上涉海科技创新平台（个）	14	19	预期性
绿色生态	近岸海域优良水质比例（%）	92.3③	92	约束性
	大陆自然岸线保有率（%）	35.5	等待国家下达	约束性
	海洋生态保护红线控制面积（平方公里）	12717.7	等待国家下达	约束性
民生福祉	人均海产品供应量（千克/人）	86.9	>92	预期性
	渔民人均纯收入（元）	20968	与全省 GDP增长同步	预期性

注：①为 2019 年数据。

②为 2019 年数据。海洋研发经费仅为海洋科研机构数据。

③"十三五"期间,辽宁近岸海域优良水质比例年均值为 88%。

第三章　促进区域海洋经济协调发展

立足于促进区域协调发展,充分发挥辽宁作为东北亚向海开放门户和引领东北全面振兴的作用,进一步优化空间布局,推动形成"一核心两轴带、区域协同发展"海洋经济格局。

第一节　巩固提升大连核心地位

全力支持大连高水平建设海洋强市,打造海洋经济发展新高地。提升东北亚国际航运中心能级,稳固发展海洋交通运输业和港口物流业,大力发展海洋新能源、海洋生物医药及新材料、海水综合利用等海洋新兴产业,推动海洋渔业、船舶工业及海洋工程装备制造业、海洋化工业等转型升级。推动科技创新力量整合,组建大连海洋科技创新联盟。建设我国重要的海洋装备制造中心、高品质海珍品生长繁育保护中心、滨海旅游度假中心。建设特色现代海洋城市,加快迈向"开放创新之都、浪漫海湾名城"。

第二节　做大做强东西两向轴带

进一步提升东向轴带（丹东市）和西向轴带（营口市、盘锦市、锦州市、葫芦岛市）海洋经济发展水平，强化海洋产业的分工协作与梯次分布，统筹推动两轴带协同创新发展，打造资源共享、优势互补的差异化发展模式。东向轴带坚持绿色发展和开放共享，充分发挥沿边沿江沿海优势，统筹推进陆海产业协同，通过大力发展海洋渔业、海洋交通运输业、滨海休闲文化旅游、海洋食品加工、临港产业和海洋装备产业，逐步壮大海洋经济。西向轴带重点推动海洋交通运输业和航运服务业提质增效，大力发展海洋生态养殖、海工装备制造和海洋信息服务业，打造具有国际竞争力的海洋工程装备及船舶修造产业集群。完善海洋化工产业链，积极推进海洋化工绿色转型。融合海洋生态和历史文化特色，提升滨海旅游业发展水平和质量。

第三节　引领东北地区海洋经济协同发展

全面贯彻落实东北地区深化改革创新推动高质量发展，构筑东北地区海洋经济合作平台，从东北海洋经济一体化出发，契合黑吉两省经济发展需求，打破行政壁垒，根据国家产业政策和市场规则培育海洋经济要素市场，推动资源要素跨区域自由流动，实现优势互补和合理分工。加快建设大连长山群岛、复州湾及营口鲅鱼圈、丹东东港等海洋经济特色产业园区。加快推进大连产业转型升级示范区、锦州经济技术开发区、葫芦岛经济开发区等园区建设，支持发展海洋特色产业，形成新的集聚效应和增长动力。支持吉林省、黑龙江省、内蒙古自治区与辽宁省共建海洋产业园区，深化环渤海区域合作，加强辽宁和江苏、大连和上海对口合作，促进南北互动，提升海洋产业发展水平，推动海洋产业集聚发展，培育新动能、激发新活力、塑造新优势。落实辽宁"一圈一带两区"协调发展战略，推进以大连为龙头的辽宁沿海经济带开发开放，加强海洋经济向内陆拓展，增强沈阳、大连协同联动效能，充分发挥辐射带动作用，推动沿海六市协同打造东北亚地区具有区域竞争力的现代海洋城市群，为东北地区向海发展提供支撑。

专栏1 辽宁现代海洋城市群建设重点

大连发挥大连的"中心港"效应,提升航运服务水平,实现东北亚国际航运中心建设再突破。增强海洋工程装备的总装研发、设计建造能力和智能化水平,优化发展现代海洋渔业,加快发展邮轮游艇旅游,建设高品质海珍品生长繁育保护中心、滨海旅游度假中心,构建现代海洋产业体系,建设海洋强市。

丹东推进建立贝类苗种繁育基地,稳步实施资源养护工程,建设辐射黄海优势资源区的种质创制中心。发展远洋渔业和水产品深加工业,加快海洋食品加工技术更新改造,积极发展海洋交通运输、现代物流、保税仓储等,建设开放合作先导区、海洋经济国际合作示范区。

锦州加强港口集疏运体系建设,打通锡赤朝锦海陆通道,加快推进东北陆海新通道建设,不断壮大海洋交通运输业。建设现代海洋牧场,大力发展海洋生态养殖,加快传统海水养殖业转型升级。大力发展海工装备制造业,不断优化临港产业结构,整合红色文化主题和滨海旅游资源,建设环渤海地区重要交通枢纽和智慧化港口城市。

营口重点构建以海洋渔业和海洋盐业为基础,以现代港口物流和滨海旅游为龙头,以临港石化、海洋装备制造、海洋食品以及海洋新兴产业为中坚和未来发展方向的海洋产业体系。着力构建国际海铁联运大通道,建设具有国际竞争力的东北海洋装备制造基地、区域性国际物流和环渤海休闲旅游中心。

盘锦加快北方海陆联运大通道建设,重点围绕石化产业基地、东北粮食储备集散中心和精深加工产业基地建设,推动港口航运业加快发展。打造优势海洋装备产业集群,培育全域型海洋牧场新业态,深入实施近海闭环式开放式养殖全产业链模式,推进海洋牧场与海上光能、海域养殖、生态旅游等融合发展,建设现代生态文明范例城市。

葫芦岛加强陆海联运发展,提升港口门户功能和综合交通枢纽地位。做大做强石油化工及深加工产业,延长产业链条。推进船舶产业升级,培育壮大海洋可再生能源、滨海核电产业,建设东北亚航运节点城市和现代化滨海名城。

第四章 加快"老字号"海洋产业改造升级

立足基础和优势,强化产业技术创新和发展模式创新,加快船舶与海工装备制造业高端化、绿色化和智能化改造升级,瞄准建设世界一流港口推进海洋交通运输业高质量发展,提升海洋文化与旅游产业市场竞争力。

第一节 船舶与海工装备制造业

优化产业布局和产品结构,形成链条完整、配套完善、特色鲜明的船舶与海工装备制造产业集群。围绕散货船、集装箱船、油船等主流船型,加强节能、环保、安全、智能船型设计,鼓励研制氢能船舶,重点发展大型 LNG 运输船、大型乙烷运输船、LNG 加注船和中小型气体运输船等高技术船舶,以及大中型工程船、高性能执法船、无人船、科考船等特种船舶。巩固提升船用柴油机、推进器、船用曲轴、阀门等优势配套产品。推动海洋工程装备制造高端化发展,提升自主设计、系统集成、工程总包能力,发展自升式和半潜式钻井平台、浮式生产储油装置、深水海洋工程装备系泊系统及成套设备等主力海工装备,拓展深远海大型增养殖、冷冻、加工、休闲渔业等渔业设施设备,开展民用海洋核动力平台的开发与建造,培育壮大水下机器人、水下智能设备、深水探测等新型海洋装备研发和生产规模,加强海洋综合平台和大型邮轮技术储备。加强对海洋防腐材料、海洋工程用高强度特厚齿条钢、石油钻采用无缝钢管、海洋平台专用焊丝、油船用高品质耐蚀不锈钢复合船板等产品的研发和生产。

专栏2 船舶与海工装备制造全产业链集聚发展

大型船舶与海工装备制造产业集群。大连湾临港海工装备产业集聚区;旅顺经济开发区产业集聚区;盘锦辽滨海工装备产业集聚区;葫芦岛龙港区海工装备产业集聚区。

中小型船舶海工制造及配套产业集群。以营口、锦州、丹东等地分布的船舶配套企业为基础,整合优化资源配置,推动船舶与海工装备制造上下游产业协同发展,打造以修船、中小型专用船舶制造、船舶与海工配套装备设备制造为主的各具特色的产业基地。

第二节 海洋交通运输业

优化港口功能布局,推进港口绿色化、智能化升级改造和"港、产、城、融、创"一体化发展。持续深化辽宁沿海港口资源整合,全面实现"六港合一"。加强统筹协调,完善沿海港口规划布局,科学定位沿海六港功能,推进管理运行一体化,统一优惠政策,差异化发展航运业务。加快大连国际枢纽港建设,打造智慧、绿色、安全、高效的世界一流港口群。加快推进大连太平湾合作创新区开发建设。提升港口基础设施服务保障能力,支持陆岛交通民生工程建设,健全港口集疏运体系,促进"公铁水"各种运输方式高效融合、一体化集成,强化"亚太—东北地区""东南沿海—营口—欧洲"多式联运示范工程引领作用,完善东北三省及蒙东地区物流通道网络布局,拓展港口腹地纵深,开辟融入东北亚经贸格局的海陆大通道。

专栏3 海洋交通运输业重点项目

港口航运基础设施建设。推进营口仙人岛、葫芦岛绥中等港区 LNG 接收站配套码头建设,完善太平湾、普湾等新开发港区航道、防波堤等公共基础设施建设,提高盘锦荣兴、锦州笔架山、葫芦岛柳条沟等成熟港区进港航道等级,优化盘锦、锦州、葫芦岛、丹东等港口液体散货、干散货运输系统结构,建设大型专业化码头,继续推进沿海港口岸电设备设施建设。

陆岛交通基础设施建设。加快大连岛侧客运码头、丹东大鹿岛和獐岛陆岛两侧客运码头以及葫芦岛兴城陆侧客滚码头建设。

太平湾合作创新区开发建设。支持太平湾港区航道、码头泊位、堆场等附属设施和公路、铁路等集疏运体系建设,完善和提升港口服务功能,逐步接纳大连湾港口产能向太平湾转移。开辟太平湾临港制造基地和港航服务新高地,初步形成上下游产业链集群,以港带产,以港促城,实现"港、产、城、融、创"一体化发展。

第三节 海洋文化与旅游业

提升优质海洋旅游产品供给,依托海洋特色资源、历史文化遗产等,改善滨海公共服务设施和环境,加快智慧赋能,创新"海洋＋旅游"产业融合发展模式,开发海洋美食消费、海洋研学、文化创意、海洋生态观光体验、邮轮游艇、海上运动、避暑旅居、休闲度假康养等高附加值特色文旅产品,推动陆海旅游融通互促,加快锦州湾国家级帆船帆板训练基地建设。规划建设一批高端滨海旅游项目,培育打造具有品牌竞争力的海洋旅游产业聚集区。拓展国际邮轮旅游线路,支持大连参与中资方便旗邮轮公海游试点,建设邮轮旅游国际岸上配送中心。积极推进中国(大连)邮轮旅游发展实验区建设。加强海岛资源禀赋及文化内涵的挖掘和保护,探索分时度假方式,开发面向日韩俄市场和京津冀、长三角、粤港澳市场的夏季避暑度假胜地型海岛。推进海洋文化与旅游融合发展,突出旅游区海洋文化特色。加大海洋意识与海洋科技知识的普及与推广力度,建立一批海洋科普与教育示范基地。

专栏4　海洋文化与旅游产业集群和重点项目

海洋文化与旅游产业集群。推进金石滩国家旅游度假区、长山群岛旅游避暑度假区、丹东獐岛—大鹿岛旅游度假区、营口鲅鱼圈海滨温泉城、盘锦红海滩湿地旅游度假区、葫芦岛觉华岛—兴城—绥中海滨旅游度假区建设,形成一批海洋文化与旅游产业集群。

海洋文化与旅游产业重点项目。大连国际邮轮客运中心、大连金石滩度假区航海时代文旅城、丹东浪头港旅游综合体、锦州湾国家级帆船帆板训练基地。

第五章　促进"原字号"海洋产业深度开发

可持续开发利用海洋渔业、海洋油气、海洋盐业等资源,提高资源精深加工能力,推动产业链条向下游延伸,推进资源优势尽快转化为经济发展优势。

第一节　海洋渔业

严格执行海洋伏季休渔制度,依法取缔对渔业资源破坏大的渔具和作业方式,逐步压减近海捕捞强度,引导渔民转产转业,促进海洋渔业资源的可持续开发利用。开拓远洋渔业可持续发展新空间,参与以南极磷虾渔业为代表的全球渔业资源开发,积极创建国家远洋渔业基地。实施"蓝色粮仓"工程。推广生态、安全、高效、节约的海水健康养殖模式,建设北黄海(辽宁)国家水产养殖绿色发展示范区。促进碳汇渔业发展,支持规模化、立体化、智能化养殖,积极发展深远海养殖,进一步挖掘辽东刺参、锦州毛蚶、营口海蜇、大连鲍鱼、大连蚝、大连裙带菜、丹东黄蚬、东港梭子蟹、东港杂色蛤等品牌价值。科学有序开展增殖放流活动,恢复渔业资源,促进渔民增收。高水平建设现代海洋牧场,加强与增殖放流等资源养护措施紧密结合,建设海底藻场示范区。加强原生优质品种的种业技术储备,养护具有区域特色、生态价值和市场前景的水产种质资源,建设高品质种业基地。完善海产品供应链,鼓励应用新型电商平台和销售模式,打造海水产品加工、物流基地和交易集散中心,重点开展以海参、鲍鱼、扇贝、海藻、南极磷虾等特色水产资源为原料的精深加工,培育一批海水产品加工企业,建设"辽参产业之都""中国海盐之乡""中国贝类产业基地"等一批高附加值水产品加工基地。加快渔港优化调整及配套设施改造,推动现代渔港经济区和人文渔港建设,支持大连湾国家中心渔港中转水产品150万吨工程和大连国家级渔市场工程建设。

专栏5 "蓝色粮仓"工程

现代海洋牧场建设。开发辽东半岛东部海域试验区和辽东湾南部海域试验区等2大海洋牧场实验区,重点建设鸭绿江口海域、长山列岛海域、辽东半岛西部海域、辽东湾北部海域和辽西海域等5大海洋牧场核心片区。

南极磷虾产业链。实施以南极磷虾为核心的远洋渔业产业转型升级战略,投资建造南极磷虾捕捞加工船,联合产业上下游企业、科研院所组建南极磷虾产业发展联盟,开展南极磷虾系列产品和保健功能性食品研发,建设现代海洋食品精深加工生产基地,构建南极磷虾捕捞、技术研发、加工生产、市场销售于一体的战略性新兴产业链体系。

水产品精深加工与冷链物流。打造大连、丹东等水产品加工集聚区,加快布局海产品冷链物流基地和交易集散中心,建设大连湾国家水产品骨干冷链物流基地,辽渔现代化冷库群。

渔港经济区。建设重点渔港30座左右,推动海洋渔业与休闲旅游、海洋研学、海洋康养等融合发展。

第二节　海洋油气和石油化工业

加强沿海滩涂、辽东湾海域、黄海海域、渤海海域石油天然气基础地质调查,提升深远海油气资源自主勘探开发能力,深化海上油气田精细开发,实现老油气田稳产,加快新油气田投产,提高边际油田采收率,稳步推进增储上产。强化油气基础设施建设,加快锦州国家石油储备基地、大连液化天然气接收站、葫芦岛绥中 LNG 接收站等大型油气项目建设,推进大连—丹东天然气管道、营口—盘锦、锦州—盘锦输油管线建设。推动临海石化产业绿色发展和集约高效布局,推进大连长兴岛(西中岛)石化产业基地、辽东湾世界级石化及精细化工产业带、营口国家海洋精细化工基地建设。增强烯烃、芳烃及其衍生产品的供给能力,建设聚酯、烯烃大宗化学品、通用树脂、合成橡胶、聚氨酯生产基地,重点围绕丙烯、橡塑蜡料、特种聚酯、特种橡胶等产品开展精深加工,发展高技术含量、高附加值化工产品,逐步完善从石油化工到化工新材料和精细化工的全产业链。

第三节　海洋盐业和盐化工业

推进海洋盐业全链条发展。科学布局原盐生产空间,加快盐田改造升级,推进海盐工厂化、集约化生产,稳步提高海盐单产和产品质量。加速海洋盐业产品结构调整,扩大精制盐产能,逐步扩大公路化雪用盐、洗浴用盐、高纯度工业盐,以及盐腰带、盐泥面膜等高附加值系列产品生产供应。积极拓展浓海水及苦咸水综合利用与深加工,依托新技术新产品,打造高端盐化工产业基地。

专栏6　延伸海洋盐业产业链

以海盐生产为基础,以盐化工和海水生物资源开发利用为重点,以海盐文化产业为引擎,实施"产业+"发展战略,推进一二三产业深度融合发展,巩固延伸海水制盐、海水养殖、海水化工、海盐文化旅游产业链条。继续推进现有盐田改造升级,开发绿色海盐系列保健和日化新产品,建设高盐度海珍品基地,提高氯化钾、氯化镁、溴素等盐化工产品规模,创新海盐文化旅游产品。

第六章 推进"新字号"海洋产业培育壮大

培育壮大海洋药物与生物制品业、海洋清洁能源利用业、海水淡化与综合利用业、高端航运服务业、海洋信息服务业、涉海金融服务业等新兴产业，打造海洋经济发展新引擎。

第一节 海洋药物与生物制品业

推进海洋生物制药、海洋功能保健食品、新型海洋生物原料、海洋现代中药、海洋生物基因制品等研发和生产，推进抗阿尔兹海默病甘露特钠等海洋创新药物生产车间建设，大力发展南极磷虾油、海藻深加工、虾青素等新型海洋生物制品，提高高利润率产品占比。探索在大连建设海洋生物样品库，打造"蓝色生物谷"。依托生物医药产业集聚区，组建产学研相结合的海洋药物与生物制品产业联盟和技术研发中心，提升海洋生物技术储备和科技成果转化水平，培育一批海洋生物领域企业和具有自主知识产权的创新型中小企业。

第二节 海洋清洁能源利用业

以能源结构转型为重点，构建清洁低碳能源体系，加快海洋清洁能源基地建设。科学合理利用海上风能资源，推进海上风电集中连片、规模化开发，加快推进大连上风电场建设，开展深远海海上风电技术创新和示范应用研究。发展海上风电输电创新技术，建设海上风电场配套电力输出工程。培育海洋能开发利用和装备制造企业，探索实施海洋能规模化开发利用示范工程。支持海洋清洁能源与海水淡化、深远海养殖、油气平台、海洋观测等融合发展新模式，推动渔光一体智慧渔业等项目建设。积极推进海水氢能源开发利用，加快氢能产业基地建设，支持建设氢能产业应用示范区。

第三节 海水淡化与综合利用业

扩大海水淡化规模化应用，支持大型海水淡化项目和配套输水工程，加快推进海水综合利用及配套管网工程高新技术示范。鼓励海岛因地制宜建设海水淡化工程,提高海水淡化在区域供水的配置比例。引导临海企业使用海水作为工业冷却水,推动海水冷却技术在沿海电力、化工、石化、冶金、核电等高用水行业的规模化应用。推进海水提取微量元素技术产业化,加快海水提取钾、溴、镁等系列化产品开发,实现海水化学资源高值化利用。推动海水淡化与综合利用集成技术拓展应用,拓展形成电、热、水、盐一体化海水综合利用产业链。

专栏7   海水淡化重点工程

獐子岛镇海水淡化工程。建设规模1000吨/日,主要工程包括淡化工程、泵站工程、净水厂工程、高位水池工程、输配管网工程。

海洋岛镇海水淡化工程。建设规模1600吨/日,主要工程包括淡化工程、泵站工程、净水厂工程、高位水池工程、输配管网工程。

营口仙人岛海水淡化工程。建设规模100000吨/日,主要工程包括淡化工程、泵站工程、净水厂工程、高位水池工程、输配管网工程。

沿海核电站海水淡化工程。建设规模22200吨/日,主要工程包括淡化工程、泵站工程、净水厂工程、高位水池工程、输配管网工程。

第四节   高端航运服务业

全面推进大连东北亚国际航运中心建设,重点发展国际中转、分拨以及转口贸易,扩大大宗商品国际中转规模,提升航运服务能级。依托沿海港口群协同机制逐步优化航运服务体系,推进船舶代理、船舶供应、信息咨询等传统航运服务转型升级,大力发展海运物流、船舶经纪、海事法律、航运交易、航运金融保险等现代航运服务业,提升对区域航运资源的配置能力。支持相关专业机构创新与航运有关的金融衍生品,逐步形成并发布区域性航运指数。

第五节   海洋信息服务业

加快海洋经济与新一代信息技术融合发展,积极培育和鼓励有实力的信息服务企业向海洋信息服务领域拓展。统筹管理海洋数据资源,加快海洋领域新型基础设施建设,以"智慧海洋"为核心,开发和挖掘海洋信息咨询、海洋资源开发、渔业导航救助、海洋航运保障等海洋大数据的应用服务,加快海洋产业数字化、网络化、智能化改造,推进海洋卫星通信、遥感、5G、船用智能终端等技术应用。加强面向海洋信息监管、海洋信息交易、海洋数据共享、海洋信息预报等服务的平台建设。

第六节　涉海金融服务业

加快构建多层次、广覆盖、可持续的海洋经济金融服务体系。鼓励金融机构依法依规设立海洋经济金融服务事业部、海洋产业和海洋科技等金融服务中心或特色专营机构,提升专业化海洋金融服务水平。鼓励金融机构依法依规发展以海域使用权、在建船舶、船舶设备、海产品仓单等为抵质押担保的贷款产品。充分发挥保险服务对海洋产业发展的风险保障功能,在推动航运保险、海水养殖保险、海洋科技保险等传统业务的基础上开发新品种、打造新业态,构建金融服务海洋的新模式。

第七章　促进海洋经济创新发展

发挥省内外海洋领域高校和科研机构及科技企业的创新优势,开展一批重要海洋关键技术攻关、培养一批高水平海洋科技型管理及技术人才、打造一批海洋科技创新发展平台、实现一批高质量海洋科技成果转化,全面提升促进海洋经济发展的科技保障支撑能力。

第一节　突破海洋重大关键技术

集中优势力量联合开展海洋关键核心技术攻关,力争在深水、绿色、安全等海洋高新技术领域,突破一批核心技术、关键共性技术和先导性技术。坚持"补短板"和"锻长板"并重,强化海洋核心装备和关键技术的自主研发,提升产业链核心竞争力。加强海洋矿产资源开发利用、海上可再生能源利用与转化、海洋工程、海洋食品加工、深海装备、海洋生态环境保护与修复技术等领域创新,构建完整的技术开发体系,全面提升海洋资源可持续开发自主创新能力。

专栏8　海洋关键技术重点突破方向

高技术船舶及海洋工程装备领域。重点开展大规格高性能海洋工程用钢、高技术船舶智能感知、自主决策及协同控制理论、智慧船总体设计、绿色船舶关键系统设计、智慧营运管理等关键技术研究。开发新型船舶材料、高端腐蚀防护装备,研制智能船舶、极地科考破冰船、液化天然气产业链装备、新兴海洋工程装备、海洋应急搜救设备等。

海洋能源领域。突破漂浮式风力机发电及海上制氢技术瓶颈,加强深海可燃冰开采与利用、海洋新型矿产资源开发等关键技术和成套装备研制。开发海洋能高效转换新技术及装备,推动其在海岛供电等领域的示范应用。突破海洋油气管道实时检测、高效防堵和解堵等关键技术。开展海洋天然气水合物多气合采技术与工艺研究,开发天然气水合物勘探、钻采、储运及环境保护技术与装备。

深远海领域。开展深远海探测和开发技术研究,完善深远海和极地观测系统,进一步提升深海运载、探测装备谱系化和配套能力,带动深海装备产业发展。开展水下机器人作业、收放、协作关键技术攻关,研发智能水下传感器、新型能源系统、载人潜水器控制系统等,研制自主遥控水下机器人、新概念及特种水下机器人等。

海水淡化与综合利用领域。开展海水淡化与综合利用研究,开发高效节能(低成本)的海水淡化技术,开展海水淡化与盐化工、盐业相结合的海洋化学资源综合利用研究及应用示范。

海洋渔业领域。开展重要水生生物种质资源保护与利用技术、标准化规模化水产健康养殖技术、渔业资源监测与增殖技术、远洋渔业资源捕捞关键技术与装备、水产品精深加工等技术突破和应用推广。突破优良种质创制、绿色标准化养殖、资源养护利用、生境保护修复、病害预警防治等关键技术,集成和创新生态农牧化水产养殖新模式和技术体系。

第二节　健全科技创新平台和服务体系

依托企业和科研院所,建立产学研相结合的海洋产业创新技术联盟,推进海洋科技协同创新平台建设。搭建以政府为主导、多方参与的海洋科技研发公共服务平台,提供基础性、应用性、共享性、多样性的技术支撑和服务,推动海洋科技资源的开放共享。面向海洋前沿科学、基础科学、工程科学及前沿交叉领域,布局建设一批省重点实验室、技术创新中心,鼓励省级创新平台创建国家级平台。支持海洋科技型企业与省内外高校、科研机构合作建立技术研发中心、产业研究院、中试基地等新型研发机构。完善科技投入体系建设,加大对科技创新财政支持力度,健全主动布局支持与事后奖励补助相结合的财政支持模式。结合海洋科技重点需求、国际科技合作总体布局,支持海外联合研究中心(实验室)建设,开展海洋与气候变化研究及预测评估合作。实施企业研发机构建设行动,推动企业设立一批国家级研发机构、海外研发机构,大力引进跨国公司研发总部或区域性研发中心落户辽宁,培育高新技术海洋众创空间。

专栏9 海洋科技创新平台建设

海岸和近海工程国家重点实验室、海洋装备用金属材料及其应用国家重点实验室、国家海洋食品工程技术研究中心等国家级创新平台;辽宁省水下机器人重点实验室、辽宁省天然气水合物重点实验室、辽宁省海水淡化重点实验室等、辽宁省远海渔业专业技术创新中心、辽宁省极地海洋专业技术创新中心等省级创新平台。

第三节 完善海洋科技成果转化机制

积极推进"政产学研用金"合作模式,深化科研成果的转化和落地,加快建设一批海洋产业技术转化中心、推广中心和孵化基地,探索建立从实验研究、中试到生产的全过程海洋科技创新融资模式和海洋科技成果转化服务平台和技术产权交易中心,加快完善转移转化支撑服务体系。加强知识产权保护,健全职务科技成果产权制度,深化涉海科技成果使用权、处置权和收益权改革,依法依规开展赋予科研人员职务科技成果所有权或长期使用权试点。落实以增加知识价值为导向的收入分配机制,提高科研人员成果转化收益比例,支持和鼓励事业单位科研人员按规定兼职或离岗创办科技创新型企业。充分发挥驻辽涉海科研院所和高校创新资源优势和创新引擎作用,完善科技成果转化奖励性后补助政策,鼓励引导企业吸纳先进适用技术,推动更多海洋科研成果在省内落地转化。开展海洋科技成果路演推广活动,搭建企业、投资机构与高校院所对接平台,畅通科技成果转化渠道。完善科技服务业发展的市场机制,推进海洋科技服务专业机构培育与发展。

第四节　强化海洋科技人才体系建设

大力发展海洋高等教育和职业教育,支持有条件的高校建设未来海洋科技学院,支持高校增设海洋类学科、实施高层次海洋科技人才引进和培养计划,推动相关院校海洋学科"双一流"建设。鼓励和引导企业积极参与高等学校、中等职业学校(含技工院校)人才培养。推动建立并完善海洋科技教育合作机制和海洋科技论坛,联合举办各类海洋教育培训班,开展涉海职业培训合作、涉海资格互认。制定重点海洋产业急需紧缺人才目录指南,实施"兴辽英才计划",引进培养一批中青年海洋科技创新骨干,打造形成一支海洋领域领军型、开创型科学家和工程师人才队伍。激发科技人才创新活力,改进科技评价体系,完善以创新能力、质量、贡献为导向的科技人才评价机制。构建动态管理的科技人才选拔使用机制,破除限制科技人才创新创业的体制壁垒和政策障碍,促进人才在高校、科研单位和企业间合理流动。

第八章　推动海洋生态文明建设

贯彻落实生态文明建设的总体要求,集约节约利用海洋资源,持续治理和优化海洋生态环境,提升海洋风险防范能力,推进海洋生态保护与修复,推进海洋产业绿色低碳发展,保障海洋经济高质量发展依赖的资源环境系统健康稳定,探索发展蓝碳经济,助力实现碳达峰、碳中和目标。

第一节　提高海洋资源综合利用效率

严格用海产业活动的空间规划与用途管控,强化以现代信息技术为支撑的海洋资源调查与开发利用监管,守住海洋环境准入基线。坚持陆海统筹,协调推进临海产业园区集约高效发展,调整优化区位临近、产业趋同的园区,科学有序推动临海产业园区集中布局。实施并港归岸,合理高效利用岸线资源。开展特色海洋资源的高值化开发利用,支持碱蓬资源化利用,打造盐沼湿地养护修复、碱蓬食用药用价值开发、高端产品研发和品牌打造等为一体的产业链,探索生态产品价值实现新路径,形成更具影响力的区域生态品牌。

第二节 实施海洋环境综合治理

坚持陆海统筹、河海兼顾,协同推进环渤海综合治理和陆域、流域环境综合整治。围绕重点河口、海湾,构建流域—河口—近岸海域污染防治联动机制。持续推进入海排污口整治,加强工业、农业农村、城镇生活污水、港口码头等入海排放监管,全面提升入海排污口达标排放率。巩固渤海综合治理各项工作成果,推进海水养殖污染治理、港口码头污染防治、船舶污染防治、海岸带清理整治、海洋垃圾常态化监管。

第三节 提升海洋风险防范能力

全面加强海洋环境监测和应急能力建设,统筹合理布局海洋环境监测站位,提升监测信息化能力。加强沿海风险源隐患排查和监管,以盘锦辽滨新区、大连长兴岛、大连湾等重点石油化工园区为主,实施预警监测,切实防止溢油和危险化学品泄漏污染海洋环境。加强海洋溢油应急队伍建设,进一步完善溢油应急工作方案,适时开展应急演练,提升应急处置能力。增强企业安全生产和灾害防范能力,加强防灾减灾基础设施建设,建立海洋自然灾害和重大突发事件风险评估体系,强化海洋灾害的监测预报与应急联动协作机制,提升海洋防灾减灾能力。

第四节 推进海洋生态保护与修复

以美丽海湾建设为重点,持续加强海洋生态系统保护修复,不断提升亲海空间品质,强化海洋生态监测预警,统筹做好重要生态功能区、生物多样性保护区、海洋和海岸工程密集区的生态评价和管理,建立健全海洋自然保护地体系。实施滨海湿地保护修复工程,通过退耕还湿、退养还滩、退围还海等措施,恢复辽河口等主要入海河口湿地生态系统服务功能,提高河口湿地储碳能力和生物多样性。开展海洋资源养护活动,建设原生优质自然资源养护区。推进碱蓬草、沸石等在海洋生态修复等领域的应用。建立和完善典型海洋生态系统的强制性保护措施,有效发挥海洋固碳作用,提升海洋生态系统碳汇增量。

专栏10　原生优质自然资源养护区建设重点

　　海洋生物资源养护区。建设原生优质海洋生物资源养护区15个,约200万亩,涉及原生优质海洋资源养护品种20种左右。

　　滨海湿地资源养护区。建设碱蓬湿地资源养护区,利用湿地生态系统固碳能力,发展蓝碳产出生态服务和生态产品,促进海洋生态旅游、生态养殖、碳交易等新业态的发展。

　　海洋矿产资源养护区。建设六股河入海口海域、菊花岛海域、太平湾—鲅鱼圈海域、芷锚湾—刘台子海域、兴城入海口—菊花岛海域、辽河入海口海域、大洋河入海口海域、鸭绿江入海口海域等8处海砂资源区。

　　海洋盐业资源养护区。依托全国四大海盐场之一"中国海盐之乡·复州湾"优质自然资源,建设海洋盐业资源养护区,重点采用新技术对盐田进行制盐工艺改造。

第五节　推广绿色低碳循环生产方式

　　积极推动海洋产业清洁化改造,对海洋油气、海洋化工、海洋交通运输等高耗能产业实施节能减排和清洁,加快淘汰落后过剩产能。推广海洋装备再制造,鼓励和支持企业延伸再制造链条,积极培育一批专业化海洋装备再制造产品研发应用和认证服务企业。加快海水养殖绿色转型发展,推进贝壳等养殖生产副产物资源化利用,推广新材料环保浮球。大力发展海洋循环经济,持续推进辽东湾新区国家循环化改造示范试点,带动临海产业园区实施公共设施共建共享和能源梯级利用,加强水产品加工、海洋化工、海洋装备制造等产业废弃物资源综合利用,完善循环产业链条。

第九章　深化海洋经济开放合作

　　深度融入共建"一带一路",加强海洋领域投资贸易通道与平台建设,促进海洋领域科技教育文化交流,以高水平开放推动海洋经济高质量发展,为构建海洋命运共同体和发展蓝色伙伴关系贡献辽宁力量。

第一节　促进海洋产业交流合作

加快与招商局集团协同推进辽宁港口整合,推动建设东北亚国际航运中心和黄渤海湾世界级港口集群。积极引进国际海事、船舶、航运、油品、物流、金融等各类航运服务企业和中介机构,培育发展现代海洋服务业。拓展海上航线,加快辽宁与海上丝绸之路沿线国家的海上互联互通。充分发挥辽宁海洋产业优势,利用国际国内两个市场、两种资源,加强与沿线国家在海洋石化、海水淡化、海洋船舶与海洋工程装备制造、海洋信息服务等领域的技术交流与合作。推进辽宁沿海经济带建设东北亚海洋经济发展合作区。鼓励引进来建设海洋产业园区和走出去建设境外辽宁海洋产业园区。支持中日(大连)地方发展合作示范区建设港口机械、石油钻探机械、船舶修造和海洋生物医药基地。加强与俄罗斯远东地区基础设施、经贸投资、资源开发合作,共建冰上丝绸之路陆海双向发展带。支持企业组建南极磷虾产业发展创新联盟。积极与"一带一路"沿线国家开展海事教育合作,加快培养海洋领域高层次国际化人才。

第二节　提高招商引资质量和水平

进一步加强海洋领域招商引资力度,积极探索在涉海设备制造、海洋仪器制造、海洋工程装备制造、海洋交通运输、海洋油气、海洋科教服务、海洋旅游、海洋药物与生物制品、海洋船舶、海洋可再生能源利用、涉海材料制造、涉海服务等领域的国际交流合作。推动国内外企业"引资补链""引资扩链",积极引导国内外投资企业向海洋产业短板进行投资,积极参与全球产业链重构。创新招商引资工作方式,继续在北京、深圳、上海等地举办辽宁招商引资促进周,适时推出蓝色经济专题活动,把辽宁招商引资促进周的品牌活动进一步做实做强,提升招商引资质量和水平。用好用足出口退税、出口信用保险等合规的外贸政策工具,保障外贸产业链和供应链畅通运转。大力开拓国际市场,积极帮助涉海外贸企业扩大出口。充分发挥自贸试验区、跨境电子商务综合试验区和经济开发区等对外开放平台优势,引导资源要素向海洋产业集中,坚持以高水平开放助力海洋经济高质量发展。

第三节　夯实对外开放平台载体

以深度融入共建"一带一路"为主线,统筹贸易、投资和通道、平台建设,积极参与《区域全面经济伙伴关系协定》(RCEP),形成全面开放新格局,打造向北开放的重要窗口和东北亚经贸合作中心枢纽。依托大连东北亚国际航运中心建设,增强国际航运和口岸服务功能。利用大连夏季达沃斯论坛、辽宁国际投资贸易洽谈会等平台,拓展海洋经济合作。支持大连申办中国国际海洋博览会,高标准举办大连国际沙滩文化节、中国海洋牧场博览会等活动。举办大连中日博览会,推动与日韩共建高起点、高水平、高质量的海洋合作产业园区、合作示范区或示范项目,推进重点海洋产业集聚和海洋经济高质量发展,高水平建设辽宁自由贸易试验区,加快形成与国际投资贸易通行规则相衔接的制度创新体系。大力支持大连大窑湾、大连湾里和营口综合保税区发展,为辽宁海洋经济高水平开放提供更强的服务支撑。加快推进大连、营口、盘锦跨境电子商务综合试验区建设,培育跨境电商企业和零售出口企业。支持丹东边境经济合作区高质量发展,推进设立丹东综合保税区。推进丹东边民互市贸易区创新发展,深化与日韩俄蒙朝五国开展经贸合作。

第四节　提升海洋事务国际影响力

支持高校和科研机构参与国际海事组织(IMO)事务,在法规、技术、人才等方面贡献中国智慧。推动东北亚海洋经济合作,深度融入"中日韩＋X"模式,全面深化与俄罗斯、日本、韩国、朝鲜的海洋合作。支持北极航道有关法律、政策、航行规则、通航条件、安全保障措施和船舶技术标准等领域研究。倡议共建冰上丝绸之路,加强航道开发利用、基础设施及船舶等领域合作。逐步推进"辽海欧"综合运输大通道建设成为全球知名的"冰上丝路"国际品牌。与日韩俄等国家和地区加强在海洋与极地政策、海洋科技、海洋教育、海洋文化等领域的互联互通,加强海上救援、海事等领域务实合作,推动建立涉海国际事务研究中心,提升海洋事务国际影响力。

第十章　保障措施

第一节　加强宏观指导

加强党的领导,建立健全促进海洋经济发展统筹协调机制,加强对全省海洋经济发展的指导、监督和评估,协调解决海洋经济发展政策与机制创新中的关键事项和重大问题,落实省委统一领导下的各级政府、各个部门统筹协调、分工合作、具体落实机制。按照规划发展定位、目标和重点任务,抓紧推进相关项目的组织实施,并做好区域内相关规划的修编和调整。加强统筹协调和宏观指导,对规划实施中出现的新情况、新问题及时研究并提出对策。完善社会监督机制,拓宽公众参与渠道,引导社会力量参与规划的实施和监督。加大对海洋经济发展的支持力度,研究制定促进我省海洋经济发展的政策措施。发挥企业在海洋经济领域的主导作用,在产业集中度较高的城市,支持组建各类涉海行业协会、商会,增强行业自律、信息互通、资源共享和产业合作。

第二节　健全制度体系

强化市场主导,完善海洋产业投融资风险分担机制,发挥涉海企业在海洋经济发展中的主体作用和创新创造活力,配合国家建立重点涉海企业联系制度,健全海洋产业发展标准体系,着力解决涉海中小企业发展中面临的问题。更好发挥政府作用,强化风险意识和底线思维,加强同财政、金融、重要资源、生态环境等领域政策制度的协同联动。建立健全海洋经济人才队伍体系,强化沿海各级管理力量配备,加强业务知识培训,提升海洋经济管理决策和服务能力。改革海洋执法机制,整合执法力量,创新执法模式,维护海洋合法权益。

第三节　强化政策调节

财政政策。合理安排海洋领域节能减排、海洋生态环境保护、防灾减灾等经费。通过国家科技计划(专项、基金等),统筹支持海洋基础科学和关键技术研发。积极支持海水利用、海水养殖、海洋可再生能源、海洋药物与生物制品、海洋装备制造、海洋文化等海洋产业的发展。对符合条件的海洋重大技术装备制造企业,按规定给予首台(套)重大技术装备保费补贴。

投融资政策。鼓励多元投资主体进入海洋产业,研究制定海洋产业投资指导目录,确定国家鼓励类、限制类和淘汰类海洋产业,建立重点海洋产业项目和工程审批"绿色通道"。整合政府、企业、金融机构、科研机构等资源,共同打造海洋产业投融资公共服务平台。推进建立项目投融资机制,鼓励政府和社会资本合作,通过产业投资基金、风险补偿基金、贷款贴息等方式,带动社会资本和银行信贷资本投向海洋产业。积极创新服务海洋经济发展的信托投资、风险投资等各类投融资模式,为涉海中小微企业提供专业化、个性化服务。

用海用岛政策。严格贯彻落实《国务院关于加强滨海湿地保护严格管控围填海的通知》精神,切实转变"向海索地"的工作思路,除国家重大战略项目外,全面禁止新增围填海审批。依法依规、积极稳妥推进围填海历史遗留问题处理工作,严格限制房地产开发、低水平重复建设旅游休闲娱乐项目及污染海洋生态环境的项目。严格落实国家海岸线开发管控相关政策。严格监管已开发利用无居民海岛,尚未开发的原则上作为战略"留白"并纳入生态保护红线。按照国家统一部署,组织开展历史遗留问题用岛分类处置工作。

第四节　加强监测评估

严格按照国家要求进行《海洋经济统计调查制度》和《海洋生产总值核算制度》等数据的汇总和报送工作,及时评估和反馈海洋经济运行结果。健全海洋经济统计工作机制,充分运用大数据、云计算、区块链等现代信息技术手段,创新海洋经济统计和评估方法,加强海洋经济运行监测与评估系统建设,提高统计数据质量,增强统计时效性和精准度,提高海洋经济形势研判、政策模拟、效果反馈能力,推动海洋经济治理能力提升。建立健全规划评估机制,加强对本规划实施情况和政策落实的监督检查和评估。

《辽宁省"十四五"海洋经济发展规划》高频词图

上海市海洋"十四五"规划

为进一步贯彻落实"海洋强国"战略,推进上海市海洋工作,根据《上海市国民经济和社会发展第十四个五年规划和二〇三五远景目标纲要》《上海市水系统治理"十四五"规划》,制定本规划。

一、"十三五"发展回顾

"十三五"期间,着力加强海洋资源科学保护和集约节约利用,推动海洋经济转型升级,完善海洋灾害防御体系,为全市经济社会可持续发展提供了有力支撑。

海洋资源管控扎实有效。出台《上海市加强滨海湿地保护严格管控围填海实施方案》,修订《上海市海域使用金征收管理办法》。严格实施海岸线分类保护,实现大陆自然岸线保有率不低于 12% 的约束性指标。严格审批项目用海,推进不动产登记和海域管理工作有序衔接,截至 2020 年底,共计审批项目用海 55 宗、确权用海面积 5540 公顷,征收海域使用金 6.78 亿元。下放浦东新区和临港新片区海域使用审批事项。开展海域海岛日常监管、用海项目动态监视监测、疑点疑区核查监测。持续开展海洋基础调查和专项调查,完成围填海现状调查,组织实施新一轮大陆海岸线修测,基本掌握重点海域空间资源情况、地形地貌变化和生态环境状况。建成市区两级海域动态监视监测管理系统和上海市海岛综合管理平台并投入业务化运行。探索适宜本地特点的海洋生态修复保护技术,完成金山城市沙滩西侧、大金山岛、奉贤滨海、南汇东滩等区域生态综合整治修复工程,海洋生态保护修复初见成效。持续实施水生生物增殖放流,保护海洋生态。

海洋经济发展平稳有序。海洋生产总值从 2015 年的 6759 亿元到 2019年首次突破万亿元,2020 年达到 9707 亿元,占全市国内生产总值的 25.1%,占全国海洋生产总值的 12.1%。基本形成了以临港和长兴岛双核引领,杭州湾北岸产业带、长江口南岸产业带、崇明生态旅游带协调发展,北外滩、张江等特色产业集聚的"两核三带多点"海洋产业布局。海洋先进制造业发展成效显著,23000TEU超大型集装箱船、大型液化天然气运输船等海洋产品具备较强国际竞争力,"天鲸号"大型绞吸疏浚装备研发与产业化项目荣获"2019年度国家科学技术进步奖"特等奖。加强海洋经济顶层设计,推进上海全球海洋中心城市建设,根据新华—波罗的海国际航运中心发展指数排名,2020年上海位列全球第三。浦东新区和崇明(长兴岛)分别获批全国海洋经济创新发展示范城市和海洋经济发展示范区。推进长三角海洋经济高质量一体化发展,沪苏浙两省一市多地海洋经济主管部门签署合作备忘录,五个涉海产业园区签署战略合作框架协议。完成上海市第一次全国海洋经济调查,形成全市涉海单位名录7494家。成功举办"世界海洋日暨全国海洋宣传日"系列活动、"全球海洋·中心城市"、海洋科普宣传等活动。

海洋灾害防御保障有力。成功抵御多个登陆本市、影响较大台风的侵袭,确保了人民群众生命财产安全和城市平稳有序运行。制订《贯彻落实〈国家海洋局贯彻落实《中共中央国务院关于推进防灾减灾救灾体制机制改革的意见》工作方案〉的实施方案》。落实《上海市处置海洋灾害专项应急预案》,完成海洋灾害观测预报、海洋事故监测评估等应急预案修订。持续开展重点海域、岸段和海岛观测基础设施建设,进一步提高海洋观测能力。初步形成预报业务体系,推进精细化预警报能力建设,有效提升海洋预警报能力。完成芦潮港站、高桥站、石洞口站、金山嘴站4个代表站警戒潮位核定。完成海洋灾害承灾体调查、市区两级风暴潮、海啸等海洋灾害风险评估与区划。组建市区两级海洋灾害信息员队伍,定期开展灾情统计与上报,完成重大海洋灾害调查与评估。开展海洋灾害防御知识宣传和应急演练。在金山区设置了本市首个沿海警戒潮位现场标志物。

"十三五"期间海洋发展规划指标和重点任务基本完成,但对标全球海洋中心城市建设及服务城市经济社会发展的要求,还存在一定差距。海洋产业发展能级尚需提升,协调推进海洋经济发展的抓手有待强化;海洋资源瓶颈约束日益突出,海洋生态保护和修复有待加强;海洋防灾减灾能力尚需提高,海洋灾害防御工作体系有待完善;"关注海洋"的意识还不强,"认知海洋、经略海洋"的综合管控能力有待提升。

二、"十四五"面临形势

海洋发展面临新机遇新挑战,海洋经济加速从传统向创新体系转变,海洋资源开发不断由近及远、由浅到深,陆海统筹和可持续发展成为全球共识,我国已进入由海洋大国向海洋强国转变的关键阶段。"十四五"时期,上海强化"四大功能"、深化"五个中心"建设、要加快形成国内大循环的中心节点、国内国际双循环的战略链接,加快建设具有世界影响力的社会主义现代化国际大都市,上海海洋发展面临重大战略机遇。

中央关于推进建设海洋强国的意见和《全国海洋经济发展"十四五"规划》提出了"建设海洋经济发达,海洋科技领先,海洋生态环境健康优美,海洋安全保障有力,涉海综合实力强大的中国特色海洋强国"总体目标,并明确要求沿海城市作为责任主体要制定具体落实措施,对"十四五"期间上海海洋工作指明了新方向。

《上海市国民经济和社会发展第十四个五年规划和二〇三五年远景目标纲要》提出"加快建设具有世界影响力的社会主义现代化国际大都市""提升全球海洋中心城市能级,发展海洋经济,服务海洋强国战略""加强长江口、杭州湾北岸等重要湿地、海岸带及佘山岛保护和生态修复","大力实施新城战略",对"十四五"期间上海海洋发展提出了新任务。

践行"人民城市人民建,人民城市为人民"的重要理念,落实《中共上海市委关于厚植城市精神彰显城市品格全面提升上海城市软实力的意见》要求,满足人民日益增长的美好生活需要,提升人民的获得感、幸福感和安全感,彰显城市海洋软实力,弘扬城市精神品格,对"十四五"期间上海海洋发展提出了新要求。

三、"十四五"总体要求

(一)指导思想

以习近平新时代中国特色社会主义思想为指导,全面贯彻落实海洋强国战略,把握"一带一路""长三角一体化"发展机遇,围绕"五个中心"建设,以推动经济高质量发展、创造高品质生活、实现高效能治理为导向,提升海洋产业能级和核心竞争力,切实保护和利用海洋资源,加强海洋生态文明建设,增强海洋灾害防御能力,提升全球海洋中心城市能级,加快建设现代海洋城市。

(二)基本原则

1. 陆海统筹,区域联动

统筹陆域、海域空间布局,促进陆海空间布局、产业发展、要素配置、资源开发、生态环境保护等方面全方位协同发展。以科技创新推进海洋经济高质量发展。以区域协调发展为重点,利用海陆双向开放的区位优势,服务区域一体化发展。

2. 生态优先,绿色发展

严格围填海管控,严守生态红线,坚持依法管海,坚持生态用海,加强海洋生态保护,发展海洋碳汇,构建绿色友好、生态和谐的海洋环境。

3. 以人为本,安全韧性

坚持人民至上、生命至上,始终把确保人民群众生命安全放在首位,充分发挥水务海洋体制优势,加强海洋灾害全过程风险管理,不断提高海洋灾害防御综合能力。

(三)规划目标

到"十四五"末,海洋资源管控科学有效、海洋生态空间品质不断提高、海洋经济质量效益显著提升、海洋灾害防御能力大幅增强、民生共享水平进一步改善,全球海洋中心城市能级稳步提升。

海洋资源管控科学有效。强化海域海岛监督管理,提高数字化治理水平。进一步摸清全民所有海洋资源资产家底,有效保护和集约利用海洋资源。与陆域、流域相协同的海洋资源利用、生态保护机制更加健全。

海洋生态空间品质不断提高。全面落实海洋生态红线保护管控,大陆自然岸线保有率不低于12%(约束性指标),海洋(海岸带)生态修复面积不低于50公顷(约束性指标),海洋生态质量持续改善,海洋碳汇能力和海洋绿色发展水平不断提升。

海洋经济质量效益显著提升。全市海洋生产总值达到1.5万亿元左右

(预期性指标),高端海洋装备、海洋生物医药等海洋新兴产业规模不断壮大。海洋科技支撑引领作用进一步提升,海洋创新要素不断集聚,新增海洋科技创新功能性平台不少于 3 个(预期性指标)。

海洋灾害防御能力大幅增强。海洋灾害观测预报水平不断提升,新建海洋观测浮标 8 套(约束性指标)。海洋灾害风险防控能力不断增强,海洋灾害应急处置水平进一步提升。新建海洋减灾综合示范区(社区)不少于 5 个(预期性指标),提升公众海洋灾害防御意识。

民生共享水平进一步改善。公众亲海空间进一步拓展,整治修复亲海岸线 6 公里以上(预期性指标),满足公众对高品质滨海空间的需求。新增海洋意识教育基地不少于 3 个(预期性指标),提高公众海洋意识。

表1   上海市海洋"十四五"规划主要指标

序号	指标		指标属性	规划值
1	绿色生态	大陆自然岸线保有率	约束性	≥12%
2		海洋(海岸带)生态修复面积	约束性	≥50公顷
3	经济规模	全市海洋生产总值	预期性	1.5万亿元左右
4	科技创新	新增海洋科技创新功能性平台	预期性	≥3个
5	灾害防御	新建海洋减灾综合示范区(社区)	预期性	≥5个
6		新建海洋观测浮标	约束性	8套
7	民生共享	整治修复亲海岸线	预期性	≥6千米
8		新增海洋意识教育基地	预期性	≥3个

指标定义和测算方法:(1)海洋生产总值(GOP):海洋生产总值是按市场价格计算的海洋经济生产总值的简称,指涉海常住单位在一定时期内海洋经济活动的最终成果,是海洋产业及海洋相关产业增加值之和。(2)海洋科技创新功能性平台:以专业的科研能力研发海洋共性技术和关键技术、提供智库服务、促进成果孵化、辐射带动海洋产业发展。(3)大陆自然岸线保有率:大陆自然岸线长度占大陆岸线总长度比例,以百分比计。(4)海洋(海岸带)生态修复面积:实施海域生态修复工程的海域,以面积范围测算。(5)海洋减灾综合示范区(社区):在海洋灾害管理的各个阶段采取措施降低灾害风险和减轻灾害损失的具有示范性的区域。(6)海洋观测浮标:锚泊在特定海区对水文、气象等要素进行定点、自动、长期、连续观测并定时发送资料的浮

标。(7)亲海岸线:具有亲海功能,不需依据特殊手段即可到达,可供公众亲海、嬉水、游憩的生态或生活岸线。(8)海洋意识教育基地:具有丰富的海洋教育资源和显著的海洋宣教功能,面向全社会开展海洋意识宣传教育的活动场所。

四、"十四五"主要任务

(一)高水平保护利用海洋资源

1. 加强海洋资源空间管控

坚持陆海统筹,统筹生态生产生活空间布局、资源供给、生态环境保护,协同编制上海市海岸带综合保护与利用规划,纳入国土空间规划"一张图",推进基于生态系统的海岸带综合管理。实施海岸线分类分段精细化管控,强化岸线两侧陆海统筹管控。严守海洋生态保护红线,严格管控围填海,加快妥善处理围填海历史遗留问题,节约集约利用海域资源,优化调整用海结构,实施海域分类分区管控。保护和合理利用海岛资源,加强无居民海岛严管严控。探索按照海域水面、水体、海床、底土分别设立使用权。加强金山三岛自然保护区及重要滨海湿地等生态空间保护。拓展自然、生态、开放、游憩的公众亲海韧性空间,服务构建世界级海湾生活区。

2. 系统开展海洋调查监测

建立健全海洋基础调查技术标准和评价指标体系,完善海洋综合调查、专项调查和应急调查工作机制,强化调查全过程质量管控。加强海洋综合调查,常态化开展海岸带、海域、无居民海岛及低潮高地基础调查、海洋生态预警监测、海上风电用海生态影响后评估,动态掌握和分析评估海洋资源家底、海洋生态家底、海底地形地貌特征、滨海湿地植被资源、海底冲淤过程和地形演变趋势等状况,研究生态保滩护岸措施。提升海洋突发事件、海洋灾害应急调查监测能力。

3. 强化海域资源集约节约利用

持续深化海洋行政审批"放管服"及"一网通办"改革工作,优化审批流程,提高审批效率。完善海域海岛权属管理和有偿使用制度、无居民海岛使用金征收和管理规定。探索建立海砂采矿权和海域使用权"两权合一"招拍挂出让机制。围绕统筹推进自然资源资产产权制度改革,实施海洋自然资源资产清查,建立核算评价制度,开展实物量统计和价值量核算。开展海洋资源所有权委托代理机制试点,编制市区两级代理履行所有者职责的海洋自然资源清单,协同开展海域、无居民海岛确权登记,依据委托代理权责依法行权履职。支撑国际航运中心建设,积极保障海上交通通道、海缆、东海大桥二桥、液化天然气站线扩建,金山、奉贤、南汇、东海大桥区域海上风电场等重大战略、重要基础设施、旅游亲海和生态保护项目用海。研究海洋综合保障基地建设方案并适时建设。

4. 提升海域海岛监管数字化水平

综合运用5G、人工智能、遥感监测、无人机、无人船等多种技术手段,健全立体化监管体系,有效提高监管水平。完善海域海岛海岸线监视监控、预报监测、灾害应急处置等设施设备及动管基地建设,进一步提升监管能力。加强平台建设和信息汇聚,对核心业务进行重构和流程再造,构建海洋数字化综合监管场景,丰富海洋管理专题屏建设场景,依托"一网统管"强化与涉海行业单位的业务协同。加强市区两级分工协作,完善海域海岛监督管理、执法信息联动机制,形成监管工作合力。

5. 统筹推动海洋绿色低碳发展

发展海洋碳汇,构建海洋碳汇调查监测评估业务化体系,定期开展海洋碳汇本底调查和碳储量评估,掌握海域碳源碳汇格局;加强海洋固碳机制、增汇途径等碳汇技术研发;识别和划定蓝碳生态系统增汇适宜区,以海洋生态保护修复等为载体提升海洋固碳能力,推进蓝碳增汇,开展海洋生态修复碳汇关键技术示范应用和成效监测评估;协同构建海洋碳汇计量核算体系,研究开展蓝色碳汇交易试点。推进海洋产业绿色低碳发展,鼓励发展海洋清洁能源、开发深远海资源,支持海洋可再生能源开发利用,初步建成长江口外北部、长江口外南部、杭州湾及深远海域海上风电基地布局。推动海洋生产方式绿色低碳转型,鼓励通过技术革新降低传统海上作业能耗。

6. 积极推进海洋生态保护修复

以"双重"规划为引领,严格保护自然岸线,逐步修复受损退化的生态系统,着力提升海岸带生态服务功能、滨海湿地生态品质和碳汇能力,构建陆海一体、生态减灾协同的海岸空间,提升海域海岛生态功能。推动市区两级落实海洋生态保护修复责任,探索建立海洋生态保护修复项目储备和资金投入机制。建立完善海洋生态修复评估制度,加强涉海涉岛规划衔接,编制出台海洋生态保护修复行动方案。坚持保护优先、系统修复的原则,开展海洋生态系统保护和修复,实施"蓝色海湾"、海岸带生态保护修复工程,重点推进佘山岛领海基点、临港滨海、金山滨海湿地、奉贤华电灰坝岸段海洋生态保护修复项目,开展金山三岛潮间带海洋生态保护修复项目前期工作并适时启动建设。

(二)高质量推动海洋经济发展

1. 培育海洋经济发展新动能

以实施临港新片区、崇明长兴岛国家海洋经济创新示范工作为契机,推进构建以新型海洋产业和现代海洋服务业为主导的现代海洋产业体系。重点支持面向未来的新型海洋产业,协同推进深远海资源勘探开发、深潜器、海水利用、海洋风能和海洋能等高端装备研发制造和应用;推动现代信息技术与海洋产业深度融合,支持发展海洋信息服务、海底数据中心建设及业务化运行。推动建设全国规模最大、产业链最完善的船舶与海洋工程装备综合产业集群。建设海洋产业综合服务平台,实施重点涉海企业联系制度,强化政策、金融等产品和信息供给,协同研究海洋产业发展政策,鼓励金融机构和涉海企业探索设立海洋产业发展投资基金,引导市场要素集聚,形成一批创新能力强的涉海龙头企业,培育壮大一批"专精特新"涉海中小微企业。

2. 优化蓝色经济空间布局

完善"两核一廊三带"的海洋产业空间布局,助力海洋产业结构优化和能级提升。提升两核——临港新片区、崇明长兴岛两大海洋产业发展核,集聚发展高端海洋产业集群,引导海洋产业链创新链深度融合,打造上海提升全球海洋中心城市能级核心承载区,提升国际化水平和辐射能力。培育一廊——依托陆家嘴航运金融、北外滩和洋泾现代航运服务、张江海洋药物研发、临港海洋研发服务等地发展基础,加强调查研究,支撑海洋产业政策规划编制和实施,培育海洋现代服务业发展走廊。优化三带——杭州湾北岸产业带、长江口南岸产业带、崇明生态旅游带。依托临港、奉贤、金山发展海洋装备研制、海洋药物研发、海洋特色旅游,优化提升杭州湾北岸产业带发展能级;依托吴淞、外高桥等地发展邮轮产业、船舶制造、航运服务,推动长江口南岸产业带转型升级;依托崇明世界级生态岛建设,大力发展海岛旅游、渔港经济。

3. 提升海洋科技成果转移转化成效

充分发挥临港新片区、崇明长兴岛国家海洋经济创新示范效应,聚焦"政产学研金服用",协同推动涉海科研院所、高校、企业科研力量优化配置和资源共享,推进海洋科技成果转移转化,创建海工装备创新联盟、海洋新能源产业联盟,推进海洋产业基础高级化、创新链产业链供应链现代化,服务海洋"制造"向"智造""创造"转型。支持海洋国家实验室、海洋科技创新院士工作站、海洋装备及材料研究中心、海洋综合试验场等功能平台建设,重点突破海洋智能装备、深远海勘探开发、极地考察、海洋新材料、海洋生物医药等领域"卡脖子"技术,推动北斗技术、生物技术、信息技术、新材料、新能源等创新技术和成果应用于海洋资源保护开发。

4. 拓展海洋开放合作领域

积极融入"长三角区域一体化发展"战略,协同推进长三角区域海洋产业高质量发展,加强沿海城市海洋经济沟通协调,引导海洋产业园区开展涉海企业技术交流、资本对接、海洋科创平台跨区域共建共享,共同举办海洋文化交流活动。发挥海洋城市门户功能,积极服务"21 世纪海上丝绸之路"建设和全球海洋治理,参与中欧蓝色伙伴关系等重大海洋国际合作项目,开展相关战略、规划、机制研究,为构建海洋命运共同体贡献"上海智慧"。加强海洋科教合作,参与"联合国海洋科学促进可持续发展十年"中国行动。依托中国国际进口博览会论坛、中国海洋经济博览会等平台,引导涉海企业参与海洋高技术领域国际竞争与合作。

5. 提升海洋经济运行监测和研判能力

加强市、区两级海洋经济运行监测与评估能力建设。深入推进统计部门、涉海管理部门数据共享共用,建立海洋经济活动单位名录库定期更新机制、本市海洋经济统计调查制度,持续完善海洋生产总值核算技术方法,重点推进区级海洋生产总值核算,探索建立海洋经济发展示范区海洋经济统计核算标准体系,提升海洋经济运行监测信息化水平。强化海洋经济分析研判和发展政策措施研究,及时、准确把握海洋经济发展趋势,推进海洋经济信息产品供给。构建现代海洋城市发展评价体系,编制发布上海现代海洋城市发展蓝皮书。

(三) 高标准提升海洋灾害防御能力

1. 推进海洋观测站网建设

编制海洋观测网中长期规划,基本形成由岸基、海基和空基组成、覆盖重点海域、岸段和海岛的海洋观测网,增强海洋立体感知能力。推进重点海域的海上浮标、海床基观测系统和 X 波段雷达建设,扩大海洋观测范围,增加观测站分布密度,提升观测精度。推进无人机和卫星遥感观测,增强空中动态观测能力。完善海洋观测站常态化运维机制,加强事前、事中和事后监管,保障海洋观测系统正常运行。

2. 强化海洋预警预报服务能力

强化海面风、浪、潮、流等基础要素预报,大力拓展目标精细化预报,深化灾害预警和突发事件应急预报。继续探索目标精细化预报服务,面向重点滨海旅游区、危化品码头等环境风险大的关键目标,提供精细化预报产品,满足社会民生服务需求。建设海洋应急预警报辅助系统,应对海上突发事故。

3. 加强海洋灾害风险防控能力

逐步完善统一领导、分级负责、属地管理的海洋灾害防御工作机制,强化沿海各级政府海洋灾害防御主体责任。牢固树立综合减灾理念,加强海洋灾害防御和防汛防台业务协同,深化海洋同防汛、应急、海事、气象等部门协调合作。探索海洋灾害风险和隐患发现识别应对技术方法,开展海洋灾害风险普查,更新海洋灾害承灾体数据库,全面摸清海洋灾害风险隐患底数和防灾减灾救灾能力现状,建立海洋灾害隐患管控清单和定期排查巡查机制。深化海洋灾害风险评估与区划,加强风险区划成果在相关规划中的应用,研究完善沿海区域防御措施,提升临港新片区和长兴岛等重点区域防御能力;研究海洋重点防御区管理制度,探索划定海洋灾害重点防御区。积极应对全球气候变化,开展海平面上升等缓发性海洋灾害致灾机理研究,提出应对措施。探索海洋灾害巨灾保险在海洋灾害风险防范、损失补偿、恢复重建等方面的应用。

4. 提升海洋灾害应急处置能力

开展赤潮、咸潮等突发性海洋事件应急监测,健全海洋灾害应急处置预案体系。加强沿江沿海海洋灾害监测、调查、评估和预警,建设完善海洋灾害防御综合信息服务平台,整合海洋观测、预警发布、灾情报送、风险评估与区划等业务系统,实现与防汛防台系统数据共享,不断提高海洋灾害防御支撑能力。健全海洋灾害调查与评估工作机制,建立"市—区—镇"三级灾情信息员队伍,提升灾情统计报送的准确性和时效性。探索建设海洋减灾综合示范区(社区),建立市区两级海洋灾害应急救灾物资储备机制,在沿海社区、渔港、旅游区等人口聚集区设立海洋灾害警报信息接收和播发设施,合理设置沿海警戒潮位现场标志物。加强海洋灾害风险的宣传教育,定期组织海洋灾害防御演练、技能培训、知识宣传,提升公众自救互救能力。

(四)高效能服务重点区域发展

1. 服务临港新片区高品质发展

推进临港新片区依托海洋创新园等载体,瞄准全球海洋科技发展前沿,围绕"海洋+智造"主线,聚焦海底探测与开发、极地海洋、海洋智能装备、海洋生物医药等领域,着力打造蓝色产业集群。鼓励临港新片区生命蓝湾发展海洋生物医药,探索建立海洋基因库。依托高校、临港海洋高新技术产业化基地,协调推进国家海底观测网临港基地、海上试验场等海上设施建设。聚焦海洋基础数据及海洋产业数据,支持建设全球海洋大数据平台。做好东海大桥风电场二期升级扩建4万千瓦、三期10万千瓦、南汇60万千瓦海上风电场工程用海保障。开展网格化风暴潮、灾害性海浪等灾害预警报系统建设,为重点保障目标提供精细化预报服务。探索海洋灾害重点防御区划定先行先试。加强陆海统筹,实施滨海海洋生态保护修复,构建高品质亲海岸线,打造南汇新城"湖海相融,开放共享"的滨海生活空间。

2. 服务长兴海洋装备岛创新发展

协调推进崇明(长兴岛)海洋经济发展示范区建设,聚焦海工装备产业发展模式创新,协调推进海洋科技创新示范基地、海洋装备协同创新园建设,打造海洋装备产业集群,重点发展高端船舶、海洋工程装备产业,提升海洋装备智能制造水平。以深海重载作业集成攻关大平台为依托,服务现代化海洋装备研究中心建设,不断增强船舶海工装备领域共性基础技术、核心关键技术、前瞻先导性技术等研发能力。探索创新海洋产业投融资体制,鼓励政府支持的融资担保机构、涉海企业设立海洋产业发展投资基金;积极争取有关部门支持,探索设立海洋产业创新发展专项资金。提升横沙渔港,推进国际渔业贸易中心建设。打造高水平低碳岛,加快构建绿色低碳发展体系。

五、保障措施

(一)完善协调推进机制

依托长三角区域合作发展机制框架,加强沿海城市政府部门海洋事务沟通协商,深化长三角区域海洋经济、海洋科技创新、海洋资源保护利用、海洋灾害防御等领域的战略合作。加强与涉海部门、沿海区的业务协作和资源信息共享,对综合性强、涉及面广的重大海洋事项进行协同处置、联合推动,形成发展合力。

(二)创新资金筹措机制

探索建立海洋生态保护修复、海洋资源管控等项目储备机制,积极争取国家及市区各类专项资金支持。拓展投融资渠道,逐步建立和完善多元化、多层次、多渠道的涉海项目投入机制。鼓励金融机构加大对海洋公共基础设施等项目的信贷支持。研究海洋生态保护修复和海洋资源管控等相关资金支持政策。

(三)加强人才建设和科技支撑

依托高等院校、国家驻沪涉海机构和研究院所,注重创新型、应用型、技能型人才培养,打造高素质、专业化的海洋专业人才队伍,助力建设水务海洋发展智库。加强海洋经济运行监测评估、海域海岛资源调查评估、海洋生态修复、海洋灾害防御等重点领域的关键技术研究,积极争取国家重大海洋类科技项目落户上海,带动相关上下游产业集聚和发展。

(四)强化海洋教育和公众宣传

举办"世界海洋日暨全国海洋宣传日"系列活动,加强海洋意识教育基地建设,依托涉海展馆开展海洋主题展览,推动海洋知识进学校、进课堂,支持举办海洋主题论坛。充分利用互联网、新媒体等各类媒介,引导全社会共同关心海洋、认识海洋,积极引导公众为海洋发展建言献策。

《上海市海洋"十四五"规划》高频词图

江苏省"十四五"海洋经济发展规划

引　言

海洋是高质量发展战略要地,是构建新发展格局的蓝色空间,是开启社会主义现代化新征程的重要支撑。党的十九届五中全会明确提出,坚持陆海统筹,发展海洋经济,加快建设海洋强国。《中华人民共和国国民经济和社会发展第十四个五年规划和 2035 年远景目标纲要》专章阐述"积极拓展海洋经济发展空间"。我国海洋经济迎来新一轮发展机遇。江苏省委省政府高度重视海洋强省建设,持续深化陆海统筹、江海联动、河海联通、湖海呼应、港产城融合,大力发展江苏特色海洋经济。根据《全国海洋经济发展"十四五"规划》《江苏省海洋经济促进条例》《江苏省国民经济和社会发展第十四个五年规划和二○三五年远景目标纲要》,编制《江苏省"十四五"海洋经济发展规划》。本规划主要阐明"十四五"时期江苏省海洋经济发展思路、主要目标、重点任务和政策取向,是全省未来五年海洋经济发展的指导性文件。规划期为 2021—2025 年,展望到2035 年。

一、发展环境

江苏临海拥江,区位优势独特,海洋资源禀赋富有特色,管辖海域面积约 3.75 万平方公里,海岸线长 954 公里,沿海滩涂面积约占全国滩涂总面积的 1/4,近海风能资源丰富,滨海湿地面积居全国首位。"十三五"时期,全省海洋经济呈现总量提升、质量攀高、结构趋优的稳健成长态势,为"十四五"时期海洋经济实现跃升奠定了坚实基础。

（一）发展成就

海洋经济新旧动能转换扎实推进。2020 年，全省海洋生产总值达到7828 亿元，占地区生产总值的比重达 7.6%，"蓝色引擎"作用持续发挥。"十三五"期间，海洋产业结构不断优化，海洋服务业增加值占比提高 3 个百分点。海洋主导产业特色更加鲜明，2020 年海洋交通运输业、海洋船舶工业、海洋旅游业和海洋渔业四大海洋主导产业增加值占全省主要海洋产业增加值的比重分别为 38.1%、24.3%、14.3% 和 11.3%。海洋药物和生物制品业、海洋可再生能源利用业、海水淡化与综合利用业等海洋新兴产业快速发展，年均增幅达 19.4%。海洋产业发展方向更加多元，涉海设备、涉海材料等海洋相关产业发展迅速，海洋经济新增长点不断涌现。

海洋科技创新水平持续提升。江苏海洋大学成立，设置海洋学院的高校增至 8 所。深海探测、海洋遥感、海洋药物、海洋渔业等领域建设多个省级和国家级重点实验室，重点打造的江苏省实验室——"深海技术科学太湖实验室"揭牌成立，江苏智慧海洋产业联盟、海洋装备创新公共服务平台等相继组建。"蛟龙"号载人潜水器研发与应用获得国家科学技术进步一等奖。"奋斗者"号全海深载人潜水器创造中国载人深潜新纪录，6600 千瓦绞刀功率重型自航绞吸船"天鲲"号成功下水。

海洋经济空间布局更趋优化。陆海统筹、江海联动格局进一步深化，以沿海地带为纵轴、沿长江两岸为横轴的"L"型海洋经济布局形成。沿海、沿江地区海洋经济规模大体相当，沿海地区海洋经济占比稳定在 52% 左右。南通通州湾长江集装箱运输新出海口建设初见成效，高技术高附加值船舶和海洋工程装备制造优势彰显。盐城淮河生态经济带出海门户建设步伐加快，一批重大临港产业项目竣工投产，海上风电产业带动海洋新能源产业扩能增效。连云港"一带一路"强支点建设稳步推进，徐圩港区临港产业重大项目集群式落地，中国（江苏）自由贸易试验区连云港片区建设成果突出。沿江海洋交通运输业、海洋船舶制造业等优势产业持续发展，涉海设备制造业、涉海产品及材料制造业、海洋科研教育管理服务业等优势地位进一步巩固。沿江规模以上港口货物吞吐量占全省比重达 85% 左右，造船完工量占全省比重超过 80%。

涉海基础设施功能更加健全。港口航道建设加快推进，连云港港 30 万吨级航道一期工程顺利完工,北翼赣榆港区和南翼徐圩港区 10 万吨级进港航道建成通航。盐城港滨海港区建设取得重大进展,大丰港区深水航道一期 10 万吨级工程建成。南通通州湾长江集装箱运输新出海口吕四起步港区"2+2"码头工程、通州湾长江集装箱运输新出海口一期通道工程集中开工。连盐、宁启二期、徐宿淮盐高铁、沪苏通铁路,连淮扬镇高铁、盐通、徐连高铁陆续通车,江苏沿海铁路大通道全面打通。沿海地区高速公路网和普通干线公路网骨架初步形成,"县县通高速"和"沿海主港区通高速"目标基本实现。海洋灾害预警预报体系不断健全,覆盖管辖海域的海洋观测网建成运行。

海洋生态环境质量稳步改善。严格执行海洋生态红线管控制度,强化海洋工程全过程监管和陆源污染物入海排放监督,实现"湾(滩)长制"全覆盖。近岸海水环境质量稳中趋好,优良海水面积比例稳定提高。加强船舶污染防治,本省籍运输船舶全部配备生活垃圾收集设施、含油污水收集和处理装置。积极推动海岸带生态保护与修复,完成滨海、射阳、临洪河口等岸线生态修复以及秦山岛、兴隆沙等海岛整治修复主体工程,蓝色海湾整治行动取得显著成效,连云港连岛入选全国"十大美丽海岛"。盐城黄(渤)海候鸟栖息地(第一期)列入《世界遗产名录》,填补了全国湿地类世界自然遗产空白。

海洋管理服务能力显著增强。颁行实施《江苏省海洋经济促进条例》,连云港市、盐城市相继制定海洋牧场建设、海岛保护、滨海湿地保护等地方性法规,海洋管理法规体系进一步健全。完成江苏省第一次全国海洋经济调查,实现海洋经济基础数据在全省、全行业的全覆盖。强化海洋经济监测评估,定期发布海洋经济统计公报、发展报告、发展指数报告等。省财政每年安排 5 亿元,支持国家东中西区域合作示范区建设及沿海产业发展、城乡发展、滩涂开发等。南通市"十三五"国家海洋经济创新发展示范城市建设成果丰硕,率先通过自然资源部和财政部验收。连云港市、盐城市国家海洋经济发展示范区建设深入推进,首批认定的省级海洋经济创新示范园区建设成效显著。海岸线、海域、海岛管理进一步加强,国家、省重点建设项目用海得到有效保障。

(二)面临形势

当前和今后一个时期,江苏海洋经济发展仍处于重要战略机遇期,但机遇和挑战都有新的发展变化。江苏在新发展阶段开辟海洋经济高质量发展新局面,必须增强机遇意识和风险意识,准确识变、科学应变、主动求变,用新发展理念破解难题、补齐短板、打通梗阻、增创优势。

从机遇看:一是全球"蓝色经济"释放巨大能量。向海发展成为主要经济体和新兴经济体的共同选择,全球海洋经济版图深刻重构。江苏实体经济发达、科技水平高、人才资源富集、海洋开发空间广阔,正成为吸引国内外涉海投资的强磁场,为江苏海洋经济创新转型、借力登高创造了有利条件。二是海洋强国建设蕴藏发展良机。一批高质量海洋经济发展示范区和特色化海洋产业集群布局落地,沿海新型基础设施以及交通、水利等重大工程建设的支持政策相继出台,为江苏激发海洋经济更深层次发展动能创造有利条件。三是新发展格局释放内需潜力。大国市场效应加速显现,中等收入群体不断壮大,带动消费持续升级,海洋旅游、高品质海产品、海洋药物和生物制品等海洋大消费大健康领域需求日益旺盛,江苏正致力于打造具有世界聚合力的双向开放枢纽,开放赋能海洋经济的优势效应更加彰显,将极大拓展江苏海洋经济发展空间。四是国家战略叠加赋能海洋经济发展。"一带一路"建设、长江经济带发展、长三角区域一体化发展、海洋强国、淮河生态经济带等重大战略以及自由贸易试验区、国家自主创新示范区等重大布局交汇叠加、深入实施,江苏沿海产业基础、创新能力、城市能级显著提升,通州湾长江集装箱运输新出海口、徐圩新区、滨海港工业园区等战略平台进入项目集聚期和能量爆发期,为海洋经济高质量发展提供有力支撑。

从挑战看:一是海洋输入型风险加剧。世界不稳定性不确定性明显增加,单边主义和贸易保护主义抬头,国际贸易成本持续抬高,江苏海洋经济外向度高,受国际市场波动影响大,风险挑战不容忽视。二是海洋科技短板凸显。全球科技制高点和价值链竞争日趋激烈,海洋科技面临"卡脖子"风险,江苏海洋船舶、海工装备、海洋可再生能源、海洋药物和生物制品、海洋新材料等重点海洋产业均面临核心技术或关键零部件供给不足挑战。三是涉海优质资源要素争夺激烈。国际海洋科技创新、海洋新兴产业制高点争夺激烈展开,上海、青岛、深圳、宁波、厦门等纷纷布局海洋中心城市建设,海洋创新资源向核心板块集聚加速,江苏缺少竞争力强的海洋中心城市,集聚涉海优质要素面临更强竞争压力。四是海洋经济发展不平衡不充分问题突出。对标"争当表率、争做示范、走在前列"新要求,江苏海洋经济发展总体规模偏低、增速相对较慢;海洋经济结构性矛盾突出,海洋传统产业比重过高、新兴产业规模偏小;科教大省优势发挥不足,海洋领域产学研合作不够紧密,缺乏海洋科研"国家队",海洋船舶、海工装备核心关键技术自给率偏低;全域化海洋经济发展格局有待深化,海洋资源与生态环境约束加大,实现"碳达峰、碳中和"对协调海洋开发与保护提出更高要求。

二、总体要求

(一)指导思想

坚持以习近平新时代中国特色社会主义思想为指导,全面贯彻党的十九大和十九届二中、三中、四中、五中全会精神,深入贯彻习近平总书记关于建设海洋强国系列重要论述,立足新发展阶段,贯彻新发展理念,构建新发展格局,坚持陆海统筹、江海联动、河海联通、湖海呼应、人海和谐,以绿色发展为导向,以科技创新为引领,优化海洋经济空间布局,增强海洋科技创新能力,构建现代海洋产业体系,建设海洋科技创新活跃、海洋产业实力雄厚、海洋开发集约高效、海洋生态环境优美、海洋文化教育兴盛的海洋强省,为谱写"强富美高"新篇章注入海洋动能,为"争当表率、争做示范、走在前列"提供坚强保障。

(二)发展原则

坚持科技创新引领。强化科技兴海,突出创新在海洋经济发展中的核心地位,更大力度集聚创新资源,促进涉海创新链和产业链深度融合,提升海洋重点领域核心装备和关键共性技术自给率,打造自主可控、安全高效的现代海洋产业体系,以创新驱动提升海洋经济发展质量。

坚持陆海统筹发展。强化全省都是沿海、沿海更要向海理念,推动江海联动、河海联通、陆海呼应,促进要素在更大范围流动配置,打造"一带一路"、长江经济带和淮河生态经济带最便捷最经济的出海口,推动沿江重化产能向沿海有序升级转移,加快提升以沿海地带为纵轴、沿江两岸为横轴的"L"型海洋经济发展能级。

坚持生态绿色优先。践行"绿水青山就是金山银山"理念,深入推进海洋生态文明建设,优化海洋保护和开发格局,大力推广低碳、循环、可持续海洋经济发展模式,强化海洋污染源头控制,推进海洋生态保护与修复,维护海洋自然再生产能力。

坚持开放联动赋能。深入推进体制机制改革创新,打造国际一流营商环境,建立吸引海洋资本、技术、人才向海洋领域集聚的良好环境。深度参与欧亚大陆桥和 21 世纪海上丝绸之路建设,深化海洋产业、创新等领域分工协作、协同配合,逐步提升江苏海洋产业在全球产业链、供应链、价值链中的位势和能级。

坚持海洋惠民为本。坚持以人民为中心的发展思想,把增进人民福祉作为海洋经济发展根本导向,积极推进海洋生态产品价值实现,扩大海洋公共服务和产品供给,拓展高质量亲海亲水空间,丰富涉海就业机会,让人民共享海洋经济发展成果。

(三)发展定位

打造具有国际竞争力的海洋先进制造业基地。加快现代海洋产业体系建设,强化海洋生产性服务业支撑,大力发展海洋工程装备、高技术海洋船舶、涉海设备与材料等优势产业,提升产业竞争力和国际影响力。坚持智能化、绿色化、高端化导向,加快海洋传统制造业转型升级和布局优化。深挖国内市场需求潜力,积极培育海洋药物和生物制品、海洋可再生能源利用等海洋新兴产业。抢抓数字经济发展机遇,促进海洋制造业与新一代信息技术深度融合,助推海洋经济新旧动能转换。

打造全国领先的海洋产业创新高地。发挥江苏科教优势,推进海洋科技创新"国家队"建设。发挥行业骨干企业主导作用和高校科研机构基础作用,构建产学研深度融合的海洋产业协同创新体系。支持涉海龙头企业建立海洋科技研发中心,形成一批具有自主知识产权的核心技术和原创技术,打造创新能力强劲的涉海龙头企业和特色产业集群。推进建立专业化涉海科技成果转化机构和技术孵化平台,加快产业带动作用大的涉海科技成果产业化。

打造具有高度聚合力的海洋开放合作高地。发挥中国(江苏)自由贸易试验区优势,全方位融入"一带一路"战略布局,抓住区域全面经济伙伴关系协定(RCEP)实施等机遇,加强海洋经济技术合作,提升优势产业竞争能力,助力江苏建设具有世界聚合力的双向开放枢纽。全面融入长三角区域一体化发展,提升新亚欧陆海联运通道示范作用,打造对外开放特色支点城市。

打造全国海洋经济绿色发展先行区。实施陆海污染一体化治理,落实入海污染物排污总量控制制度。推进沿海防护林、滨海湿地等生态系统修复与建设。推进全省海洋产业低碳发展,加快生产方式绿色转型,大力发展海洋循环经济,着力在滩涂湿地科学保护利用、绿色低碳可持续发展等方面走在全国前列。

打造美丽滨海生态休闲旅游目的地。突出沿海地区江海交汇、壮美世遗、山海相连滨海特色,围绕渔文化、海防文化、滩涂文化、盐垦文化,强化康养、休闲、文化等功能,打造特色鲜明、魅力彰显的滨海生态休闲旅游目的地。挖掘非沿海地区海洋文化遗存文旅功能,提升海洋类公园科普效能,逐步构建覆盖全省的海洋旅游新格局。

(四)发展目标

到 2025 年,全省海洋经济实力显著增强,海洋科技创新更趋活跃,现代海洋产业体系加速构建,海洋生态环境保护成效彰显,海洋管理服务水平稳步提升,高水平海洋开放新格局基本形成,海洋强省建设迈上新台阶。

海洋经济优质高效。全省海洋生产总值达到 1.1 万亿元左右,占地区生产总值比重超过 8%;海洋产业结构更加优化,海洋新兴产业增加值占主要海洋产业增加值比重提高 3 个百分点,海洋制造业占海洋生产总值比重保持基本稳定。

海洋科技创新活跃。海洋科技研发投入持续提升,涉海规上工业企业研发经费占比达 2% 以上,海洋基础研究能力显著提升,海洋核心装备和关键共性技术取得重大突破,区域海洋创新体系更加完善。

海洋空间布局优化。全域协同、陆海统筹、江海联动格局基本形成,沿海海洋经济带快速隆起,沿江、沿太湖重化产能向沿海绿色化转移取得重大进展,沿海、沿江、腹地海洋经济发展联动性稳步增强,全省海洋经济空间布局更加合理。

海洋生态魅力彰显。海洋生态文明建设水平显著增强,海洋生态环境质量持续改善,近海海域水质优良(一、二类)面积比例达到国家下达的指标。海域和海岸线集约利用程度不断提高,大陆自然岸线保有率不低于35%。

海洋治理科学高效。智慧海洋建设全面推进,海洋综合管理体制机制不断完善,海洋执法监管保障能力显著提升,海洋应急管理体系更加健全。

表1　江苏省"十四五"海洋经济发展主要指标

主要指标		2025 年目标	属性
经济活力	海洋生产总值(万亿元)	1.1 左右	预期性
	海洋生产总值占地区生产总值比重(%)	≥8	预期性
	海洋新兴产业增加值占主要海洋产业增加值比重(%)	提高 3 个百分点	预期性
	海洋制造业占海洋生产总值比重(%)	保持基本稳定	预期性
创新驱动	涉海规上工业企业研发经费占比(%)	≥2	预期性
	海洋科技对海洋经济贡献率(%)	≥68	预期性
绿色发展	海上风电累计装机容量(万千瓦)	1400	预期性
	自然岸线保有率(%)	≥35	约束性
	近岸海域水质优良率(一、二类)(%)	达到国家下达指标	约束性
开放合作	港口外贸货物吞吐量(亿吨)	6	预期性

到2035年,海洋经济和科技水平位居全国前列,美丽海洋建设目标基本实现,全面建成海洋强省。

三、重点任务

(一)打造全域一体的海洋经济空间布局

根据海洋资源禀赋、生态环境容量、产业基础和发展潜力,突出高质量发展和"全省一盘棋"导向,调整优化全省海洋经济布局,发挥各地比较优势,聚力做大做强重点空间板块,不断拓展蓝色经济新空间。

图1　江苏省"十四五"海洋经济空间布局示意图

1. 高质量打造沿海海洋经济隆起带

系统谋划推进沿海地区海洋经济高质量发展,培育形成全国最具成长性的海洋经济新兴隆起带。深化港产城融合发展,一体化布局海洋产业,围绕连云港徐圩新区、盐城滨海港工业园区、南通大通州湾等重点产业基地,以港口为核心,高标准建设一批海洋经济产业园区和海洋特色城镇,依托中心城市,加强涉海人才、资本、技术等要素配置,加速培育极具竞争力的海洋产业集群,构建以港兴产、以产兴城、产城融合的港产城融合发展格局,打造人海和谐的蓝色经济带,强力助推江苏海洋经济崛起。

南通市坚持高起点、高标准建好江苏开放门户。全方位融入苏南、全方位对接上海,深化江海联动,推进建设高能级、强竞争力、极富潜力的现代化湾区,逐步建成全国富有江海特色的海洋中心城市。按照国际一流标准建设通州湾长江集装箱运输新出海口,打造江苏集装箱运输核心港区、上海国际航运中心北翼集装箱干线港。以重大项目为牵引,突出核心装备和关键核心技术攻关,打造地标性、世界级船舶海工先进制造业集群。深化与其他沿江沿海城市在港口建设、产业发展等方面交流合作。放大天然海湾生态优势,推进建设滨海特色小镇、旅游景区等。

专栏 1　大通州湾海洋产业发展重点领域

　　加快建设沿海绿色产业集聚带,建成万亿级绿色高端临港产业基地。重点发展节能低碳绿色环保的钢铁新材料、石化新材料、生物基新材料等沿海临港高端产业,打造国家级新材料产业基地。加强国家海上风电特色产业基地建设,推进南通启东、如东海上风电场建设,打造国家级综合能源产业基地。推进海洋装备自主化、智能化、集成化发展,打造南通世界级船舶海工基地。加快邮轮制造业集聚发展,深化海门国际邮轮制造基地建设。培育壮大海洋药物和生物制品、海水淡化与综合利用等新兴产业规模。

　　盐城市坚持"面朝大海、向海发展",建设绿色发展示范区。加快盐城淮河生态经济带出海门户、河海联动开发示范区建设,支持海洋新能源、海洋生物、海水淡化与综合利用等战略性新兴产业集群化发展。更好发挥中韩(盐城)产业园等合作平台作用,深化与韩国、日本等泛黄海区域城市高水平开放合作。推进国家海洋经济发展示范区建设,以黄(渤)海候鸟栖息地为依托,整合滩涂湿地、渔港风光、海盐文化等资源,做亮东方湿地、鹤鹿故乡、平原森林等生态品牌,推动环黄海生态经济圈建设,高标准建设国际湿地城市,打造集湿地观光、生态康养、科普体验于一体的世界级滨海生态旅游目的地。

专栏 2　推动盐城建设绿色发展示范区

　　围绕国家可持续发展实验区建设,着力发挥滩涂湿地资源优势,加大珍稀野生动植物资源保护力度,打造世界自然遗产黄海湿地品牌,建成我国东部沿海重要的旅游城市和国家滨海湿地特色旅游基地。建设淮河生态经济带出海门户,打造河海联动开发示范区,推进沪苏产业联动集聚区建设,建成东部沿海现代大工业和上海科创中心制造业集聚区,创建国家"飞地经济"示范样板。重点发展海洋药物和生物制品、海洋可再生能源利用、海水淡化与综合利用等产业,建设国家海洋经济示范区和新能源示范城市。

　　连云港市坚持高质发展、后发先至,打造"一带一路"强支点。推进连云港港30万吨级航道二期工程建设,稳步拓展远洋运输航线,聚焦江苏自贸试验区连云港片区目标定位,提升中哈物流基地、上合组织国际物流园等运营

实效,加快连云港港从运输港向物流港、贸易港、产业港转型,持续推进国际枢纽海港建设。深化国家海洋经济发展示范区建设,积极培育海洋药物和生物制品、海洋新材料、海洋商务服务、海洋高端装备制造、海洋可再生能源利用等新兴产业。推进南极磷虾产业园建设,打造海洋牧场示范区,培育壮大高效特色海洋渔业。深入挖掘旅游资源潜力,大力发展山海神话文化旅游,积极推进海岛旅游和邮轮旅游,打造宜居宜游的区域性国际滨海旅游度假胜地。

专栏3　推动连云港打造"一带一路"强支点

紧抓中国(江苏)自由贸易试验区连云港片区建设新机遇,发挥连云港新亚欧大陆桥经济走廊东方起点的先导和支撑作用,持续推进制度改革创新,探索服务贸易领域新业态新模式,优化"一带一路"城市间直达班列和海陆联运产品体系,打造海陆物流汇聚、航运功能健全、通关服务高效、商务贸易便利、临海产业发达的亚欧重要国际交通枢纽、集聚优质要素的开放门户和"一带一路"相关国家(地区)交流合作平台。

---

2. 高水平建设沿江海洋经济创新带

发挥南京、无锡、镇江等沿江城市海洋科教优势,以更高定位、更大力度集聚海洋创新要素,增强海洋教育和科技研发功能,打造国内领先的海洋人才培养基地和海洋科技创新策源地,推进建设全国重要的海洋科技创新中心。发挥长江黄金水道优势,整合沿江港口资源,推进江海航运一体化和船联网建设,积极发展以海运、仓储、加工装配、信息处理为主体的现代航运及港口物流业。加强空间协同,突出功能互补,因地制宜强化海洋特色产业优势,推进海洋船舶制造业、海工装备制造业、涉海设备与材料制造业等优势产业转型升级,建设一批海洋先进制造业集聚区。做强江苏(南通、泰州、扬州)海工装备和高技术船舶先进制造业集群,打造世界级先进制造业产业集群。依托苏州、泰州等城市医药产业优势,打造海洋药物和生物产业新高地。发挥南京等城市综合优势,培育发展涉海金融服务、海洋信息服务等新业态。鼓励沿江产业园区吸引涉海龙头企业、涉海科技型中小企业和众创型小微企业,打造一批特色鲜明、竞争优势突出的涉海企业集群。策应长江大保护战略部署,有序推进优质产能向沿海、苏北地区升级转移,腾出发展空间,留足生态空间。

3. 高起点拓展腹地海洋经济培育圈

坚持陆海联动,发挥东陇海线贯穿东西大通道优势,建设徐州淮海国际陆港公铁水联运物流园等多式联运型货运节点,推进连云港和徐州联合建设"一带一路"新亚欧陆海联运通道标杆示范,提升徐州枢纽功能,带动涉海要素更多更深融入东陇海线、徐州都市圈产业布局。坚持河海联通,发挥淮河入海入江重要通道优势,加强内河航道和集装箱集散中心建设,推进沿海组合港河海联运,联动建设淮河生态经济带,提升淮安、宿迁等运河与淮河交汇的物流枢纽和产业联动功能,涵养海洋产业成长,打造江苏海洋经济新的增长空间。

(二)构建特色彰显的现代海洋产业体系

1. 推进海洋传统产业深度转型

促进海洋渔业稳健转型。优化海水养殖布局,规范近海养殖,试点开放式海域立体化增养殖,探索移动式工船和深水网箱养殖等深远海养殖方式。推进海洋牧场示范区建设,调整海水养殖模式和结构,发展生态、健康、绿色、安全养殖模式,推进紫菜产业绿色发展,提高渔业碳汇能力。强化优质水产种质资源保护,推进水产良种研发繁育。落实海洋捕捞总量控制制度,降低近海捕捞强度,扶持远洋渔业发展,支持专业化南极磷虾捕捞加工。加强沿海渔港经济区建设,支持海洋水产品精深加工、冷链物流、冻品交易,推进海洋渔业全产业链发展,做大做响一批海洋食品品牌。加强渔港(避风锚地)规划建设管理,全面推行渔港"港长制",推进渔港公益性防灾减灾等基础设施建设,合理布局渔船专用加油站和修造厂。

专栏 4 海洋牧场示范区建设

推动南通市如东、启东,连云港市海州湾和盐城市滨海海域高标准开展现代化海洋牧场建设。构建"一核、三带、三区"海洋牧场发展格局。"一核",即以海州湾国家级海洋牧场区为核心建设公益性海洋牧场;"三带",即近岸牡蛎礁生态修复产业带、生态养殖产业带、装备型深水养殖综合开发利用带;"三区",即资源养护型海洋牧场区、资源增殖型海洋牧场区、休闲型海洋牧场区。

大力发展海洋交通运输业。支持南通通州湾长江集装箱运输新出海口、连云港港国际枢纽海港和盐城港淮河生态经济带出海门户建设,大力提

升海运竞争力。推进长江南京以下江海联运港区、苏州太仓集装箱干线港等沿江港口一体化发展,发挥南京等区域性航运物流中心功能,大力发展沿海运输和近洋运输,积极开拓远洋运输航线。依据港口条件和腹地资源需求,提升临港物流园区综合服务功能,着力增强承载铁矿石、石油及制品、煤炭、粮食、LNG 等大宗商品物流能力。加强重点港区专业化集装箱泊位和信息化建设,推广"港口作业区+集装箱处理中心"物流模式,提升集装箱物流服务效率。强化陆海通道建设,积极推进沿海地区与长三角、环渤海等周边地区交通基础设施互联互通,大力发展海河联运、铁水联运、空铁联运和江海联运,完善综合港口集疏运体系。推进深水海港、远洋干线、中欧班列、物流场站的无缝对接,探索跨国界、跨行业,多元合作、多式联运的全新物流服务模式。

专栏 5　江苏出海口建设

"南出海口"建设:以南通港为龙头,沿江大通道为核心,按照国际一流海港标准规划建设通州湾长江集装箱运输新出海口,加快开工建设 20 万吨级深水航道,注重与上海港的分工错位,推动通州湾核心港区、苏州港太仓港区集装箱干线港建设,打造苏通联合、江海联动的江苏新出海口。支持建设通州湾港区江海河联运物流中心,建设铁路货运基地,探索水水中转模式,增强物流集散保障能力。以产业港和近洋运输起步,逐步发展成为长江流域集装箱运输的战略支点,服务长江经济带建设和长三角一体化发展。

"北出海口"建设:以连云港港为龙头,陆桥国家级通道为核心,推进连云港港 30 万吨级航道二期工程徐圩航道、徐圩港区 30 万吨级原油码头建设,加快完善提升陆海联运功能,服务"一带一路"交汇点建设,逐步成为服务国内大循环以及东亚、东南亚国际循环的重要通道。重点提升中哈(连云港)物流合作基地、上合组织国际物流园建设水平,进一步巩固和拓展连云港国际枢纽海港功能和地位。

"淮河生态经济带出海门户"建设:推进淮河出海二级航道等建设,打通淮河出海通道。发挥盐城港淮河生态经济带出海门户港和区域产业枢纽港的龙头作用,促进港口合理布局,建设河海联动集装箱运输体系,推动盐城高水平建成淮河生态经济带出海门户城市。

有序发展船舶制造业。整合全省造船资源,推进高技术船舶产业集群发展。积极开展节能环保型新型散货船、超大型集装箱船、海洋工程船、大

型液化天然气(LNG)船、液化石油气(LPG)船、大型邮轮等高技术高附加值船型研发建造。加强极地探险、远洋渔业、海洋科考和海洋调查等高科技特种船舶技术研发和应用。拓展提升产业链,进一步发展高端船舶配套业,构筑全球船舶配套服务体系。推动龙头造船企业规模化智能化品牌化建设,提升船舶产业综合竞争力。

拓展海盐及化工产业链。在原有传统加工的基础上,拓展提升盐产品的种类和层级,研究生产彩色盐、浴盐等特种盐,通过盐文化旅游、盐浴等延长产业链。大力发展海洋精细化工,加强系列产品开发和精深加工。积极开发海藻化工新产品。

适度发展滩涂农林业。积极开展耐盐农作物基因工程改良和培育,发展耐盐粮油作物、蔬菜、苗木、特色经济植物等盐土产业。科学合理利用滩涂资源,提高已围滩涂综合开发利用效率。

2. 推进海洋新兴产业提质扩能

提升海工装备制造国际竞争力。加强南通、泰州、盐城、无锡、镇江等地海洋工程装备产业及科技创新力量整合,全面提升产业集群国际竞争力。优化发展油气处理设备及系统、液化天然气(LNG)装卸系统、系泊系统、物探设备等海洋油气勘探开采装备。积极发展大功率风电机组、控制系统、齿轮箱、主轴承等海上风电装备。鼓励发展新能源淡化海水成套设备等海水淡化装备。培育壮大海洋生物资源利用装备、海洋电子信息装备和海洋工程通用装备制造规模。加强海工装备产业园等载体建设,积极延伸产业服务链条,拓展以工程服务为主的产业链发展新方向,由单一提供产品的发展模式向提供"产品 + 服务"的模式转变,打造一批行业领先的海洋工程整体解决方案供应商和总承包商,培育具有国际竞争优势的龙头企业,打造海工装备自主品牌。

专栏6　海工装备重点园区布局

依托南通经济开发区海洋工程船舶及重装备制造产业基地、崇川区船舶及海洋工程产业基地、启东海工船舶产业基地、无锡国家高新区中船海洋探测技术产业园、盐城东台海洋工程特种装备产业园、射阳风电产业园、大丰风电产业园、镇江特种船舶及海洋工程装备特色产业基地等载体,加快提升海洋工程装备设计建造能力并扩大其规模,打造从高端海工材料到核心海工装备完整产业链的高端海工装备产业。

打造海洋可再生能源利用业高地。系统推进千万千瓦级海上风电基地建设,重点支持盐城、南通优化海上风电开发布局,推进海上风电集中连片开发。集中攻克面向深远海的超大型风电机组及核心部件的关键技术,加快研发、制造、运维、检测一体化发展,形成龙头装备制造企业 + 集群化下游协作服务业产业链,打造全国领先的海上风电产业集群。积极探索海上风电制氢、深远海碳封存、海上能源岛等新技术、新模式。加快海上风电施工运维母港建设,探索布局深远海风电。推进海洋生物能、潮汐能等海洋可再生能源开发利用研究,探索商业化开发利用。

推进海洋药物和生物制品产业化。依托重点园区,积极引导生物医药龙头企业建设药物研发技术平台、孵化中心。鼓励龙头药企,联合中国药科大学、南京中医药大学等高校,充分利用虾壳、文蛤等海洋甲壳类生物资源,加快海洋生物药材及基因工程药等研发;加快突破海藻多糖、系列多肽等海洋生物资源提取利用核心技术,开发高附加值的海洋保健品和功能性食品。支持重点发展海藻提取物、海洋复合材料及纤维、海洋除污材料等海洋生物材料产品,利用海洋动植物等生物质资源开发特殊功能海洋化妆品。

稳健发展海水利用业。依托江苏省新能源淡化海水工程技术研究中心等研发机构,开展海水淡化技术协同攻关及产业化,探索海水淡化新技术、新模式。在沿海地区探索淡化海水进入城市供水管网,提供安全可靠优质淡水。围绕高耗水行业发展需求,在沿海工业园区周边探索建设海水淡化基地。在临海区域限制淡水冷却,推进海水冷却技术在沿海电力、化工、石化、冶金、核电等高用水行业的规模化应用。

3. 推进海洋服务业拓展升级

精心发展海洋旅游业。坚持特色定位、资源整合、区域联动,切实增强海域、滩涂、海岛、渔村以及涉海遗迹、海洋水族馆等特色旅游吸引力,积极培育生态湿地体验、医疗康养、海岛休闲、渔港经济、邮轮体验等海洋旅游新业态,着力打造贯通沿海、联动内地的高品质旅游线路。推动南通市放大江海资源优势,建设一批高品质旅游景区和度假区,加快实施长江航母国际旅游度假区、江海邮轮港等文旅项目,发展滨江滨海特色风情旅游。推动连云港市整合海州湾、海上云台山、秦山岛、连岛、高公岛、前三岛等海洋旅游资源,打造海洋旅游产业带,发展休闲渔业、海上运动、海岛休闲等海洋旅游业态,推进连岛国家5A级旅游景区和秦山岛国家4A级旅游景区创建。推动盐城市放大中国黄(渤)海候鸟栖息地世界自然遗产品牌效应,创建国际湿地城市,推进湿地博物馆对外开放,加快长三角(东台)康养小镇建设,培育湿地观光、生态康养、科普体验等滨海高端旅游业态。积极发展非沿海地区海洋旅游,深入挖掘南京宝船公园、太仓郑和下西洋起锚地、泰州海军诞生地等海洋遗址文旅功能,推进栖霞山国际邮轮母港建设,支持南京海底世界、无锡欢乐海洋世界等开展海洋生物科普教育和观赏娱乐活动,逐步构建覆盖全省的海洋旅游新格局。

有效提升航运服务业。发挥中国(江苏)自由贸易试验区、中哈物流园等功能区制度创新优势,以沿海沿江重点港区为主要依托,推动船舶代理、船舶供应、信息咨询等传统航运服务业转型升级,积极引入航运服务新业态新模式,大力发展海运物流、船舶经纪、船舶登记、海事法律、航运金融等现代航运服务业。发挥航运龙头企业引领作用,积极拓展船舶机务、海务管理、船舶交易、船舶营运及资产管理、船舶保险等航运服务业务。提高多式联运服务和口岸通关能力,拓展港口保税、国际中转、国际采购和分销、配送等服务功能。

大力发展海洋文化产业。严格保护海洋文化遗产,开展重点海洋遗址遗迹发掘与展示,积极推进"海上丝绸之路"文化遗产专项调查和研究。继续办好南通江海国际旅游文化节、盐城海盐文化节、连云港海洋文化节、赣榆徐福故里海洋文化节、如东小洋口海洋温泉旅游文化节等地方特色海洋文化节庆,促进海洋文化与旅游产业融合发展。深入挖掘山海文化、江海文化、渔盐文化、围垦文化、航海文化、海防文化、海洋民俗文化、海洋饮食文化等具有江苏地域特色的海洋文化,发展海洋文化创意产业。规范建设一批海洋特色文化产业平台,支持海洋特色文化企业和重点项目发展。

专栏7　江苏入选海丝申遗预备清单名录

南京:龙江船厂遗址、浡泥国王墓、郑和墓、洪保墓、明故宫;

扬州:普哈丁墓、仙鹤寺、文峰塔;

苏州:黄泗浦遗址、樊村泾遗址、浏河天妃宫遗迹;

南通:掘港国清寺遗址;

连云港:孔望山。

鼓励发展海洋金融服务业。以省属涉海企业为基础谋划筹建省海洋投资公司,搭建涉海企业投融资平台,集中支持海洋经济发展。建立海洋融资项目信息库,支持银行业金融机构采取项目贷款、银团贷款等多种模式,优先满足海洋新兴产业、现代海洋服务业和临港先进制造业等资金需求。加快推动涉海金融服务业发展,鼓励符合条件的省内优质涉海企业发起设立财务公司、融资租赁公司,支持并吸引国内外大型保险机构在沿海地区设立航运保险机构,发展船舶融资租赁、航运保险等业务,鼓励发展海洋巨灾保险,支持探索海洋环境污染责任险等"绿色保险"。推动银行、保险、信托等金融机构与风险投资、股权投资、担保机构等建立战略合作,成立海洋投贷联盟。

4. 推进海洋数字经济加速发展

强化海洋数字经济基础设施支撑。高标准布局海洋新型基础设施,积极推进海洋自主感知网络建设,加快构建覆盖全省近岸海域、滩涂湿地和自然岸线的空天岸海底立体观测网。部署构建近海通信网络,推进建设海洋三维展示与动态监测系统。在沿海城镇、港口、交通干线、重点园区打造5G全面商用标杆,结合重点产业探索部署泛在感知智能物联感知终端体系。挖掘5G在临海制造业领域的典型应用场景,积极创建国家"5G＋工业互联网"融合应用先导区。加强海洋大数据平台建设,推进超算中心建设,对接国家海洋大数据中心和共享云平台,面向海洋产业发展、海洋保护与开发等信息应用服务需求,拓展智慧应用服务能力,为海洋防灾减灾、海洋生态环境保护、远海航行保障、海洋与气候变化研究等提供支撑服务。

推进海洋经济数字化转型。深入实施智慧海洋工程,推动海洋产业数字化、网络化、智能化改造,加快现代信息技术同海洋产业的深度融合,提升产业链供应链资源共享和业务协同能力。推进电子信息产业向海发展,重点发展海洋信息获取、采集、加工、传输、处理和咨询服务全产业链的海洋信息服务业。加快智能海洋牧场、智慧港口、智慧航运、智慧海洋旅游等领域建设,积极发展海洋物联网、海洋遥感等海上态势感知手段和关键技术,促进海洋领域数字经济发展。

专栏 8 "智慧海洋"建设

推进"智慧海洋"建设,建设省级海洋大数据共享应用平台,推动涉海部门和行业数据汇集交换和整合集成,深化海洋大数据提炼清洗、质量评估、融合分析、深度挖掘和预测预报等关键技术研究,推进海洋数据、计算和应用系统资源开放利用。支持渔业——单波束和多波束回声测深仪系统研发应用,开发实时 3D 可视化软件、声呐和渔获物监测系统,利用人工智能对洋流、潮汐、波浪等海洋可再生能源进行预报和测算。

---

5. 推进临海产业集聚集约发展

有序推进沿江、沿太湖地区化工产业向沿海地区升级转移,打造高端绿色临海重化产业集群。推进港口与产业园区在规划、建设、功能等方面的统筹协调,优先在港口后方布局关联度大的产业,拓展延伸产业链,形成港口与临海产业园区互为依托、相互支撑的格局。发挥连云港石化产业基地、通州湾精品钢基地等重大项目龙头示范效应,优化"前港后厂"产业布局,促进港产互动协调发展。

专栏 9 沿海三市临海产业重点布局

南通:加快建设沿海绿色产业集聚带,支持洋口港区建设国家级 LNG 产供储销体系枢纽,通州湾发展石化新材料、现代纺织等重点产业,海门港新区打造钢铁产业基地和循环经济产业链,吕四港区建设我国东部沿海重要粮油运输中转基地,建成万亿级绿色高端临海产业基地。

盐城:立足禀赋条件、产业基础,发挥盐城港枢纽港功能,大丰港区、响水港区侧重发展综合物流和海河联运物流关联产业,射阳港区重点发展海洋新能源、机械装备产业,滨海港区积极发展钢铁能源等临港工业,打造我国新兴港口能源产业高地。

连云港:强化临港工业统筹规划与布局,加快推进徐圩港区、赣榆港区等区域深海港建设和上合组织出海基地建设,重点推进炼化一体化项目建设,打造具有国际竞争力的世界级石化产业基地和重要钢铁基地。

（三）提升自立自强的海洋科技创新能力

1. 强化海洋科创力量整合

系统谋划全省海洋科技创新顶层设计和前瞻布局,有效整合省内涉海高校、科研机构等创新资源,重点加强涉海重大创新平台和基础设施布局。围绕深海环境模拟、海洋系统观测、海洋灾害预报、滩涂资源利用以及海洋新兴产业共性需求等领域,规划建立海洋类国家工程中心、海工装备重点实验室、海上风电装备海上测试平台等涉海创新平台,支持深海技术科学太湖实验室创建国家实验室,谋划组建省海洋研究院,支持建设海洋产业创新研究院,培育国家级海洋研究机构,构建协同高效的海洋科技创新体系。构建军民融合创新平台,促进海洋领域军民兼容同步发展。依托沿海城市、临海城镇、涉海开发区,规划建设一批低成本、便利化、专业化、全要素、开放式涉海众创空间。鼓励有条件的涉海企业建立海洋科技研发中心、技术中心和实验室,打造新型海洋研发载体。

专栏 10　创建海洋领域国家实验室

支持太湖实验室创建国家实验室。支持建设深海技术科学太湖实验室,围绕深海运载安全(深潜)、深海通信导航(深网)、深海探测作业(深探)三个研究方向和深海装备材料制备、深海隐蔽导航、深海目标智能识别等重大任务开展战略性、前瞻性、前沿性基础研究、应用基础研究和高技术研究,打造国家深海技术战略科技力量。

---

2. 推进海洋关键技术突破

集聚政产学研金服用多元要素,深化海洋科技和海洋产业对接融合,推动建立企业为主体、市场为导向、产学研用深度融合的技术创新体系。组织实施重大科技攻关,强化江苏有优势、有需求的海洋核心装备和关键技术自主研发,增强优势领域核心竞争力。围绕全省高端海工装备制造、高技术海洋船舶工业、海洋新材料、海洋药物和生物制品、海洋可再生能源利用、海洋渔业等领域,加强关键核心技术攻关,力争突破一批关键共性技术,促进海洋产业技术重点跨越和产业链延伸。

专栏 11　部分海洋关键技术方向

　　高技术船舶及海工装备：重点开展深海油气钻井、远洋特种作业等海工装备关键技术研发。加强大型 LNG 双燃料动力船、极地邮轮、超大型集装箱船等高技术船舶、海洋空间站等深远海平台和装备技术研究。

　　海上风电：重点开展 15—20MW 级风电机组整体及关键部件技术开发，优先支持开展海上风电集群运控并网系统等成套集成装备、大功率海上风电机组、低风速风电机组及关键材料零部件的研发制造。加强新型高效率风能利用技术研究，重点开展风能新型高效捕获及利用技术、低成本风能供热技术研究。

　　海洋药物和生物制品：重点开展海洋生物提取物脱盐、脱除重金属关键技术、海洋生物功效成分富集纯化、海洋来源生物医用材料制备与应用等研究。

---

　　3. 加快海洋科技成果转化

　　构建市场导向的海洋科技成果转移转化机制，打通创新与产业化应用通道。加强与国家部委、中央企业、跨国企业、军工企业以及其他龙头企业对接，争取实施一批重大优质科创项目。统筹实施"科技创新 2030 重大项目—深海空间站"等国家战略任务，实现原始创新和战略技术突破。立足区域优势，凸显海洋特色，依托中心城区、重点涉海园区，规划建设一批海洋技术转移中心和科技成果转化服务示范基地。组织实施一批高技术产业化示范工程，加快培育一批集研发、设计制造于一体的海洋科技型骨干企业和一批具有核心技术、自主知识产权、核心竞争力的海洋创新型龙头企业。加快先进材料、纳米技术、生物技术、海底工程技术、传感器和成像、卫星技术等使能技术在海洋领域的应用。加快海洋产业知识产权保护与运营体系构建，支持海洋知识产权评估与交易平台建设，鼓励科技中介机构积极开展与海洋科技成果转化相关的技术交流、技术咨询、技术评估等活动。

　　4. 打造海洋人才高地

　　大力推动涉海高校发展，支持江苏海洋大学等涉海高校加强与国内知名涉海院校、科研院所和海洋产业龙头企业合作，推进成立涉海产学研合作联盟。以海洋科技创新需求为导向，支持有条件的高校建设海洋领域未来技术学院和现代产业学院,增设与海洋产业密切相关的高新技术类和海洋领域应用型学科专业,推进国家一流专业(省品牌专业)建设,培育一批海洋优势学科,大力培养应用型、技能型、复合型海洋人才。鼓励省"双创"计划、"333"高层次人才培养工程、科技企业家培育工程等重点人才工程项目对涉海类人才给予重点支持。建立健全政府、用人单位和社会多元化的人才发展投入机制,支持海洋学科带头人创新创业。

(四)建设人海和谐的海洋生态文明格局

1. 促进海洋经济绿色发展

深化海岸带资源科学配置与管理,制定海岸带综合保护与利用规划,加强海域、滩涂、湿地等自然资源综合保护利用,推进海洋产业生态化、生态产业化进程,建设生态海岸带。壮大绿色环保且附加值高的海洋新兴产业,提高产业竞争力。加强承载力约束,严格控制滩涂湿地开发强度与规模,强化海洋产业园区规范管理,鼓励发展低碳、零碳海洋产业业态。以钢铁、石化等临海产业为重点,开展全流程清洁化、循环化、低碳化改造。推进沿海渔港建设,实施海洋渔业资源捕捞总量控制制度,合理有序开展捕捞作业。加强深海海域生态开发和利用,逐步将近岸紫菜和网箱养殖向深水转移,合理控制养殖规模。

2. 加强海洋生态保护修复

建立健全海洋生态保护修复制度体系,实施沿海陆域、近岸海域、入海河道的固定源污染排放许可证制度,严控陆源污染物排海总量。严格建设项目用海准入,合理提高建设项目生态门槛和产业门槛。加强海洋污染防治,开展船舶溢油回收行动、海水养殖污染治理行动、海漂垃圾专项治理行动,提高海水清洁水平。加强沿海基干林带和纵深防护林体系建设,构建沿海森林生态系统。加强滨海湿地、滩涂、岸线、海域、海岛等典型生态系统监测、评估和保护,加大生态整治修复投入,分类梯次推进海岸带整治修复、海洋生物多样性抢救性保护、陆海贯通的生态安全屏障建设。完善湾(滩)长制运行管理体系,提升海洋生态环境综合治理水平,打造"水清滩净、岸绿湾美、鱼鸥翔集、人海和谐"的美丽海湾。探索建立海洋生态产品价值实现机制,统筹部署实施地热资源梯级开发、海上风能资源利用、滩涂湿地碳汇能力提升等"碳达峰、碳中和"重点项目。实施外来物种防治和海堤补充完善工程,恢复滩涂湿地水文过程。

3. 防控海洋生态环境风险

按照"事前防范、事中管控、事后处置"全程监管要求,加强对涉海企业和海上作业的安全生产监督管理,构建分区分类的海洋环境风险预警防控网络体系。建立重大突发事件风险评估体系,以临海工业区、临海化工园区等为重点,科学划定海洋灾害防御区,对石油炼化、油气储运、危化品储运、核电站等重点区域,全面排查整治海洋环境事故风险源。加强海洋生态环境监测能力建设,建立完善多级联动、海陆一体的生态环境监测体系。强化应急能力建设,建立健全部门协同、多方参与的海洋环境应急响应机制,加强应急演练和物资储备,提升应对海洋生态环境风险能力。

4. 提高海洋预报预警能力

优化沿海海洋观测网布局,建设高时空分辨率海洋观测网络。建立海洋灾害智能网格预警报系统,优化预报信息发布手段和发布渠道,提升海洋预报预警能力。加强海平面变化、滨海地区地貌沉降和海堤高程监测。建立完善的省、市、县(市、区)多级海洋灾害应急指挥体系,加强防灾减灾物资储备基地建设,构筑"海、陆、空"一体的浒苔绿潮监视监测体系,做好浒苔绿潮防控。

(五)拓展聚合有力的海洋经济开放空间

1. 积极推动海洋经济高质量区域合作

把握海洋强国建设新趋势新要求,对标国内海洋经济发达省份和海洋中心城市,吸收借鉴先进地区海洋经济发展有益经验。坚持特色化定位、全方位协同,积极融入全国沿海海洋经济整体布局,锻造江苏海洋经济特色竞争力。重点推进长三角海洋经济一体化发展,以大通州湾建设为主阵地,统筹优化湾区生产力布局,加强与浙江杭州湾大湾区联动,参与构建以上海为龙头、以大通州湾、浙江杭州湾大湾区为南北两翼的长三角大湾区建设,推动长三角海洋经济从双"V型"向"W型"拓展升级,打造世界级海洋经济高质量发展示范区。积极配合国家实施覆盖长三角全域的全面创新改革试验方案,研究制定配套政策措施,加强海洋科技领域协同创新,重点开展海工装备、海洋生物科技、深海探测等领域科技创新联合攻关,构建开放、协同、高效的共性技术研发平台,实施涉海科技成果应用示范和科技惠民工程。积极参与长三角世界级港口群一体化治理,促进港航协同发展。推动国家战略联动,强化海洋特色,打造"一带一路"、淮河生态经济带和长江经济带最便捷最经济的出海口,成为长三角重要的涉海产业承载地和新增长空间。鼓励沿海地区大力发展"飞地经济",支持与上海等长三角地区港口、城市、园区等建立合作伙伴关系,在沿海地区建设各类创新、产业、物流等合作"园中园"。

专栏 12　推进长三角海洋经济布局从双"V 型"转向"W 型"

发挥南通大通州湾、浙江杭州湾两个"湾区"在推动海洋要素集聚、打造海洋经济高地中的关键作用,加强与上海全球海洋中心城市建设的协同联动,改变过去上海南北两侧"V"型海洋经济格局相对独立、缺乏联动的局面,强化湾区经济叠加效应与联动效应,形成"W"型长三角海洋经济一体化发展新格局。

---

2. 持续拓展蓝色经济国际合作空间

积极拓展与沿海国家和国际组织在海洋领域的合作空间,构建开放包容、具体务实、互利共赢的蓝色伙伴关系。抢抓"一带一路"建设以及区域全面经济伙伴关系协定(RCEP)实施等机遇,把"一带一路"交汇点作为融入海洋国内国际双循环的战略通道。深入实施国际综合交通体系拓展、国际产能合作深化、"丝路贸易"促进、重点合作园区提升、人文交流品牌塑造等行动计划,深化与共建"一带一路"国家战略布局耦合,与沿线国家和地区加强海洋产业合作、海洋经贸往来、海洋人文交流。加强海外港口合作,推进港口互联互通,提高航线全球联通能力,建立通畅安全高效的海上运输、物流、商贸大通道,促进资金、技术、人才等生产要素合理流动。构建海洋产业联盟,共建海外蓝色经济产业园区。积极参与"海上丝绸之路"蓝碳合作。打造国际海洋科技合作交流平台,加强海洋科技创新合作。巩固欧美传统市场,开拓国际新兴市场,加强综合保税区和跨境电商综合试验区建设,支持企业加快重点市场海外仓布局,完善全球服务网络,促进涉海外资外贸稳定增长。充分利用中欧班列、中欧合作产业园区等基础,以船舶海工装备产业集群化发展、国际合作创新网络建设、国际高校合作等为抓手,加强与欧洲在涉海技术研发及产品设计、专业服务等关键领域合作。积极推动中哈物流基地、上合组织出海基地提档升级,将新亚欧陆海联运通道打造为"一带一路"合作倡议的标杆和示范项目。依托中韩(盐城)产业园等重大载体,优化"海空走廊",加强蓝色经济合作、投资贸易交流。

四、保障举措

(一)加强党的领导

坚持和加强党对海洋经济工作的集中统一领导,不断提高政治判断力、政治领悟力、政治执行力,坚决做到"两个维护",确保党中央、国务院决策部署和省委省政府部署要求落地见效。加强海洋法制建设,全面落实《江苏省海洋经济促进条例》,处理好市场与政府的关系,注重发挥政府作用,谋划建立省海洋经济发展议事协调机构,协调涉海重大决策,统筹海洋经济发展。省有关部门要切实担负起行业指导职责,推动构建现代海洋产业体系。各地区要充分把握向海发展战略机遇,落实海洋经济相关管理职责和人员配置,大力发展海洋经济,推动建设海洋强省。

(二)加强要素保障

强化用海保障,重点保障国家和省重大涉海工程项目,严格控制过剩产能的用海供给。探索开展海域使用权招拍挂试点。发挥省级战略性新兴产业发展、工业和信息产业转型升级、现代服务业、现代农业发展等专项资金引导作用,吸引社会资本,加大对海洋科技创新项目、海洋科技创新载体建设扶持力度,支持海洋产业创新集聚发展。推进设立海洋产业子基金,加快推进海洋制造业、海洋新兴产业、现代海洋服务业高质量发展。鼓励利用地方政府专项债券,支持符合条件的海洋建设项目。支持省属涉海企业积极参与海洋产业投资、海洋生态修复等重点项目建设。

(三)加强试点示范

巩固提升南通市"十三五"国家海洋经济创新发展示范城市建设成果,放大海洋产业创新升级、绿色转型示范效应。高标准推进盐城市、连云港市国家海洋经济发展示范区建设,形成一批可推广可示范成果。跟踪评估省级海洋经济创新示范园区建设进展,持续增强园区发展后劲,更好发挥示范带头作用。支持符合条件的涉海开发区申报国家级经济技术开发区、高新技术产业开发区、农业经济开发区。支持重点临港产业园申报省级开发区。

(四)加强监测评估

推进省级和市级海洋经济运行监测与评估能力建设,加强海洋经济统计监测培训,推进海洋经济管理专业人才队伍建设。建立健全涉海企业直报制度和重点涉海企业联系制度,定期发布海洋经济统计公报、海洋经济发展报告。加强海洋经济评估分析和重大理论问题研究。建立海洋经济规划实施动态评估机制,适时对各级政府及相关部门推进情况进行监督检查,跟踪检查和通报重点任务落实情况,确保规划落实到位。

(五)加强宣传教育

以"世界海洋日"、中国海洋经济博览会等海洋特色活动为重点,广泛开展海洋宣传教育,多层次、多渠道推动全民亲近海洋、认识海洋、关注海洋。突出宣传推进海洋经济发展的重要意义和重大举措,精准解读规划和相关配套政策,形成全社会关心、支持和主动参与海洋经济发展、保护海洋生态环境的良好氛围。鼓励中小学通过多种渠道普及海洋知识,培养青少年深厚的海洋情怀。创新海洋新闻舆论工作,鼓励开展海洋知识讲座、海洋展览等,讲好海洋故事,传播海洋文化,提高公众海洋意识。

《江苏省"十四五"海洋经济发展规划》高频词图

浙江省海洋经济发展"十四五"规划

为进一步提升全省海洋经济综合实力和现代化发展水平,更好支撑海洋强省建设,特编制本规划。规划期限为2021—2025年,展望至2035年。

一、总体要求

(一)发展基础

"十三五"期间,省委、省政府积极推进海洋经济发展,基本形成了以建设全球一流海洋港口为引领、以构建现代海洋产业体系为动力、以加强海洋科教和生态文明建设为支撑的海洋经济发展良好格局。据初步核算,2020年全省实现海洋生产总值9200.9亿元、比2015年的6180亿元增长48.9%,"十三五"期间年均增长约8.3%。海洋生产总值占地区生产总值的比重保持在14.0%以上,高于全国平均水平4到5个百分点,占全国的比重由9.2%提升至9.8%。海洋产业新旧动能加速转换,海洋科教创新能力持续提高,海洋基础设施网络不断完善,全省海洋港口一体化改革实质性推进,宁波舟山港货物吞吐量连续12年稳居全球第一、集装箱吞吐量跃居全球第三,海洋开放合作拓展逐步深化,海洋生态文明建设水平明显提升。同时,海洋经济发展和海洋强省建设也存在一些问题和短板。海洋生产总值在全国沿海省份中仅位居中游,海洋经济区域发展不够平衡,海洋新兴产业规模偏小,海洋创新能力不够等。

(二)指导思想

坚持以习近平新时代中国特色社会主义思想为指导,全面贯彻党的十九大和十九届二中、三中、四中、五中全会精神,深入贯彻习近平总书记视察浙江重要讲话精神,完整、准确、全面贯彻新发展理念,有力支撑"一带一路"

倡议和长江经济带、长三角一体化发展等国家战略实施,强化全省域海洋意识、沿海意识、开放意识,坚持走人海和谐、合作共赢的高质量发展之路,坚持系统谋划、一体推进,实施一批牵一发动全身的改革开放新举措,形成一批走在全国前列的特色亮点,加快提升海洋经济实力、海洋创新能力、海洋港口硬核力量、海洋开放水平和海洋生态文明,为忠实践行"八八战略"、奋力打造"重要窗口",争创社会主义现代化先行省提供战略支撑。

(三)发展目标

到 2025 年,海洋强省建设深入推进,海洋经济、海洋创新、海洋港口、海洋开放、海洋生态文明等领域建设成效显著,主要指标明显提升,全方位形成参与国际海洋竞争与合作的新优势。

——海洋经济实力稳居第一方阵。力争全省海洋生产总值突破 12800 亿元、占全省 GDP 比重达到 15%,海洋新兴产业增加值占海洋生产总值比重达到 40%,三产增加值占海洋生产总值比重达到 65%,建成一批世界级临港先进制造业和海洋现代服务业集群。

——海洋创新能力跻身全国前列。海洋研究与试验发展经费投入强度达到 3.3%,在浙高校 1 个海洋学科(领域)达到"双一流"建设标准,省级以上海洋科研机构达到 43 个,省级涉海重点实验室和工程研究中心等创新平台达到 35 个,省级以上海洋产教融合基地达到 3 个,建成省智慧海洋大数据中心,海洋领域省实验室实现突破。

——海洋港口服务水平达到全球一流。基本建成世界一流强港,沿海港口货物吞吐量达到 16 亿吨,集装箱吞吐量达到 4000 万标箱以上。宁波舟山港货物吞吐量达到 13 亿吨,稳居全球第一;集装箱吞吐量达到 3500 万标箱,稳居全球前三,全球重要港航物流枢纽地位更加稳固。港口自动化码头泊位达到 5 个。宁波舟山国际航运中心综合发展水平跻身全球前 8 位。

——双循环战略枢纽率先形成。深度参与"一带一路"倡议和长江经济带、长三角一体化发展等国家战略成效显著,宁波舟山港集装箱航线达到 260 条,中欧班列达到 3000 列,江海联运吞吐量达到 4.5 亿吨,集装箱海铁联运吞吐量达到 200 万标箱,西向布局陆港 42 个,陆海内外联动、东西双向互济格局率先形成。

——海洋生态文明建设成为标杆。全面落实海洋生态红线保护管控,近岸海域水质优良率均值较"十三五"期间提升 5 个百分点,建成生态海岸带示范段 4 条、省级以上海岛公园 10 个,大陆自然岸线保有率不低于 35%,海岛自然岸线保有率不低于 78%,近岸滨海湿地面积不减少,海洋灾害预警报准确率达到 84% 以上。

至 2035 年,海洋强省基本建成,海洋综合实力大幅提升,海洋生产总值在 2025 年基础上再翻一番,全面建成面向全国、引领未来的海洋科技创新策源地,海洋中心城市挺进世界城市体系前列,形成具有重大国际影响力的临港产业集群,建成世界一流强港,对外开放合作水平、海洋资源能源利用水平、海洋海岛生态环境质量国际领先,拥有全球海洋开发合作重要话语权。

二、构建全省全域陆海统筹发展新格局

(一)"一环"引领

即突出环杭州湾海洋科创核心环的引领作用。统筹环杭州湾区域城市科创人才资源,以建设重大创新平台、开展重大技术创新专项为抓手,强化科创大走廊辐射引领能力,夯实科技创新对产业发展的支撑力。聚焦海洋"互联网 +",发挥杭州、宁波温州国家自主创新示范区带动作用,以杭州城西科创大走廊、G60 科创走廊(浙江段)、宁波甬江科创大走廊、联合国全球地理信息知识与创新中心为主平台,依托清华长三角研究院、之江实验室、浙江大学、西湖大学、阿里巴巴达摩院等高校院所,加快重大基础研究和科技攻关专项。聚焦海洋生命健康,强化杭州生命健康创新中心地位,打造高端医疗装备及器械和康养服务集聚高地,形成生物医药产业科创生态。在宁波、绍兴、舟山等地打造一批海洋新材料基地,建设一批海洋新材料"高尖精特"实验室、研发中心。

(二)"一城"驱动

即全力打造海洋中心城市。充分发挥宁波国际港口城市优势,以世界一流强港建设为引领,以国家级海洋经济发展示范区为重点,坚持海洋港口、产业、城市一体化推进,支撑打造世界级临港产业集群,做强海洋产业科技创新,引育一批国际知名涉海涉港高校和科研机构,联动杭州、舟山共建海洋科技创新重点实验室,打造国际海洋港航、科研、教育中心。推动高端港航物流服务业突破发展,集聚航运金融、航运交易、海事服务、法律咨询等平台机构,提升国际影响力。加强海上丝绸之路海洋事务国际合作,挖掘海上丝绸之路中的"活化石"文化,积极参与海洋领域国际标准制定,打造国际海洋文化交流中心。联动推进舟山海洋中心城市建设。

(三)"四带"支撑

1. 甬舟温台临港产业带。沿甬台温高速公路复线、沿海高铁打造产业创新轴,加快聚集创新和产业资源要素,优化重要产业平台、创新平台、滨海城镇布局,推动甬舟温台四地协同共建产业链、供应链、创新链,加快形成具有国内外竞争优势的产业集群、企业集群、产品集群,高水平形成具有国际影响力的临港产业发展带。

2. 生态海岸带。协同实施生态保护修复、绿色通道联网、文化资源挖潜、生态海塘提升、乐活海岸打造、美丽经济育强六大工程,统筹建设绿色生态、客流交通、历史文化、休闲旅游、美丽经济五大廊道,率先建成海宁海盐示范段(河口田园型)、杭州钱塘新区示范段(滨海都市型)、宁波前湾新区示范段(滨海湿地型)、温州168示范段(山海兼具型)等4条生态海岸带示范段,成为浙江美丽湾区的窗口。

3. 金衢丽省内联动带。创新海洋经济辐射联动模式,加快宁波舟山港硬核枢纽力量沿义甬舟开放大通道及西延工程拓展,全面强化与金华、衢州、丽水合作,提升金义都市区整体能级,加快建设义乌国际陆港、金华华东联运新城、金华兰溪港铁公水多式联运枢纽、衢州四省边际多式联运枢纽港,形成陆海贯通的交通物流、商业贸易、产业创新、生态文化区域新格局,成为全国海洋经济赋能区域协调发展的典型。

4. 跨省域腹地拓展带。立足长三角一体化与浙皖闽赣省际区域优势互补,以建设内陆省份新出海口为导向,进一步将海洋经济优势向内陆腹地延伸,深化与长江沿线及内陆省份的开放融合,畅通西南向联通江西、安徽、福建的综合交通廊道,以点带线,以线扩面,全面形成跨省域商贸物流网络。

(四)"多联"融合

即山区与沿海协同高质量发展。加强衢州、丽水等山区与沿海地区协作联动,加强山区大花园核心区与沿海大湾区建设的协同互动,提升山区与沿海相互促进的开放合作水平。强化宁波舟山港与海港、长江沿线港口、其他内河港口在管理业务、航线航班、资本股权等方面合作,增强开放合作能力。联动海港、河港、陆港、空港、信息港协同发展,推动江海、海铁、海河、海空、海公等多式联运统筹提升,加快物流信息互联共享与智慧物流云平台建设,提升多式联运体系水平。

三、强化海洋科技创新能力

(一)做强海洋科创平台主体

1. 大力提升海洋科创平台能级。推进杭州城西科创大走廊及宁波甬江、G60(浙江段)、温州环大罗山、浙中、绍兴等科创走廊建设,谋划建设湖州、衢州、舟山、台州、丽水等涉海科创平台。高水平建设省海洋科学院,支持宁波建设国内一流的海洋科研机构。加快省大湾区(智慧海洋)创新发展中心、海洋新材料实验室(筹)等新型研发机构建设。聚力打造船舶与海洋工程科技服务、海洋通信、海洋大数据等一批主题产业园和科技企业孵化器。在海洋生物医药、海洋食品精深加工等领域新建一批省级企业科创载体。

2. 积极培育海洋科技型企业。完善"微成长、小升规、高壮大"梯次培育机制,大力培育海洋科技领域的领军型企业、高成长企业和独角兽企业。支持现有涉海科技型中小企业、创新型试点企业、省级涉海农业科技企业做大做强,引导涉海行业的龙头骨干企业建设高新技术企业。实施创新链产业链贯通工程,完善技术要素市场化配置,引导各类要素向企业集聚,有效推动成果转化。

3. 强化海洋科技领域国际合作。支持海洋科技领域国际合作平台建设,推动开展海洋领域国际联合研发,支持海洋科技领域国际合作项目。做大做强省级国际科技合作基地、省级"一带一路"联合实验室等国际科技合作载体,积极拓展合作渠道,提升合作实效,打造我省深度参与海洋国际协同创新的引领平台。

(二)增强海洋院所及学科研究能力

1. 提升涉海院校办学水平。提升浙江大学、宁波大学、浙江海洋大学、浙江交通职业技术学院、浙江国际海运职业技术学院等涉海院校办学水平。围绕港口航道与海岸工程、国际邮轮乘务管理、水产养殖、海洋资源与环境等领域,支持我省涉海院校与国内高水平涉海院校开展合作培养,加强交流学习、学分互认。继续扩大国际合作,支持涉海院校与国外高水平大学开展师生交流、联合培养、合作科研、中外合作办学等多形式合作项目。

2. 加快涉海类学科专业建设。整合学科专业资源,提升学科专业特色,建好涉海类优势特色学科和国家一流本科专业。加大涉海类学科专业建设投入,开展涉海类二级学科自主设置和交叉学科设置,优化涉海类博士硕士学位授权点结构,提升涉海类学科建设水平。对接临港产业集群,推进海洋领域工匠培育工程,构建涉海类复合型技术技能人才培养体系。加快实施高水平涉海类高职院校、技工院校及专业群建设计划,打造涉海类复合型技术技能人才培养高地。

(三)推动关键技术攻关及成果转化

1. 强化海洋科技领域关键核心技术攻关。加大共性关键核心技术攻关力度,充分发挥流体动力与机电系统、卫星海洋环境动力学等国家重点实验室作用。加大对海洋物理、化学、生物和地质的原创性、基础性理论研究。深入实施"双尖双领"计划,围绕海洋资源、防灾减灾、海洋新材料、海洋工程装备及高技术船舶等方向,在省重点研发计划中设置科研攻关项目,攻克一批关键技术。

2. 加快推进海洋科技成果转化应用。打通科技成果转移转化"最后一公里",引导政府、国有企业和社会资本建立一批从事技术集成、熟化和工程化的创新试验基地,加快形成一批现代海洋产业创新服务综合体,建设完善科技成果转移转化中心。支持建设潮流能产业示范区,保持海洋潮流能科技成果及产业发展的国际领先地位。探索科技成果转化激励机制,提高科研人员科技成果转化收益分配比例。

四、建设世界级临港产业集群

(一)聚力形成两大万亿级海洋产业集群

1. 万亿级以绿色石化为支撑的油气全产业链集群。高水平建设以超大型有机化工基础原料生产为基础的绿色石化产业集群,推进宁波、舟山绿色石化产业一体化发展,推动两地石化基地互联互通管道工程建设,研究谋划舟山绿色石化拓展项目,形成从石油炼制到基础化工原料、化工新材料、高端专用化学品的完整产业链,共建共享世界级石化基地。进一步吸引油品贸易巨头在宁波、舟山建设存储枢纽,加强海底储油研究谋划,加速油气进口、储运、加工、贸易、服务全产业链发展,打造世界级油气资源配置中心。大力发展保税燃料油和液化天然气(LNG)加注业务、不同税号混兑调和业务,提升宁波舟山港油品混兑加工和 LNG 接收加注产业规模。加快建设宁波舟山 LNG 登陆中心,谋划推进氢能产业链。支持浙江国际油气交易中心发展,深化与上海期货交易所等平台合作,共建长三角期现一体化交易市场。推动国际能源贸易总部基地建设。支持洞头大小门岛绿色石化产业发展。

2. 万亿级临港先进装备制造业集群。聚力突破船舶与海洋工程关键技术瓶颈,支持发展高端特种船舶制造业。开展大型集装箱船舶、国际豪华邮轮等维修业务,支持舟山建设成为国际一流水平的船舶修造基地。大力培育发展大型海洋钻井平台、大型海洋生产(生活)平台等海洋工程装备制造业,推进水下运载及作业装备国产化,加快海底电缆(光缆)技术及产品研发,支持风电装备、大型石化、煤化工装备制造业发展,培育形成全国领先的临港先进装备制造基地。围绕集群化、数字化、智能化,突破动力电池、电驱、电控关键技术,创新发展汽车电子和关键零部件产业,完善充电设施布局,打造全球一流的新能源汽车产业集群。

(二)培育形成三大千亿级海洋产业集群

1. 千亿级现代港航物流服务业集群。做大浙江海港大宗商品交易中心、舟山国际粮油集散中心,打造东北亚铁矿石分销中心。研究开发个性化、区域化的大宗商品价格指数体系,完善仓储物流、供应链金融和交易撮合等服务功能,发展货代、船代、报关等船舶增值服务。培育壮大江海联运、海河联运、海铁联运业务,以宁波舟山港为中心,拓展与长江经济带重要港口、产业园区的合作。支持发展内支、内贸、近洋集装箱运输业务。加快打造全过程综合物流链条,做优做强"门到门"全程物流服务。大力创新跨境电子商务业务新模式。

2. 千亿级现代海洋渔业集群。集成推广循环水养殖、抗风浪深水网箱、大型围栏养殖、生态增养殖,探索深远海养殖,加快布局智慧渔业,提升渔业装备化、绿色化、智能化水平。高标准建设温州、舟山、台州等地国家级海洋牧场示范区。鼓励开展渔业国际合作,加快远洋渔业产业化发展,打造远洋渔业产业全链条。大力提升水产品精深加工业发展与营销能力,重点突破海洋食品精深加工关键技术,做精一批具有浙江特色的海洋食品。加快休闲渔业创新发展,加强渔港和渔船避风锚地建设,促进海洋渔业一二三产融合发展。

3. 千亿级滨海文旅休闲业集群。实施浙江省文化基因解码工程,深入开展海洋自然和文化遗产调查与挖掘保护,放大宁波、温州、舟山海上丝绸之路文化遗址价值,保护温州、台州等抗倭海防遗址。建设海洋非物质文化遗产馆、围垦文化博物馆等海洋文化设施,策划海洋民俗、海上丝绸之路文化、海防文化等主题展览,高水平打造一批海洋考古文化旅游目的地。开展海洋自然遗产调查,加大自然遗产保护力度,打造一批海岛地质文化村和地质文化小镇。加快推动温州洞头、舟山、台州大陈等邮轮始发港和访问港建设,试行有条件开放公海无目的地邮轮航线。推进象山影视城等建设,打造一批海岛特色影视小镇。创新打造海上运动赛事、海岛休闲度假等海洋旅游产品体系,合理控制海岛旅游客流,推进钱江观潮休闲、滨海古城度假等产品开发,推动十大海岛公园建设,打造"诗画浙江·海上花园"统一旅游品牌,全面建成中国最佳海岛旅游目的地、国际海鲜美食旅游目的地、中国海洋海岛旅游强省。

(三)积极做强若干百亿级海洋产业集群

1. 百亿级海洋数字经济产业集群。深入实施数字经济"一号工程"2.0版。加强国家卫星海洋应用系统、海洋信息感知技术装备的研发制造,加快形成海洋感知装备、卫星通信导航、海洋大数据、船舶电子等海洋信息产业集群。积极参与建设海上北斗定位增强及应用服务系统,推动海洋卫星服务产品产业化。谋划实施一批船联网应用项目,推动国家应急通信试验网、省智慧海洋大数据中心等重大项目建设,打造海洋数字产业生态。

2. 百亿级海洋新材料产业集群。加快培育海洋新材料研发与成果转化载体,谋划"海洋新材料—装备关键部件制造—高端海洋工程装备和平台"产业链,打造海洋新材料产业集群。聚焦海洋工程材料、海洋生物材料等关键领域,加快发展海洋重防腐、海洋密封材料等。面向海洋医药开发需求,重点研发医用再生修复材料、组织工程材料、药物缓释材料等海洋高技术材料。

3. 百亿级海洋生物医药产业集群。聚焦鱼油提炼、海藻生物萃取、海洋生物基因工程等核心技术,力争海洋生物医药领域研发应用取得明显突破。重点依托杭州生物产业国家高新技术产业基地、台州生物医化产业研究园、宁波生物产业园、舟山海洋生物医药区块、绍兴滨海新城生物医药产业园、金华健康生物产业园等平台,引育一批海洋生物医药龙头企业,打造一批具有显著影响力的产业集群。加强科技金融专营机构引育,建立完善科技信贷、风险投资、上市并购、科技保险等金融服务模式,推进海洋生物医药做大做强。

4. 百亿级海洋清洁能源产业集群。加强海上风机关键技术攻关,加强风电工程服务,有序发展海上风电。创新发展海岛太阳能应用成套体系,加快太阳能海上应用推广,推进渔业光伏互补试点。支持发展沿海核能,开展核电站勘探、设计、评估以及核电产品检验检测等业务。稳妥推进国家级潮流能、潮汐能试验场建设,重点聚焦潮流能技术研发、装备制造、海上测试。

五、打造宁波舟山港世界一流强港

(一)完善世界一流港口设施

1. 建设现代化港航基础设施。打造世界级全货种专业化泊位群,持续提升宁波舟山港在国际集装箱运输体系中的枢纽地位,谋划建设穿山、北仑、大榭—金塘、梅山—六横等千万级集装箱泊位群,集装箱泊位总数达到40个。打造亿吨级大宗散货泊位群,建成一批30万吨级以上原油码头、40万吨铁矿石接卸码头,以及LNG、煤炭、粮食、化工、汽车等专业化泊位,泊位总数超140个。协同推进深水航道锚地建设,统筹宁波、舟山航道锚地规划布局。扩能提升虾峙门、条帚门航道等进港主通道以及一批锚地,完善航道锚地统筹调度使用机制,实现船舶交通物流组织一体化。完善以宁波舟山港为核心枢纽的沿海、沿江、内河港口和陆港网络体系。加强港口、码头等基础设施建设,贯彻国防要求,建立共建共享和配套保障机制,拓展海防和应急应战保障功能。

2. 建设智慧绿色平安港口。实施全省港口智慧化升级改造，开展智能理货、智能堆场管理、智慧引航等建设，推进全省海洋港口码头装卸、平面运输、堆场作业、引航等环节智能化和可视化。开展梅山港区二期工程智慧港口建设试点，建设1座以上集装箱自动化码头。以鼠浪湖全程智能散货码头为先行，推进散货码头自动化改造。打造海上智控平台，提升海上感知能力。推广港区节能环保技术，鼓励"散改集"等绿色运输方式，加强港口集装箱卡车清洁化改造工作。完善配套设施，推广靠港船舶使用岸电。完善港口储罐、安全设施检测和日常管控制度。建立港口危险货物监管平台，构建风险分级管控与隐患排查治理双重预防体系，健全港口安全生产和公共卫生突发事件防控体系，提升海上溢油等应急处置能力。

（二）建设现代航运服务高地

1. 打造宁波东部新城航运服务高地。主动加强与全球知名航运金融、经纪等服务机构对接与合作，力争在宁波东部新城设立分支机构，形成多样化的航运金融机构布局。创新航运金融产品，拓展航运金融服务需求。以东海航运保险公司为基础，加强与境内外航运保险公司合作，丰富航运保险服务种类。支持宁波航运交易所持续完善海上丝绸之路指数产品和运营体系，扩大指数商业应用范围和国际影响力。大力培育航运电子商务平台，拓展"物联网＋航运物流"产业链。

2. 打造舟山新城航运服务高地。做强国际海事服务产业，发展燃油、LNG、淡水、物资等船供补给服务，完善评估、检测、信息、法务等配套服务功能，提升船舶维修水平，增强国际航行船舶保税燃油供应和结算服务的便捷高效性，探索便利化的保税油加注配套服务模式。构建长三角港口群跨港区供油体系，力争国际船用燃料油供应量突破1000万吨、进入全球前三，成为东北亚燃料油加注中心。加快推进铁矿石配送中心建设，大力发展铁矿石仓储、分销、加工及配送服务，力争铁矿石混配量达到2200万吨。

3. 打造一批航运服务新载体。支持大宗商品交易平台升级建设，创新大宗商品现货交易模式，加快建立完整规范的交易规则和仓储仓单体系、供应链金融服务体系、风险管理体系，打造有影响力的价格信息中心和区域价格形成中心。以浙江船舶交易市场为基础，形成集船舶产权交易、船舶拍卖、船舶评估等功能于一体的产业链,做大做强"拍船网",力争船舶交易占到国内 1/2 市场份额。

(三)建设多式联运港

加快建设现代化内河航运体系,建成一批现代化内河港区。提升义乌国际陆港综合能级,打造成宁波舟山港集装箱重要拓展区。推进金华华东联运新城、兰溪港铁公水多式联运枢纽建设,加快丽水海河联运建设,支持衢州打造四省边际多式联运枢纽港。加快合作布局一批长江沿线多式联运泊位及物流园区、分拨中心,提升江海联运服务能力。大力发展海铁联运,加快建设推广"宁波舟山港—浙赣湘(渝川)"集装箱海铁公、台州湾公铁水、乐清湾港区公铁水等多式联运国家示范工程,推动金甬铁路双层高箱集装箱线路建设投运,加快开展梅山铁路支线、北仑货运铁路支线复线、杭甬运河宁波段三期项目研究,争取开工建设,打通出海"最后一公里"。深化建设嘉兴海河联运枢纽工程,全力打造嘉兴长三角海河联运枢纽港。探索推出"高铁 + 航空""班列 + 班机"的空铁联运创新产品,共建共享多式联运物流中心。统筹海港、空港、陆港和信息港"四港"联动发展,加快"四港"智慧物流云平台建设,做强"四港"运营商联盟。

六、增强海洋经济对外开放能力

(一)共建"一带一路"国际贸易物流圈

深化与东南亚、南亚、中东欧等"一带一路"沿线国家(地区)合作,合作建设"一带一路"迪拜站,加快形成以"一带一路"沿线国家(地区)为重点的全球化港口布局。高水平建设宁波"17 + 1"经贸合作示范区,加强与合作区内国家海洋领域贸易合作。完善宁波舟山港至中北亚、中东欧国家的国际贸易通道,优化海外仓网络布局。创新国际贸易"单一窗口"建设,提升口岸服务水平。推进油气能源产业发展,强化与天然气生产国的合作,推动打造海上 LNG 登陆中心和输送管网。加强国际海洋经济领域研究和技术开发合作。鼓励和引导企业开展国际海洋渔业合作,加强境外远洋保障基地布局和建设。积极参与海上丝绸之路蓝碳计划。

（二）共筑长江经济带江海联运服务网

深化与长江沿线各港口城市合作，合力打造高能级多式联运服务体系，大力发展江海联运服务，建立功能完善、服务高效的内地中转分拨基地，加快铁矿石混配、粮食等大宗干散货物配送中心配套建设，形成干支集散配送网络体系。加快推进省海港集团等重点企业在江苏、安徽、江西、湖北、重庆等地布局物流中转基地，大力发展宁波舟山港至长江干线干散货和集装箱江海直达运输、海江铁多式联运，开拓长江沿线腹地市场。积极推进与长江沿线区域港航企业、货主、口岸查验单位间的信息互联共享。

（三）共推长三角一体化港航协同发展

坚持宁波舟山港与上海港"双核并强"发展格局，大力推进长三角世界级港口群治理一体化建设。完善沪浙合作机制，深化以资本为纽带的洋山区域开发合作，加快建设小洋山北侧集装箱江海联运支线码头，共建洋山特殊综合保税区，谋划大洋山合作开发。以舟山洋山、衢山、岱山和宁波部分港区为依托，联动中国（上海）自由贸易试验区临港新片区，共同谋划以油气为核心的自由贸易港。

（四）深度参与国际海洋经贸合作

把握区域全面经济伙伴关系协定（RCEP）签署的机遇，进一步推动区域跨境贸易通关便利化、投资政策透明化。支持电子世界贸易平台（eWTP）全球化布局，聚力提升跨境电子商务发展规模。推进港口营运主体有序"走出去"，提高航线全球连通能力和密度。增强对全球航运资源的融合度和影响力，加强与葡语国家等远洋捕捞国际合作，实现经贸合作多赢。

七、优化海洋经济内陆辐射能力

（一）增强金衢丽省内联动能力

1. 强化金义浙中城市群核心带动作用。充分发挥义甬舟开放大通道功能，有序推动宁波舟山港硬核力量西向拓展，高水平构筑陆海统筹、东西互济、量质并举的双向辐射格局。强化义乌国际陆港支撑功能,打造内畅外联、便捷高效的大交通体系,推进临港产业带动沿线先进制造、现代物流、跨境电子商务、影视文化旅游等产业升级发展。

2. 夯实衢州四省边际中心城市带动作用。充分依托义甬舟开放大通道西延工程,加快衢州现代综合交通网络和四省边际多式联运枢纽港建设,增加山区县进出口高效物流通道。推动宁波、衢州跨境电子商务综合试验区联动建设。

3. 发挥丽水浙西南中心城市带动作用。依托浙西南中心城市和跨山统筹发展试验区建设,以瓯江水系为轴带,依托四大诗路文化带,合力打造西延生态文化旅游带,共建跨区域生态廊道,协同创新生态环境联保共治机制,构筑生态经济全国领先的美丽廊道。

(二)强化跨省域腹地拓展功能

1. 畅通建设内陆地区新出海口。实施海港拓展内陆行动,加快布局一批陆港,拓展提升至重庆、宜昌、武汉、南昌、合肥等内陆港口的集装箱海铁联运班列。积极开展与长江沿线和国内重要内陆物流节点城市的投资合作,支持其通过自主开发或合作开发、并购或重组等方式扩大重庆、武汉、马鞍山等节点区域的码头布局,提升江海联运能力,推动宁波舟山港成为内陆节点城市的首选出海口。

2. 畅联内陆地区经贸合作通道。依托我省海洋资源产业发展优势,西南向深化浙皖闽赣四省联动,推进浙皖闽赣国家生态旅游协作区及四省九方经济区建设,加快衢黄南饶"联盟花园"建设,全面提升省际资源集聚整合功能。加强与武汉、南昌、合肥等城市的产业链供应链对接合作。依托杭州、宁波、义乌等地,探索与西向重要节点城市建立跨境电子商务综合试验区合作机制,共建义乌小商品内陆商贸节点网络、进口商品集散分拨网络,协同打造国内最具竞争力的跨境电子商务集群,共同提升国际贸易"单一窗口",打造国际一流的国际贸易公共平台。

八、提升海洋生态保护与资源利用水平

(一)优化海洋空间资源保护利用

1. 加强海洋空间资源保护修复。坚持开发和保护并重,发挥国土空间总体规划、海岸带保护利用规划的战略引导和刚性管控作用,构建陆海一体开发保护格局。强化海洋"两空间内部一红线"管控,创新建立海洋保护协调机制,推进海域、海岛、海岸线分区分类保护与利用,支持舟山开展海岛保护与开发综合试验。坚持以自然恢复为主、人工干预为辅,深入实施海域、海岛、海岸线等生态修复。持续开展"一打三整治",加强渔场渔业资源养护。

2. 加快历史围填海遗留问题处置。划定历史围填海区域"三生空间",纳入省域空间治理平台,加快单独区块处理方案报批,谋划重大产业项目招引,统筹实施重大基础设施、城乡土地有机更新、全域土地综合整治与生态修复工程。实施退填还海、滨海湿地修复、海堤生态化、沙滩修复等工程,加强历史围填海生态修复。

(二)健全完善陆海污染防治体系

1. 加强近岸海域污染治理。加快落后船舶淘汰,推广绿色修造船。加强沿海码头环卫设施与城市污染防治设施衔接。实施船舶污染防治行动,建立完善船舶污染物处置体系,有效实施船舶污染物接收、转运、处置联合监管机制。深化水产养殖污染防治,大力推广水产健康养殖模式,努力实现海水养殖清洁化、生态化。

2. 完善陆源污染入海防控机制。加强入海排污口整治提升,深入实施河长制,重点抓好陆源流域污染控制。深入推进钱塘江、曹娥江、甬江、椒江、瓯江、飞云江、鳌江等重点流域水污染防治,构建七大入海河口陆海生态廊道。实施主要入海河流(溪闸)总氮、总磷浓度控制。加快城镇污水处理设施建设与提标改造,加大脱氮除磷力度。强化畜禽养殖治理,严格执行畜禽养殖区域和污染物排放总量"双控"制度,降低农业面源污染。

(三)增强海岸带防灾减灾整体智治能力

构建海洋防灾减灾"两网一区"(海洋立体观测网、预警预报网和重点防御区)新格局,完善全链条闭环管理的海洋灾害防御体制机制,加密河口潮位站、海洋观测站(点)布设,提升海洋综合立体观(监)测、海洋精细化预警预报、风险识别防控、预警服务供给和整体智控等能力。推进海岸带保护修复工程,构建海洋生态综合监测评价指标体系,开展海洋生态质量分级评价和分区预警,实现海岸带地区海洋灾害风险整体智治和生态减灾协同增效。

提升堤坝修拆建设的科学评估能力。加强应急搜救能力建设,健全水上突发公共事件应急管理和海洋公共安全体系。

九、完善海洋经济"四个重大"支撑体系

(一)深化海洋经济重大改革

系统化、集成化实施海洋经济重大改革,推动宁波舟山港一体化2.0改革,推进山海协作升级版改革,建立海洋经济核算统计体系,构建海洋实验室创新体系,创新海洋金融投资体系,创新海洋领域军民融合模式,加强海洋保护地体系建设,实施历史围填海审批改革。

专栏1 海洋经济重大改革

1. 推动宁波舟山港一体化2.0改革。积极推进宁波舟山港引航管理体制改革,加快两市航道锚地共建共享,推进两市船舶港口服务业经营备案互认、利益共享。

2. 推进山海协作升级版改革。推进山海协作产业园建设,探索推进山区存量土地挖潜,探索差别化用地政策。推动山区26县与沿海地区共建科创、人才、消薄等"飞地"。

3. 建立海洋经济核算统计体系。科学确定海洋经济统计口径,以自然资源部制定的海洋及相关产业分类为基础,建立以规上涉海企业数据共享为主,规下涉海产业抽样调查、用海企业重点监测为辅的"1+2"海洋经济监测运行体系。

4. 构建海洋实验室创新体系。充分发挥省海岸带环境与资源研究重点实验室、省石油化工环境污染控制重点实验室、海洋新材料实验室(筹)等省级创新平台作用,谋划建设海洋领域省实验室,打造国家战略科技力量。

5. 创新海洋金融投资体系。大力支持商业银行创新海洋金融产品。加快发展海洋巨灾保险,争取海洋环境污染责任保险领域先行先试创新,大力增强海洋渔业商业保险功能。支持省海港集团等省属涉海企业拓宽融资渠道。

---

6. 创新海洋领域军民融合模式。在智慧海洋工程建设中融入智慧海防功能,大力突破航空传感器及成像系统、北斗通信导航应用等关键技术。积极开展精准对接,加快重大项目的转移转化和关键技术的协同创新,组织开展海防智能化管控体系建设探索实践。

7. 加强海洋保护地体系建设。探索建立归属清晰、权责明确、监管有效的海洋自然保护体系,构筑海洋生态安全屏障,充分展现浙江海岛风情资源、海岛生态资源、海岛风光资源、历史文化资源、人文活动资源,更高水平促进人海和谐相处。

8. 实施历史围填海审批改革。试行围填海历史遗留问题区域"集中连片论证、分期分块出让"审批制度,全面推行海域使用权审核标准清单制度,大幅压缩审批时间。

(二)打造海洋经济重大平台

统筹推进浙江海洋经济发展示范区建设。提升"17+1"经贸合作示范区能级,深化宁波、温州国家级海洋经济发展示范区建设,协力打造甬舟温台临港产业带、生态海岸带。积极推进杭州钱塘、宁波前湾、绍兴滨海、台州湾等沿海新区建设,提升金义新区、南太湖新区涉海发展能级。做优做精一批涉海开发区、高新区、综合保税区。加快丽水市生态产品价值实现创新平台建设。

专栏2　海洋经济重大平台

1. 舟山群岛新区2.0版。加快推进沪新自由贸易试验区协作、甬舟一体化、江海联运服务中心等重大战略的联动实施,聚力建设九大产业集群,提升舟山群岛新区综合实力和特色竞争力。

2. "17+1"经贸合作示范区。办好中国—中东欧国家博览会,扩大中东欧货物贸易规模,加强我省与中东欧国家的国际产能合作,依托宁波舟山港,强化宁波和中东欧国家"五海六港"合作,探索组建中国(宁波)—中东欧国家港口联盟。

3. 宁波国家级海洋经济发展示范区。继续对标国家现代海洋产业示范基地、国家海洋高端科技研发和转化引领区、国家海洋绿色协调发展样板区的战略定位,进一步围绕产业发展能级提升、科技研发水平提高、绿色发展模式打造等重点,努力将示范区建成国内一流的海洋经济高质量发展样板区。

---

4. 温州国家级海洋经济发展示范区。全面优化海洋经济发展方式，探索民营经济参与海洋经济发展新模式，大力开展海岛生态文明建设，突出海洋产业高端化发展、滨海城市高水平建设、海洋生态高标准保障，打造我国民营经济参与海洋经济发展、生态海岛美丽湾区建设、陆海统筹发展和海洋新兴产业发展先行区。

5. 甬舟温台临港产业带。沿甬台温高速公路复线、沿海高铁打造产业创新轴，加快聚集创新和产业资源要素，优化重要产业平台、创新平台、滨海城镇布局，推动四地协同共建产业链、供应链、创新链，高水平形成具有国际影响力的临港产业发展带。

6. 生态海岸带。建设从平湖至苍南全长约1800公里的沿海绿道主干网，配套完善近海快速车道、游览车道，初步建成滨海品质生活共享新空间。加快建设4条示范段，推动绍兴、舟山、台州生态海岸带建设。

7. 杭州钱塘新区。推进半导体、生命健康、智能汽车及智能装备、航空航天、新材料等高端产业在新区集聚，强化海洋科技创新赋能，加快形成"一轴双湾五园"的产业总体布局。

8. 宁波前湾新区。围绕"246"万千亿级产业集群建设，重点发展汽车制造、高端装备、生命健康、新材料、电子信息和现代服务业等六大高新产业，建设沪浙高水平合作引领区。

9. 绍兴滨海新区。重点发展电子信息、现代医药、智能制造等高端产业和现代服务业，打造集成电路、高端生物医药等"万亩千亿"新产业平台，着力打造大湾区发展重要增长极。

10. 台州湾新区。突出主导产业，重点发展航空航天、汽车制造、高端装备、现代服务业、新材料、医药健康等产业，打造长三角民营经济高质量发展引领区。

11. 科创走廊。杭州城西科创大走廊，打造面向世界、引领未来、服务全国、带动全省的海洋创新策源地。宁波甬江科创大走廊，打造长三角地区具有全球影响力的引领性科创策源地。G60科创走廊（浙江段），打造成为海洋协同创新区。协力推进温州环大罗山、浙中、绍兴科创走廊建设。

（三）创新海洋经济重大政策

坚持创新引领、先行先试，建立健全海洋财政金融政策，创新集约节约用海政策，协同创新高效口岸监管政策，复制推广开放合作政策，完善海洋经济人才激励政策，升级大宗商品贸易政策，创新海洋旅游发展政策，全力保障海洋经济政策落地实施。

专栏3　海洋经济重大政策

1. 建立健全海洋财政金融政策。引导沿海设区市根据实际情况安排海洋湾区相关资金，加大投入力度。发挥省海洋发展产业基金功能作用，加大对海洋经济相关产业的支持力度。

2. 创新集约节约用海政策。积极支持国家重大战略项目，重点保障海塘安澜千亿工程等民生、防灾、交通等用海需求，试点开展海域立体设权制度。开展临港用海有机更新试点。

3. 协同创新高效口岸监管政策。实行"大通关""港站一体化""全程一口价"。对具有良好信誉和资质的企业，定期免于办理货物清关手续。除监管货物需进行备案并取得海关许可外，非监管货物可自由转运。

4. 复制推广开放合作政策。推动中国（浙江）自由贸易试验区（以下简称浙江自贸试验区）各片区联动发展，支持宁波服务贸易试点开放政策复制推广至其他沿海地区，复制推广义乌国际贸易综合改革试点经验。支持沿海设区市申报新一轮国家进口贸易促进创新示范区。

5. 完善海洋经济人才激励政策。大力引进国际一流的海洋科技人才和高水平创新团队。建立海洋领域高层次人才开发目录。推进实施海洋领域工匠培育工程，鼓励合作定向培养海洋专业人才。

6. 升级大宗商品贸易政策。聚焦浙江自贸试验区大宗商品资源配置基地建设，开展国家石油储备改革创新试点，争取油气全产业链发展贸易自由化便利化政策，推进国际矿石中转基地建设。

7. 创新海洋旅游发展政策。积极支持邮轮游艇和通用航空发展政策创新。简化优化游艇、游船等旅游交通的航线审批程序和备案手续。制定休闲渔船、海钓船、休闲旅游船管理办法。积极向国务院争取设立海上游航线（公海无目的地邮轮航线）试点。

（四）建设海洋经济重大项目

发挥甬台温福沿海高铁项目、甬武海铁联运项目、甬舟跨市互联互通项目、舟山绿色石化基地、生态海岸带示范段、海塘安澜千亿工程、智慧海洋工程、十大海岛公园、海上丝绸之路指数2.0、水资源优化配置工程、东海信息能源公共基础骨干管网等重大项目引领性作用，聚焦突破点、增长点和特色亮点，每年滚动推进300个左右海洋经济重大项目。

十、保障措施

（一）加强统筹协调

积极发挥省推进"四大建设"工作联席会议、浙江海洋经济发展示范区工作领导小组的统筹领导作用，健全海洋经济发展和海洋强省建设的组织协调机制，强化海洋经济工作力量，建立涉海相关部门的联合会商专班机制，及时研究解决海洋经济发展遇到的重大问题。加强与国家相关部委沟通衔接，积极争取国家政策支持。

（二）落实责任分工

省发展改革委要发挥省推进"四大建设"工作联席会议办公室牵头协调作用，会同各成员单位加强对海洋经济发展的服务指导，按照职责分工编制实施海洋经济重点领域专项行动计划，推动各项工作落地见效。各市、县（市、区）要积极发挥主体作用，编制实施推进海洋经济发展的配套规划方案，加快推进海洋经济重大平台和重大项目建设。

（三）加强监测评估

省发展改革委、省自然资源厅（省海洋局）要加大对规划明确的重点任务的督促指导力度，开展规划年度实施情况监测，推动各项工作落细落实。建立动态调整机制，组织开展规划中期评估，适时调整规划目标任务。

（四）合力营造氛围

积极引导社会力量和市场主体参与海洋经济发展。完善海洋文化宣传和海防教育联动机制，提高全社会的海洋观念和海防意识。定期开展央企、名企专题推介活动和省级以上媒体集中宣传报道活动，扩大海洋经济发展的影响力，为海洋强省建设营造良好的舆论氛围。

《浙江省海洋经济发展"十四五"规划》高频词图

福建省"十四五"海洋强省建设专项规划

前 言

党的十八大以来,以习近平同志为核心的党中央作出了建设海洋强国的重大战略决策。《中华人民共和国国民经济和社会发展第十四个五年规划和 2035 年远景目标纲要》提出:"坚持陆海统筹、人海和谐、合作共赢,协同推进海洋生态保护、海洋经济发展和海洋权益维护,加快建设海洋强国。"

福建是海洋资源大省,也是海洋经济大省,具有突出的山海优势,海洋、海湾、海岛、海峡、"海丝"赋予了福建向海发展的巨大潜力。海洋在福建全方位推进高质量发展超越战略部署中具有特殊而重要的地位。为加快建设"海上福建",打造新时代海洋强国建设的生动实践,特制定《福建省"十四五"海洋强省建设专项规划》(以下简称《规划》)。

《规划》依据《中共福建省委关于学习贯彻习近平总书记来闽考察重要讲话精神 谱写全面建设社会主义现代化国家福建篇章的决定》《中共福建省委 福建省人民政府关于进一步加快建设海洋强省的意见》《福建省国民经济和社会发展第十四个五年规划和二〇三五年远景目标纲要》和《加快建设"海上福建"推进海洋经济高质量发展三年行动方案(2021—2023 年)》等重要文件编制。《规划》范围包括福建管辖海域及全省陆域,重点是沿海市、县(区)及其毗邻海域海岛。规划期为 2021—2025 年,展望至 2035 年。《规划》是"十四五"时期海洋强省建设的指导性文件。

第一章 发展基础

第一节 发展成效

一、海洋经济综合实力明显增强

"十三五"期间,全省海洋生产总值年均增长 8.2%,由 2015 年的 7076 亿元提高到 2020 年的 1.05 万亿元,居全国第三位,占全省地区生产总值的 23.9%,海洋经济成为拉动国民经济增长的重要引擎。海洋三次产业结构由 2015 年的 7.3∶37.1∶55.6 调整为 2020 年的 6.5∶31.7∶61.8。海洋资源开发和产业布局持续优化,"一带两核六湾多岛"的发展格局基本形成。福州、厦门成功获批国家海洋经济创新发展示范城市和海洋经济发展示范区,在全国海洋经济发展中的地位显著提升。海洋渔业发展成效突出,海水养殖产量、远洋渔业产量、水产品出口额和水产品人均占有量等指标全国排名第一。全球首艘 227 米深海采矿船、全球最大深海微生物库等相继建成。临海工业集约化发展,建成具有全球影响力的不锈钢产业集群,形成湄洲湾、古雷、江阴和可门等石化产业集聚区。"水乡渔村""清新福建"等旅游品牌建设成效显著,全省海洋旅游总收入超过 5000 亿元。

二、海洋科技创新能力实现重大突破

创新载体和平台建设取得新成效。扎实推进自然资源部第三海洋研究所、自然资源部海岛研究中心、近海海洋环境科学国家重点实验室、大黄鱼国家重点实验室、福建省水产研究所、厦门南方海洋研究中心等重大创新载体建设。成立海洋生物种业技术国家地方联合工程研究中心、福建省海洋生物资源综合利用行业技术开发基地、闽东海洋渔业产业技术公共服务平台、福建省卫星海洋遥感与通讯工程研究中心等一批重大创新平台。成立福建海洋可持续发展研究院,打造立足福建、面向全国、服务全球的海洋高端智库平台。海洋产业协同创新环境不断改善。成立海洋生物医药产业创新联盟、水产养殖尾水治理技术集成与创新联盟等省级海洋产业创新联盟 4 家,积极支持大黄鱼产业技术创新等企业战略联盟建设。推动组建福建省协同创新院海洋分院,有效整合涉海科技力量,促进 390 余项海洋技术成果成功对接。突破了一批关键共性技术瓶颈,12 项成果获国家技术发明(或海

洋行业科技)奖。加快推进"智慧海洋"工程建设,首次举办数字中国建设峰会智慧海洋分论坛。组织实施海洋科技成果转化与产业化示范项目 300 多项,科技成果转化率不断提升,有力推动了海洋战略性新兴产业提速增效。

三、涉海基础设施建设取得显著成效

世界一流港口建设持续推进。2020 年,全省沿海港口货物吞吐量达 6.2 亿吨,其中福州港货物吞吐量 2.49 亿吨,厦门港货物吞吐量 2.07 亿吨。全省万吨级以上深水泊位达到 184 个,三都澳、罗源湾、江阴、东吴等港区疏港铁路支线建设有效提升港口集疏运能力。渔港基础设施建设取得新成效,新建、整治维护 83 个不同等级渔港,渔船就近避风率从 45% 提高到 67%。启动"5G +"智慧渔港建设,渔业生产安全条件明显改善。在全国率先建成覆盖全省海洋渔船的北斗卫星应用网络,创新研发海洋渔船"插卡式 AIS"设备并在全国推广。实施"智慧海洋"示范工程建设,海上交通、海洋预报、海洋渔业、海洋资源开发、海洋环境监测、涉海电子政务等领域信息化水平大幅提升,建成数字福建云计算中心等数据基础设施,海洋数据汇聚基础不断夯实,实现向数据要管理效率。

四、海洋生态文明建设扎实推进

印发实施《福建省海岸带保护与利用管理条例》,编制《福建省海岸带保护与利用规划》,出台《福建省近岸海域海漂垃圾综合治理工作方案》《福建省加强滨海湿地保护严格管控围填海实施方案》,编制实施市县两级水域滩涂养殖规划,加快生态文明先行示范区建设。全省共划定海洋生态保护红线区面积 11881.6 平方公里,占全省选划海域面积的 32.9%。强化陆海统筹,全面推进蓝色海湾整治、滨海湿地修复、生态岛礁保护、海漂垃圾治理和排污口排查整治,组织实施环三都澳海域综合整治、九龙江—厦门湾污染物排海总量控制试点、闽江口周边入海溪流整治等重大工程,实现"河湾同治"。全省已建立海洋自然保护区 13 个、海洋特别保护区 35 个、国家级海洋公园 7 个,形成了全省海洋保护区网络体系。2020 年,近岸海域国考点位优良水质比例、大陆自然岸线保有率均高于国家下达目标要求。全省海洋生态环境总体良好,为海洋经济可持续发展提供了有力保障。

五、海洋开放合作进一步拓展

开放合作平台建设成效显著,中国(福州)国际渔业博览会已发展成为全球第三大渔业专业博览会,持续举办厦门国际海洋周、平潭海洋旅游与休闲运动博览会,平潭台湾农渔产品交易市场启用。"海丝"沿线国家港航合作全面加强,"丝路海运"命名航线达 72 条。实施渔业"走出去"战略,远洋渔业规模稳步增长,建成宏东毛里塔尼亚等一批境外渔业基地,推进福清元洪国际海洋食品园建设,加快南极磷虾资源开发,全球渔业资源整合能力显著提升。厦门与美国旧金山市联合开展海洋垃圾监测、评估与防治创新合作。

六、海洋治理体系能力不断提升

建立海岸带综合管理联席会议制度,促进陆海统筹治理。海域资源市场化配置工作走在全国前列,率先开通福建海洋产权交易服务平台,开展海洋自然资源资产负债表编制及其价值实现机制试点工作,推进"养殖海权改革"试点,实行所有权、使用权、经营权"三权分置",制定完善海域使用权招拍挂出让管理办法和配套制度。全面加强滨海湿地保护,严格管控围填海,促进海域节约集约利用。全面开展海洋经济调查工作,摸清海洋家底。开展"海盾""碧海"和无居民海岛专项执法行动,海上多部门联合执法能力进一步提升。

第二节 机遇与挑战

一、发展机遇

全方位推进高质量发展超越为海洋强省提供重要发展机遇。全方位推进高质量发展超越,是以习近平同志为核心的党中央赋予福建的重大历史使命和重大政治责任,是新时代新福建建设的重大历史机遇,也是奋力谱写福建海洋强省新篇章的重要机遇。

"海上福建"加快建设为海洋强省提供重要政策机遇。"十四五"时期,福建深入贯彻落实习近平总书记来闽考察重要讲话精神,着力做好数字经济、海洋经济、绿色经济三篇大文章,加快建设"海上福建",推进海洋经济高质量发展,以"一带一路"共建与 RCEP 签订为契机,推动构建新时代全面开放新格局,充分释放政策效应,为海洋强省建设提供重要支撑。

新一轮科技革命为海洋强省提供重要创新机遇。当前新一代信息技术、生物技术、新能源技术、新材料技术、智能制造技术、卫星通信技术等领域呈现多点突破、群发性突破的态势,新技术在海洋领域的融合应用方兴未艾。随着我省加大国家创新型省份和福厦泉国家自主创新示范区建设,数字福建建设成果斐然,海洋产业与科技对接机制不断完善,创新将成为海洋强省建设的重要驱动力。

二、面临挑战

复杂多变的外部环境带来不确定性。当今世界正经历百年未有之大变局,国际经济、科技、文化、安全、政治等格局都在发生深刻调整。全球经济增长放缓与贸易保护主义叠加使"逆全球化"倾向凸显,全球供应链受到严重冲击,给海洋产业链安全带来一定风险。这些外部环境变化使福建海洋强省建设面临挑战。

海洋科技自主创新能力仍需花大力气提升。当前,我省海洋经济正处于转变发展方式、优化产业结构、转换增长动能的攻坚期,海洋科技创新水平与海洋经济高质量发展还不适应。与山东、广东等省相比,科技创新是福建发展海洋经济的突出短板,海洋科技实力不强,创新型企业主体的数量和规模优势不足,海洋领域重大创新平台布局不够完善,海洋科技成果转化效率还需进一步提升,海洋人才队伍有待优化壮大。

海洋资源集约化利用与海洋环境保护有待强化。随着海洋开发向纵深发展,沿海各地对海岸带的需求快速增长,统筹利用港口岸线开展一体化开发,集约利用自然岸线、滩涂和海域等资源十分必要。与此同时,陆源污染排放、临海重污染工业、湾内粗放养殖、近海无序捕捞、港口建设等活动进一步加剧海洋生态环境压力,统筹推进海洋经济高质量发展与海洋生态环境保护任务艰巨。

海洋管理体制机制尚不完善。海洋管理涉及经济、产业、科技、生态、执法等多方面,是综合管理而非行业管理。然而目前海洋管理在体制机制上由多部门分散管理,存在部门间职能交叉、信息不畅、沟通效率较低等问题。同时,沿海市、县(区)基层政府海洋行政管理人员少,海洋执法力量薄弱,在实践中难以形成执行有力的组织体系,降低了海洋治理效能。

第二章　总体要求

第一节　指导思想

以习近平新时代中国特色社会主义思想为指导,深入贯彻党的十九大和十九届二中、三中、四中、五中、六中全会精神,全面贯彻习近平总书记来闽考察重要讲话精神,坚持稳中求进工作总基调,立足新发展阶段,贯彻新发展理念,积极服务和深度融入新发展格局,以深化供给侧结构性改革为主线,着力创新体制机制,推进海岛、海岸带、海洋"点线面"综合开发,加快完善海洋设施、壮大海洋产业、提升海洋科技、保护海洋生态、拓展海洋合作、加强海洋管理,推进湾区经济发展,打造更高水平的"海上福建",建设海洋强省,为谱写全面建设社会主义现代化国家福建篇章提供有力支撑。

第二节　基本原则

陆海统筹、湾港联动。统筹陆地、海岸、近海、远海空间布局和资源开发,构建海洋产业发展新格局。建设世界一流港口群,打造安全高效陆海通道,大力发展湾区经济,推动建设现代海洋城市,促进产业群、港口群、城市群联动发展。

科技兴海、创新驱动。优化整合海洋科技创新资源,加强创新平台建设,攻关海洋科技关键核心技术,构筑海洋科技创新基地,补足海洋强省建设的科技创新短板,推动海洋经济向创新引领型转变。

绿色发展、人海和谐。坚持低碳发展和绿色发展理念,实施海洋开发与保护并重,加快建设美丽海洋,打造水清滩净的海洋环境,满足人民群众对绿色、安全海产品的需求。

对外开放、合作共赢。树立国际视野,秉承开放包容理念,扩大高水平向海开放,推动"海丝"核心区建设与海洋开放开发协同互促。

深化改革,全民共享。推进涉海管理体制改革,积极参与全球海洋治理,构建现代化海洋治理体系,提升人民生活水平,推动海洋命运共同体建设。

第三节　发展目标

"十四五"期间,持续优化海洋强省战略空间布局,着力打造现代海洋产业体系,加快构建海洋经济高质量发展创新支撑平台,不断完善海洋基础设施服务环境,扎实推进海洋生态文明建设,努力拓展蓝色伙伴关系网,健全海洋综合治理机制,力争到 2025 年,在"海上福建"建设和海洋经济高质量发展上取得更大进步,基本建成海洋强省。

——海洋经济更具实力。"十四五"期间,全省海洋生产总值年均增长率 8% 以上,超过全省地区生产总值增幅 1 个百分点以上,海洋经济质量和效益明显提升,现代海洋产业体系基本建立,建成具有国际竞争力的现代海洋产业基地。

——科技创新更具动力。形成布局合理、功能完善、体系健全、共享高效、适应我省海洋经济高质量发展需求的科技创新平台体系和科技人才队伍,创新链与产业链深度融合。新增省级以上涉海创新平台 5 个,海洋新兴产业专利拥有量 6000 项,建成我国科技兴海重要示范区。

——基础设施更具支撑力。建成全国一流的现代化枢纽港、物流服务基地、大宗商品储运加工基地、港口营运集团,全省沿海港口货物吞吐量突破 7 亿吨,集装箱吞吐量达到 2150 万标箱,新建万吨级泊位 30 个,新建、改造、提升各类渔港 225 个,其中新建中心渔港和一级渔港 25 个。

——海洋环境更具魅力。开创富有特色的海洋生态保护模式,近岸海域水质优良(一、二类)比例达 86%,大陆自然岸线保有率不低于 37%(以国家核定数为准),岸线修复长度 155 公里,滨海湿地恢复修复面积达到 3800 公顷。

——开放合作更具活力。与"海丝"沿线国家和地区在海洋经济、科技、生态、航运等方面合作取得突破性成果。福建在两岸海洋合作中先行先试作用进一步凸显。新增国际航线 5 条。

——海洋治理更具效力。建成完备、高效的海洋保护开发、综合管理和公共服务体系,海洋监测预警、应急救助、防灾减灾机制更加成熟定型。民生福祉达到新水平,沿海渔船就近避风率达 93% 以上,人均水产品占有量达到 220 千克,渔民人均可支配收入不低于 3 万元。

到 2035 年,在"海上福建"建设和海洋经济高质量发展上跃上更大台阶,海洋经济综合实力、海洋基础设施、海洋科技创新、海洋生态环境稳居全国前列,海洋开放合作水平迈上新高度,海洋管理体制机制进一步健全,建成具有国际竞争力的现代海洋产业基地和我国科技兴海重要示范区。

表 2-1 福建省"十四五"海洋强省建设主要指标

序号	指标名称		单位	2020	2025	指标属性
1	经济发展	海洋生产总值年均增长率	%	年均增长 8% 以上		预期性
2		渔业经济总产值	亿元	3136	3760	预期性
3		沿海港口货物吞吐量	亿吨	6.2	≥7.0	预期性
4		沿海港口集装箱吞吐量	万标箱	1720	2150	预期性
5		海洋旅游业增加值	亿元	2896	4800	预期性
6	科技创新	海洋新兴产业专利拥有量	个	2479	6000	预期性
7		省级以上涉海创新平台	个	—	累计新增 5 个	预期性
8	基础设施	沿海港口万吨级以上泊位数	个	184	≥210	预期性
9		新建、提升改造提升渔港总数	个	—	225	预期性
10		新建中心、一级渔港数量	个	—	25	预期性
11	海洋环境	近岸海域水质优良（一、二类）比例	%	85.2	86.0	约束性
12		大陆自然岸线保有率	%	46	≥37%（以国家核定数为准）	约束性
13	对外开放	国际航线	条	139	144	预期性
14	社会民生	渔民人均可支配收入	万元	2.3	≥3.0	预期性
15		渔船就近避风率	%	67	≥93	预期性
16		人均水产品占有量	千克	205	220	预期性

第三章 持续优化海洋强省战略空间布局

坚持"海岸—海湾—海岛"全方位布局,进一步优化"一带两核六湾多岛"的海洋经济发展总体格局,着重做强两大示范引领区,加快六大湾区高质量发展,提高重点海岛开发与保护水平,推动形成各具特色的沿海城市发展格局,打造福建海洋强省建设的战略支撑空间。

第一节　构建高质量陆海统筹经济带

树立大海洋、大空间、海陆一体的发展思维,加快提升近海发展水平、有序延伸陆海统筹开发纵深,不断增强海陆资源的互补性、产业的互动性和区域海洋经济的关联性,打造陆海资源统筹开发、产业发展统筹布局和生态环境统筹保护的高质量沿海经济带。

专栏 3-1　高质量沿海经济带发展格局

沿海经济带包括福州、厦门、漳州、泉州、莆田、宁德和平潭综合实验区等沿海六市一区产业带及附近海域海岛,是福建陆海经济联动、经贸通内联外的"黄金地带",着力布局建设现代化港口集群、海洋产业集聚区、高端临港临海产业基地和海洋生态保护区,不断优化产业链分工布局,完善基础设施配套,增强海洋生态产品供给服务能力,并本着既错位发展又有机融合、全省一盘棋的发展原则,注重发挥不同地区的比较优势,明确沿海城市海洋经济发展定位和主导方向,形成各具特色、优势互补、集聚发展的格局,避免同质化竞争、低水平重复建设。

福州市:深入实施"海上福州"战略,高起点建设国际深水大港、打造世界知名的现代渔业之都,加快建设福州(连江)国家级远洋渔业基地和国际远洋渔业母港,推动打造连江省级海洋产业发展示范县,建设国家海洋经济发展示范区和海洋经济创新发展示范城市,争创"海丝"沿线具有重要国际影响力的海洋中心城市。

厦门市:加快推进"两港一区"、厦门东南国际航运中心和海洋科技创新高地建设,创新海洋生态文明体制机制,深化国家海洋经济发展示范区和海洋经济创新发展示范城市建设,建设东部沿海地区重要的国际海事仲裁中心,打造具有国际特色的海洋中心城市。

漳州市:巩固渔业优势地位,壮大临海石化、海工装备和海洋大健康等三大主要产业,加快布局海洋电子信息、海洋可再生能源和海洋新材料等三个新兴产业,提升海洋服务业发展水平,建设东山、诏安省级海洋产业发展示范县。

泉州市:依托世界文化遗产"泉州:宋元中国的世界海洋商贸中心",深入挖掘"海丝"文化内涵,建设21世纪海上丝绸之路核心区主要旅游城市。打造一流的海洋健康休闲食品基地,培育发展海洋药物与生物制品、海洋电子信息等新兴产业集群,建设石狮、晋江省级海洋产业发展示范县。

莆田市:实施南日岛国家级海洋牧场示范区拓展工程,推进秀屿省级海洋产业发展示范县建设,建设湄洲岛国际生态旅游岛,构建中心渔港经济区和两岸渔业合作平台,形成以产兴港、以港促城、生态宜居的港产城融合发展格局。

宁德市:巩固海洋渔业产业优势,做大做强新能源、冶金材料等临海工业,加快培育海洋药物与生物制品等新兴产业。加快开发嵛山岛、东冲半岛、三都澳等滨海旅游目的地,打造山海联动全域旅游示范区。

平潭综合实验区:打造国际旅游岛,加快发展海洋旅游、现代物流业,做大海洋运输业,高起点发展会展业,打造大健康产业新高地。

第二节 做强两大示范引领区

以福州、厦门两大中心城市为牵引,以厦门经济特区、福州新区、福厦泉国家自主创新示范区、中国(福建)自由贸易试验区以及福州、厦门国家海洋经济示范区等战略平台为依托,强化海洋产业、科技和对外合作等重大功能平台建设,提升福州和厦门在海洋科技、海洋产业体系建设和海洋开放合作等方面创新发展的示范带动和引领作用,打造海洋强省建设双核引擎。支持福州、厦门发挥海洋城市特色和优势,支持福州都市圈建设,提升省会城市影响力,着力将福州打造为"海丝"沿线具有重要国际影响力的海洋中心城市,将厦门打造为具有国际特色的海洋中心城市。

专栏3-2 两大示范引领区建设导向

福州示范引领区:深入实施习近平总书记在福建工作期间提出的"海上福州"战略,实施强省会战略,推进福州国际深水大港、福州(连江)国家远洋渔业基地等海洋产业集聚区发展,提升现代海洋渔业发展水平,做大做强海洋新兴产业和现代海洋服务业,推动临港产业优化布局、集聚发展,努力拓展与"海丝"沿线国家和地区海洋产业合作和互联互通。加快福州都市圈建设,推进滨海新城—平潭环福清湾协同发展,共建金融、对外贸易、离岸创新创业等合作平台;推进平潭—福清环福清湾协同发展,鼓励在平潭设立总部的大型企业在福清建立生产基地或研发中心,推动福清与平潭探索共建闽台产业园;推进涵江—福清环兴化湾协同发展,推动生态修复与蓝色产业联动协作;推进宁德—罗源环三都澳湾协同发展,共同打造汽车产业集群,推动汽车产业、新能源产业跨区域联动发展,探索共建水产品交易平台、水产品电子商务新模式,示范带动全省海洋经济高质量发展。

厦门示范引领区:充分依托厦门较好的海洋产业基础和较为雄厚的科研力量,加快厦门东南国际航运中心、厦门(欧厝)海洋高新产业园区、厦门渔港经济区等重大平台建设,提升厦门21世纪海上丝绸之路战略支点作用,进一步增强海洋资源综合利用能力,培育壮大海洋药物与生物制品产业、现代海洋科技文化服务业、海洋文化创意产业、涉海金融服务业等海洋战略性新兴产业集群,提升海洋旅游、港口物流、金融服务、海洋文化创意、总部经济等现代海洋服务业发展水平。立足厦门湾区发展趋势,发挥厦门示范区引领作用,深度统筹陆海产业,打造核心湾区经济圈,使厦门湾成为宜业、宜居、宜游的高端、时尚、活力湾区,示范引领全省湾区经济高质量发展。

第三节　推进六大湾区高质量发展

立足沿海各湾区的发展基础、区位特征和资源禀赋,抓好环三都澳、闽江口、湄洲湾、泉州湾、厦门湾、东山湾六大湾区建设,做好湾区经济文章,推动各湾区优势凸显、布局合理、功能互补和差异化发展,打造产业集聚、科技密集、交通汇集、城市群集、生态优良的现代化湾区,形成1~2个特色鲜明、具有较大影响力的万亿级湾区经济。

环三都澳:统筹开发三都澳、福宁湾、沙埕湾,加快湾区同城化建设,构建辐射山区五县的经济发展轴,形成"一核、三湾、五轴"区域发展总体格局,打造世界级消费类聚合物锂离子电池、锂离子动力电池生产基地和不锈钢生产基地。

闽江口:坚持"3820"战略工程思想精髓,高质量推进闽江口金三角经济圈建设,建设现代化综合服务魅力湾区、国家重要枢纽港,力争打造闽江口万亿级湾区经济,重点建设福州新区—滨海新城—环福清湾组团。推动以罗源湾、江阴半岛为重点的临港产业基地建设,推进连江远洋渔业基地、马尾海洋经济带、船政工业园建设,壮大福州港及海峡西岸北部港口群,打造罗源湾、松下、江阴三大临港物流园区,建成连接两岸、辐射内陆的现代物流中心。

湄洲湾:推进湄洲湾南北岸合理布局和协调开发,重点建设湄洲湾石化基地、东吴临港工业园和兴化湾南岸工业园,促进环湾园区集中布局、集约发展,推动打造绿色循环型环湾工业基地。

泉州湾:推进台商投资区、石狮、晋江、南安滨海新区等开发,重点建设泉州港(石湖港区)港后物流园区、石狮海洋生物科技园、台商投资区海洋经济产业园、晋江海洋健康休闲食品基地等特色产业基地,打造"海丝"文旅休闲名城。

厦门湾:立足厦门湾区发展趋势,深度统筹陆海产业,加快推进"跨岛发展",塑造活力迸发的创新型湾区,高质量打造万亿级湾区经济圈,使厦门湾成为宜业宜居宜游,高端、时尚、活力的湾区。

东山湾:择优集聚布局发展高端临港产业,重点推进古雷石化基地、东山湾国家级深远海海上风电装备制造基地、东山光伏玻璃产业园、诏安海洋生物产业园和现代渔港经济区建设,高标准建设绿色生态型湾区。

第四节 提高重点海岛开发与保护水平

着力提高海岛资源的开发和保护水平,按照"科学规划、保护优先、合理开发、永续利用"的原则,加强分类指导,重点推动陆域面积大、城镇依托好,开发利用较为综合的海岛,加快实现发展规模和质量双提升。推动其他重要有居民岛屿结合各自特点,发展特色产业,探索生态、低碳的海岛开发模式。加强无居民海岛的保护和生态修复。不断提高岛陆联动发展水平,增强海岛资源开发保护的生态效益、经济效益和社会效益。

专栏3-3　海岛分类开发利用导向

综合开发海岛：包括平潭岛、东山岛、湄洲岛、琅岐岛、南日岛、粗芦岛等重点海岛。平潭岛突出两岸合作，着力发展旅游业、高新技术产业和现代服务业；东山岛突出港湾、滨海景观、海洋生物等资源优势，着力发展渔港经济区、滨海旅游、海产品精深加工等产业；湄洲岛重点打造生态环境优美的国家旅游度假区和世界妈祖文化中心；琅岐岛重点打造以生态旅游度假、健康养生、智慧创意、休闲宜居等综合服务为主体的国际生态旅游岛；南日岛大力发展海洋牧场，加快岛上及附近海域的风能开发，打造特色渔业岛和海洋可再生能源基地；粗芦岛突出海洋产业，加快建设国家级远洋渔业基地、修造船基地、船政工业园，打造现代化国际远洋渔业母港。

特色开发海岛：重点发挥浯屿岛、浒茂岛、三都岛、西洋岛、大嵛山岛、大练岛、东庠岛的自然和人文资源优势，重点发展海上田园、湿地观光、高端商务、休闲渔业、生态旅游等特色产业。加强东壁岛、惠屿岛等岛屿的有效保护与开发，推进海岛及邻近海域资源的可持续利用。

加强无居民海岛保护力度：强化无居民海岛保护和生态修复力度，科学编制拟适度开发利用无居民海岛单岛规划，适度发展海岛高端生态型旅游产业，选择平潭大屿岛为生态示范岛，探索科研公益设施和旅游开发利用相结合的开发模式，组织开展海岛开发项目推介，提升海岛开发水平。选择长乐东洛岛等条件具备的岛屿，开展无居民海岛保护性开发利用试点。

第四章　高质量构建现代海洋产业体系

巩固海洋渔业优势产业，做强石油化工、冶金新材料、海洋船舶工业三大临海产业，提升滨海旅游、航运物流、海洋文化创意、涉海金融四大服务业，培育海洋信息、海洋能源、海洋药物与生物制品、海洋工程装备制造、邮轮游艇、海洋环保、海水淡化七大新兴产业，构建富有竞争力的现代海洋产业体系。

第一节　打造福建"海上粮仓"

围绕"种—养—捕—加—增"补短板强弱项,推动种业创新、养殖升级、捕捞转型、加工提质、增殖科学,到 2025 年,全省水产品年产量达到 900 万吨,水产品加工率达到 65%,渔业经济规模达到 3760 亿元,建成我国重要的"海上粮仓"。

一、加快水产种业创新

加快全基因组育种、分子标记育种等生物育种技术运用,培育高效、抗逆等特殊基因的新品种,重点突破大黄鱼遗传选育、石斑鱼杂交新品系、对虾自主选育优良品系、抗逆鲍新品种、"金蛎 1 号"速长葡萄牙牡蛎新品系、海带抗逆良种、坛紫菜新品系和海参等良种选育。发展工厂化育苗、智能化生态繁育,建设若干地方特色品种遗传育种中心,培育一批"育繁推一体化"的现代渔业种业龙头企业。建设大黄鱼、鲈鱼、坛紫菜、海带、牡蛎、鲍等水产养殖核心品种种质资源库,进一步巩固对虾、绿盘鲍、方斑东风螺、石斑鱼、大黄鱼、花蛤、紫菜等特色优势种业全国领先地位。

二、促进养殖业蓝色转变

大力发展深海智能养殖渔场,支持福州、宁德等地实施深海装备养殖示范工程,支持省属企业牵头组建全省深海养殖装备租赁公司,促进深海养殖装备发展和应用推广,构建养殖装备研发制造和运行维护、海水养殖、饲料供给、冷链物流、水产品销售和加工全产业链。完善水域滩涂养殖规划,科学确定养殖区域,稳定基本养殖水域,探索建立基本水产养殖区保护制度,保护渔业基本生产空间。积极发展陆基工厂化全循环海水养殖、池塘工程化循环水养殖、多营养层级养殖、全塑胶渔排养殖等模式,推动新建深水抗风浪网箱、更新应用环保型塑胶渔排和建设筏式养殖设施等,打造定海湾、南日岛、湄洲湾南岸、东山湾、诏安湾等 5 个绿色养殖示范区。严格实行伏季休渔制度,加快发展海洋牧场、人工鱼礁、放流增殖和底播增殖等生态增殖渔业,持续推进福清、连江等海洋牧场建设。

三、提升近海捕捞效益

全面落实国家推进渔业转型升级的要求,海洋捕捞从拼资源消耗、拼要素投入的生产方式,转变为有度有序利用渔业资源;加强产出控制,建立健全渔业资源总量管理制度,推行渔业捕捞限额制。围绕控制和减轻近海捕捞强度发展捕捞业,进一步加强捕捞渔船控制,引导采取环境友好型作业方式,建立渔港渔获物监测平台,完善渔港监督与服务机制。通过坚持走生态优先、保护与合理利用相结合的发展道路,实现我省国内捕捞能力与近海渔业资源可捕量相适应的目标。

四、壮大远洋渔业实力

支持"造大船、闯深海",提升远洋渔船装备水平,鼓励发展大洋渔业,拓展过洋性渔业,加强南极磷虾资源开发,"十四五"时期,争取远洋渔业综合实力居全国前列。建设福州(连江)国家远洋渔业基地,完善省内远洋渔业基地布局,建成"一专业港四基地港"的格局(即:福州远洋渔业专业港,厦门欧厝、漳州东山、泉州祥芝—深沪、宁德三沙等远洋渔业基地港)。促进海外综合性渔业基地、水产养殖基地健康发展,重点扶持远洋渔业龙头企业在印度洋、非洲东部建设包括产、供、销、运、加工等较为完善产业链的区域性渔业综合基地,力争开发若干个新入渔国。

五、推进精深加工与流通

提升大黄鱼、对虾、海参、河鲀、鲟鱼籽、紫菜、海带等水产品加工现代化水平,建设国家海水鱼类加工技术研发(厦门)分中心。做大做强连江、福清、东山等一批年产值20亿元以上水产加工产业县(市、区),加快福清元洪国际食品产业园建设,构建闽东、闽中、闽南三个水产品加工产业带。推动水产品交易集散平台建设,支持厦门打造全国金枪鱼集散交易中心,做强福州海峡水产品交易中心、厦门夏商国际水产交易中心,优化漳州、宁德海峡两岸水产品集散功能,推动水产品电商发展。打造福州国家骨干冷链物流基地,新建提升一批万吨级冷库,扩大超低温冷冻库容,完善水产品预冷、低温仓储、运输、配送等全冷链物流体系。

六、打造渔业优势品牌

实施品牌强渔战略,以政策扶持、资金支持等多元方式培育区域特色品牌,重视渔业品牌知识产权保护,提升品牌溢价能力。构建水产品质量全过程追溯管理体系,大力拓展水产品国内外市场,培育一批产值10亿元以上水产品加工龙头企业和年产3万吨以上远洋龙头企业,打造百亿级水产品商贸龙头企业。支持创建区域性和全国性的知名水产品牌,打响宁德大黄鱼、福州鱼丸、莆田南日鲍、漳州石斑鱼、莆田花蛤、福州烤鳗、晋江紫菜、霞浦海参、漳州白对虾等系列区域品牌。支持建设福建名优水产品电子商务平台,鼓励企业到境外布局营销和服务网络,促进水产品跨境网络交易市场发展。

专栏4-1　现代渔业产业培优增效重大工程

　　*水产种业创新与产业化工程：*重点开展大黄鱼、鲍、花蛤、海带、紫菜、石斑鱼、对虾、河鲀等名特优水产种苗的遗传育种与新品种培育技术研究,创制优质、抗逆新种质,加快特色优势新品种产业化进程,巩固种业品牌,提升市场占有率。到2025年,我省优势特色品种良种覆盖面达85%。

　　*福州(连江)国家远洋渔业基地建设工程：*以连江粗芦岛为核心,规划"一港、两园、三中心、五区"功能板块,重点建设现代化国际远洋渔业母港,开辟远洋水产品交易、精深加工、冷链物流、物资补给、渔船修造等功能专区,实现远洋渔业"生产—加工—配套—服务"全流程覆盖,全面打造面向东南亚、深耕非洲、辐射太平洋的国际海洋产业合作新高地。

　　*水产千亿产业集群工程：*一品一链,聚链集群,做大做强大黄鱼、石斑鱼、对虾、牡蛎、鲍、紫菜、海带、海参、河鲀等优势特色品种产业链,形成水产千亿产业集群。形成福州鱼丸、福清对虾、连江海带、南日鲍、莆田花蛤、厦门水产调理食品、东山速冻海水鱼、龙海蟹肉、石狮海洋食品、晋江紫菜、宁德大黄鱼和霞浦海参等特色水产品加工示范基地。

第二节　建设先进临海工业基地

充分发挥深水岸线优势,大力吸引和科学布局临海产业项目,重点发展临海石油化工、临海冶金新材料、海洋船舶工业等产业,打造临海经济发展集聚区和拓展区。

一、临海石油化工产业

重点推进"两基地一专区"大型石化项目建设,提高炼化一体化水平,增强烯烃、芳烃等基础原料保障能力。依托漳州古雷石化基地和泉港、泉惠石化园区,推进产业链中下游强链、延链、补链项目建设,增加三烯三苯及乙二醇、PX、环氧丙烷等生产能力,新增苯乙烯、醋酸乙烯、EVA、ABS、MMA 等重点产品。福州江阴化工新材料专区进一步做大中景石化聚丙烯系列产品,开发替代进口高端品种;依托万华化学(福建)产业园,提升 TDI 生产工艺技术和产能,新增 MDI 产品,延伸开发聚氨酯系列产品。石门澳化工新材料产业园、连江可门化工新材料产业园以发展石化产业链中下游项目为主,进一步增强己内酰胺/聚酰胺 6 产业链,拓展聚酰胺 6 的工业用途,延伸开发新产品,发展己二腈/聚酰胺 66 产品。

二、临海冶金和新材料产业

高起点推进临海冶金和新材料全产业链发展。临海不锈钢材料。加快宁德、福州、漳州等不锈钢主要生产基地建设,大力推进低能耗冶炼、节能高效轧制等技术应用,重点发展模具钢、汽车用钢等高附加值合金钢以及海洋耐蚀钢、超级双相不锈钢等高品质特殊钢产品。临海铜铝材料。依托福州、宁德铜铝生产及深加工基地,培育千亿级铝基新材料产业园,形成集研发设计、生产、深加工、物流仓储、贸易服务等为一体的全产业链发展格局。其他材料。大力培育临海新型光电材料、稀土功能材料、新一代轻纺化工材料、特种用纸等新材料产业,积极发展新型墙体材料及深加工产品,建设光伏玻璃及新材料产业基地。

三、海洋船舶工业

推进高技术船舶及配套设备自主化、品牌化。积极布局关键共性技术开发。重点推进船舶性能优化、绿色高技术船型研制、节能与新能源、数字化建造、智能船舶、环保与资源综合利用等关键领域的技术突破。大力发展高端特种船舶和绿色智能沿海内河船舶产品。重点开发高附加值海工辅助船、新型高性能远洋渔船、豪华客滚船、深海采矿船、海上风电运维船等高技术船舶产品,发展交通船、辅助船、捕捞船、运动船等绿色智能沿海内河新船型。加强船舶关键配套系统和设备开发。重点发展满足国际新标准要求的柴油机、电池动力推进系统、智能化电控系统、大型及新型推进装置、高端船用发电设备、高端船用齿轮箱、大型螺旋桨等船舶动力系统,以及通讯导航定位系统、电子电控系统等船舶机电控制技术和设备。促进修造船产业集聚发展。积极引进培育造船龙头企业,打造闽江口、三都澳、厦漳湾等船舶修造产业基地。

专栏 4-2　临海石化产业重大工程

漳州古雷石化基地:推进中沙古雷乙烯项目、古雷炼化一体化二期项目、年产 45 万吨 ABS 及 AS 项目、年产 15 万吨 PC 与 2.5 万吨 PETG 项目、碳五碳九分离及下游新材料项目。

湄洲湾石化基地:中化泉州芳烃装置扩能项目及产业升级系列项目永荣新材料丙烷脱氢制丙烯及下游新材料、国亨化学丙烷脱氢(PDH)及聚丙烯(PP)等项目建设。

福清江阴化工新材料专区:推进中景石化聚丙烯,推进万华化学(福建)产业园。

第三节　发展现代海洋服务业

重点发展海洋旅游、航运物流、海洋文化创意、涉海金融等服务业,加快标准化和品牌化建设,开发新业态和新模式,实现现代海洋服务业高质量发展。

一、海洋旅游业

强化资源整合和区域协作,提升发展沿海城市蓝色旅游带。实施一批重大项目,挖掘一批文旅资源,开发一批精品线路,策划一批新业态项目,培育一批新消费热点,推进滨海旅游向海洋、海岛旅游拓展,促进蓝色旅游与绿色生态游、红色文化旅游的互动融合。

提升发展滨海旅游。培育三都澳、坛南湾、晋江围头湾、莆田后海、东冲半岛、霞浦世界滩涂摄影基地和环崇武古城、漳浦火山岛等滨海旅游目的地。提升国家 4A 级以上重点滨海景区,引导沿海设区市推出特色滨海旅游精品线路,丰富海洋旅游产品供给。发展航海运动赛事、海洋主题旅游演艺等滨海旅游系列产品。培育沿海岸夜游产品,创新发展灯光秀、沉浸式演艺、海上游、创意集市等夜游项目。探索和试点开发海上酒店,推出亲海住宿、玩海体验、航海运动、赏海观光、休闲垂钓等滨海休闲旅游新产品、新业态,打造海洋旅游新地标和网红旅游打卡地。建设休闲度假旅游岛。坚持一岛一景、连线成片,探索生态、低碳的海岛保护开发模式。支持平潭加快建设国际旅游岛,抓好琅岐岛、东山岛、湄洲岛、嵛山岛等重点海岛建设,探索推进无居民海岛整体旅游开发,壮大海岛休闲旅游产业。加快渔旅融合发展。推动水产养殖业、捕捞业与旅游业有机融合,提升休闲渔业品牌,持续创建"水乡渔村"休闲渔业示范基地。加大休闲渔业营销力度,举办"大黄鱼节""鲈鱼节""开渔节""海钓大赛"等特色渔业节庆和赛事活动,办好中国(福州)国际渔业博览会、厦门休闲渔业博览会。加快培育都市观赏渔业,实施福州金鱼精品工程,打造集繁育、研发、物流、休闲旅游为一体的现代观赏鱼产业基地。打造"休闲渔业+"模式,提升休闲渔业与运动、科普、摄影、游艇、研学等融合发展。培育发展休闲渔业新业态,依托渔港发展渔港综合体、"渔市游"、"渔人码头",依托深远海养殖装备发展海上观光娱乐综合平台。

二、航运物流业

积极推动航运物流服务业向规模化、专业化、标准化发展,做大做强航运企业,提升物流服务能力,力争到2025年底,全省船舶运力达1600万载重吨,打造国家物流枢纽。

做大做强航运企业。推动海运企业通过租赁、联合、兼并、收购等方式实现规模化发展,积极吸引境内外大型航运企业落户,发展大型和专业运输船队,培育运力规模超100万载重吨的海运龙头企业和超10万载重吨的海运骨干企业。支持造船企业、航运企业和货主企业建立紧密合作关系。支持航运企业参与码头建设,推进航运与港口的战略合作。推动航运企业与大货主签订长期运输合同,实现货源稳步增长,吸引外挂运力回归及新建船舶落籍。大力发展江海直达船舶,积极发展集装箱、滚装等运输船队,提高集装箱班轮运输竞争力。积极拓展腹地空间。夯实陆向腹地基础,充分发挥衢宁、兴泉(在建)等干线铁路货运能力,大力发展海铁联运;加强陆地港、飞地港、物流园区等建设,构建港口与腹地物流合作平台;加快恢复闽江内河航运,构建以闽江高等级航道为骨架的江海联运体系。破解海向腹地瓶颈,强化船公司总部营销和港航联盟策略,吸引国际集装箱班轮公司将厦门港作为其在亚太地区的中转港;发挥湄洲湾、罗源湾大宗散货接卸转运中心作用,拓展铁矿石、煤炭等大宗散货中转业务。促进航运服务要素集聚。支持厦门东南国际航运中心、福州国际深水大港建设,推进泉州航运中心建设。支持福州布局建设国家大宗商品战略中转基地,拓展大宗散货接卸转运业务。加强大宗商品电子交易平台、航运交易信息共享和服务平台建设,培育引进海洋金融、航运保险、船舶和航运经纪、船舶管理、海事咨询、海事仲裁、海事审计与资产评估及其衍生业态。优化口岸营商环境。优化办证手续,为船舶落籍福建提供便利化环境。探索全省沿海港口通关一体化、便利化,实现"单一窗口"功能覆盖海运和贸易全链条;落实口岸经营服务性收费目录清单和公示制度,实现信息线上公开、在线查询;加强引航和拖轮服务,压缩船舶港外停泊时间。建设国家物流枢纽。发挥厦门、福州港口型国家物流枢纽功能,推动厦门、福州、泉州、平潭国家物流枢纽承载城市建设,鼓励发展中转配送、流通加工服务,支持船公司、代理、运输、仓储等企业联动发展,探索"物流+互联网""物流+总部""物流+金融"等特色模式,加快建设一批现代物流园区,打造港口总部经济产业带。

三、海洋文化创意产业

强化海洋文化与产业融合发展,培育海洋文化创意品牌。推进海洋文化与旅游融合发展。以妈祖文化、船政文化、"海丝"文化、郑和航海文化、郑成功文化、南岛语族文化等特色海洋文化资源为依托,建立"福建海洋文化素材库",创新发展创意设计、文艺创作、影视制作、出版发行、动漫游戏、数字传媒等海洋文化创意产业。办好世界妈祖文化论坛、海上丝绸之路国际旅游节、海上丝绸之路国际艺术节、厦门国际海洋周等活动,建设福州闽越水镇、平潭"68"文旅小镇、莆田两岸文创部落、厦门沙坡尾渔人码头、澳头渔港小镇等一批海洋文创基地园区。扶持发展海洋科普产业。支持世界妈祖文化交流中心、中国海上丝绸之路博物馆、马尾中国船政文化城、"海丝数字文化长廊"等一批海洋科普、教育和研学大型公共文化设施建设,打造大黄鱼、海带、鲍鱼等一批特色水产品博物馆。建设莆田、泉州盐文化小镇,开展海洋科考船和海洋场馆"开放日"活动,提升海洋文化影响力。加强海洋文化遗产保护与利用。加强妈祖信俗、传统滨海村落、海底遗迹、渔家传统技艺等文化遗产的保护与利用,挖掘文化内涵,制作以妈祖文化、海丝文化为主题的文化艺术产品,举办"妈祖下南洋"活动,"泉州:宋元中国的世界海洋商贸中心"申遗成功后的"海丝"文化传播交流合作系列活动,推进"海上丝绸之路·福州史迹"、福州近代西方国家领事馆建筑群申遗,开展平潭壳丘头史前遗址、海坛海峡水下文化遗产的发掘与展示,推进泉州后渚港、漳州月港等古港保护性开发。

四、涉海金融服务业

加快构建多层次、广覆盖、可持续的海洋经济金融服务体系。发挥政策性金融的引导作用。鼓励金融机构采取银团贷款、联合授信等模式,支持海洋基础设施建设和渔业绿色养殖、远洋渔业、水产品加工、海洋新兴产业、现代海洋服务业发展。积极推广"政银担""政银保""银行贷款＋风险保障补偿金"等模式。鼓励开发中小微涉海企业小额信用贷款模式。创新涉海金融产品服务。鼓励金融机构为涉海企业提供多样化的供应链融资服务,完善涉海产权登记制度,推广海域使用权抵押、养殖物抵押、福海贷等特色产品,鼓励发展以在建船舶、无居民海岛使用权、船网工具指标、海产品仓单等为抵质押担保的贷款产品。探索"信贷＋保险"合作模式,加强银行、保险信息共享,发挥保险保障功能,对已投保的涉海项目在信贷额度、利率、期限等方面予以倾斜。扩大渔业保险覆盖面。促进政策性保险与商业性保险相结合,创新渔业保险险种,推广水产养殖保险。建立风险防范和赔付结合机制,完善渔业保险保费补贴标准及保费补贴模式,加强渔业保险再保险机制。推行外海捕捞渔船和船员"互助保险",力争全省海上作业远洋渔船及渔工互保覆盖率达到100%。鼓励涉海企业开展直接融资。推动符合条件的涉海企业在主板、创业板、科创板及海外上市融资。支持涉海企业通过企业债、公司债、非金融企业债务融资工具等债务融资工具融资,拓宽直接融资渠道。支持新业态发展。大力推进跨境人民币结算在海洋产业中的运用。依托福建自贸试验区积极发展物流金融、跨境电商、互联网金融等新业态,促进金融业与海洋产业融合发展。

专栏4-3　海洋旅游业重大工程

　　打造蓝色海丝生态旅游带:依托我省蜿蜒绵长的海岸线,建设一条中国最美滨海旅游风景道。培育一批4A级滨海旅游景区和度假区,实现"县县有4A,市市有度假区"的旅游产品体系,打造全国旅游景区、度假区发展高地。规范建设一批滨海全域旅游小镇、金牌旅游村和乡村旅游重点村。通过"清新福建""全福游、有全福"品牌运作,评选"福建十大文旅新地标""福建十大网红打卡地""福建十大文旅新IP"等,推动滨海旅游市场营销。

　　平潭国际旅游岛开放开发:推进一港(竹屿港)、一湾(坛南湾)、一镇("68"文旅小镇)、一岛(小庠岛)、一基地(南岛语族考古研究基地)等重点项目建设。推动大嵩岛建设海洋生态旅游示范岛。推进华侨城"欢乐南岛"等项目加快落地。以石头厝为底色,深入挖掘壳丘头史前遗址(南岛语族)、海防文化、海丝文化等文化内涵,打造在全国具有标杆意义的海岛旅游产品。

休闲渔业产业提升工程:建立产业结构完整、体制机制完善、区域特色鲜明、业态功能丰富的休闲渔业产业体系。实施"水乡渔村"休闲渔业示范基地提升工程,渔港休闲渔业形态综合体培育工程、水族观赏鱼产业发展工程。到 2025 年底,全省"水乡渔村"、渔家乐、休闲垂钓等经营单位达 600 个,全省休闲渔业产值达 20 亿元,实现产业规模与经济产值倍增。

第四节 培育海洋新兴产业

突出技术创新,重点发展海洋信息、海洋能源、海洋药物与生物制品、海洋工程装备制造、邮轮游艇、海洋环保、海水淡化等七大新兴产业。到 2025 年,海洋新兴产业发展能级实现新突破,培育具有重要影响力的"蓝色硅谷"。

一、海洋信息产业

加快推进"产业数字化、数字产业化",以福建数字经济优势赋能海洋产业发展,加快壮大海洋信息产业。构建海洋信息通信"一网一中心"。加快建设海洋信息通信网,实施"光纤上岛"工程,完善海上移动通信基站、水下通信设施和海洋观(监)测站,打造海洋立体观测体系,构建海上卫星通信和海洋应急通信保障网络,推广船载卫星通信系统,形成海洋信息感知和传输网络系统。加快建设海洋信息能源管理服务中心,重点构建省智慧海洋大数据中心,围绕渔业管理、远洋渔业、水产养殖、海洋生态、海上交通、海上救助、防灾减灾等需求,整合提升原有涉海数据中心,构建管理与服务数据综合资源库,提升海洋气象服务中心,搭建海洋云服务平台、大数据计算平台和云安全平台。发展卫星海洋应用服务。加快"海丝"卫星应用技术服务中心等项目建设,推动天通卫星、新一代高通量卫星等应用。建设"宽带入海"工程,打造卫星海洋应用福建示范基地,提高空天数据的存储、管理、计算、分析及发布能力。研制发射"海丝双子星座"小卫星,获取水中悬浮物、溶解物等要素,服务赤潮、溢油等海洋生态环境监测,为海上搜救与海漂垃圾治理提供支撑。依托福州、莆田、漳州卫星应用产业园,实施基于通导卫星的"海联网"建设工程,打造以福建为枢纽辐射一带一路的卫星应用集群。发展"互联网 + 海洋信息服务"。拓展海洋智慧旅游、智能养殖、智能船舶、智慧海上风电运维、智能化海洋油气勘探开采等设备制造和应用服务项目。依托数字福建(长乐)产业园、中国国际信息技术(福建)产业园等基地,吸引一批海洋信息服务企业和机构落户,面向海洋经济、海洋环保等开展服务。

专栏4-4 "智慧海洋"工程

打造海洋综合感知网和信息通信网。优化整合、新建一批海洋观测监测设施,丰富海洋生态监测要素,强化海洋生态灾害预警和处置,加强海气通量观测,在重点海域开展海洋环境灾害和突发事件气象监测,提升台湾海峡综合感知能力。积极推动天通卫星、新一代高通量卫星互联网等在海洋领域的应用,推广船载卫星通信系统,增强对海上活动的动态监管能力。推进海洋观(监)测站、海上移动通信基站和水下通信设施"一站多能"升级改造。建设区域海洋生态环境立体监测系统。加密建设海洋观测站点,到2025年,达到中心渔港平均5公里范围内、一级渔港10公里范围内具备1个海洋观测站点,提升海洋渔业安全生产观测预报保障能力。

建设福建"智慧海洋"大数据中心。围绕渔业管理、远洋渔业、水产养殖、海洋生态、海上交通、海上救助、防灾减灾等需求,整合提升原有涉海数据中心,构建管理与服务数据综合资源库,提升海洋气象服务中心,搭建海洋云服务平台、大数据计算平台和云安全平台推动海上丝绸之路海洋大数据中心建设。

拓展海洋信息应用服务。整合高校、科研机构、政府及企事业单位等海洋应用工具包,建设海洋卫星综合应用服务平台,提供基于卫星数据和地面台网数据的灾害预警、监测、评估和救灾应用服务。建立台湾海峡海洋环境感知、航路安全与智慧信息服务系统。建立渔业生态与资源监测预警信息化应用服务平台,建设赤潮生态灾害的早期识别与预警系统。推动陆海统筹智慧生态巡查平台、海上智慧执法与应急指挥平台、智慧海上福州服务系统、厦门市海洋渔船通导(渔港监控)项目建设。开展基于岛礁和锚泊浮台的海上综合信息平台建设。建设统一融合的渔业渔政大数据中心、统一标准的公共服务与管理应用系统、统一调度的应急指挥视频会商系统、渔业综合执法指挥通信专网和海洋与渔业综合执法管理系统,进一步升级改造福建省海洋与渔业安全应急指挥决策支持系统。构建海洋自然保护地智慧管护监测系统,健全配套基础设施及自然教育体验网络。

推进海洋信息设备研发制造。围绕智慧海洋卫星通信、移动通信、海洋通信系统建设等需求,大力发展新型移动终端设备,以5G为重点的网络通信产业,支持卫星通信设备、海洋通信导航装备、无线通信设备、固定或移动通信终端设备等海洋信息设备的研发生产。

二、海洋能源产业

发展地下水封洞库储油。发挥我省沿海港口和地质条件优势,加强地下水封洞库选址调查和统筹谋划,有序推进漳州古雷、泉州泉港等地下水封洞库储油项目建设,提升石油储备能力,积极发展石油贸易,拓展保税、物流、结算和离岸金融服务,建设区域性油品交易中心、国际航运补给中心和期货交割地。拓展海上风电产业链。有序推进福州、宁德、莆田、漳州、平潭海上风电开发,坚持以资源开发带动产业发展,吸引有实力的大型企业来闽发展海洋工程装备制造等项目,不断延伸风电装备制造、安装运维等产业链,建设福州江阴等海上先进风电装备园区。规划建设深远海海上风电基地。支持建设智慧海电大数据中心,开放共享海上基础设施,形成覆盖全省的海上风电行业资源共享平台。推进海上风电与海洋养殖、海上旅游等融合发展,探索建设海洋综合试验场。做大高效储能产业。加快储能专用锂电池产品的技术迭代与产品升级,研发推广钠离子电池、液流电池等储能技术。突破锂电池循环再制造技术,完善回收处理工艺流程,形成动力电池梯级回收利用与再制造。大力发展电池管理系统、储能变流器、能量管理系统等配套产业。针对电网侧储能和发电侧储能等不同应用场景和需求,开发储能技术装备。加快形成风光储充测一体化智能电站、集装箱式储能系统等成套装置的设计、制造与运维能力。发展氢能源产业。加强氢燃料电池生产技术的引进和消化吸收,推动制氢、储氢、加氢等配套技术研发应用,支持福州打造国家氢能产业示范基地和国家燃料电池汽车示范应用城市。培育"渔光互补"光伏产业。利用海上养殖场水面,推动建设漂浮式太阳能光伏发电项目,实现水上发电、水下养殖"渔光互补"。发展 LNG 能源产业,延伸液化天然气产业链,建设冷能利用、汽车(船舶)加气等示范项目和产业园区,鼓励莆田、漳州等地在接收站周边配套建设冷链仓储基地、冰雪运动场馆和数字产业园。

三、海洋药物与生物制品产业

完善基础资源平台。支持扩容完善海洋微生物菌种库、海洋药源种质资源库、海洋化合物库等资源平台,探索建设深海基因库,鼓励开展资源共享和产业开发。加强原创技术储备。依托厦门大学、福州大学、集美大学、自然资源部第三海洋研究所、福建省水产研究所等涉海科研机构,加大新型海洋活性物质发现、高通量筛选与功能评价、绿色低成本生产工艺、高效率技术集成与产品化等原始创新技术储备。开发中高端产品。着力开发海洋靶点药物、医学组织工程材料、体外诊断试剂、医用敷料、生化分离介质、现代化海洋中药等医药产品;加快发展基于海洋脂类、色素、肽类、多糖等成分的特殊医学用途食品和功能性食品;鼓励开发抗菌肽、噬菌体、寡糖、海洋酶、微生态制剂等替抗型绿色养殖用制品;支持开发用于养殖尾水、海上溢油等处理的环保制剂。建成壳寡糖衍生物、琼脂、辅酶Q10、微藻DHA、香兰素等一批产品的全球供应基地。加速产业集聚。加快建设厦门海沧、福州江阴、漳州诏安、漳州东山、泉州石狮等海洋生物医药产业园区,完善基础设施和配套服务体系,扶引龙头企业入园,打造海洋药物与生物制品产业集聚发展高地。

四、海洋工程装备制造产业

新型船用装备制造。着重布局船用电子信息设备、船舶电池动力推进系统及配套装备、智能化装备基础器件等短板领域,重点发展船舶导航智能终端、船舶供电智能装备、船舶动力管理系统等。海上风电装备制造。依托福州江阴、漳州漳浦、莆田兴化湾南岸等海上风电装备重点园区基地,培育省内海上风电装备制造龙头企业,做大做强上游海上风电机组、叶片、液压打桩锤及嵌岩机等风电相关设备的设计、研发和制造,以及下游海上风电大部件更换运维平台、运维系列船舶等海上风电运维和服务,推动风电产业从装备制造到运维服务全产业链发展,打造世界级海上风电装备研发制造产业集群。深远海养殖装备制造。研制以高附加值鱼种为主要养殖产品的养殖装备,探索集养殖、旅游、教育等功能于一体的多功能综合体平台研发。支持推动大型智能化深远海养殖平台、养殖工船等渔业关键装备研发与推广应用。海洋观测装备制造。加快海洋环境观测传感器和监测设备产业化,攻坚新型浮标(潜标)和海床基设备、末端执行器、水下移动机器人等海洋观测、监测、探测等自主先进设备的研制。海洋机械装备制造。着力发展用于海底采矿、水下打捞、海上救援、海道测量、港口航道施工、深水勘察等海洋重大装备,打造福州、漳州、宁德、厦门等海洋工程装备制造业基地。

五、邮轮游艇产业

推动邮轮游艇设计、制造、服务全产业链发展,支持厦门建设邮轮生产基地和游艇帆船国际展销中心,支持福州、漳州等地建设游艇工业园。扩大邮轮港布局,做强厦门邮轮母港,推动福州松下、平潭金井、莆田东吴港区等邮轮始发港建设。支持福州加快建设中国邮轮旅游发展实验区,培育形成邮轮经济功能集聚区。完善多元化邮轮旅游产品,巩固拓展日本、东南亚航线,打造福建海洋文化主题航线,结合岸上精品文旅项目,形成多彩邮轮旅游目的地。完善邮轮物资供应、口岸联检、船舶维护等服务体系。拓展邮轮旅游市场腹地,开发省内客源,吸纳周边省份客源,吸引入境邮轮客源。

六、海洋环保产业

针对港口、船舶、海洋化工、海洋工程、海岸工程、海上倾废、滨海旅游等污染防治以及沿岸陆源污染治理需求,加快发展监测海洋环境、预防海洋污染、修复海洋生态的先进技术和装备。重点开发灵敏精准、稳定可靠的海洋环境监测传感器和成套设备,发展陆源入海水质在线监测、海洋离岸平台等在线监测系统平台。加大海洋防污生物技术、海洋防腐新材料、环保节能材料等重点领域布局,推进船舶油污处理、海洋重金属污染治理、海洋漂浮垃圾收集处置等设施及关键技术研发。加快培育一批海洋生态环境治理咨询公司、创新研发企业和工程承包服务商,扶持生态海堤建设、滨海湿地修复、沙滩修复、海湾环境治理、海洋环保工程建设等工程服务市场发展。

七、海水淡化产业

培育发展海水淡化产业,积极开发关键超滤、纳滤、反渗透膜材料、元件及专用技术设备,结合离岛等缺水地区需求,开展中小型海水淡化工程示范。拓展浓海水制盐和化学元素(钾、溴、镁、锂等)提取,支持临海工业企业开展海水直流冷却应用,稳妥推进海水淡化与电力联产联供。

专栏4-5　海洋新兴产业园区基地建设重大工程

海洋电子信息产业园:推进福州长乐卫星产业园、漳州卫星应用产业园、泉州石狮船舶卫星通信导航系统和雷达生产基地项目。

海上风电场:推进福州长乐外海海上风电、莆田平海湾海上风电、漳浦六鳌海上风电接入电网工程;推进霞浦海上风电场工程、漳州深远海海上风电基地、闽南外海浅滩深远海海上风电基地建设工程。

海洋药物与生物制品产业园:推进厦门海沧生物医药港、福州江阴生物医药产业园、福州仓山生物医药科技园、漳州诏安金都科技兴海产业示范基地、漳州东山海洋生物科技产业基地、泉州石狮海洋生物产业园项目。

海洋工程装备产业基地:推进福清海洋高新产业园(蓝园)、福州江阴海上风电产业园、漳州漳浦海上风电装备产业基地、莆田兴化湾南岸装备制造产业园项目。

邮轮游艇产业:推进厦门西海湾邮轮城、中远邮轮总部、中澳游艇港等项目建设。

第五章 高能级激发海洋科技创新动力

深入实施创新驱动发展战略,强化海洋科技自立自强,面向海洋科技发展前沿、面向海洋经济主战场,夯实海洋创新支撑体系,突破重点领域关键技术,加快海洋科技成果转化,促进海洋经济高质量发展超越。

第一节 打造海洋创新人才集聚高地

一、提高海洋高等教育实力

支持高校海洋学科和专业建设,谋划组建海洋类本科高校;集中力量办好现有涉海高等院校,提高办学质量,增强院校实力,重点支持厦门大学、福州大学、集美大学、福建农林大学、福建师范大学、闽江学院、泉州师范学院、宁德师范学院等做强特色优势涉海学科,建设一批涉海高峰高原学科,扩大招生培养规模,增强研究生教育实力;高质量发展海洋职业教育,支持厦门海洋职业技术学院、福建海洋职业技术学校、泉州海洋职业学院等扩大海洋产业技能教育种类和规模,提高办学水平;鼓励和支持社会力量举办非营利性海洋学校。

二、壮大海洋科技人才队伍

实施省引才"百人计划"、八闽英才培育工程和国家、省引才引智项目,积极争取国家科技创新创业领军人才计划,培养引进一批海洋"高精尖缺"人才和"蓝色工匠"。鼓励涉海高校、科研院所开展国际杰出青年科学家来闽工作计划,支持符合条件的国外学者来闽开展海洋科学合作研究。完善海洋人才梯队建设,确保海洋科技人才队伍总量稳步增长,重点引进培育海洋高端人才,造就一批海洋领域战略科技人才、领军人才、青年人才和高水平研发团队。壮大海洋技能型人才队伍,开展海洋职业技能培训、创新创业培训和企业急需高端技能人才培训,培养海洋应用型人才队伍,支持建设海洋人才培养实训和实习见习基地,合作开展海洋技能人才定向委托和订单式培养,提升涉海人才综合素质。保护和激发企业家创新精神,培育造就一批优秀的涉海科技型企业家队伍。实施《福建省高层次人才认定和支持办法(试行)》,对引进的特级和 A 类、B 类、C 类海洋高层次人才,按规定给予相应支持。

三、鼓励科技人才创新创业

健全以创新能力、质量、实效、贡献为导向的人才评价体系和充分体现知识、技术等创新要素价值的收益分配机制,落实"军令状""揭榜挂帅"等制度。推动科技人员成为海洋创新创业的生力军,建立健全科研人员双向流动机制,支持涉海高校、科研院所科技人员到企业兼职,鼓励科研人员带技术、带成果"下海"创业。加大知识产权保护和转化支持力度。实施"师带徒"引凤计划,组织 60 名以上海洋人才开展扶持青年创业创新等活动。进一步完善和深入推进科技特派员制度,支持科技人员及其团队带项目服务企业,积极吸引省外高端人才和工程技术人才来闽创新创业。引导和鼓励涉海高等院校统筹资源,支持大学生创新创业。

第二节　强化海洋研发创新能力建设

一、建设高水平新型研发创新平台

围绕我省海洋产业重点发展领域,发挥研发创新优势,推动建设一批海洋领域工程实验室、工程研究中心、企业技术中心、重点实验室、技术研究院和公共技术服务平台等新型创新载体。加强近海海洋环境科学国家重点实验室、大黄鱼育种国家重点实验室建设,推动自然资源部第三海洋研究所、自然资源部海岛研究中心等发展。争创厦门国家东南海洋科学城,推进海洋领域省创新实验室筹建工作,争取创建海洋领域国家实验室"福建基地"。支持自然资源部第三海洋研究所海洋生态保护与修复重点实验室、福建农林大学海洋生物技术重点实验室、福建师范大学特色海洋生物资源可持续利用重点实验室、闽江学院海洋传感功能材料重点实验室等一批省级重点实验室建设。支持闽江学院海上福州研究院建设。持续推进省、市、校三方共建的、以海洋智库为特色的多学科交叉科技平台"厦门大学福建海洋可持续发展研究院""福州大学海洋文明研究中心"建设。围绕深远海装备、海洋新材料、海洋通信、深海科学等战略性前沿领域,鼓励涉海高校院所布局创新平台,支持自然资源部第三海洋研究所中国大洋样品馆生物分馆、大洋科考运维和保障基地、国家深海微生物菌种库、厦门大学联合遥感接收站、福州大学海洋制药研发平台等重大基础平台建设。支持境内外一流企业、高校、科研机构、高层次人才团队来闽设立或共建海洋领域高水平研发机构。鼓励支持我省涉海企事业单位与"一带一路"沿线国家和地区联合共建实验室(研发中心)、技术转移机构、科技园(创新园)等对外合作科技创新平台。

二、加快突破重点领域关键技术

强化基础研究战略性需求导向。鼓励面向国家战略需求,开展全球海洋变化、深海科学、极地科学等基础科学研究。强化基础研究和应用研究衔接融合,突出深水、绿色、安全等前沿科学,力争形成一批具有自主知识产权和重大应用前景的原始创新成果。争取国家在我省布局建设水产种业重大创新平台和大洋生物资源勘探与开发、海洋碳汇、海洋卫星应用、海底科学观测等重大科技工程。鼓励牵头和参与海洋领域国家重点研发计划、国际海洋大科学计划和大科学工程。

加快掌握关键核心技术。结合我省实际,研究制定水产种业、海洋资源综合利用、海洋工程装备、智慧海洋、海洋生态保护与修复、海洋防灾减灾等重点领域技术创新路线,明确技术创新的战略目标、关键共性技术和攻关路径,加大研发支持力度,每年组织实施 10 个以上重点科研项目,加快突破一批重大关键技术,促进海洋科技成果转化,推动海洋新兴产业高质量发展。对引领海洋科技创新和产业发展的重大研发项目给予重点支持。

专栏 5-1　重点领域关键技术攻关重大工程

重点产业关键技术攻关。重点开展水产种业关键技术攻关,大力引进和开发深水网箱养殖技术、高效集约工厂化循环水养殖新技术、重要水产养殖动物病害精准防控技术和水产养殖动物新型营养源开发与饲料研制技术。围绕促进海工装备向研发设计和智能、安全方向升级,加快提高关键技术和重点装备自主创新能力,构建海洋高端装备设计、制造、试验以及定型考核的完整技术链条,突破智能防护材料新技术。突出技术与产品创新升级,推动海洋药物与生物制品产业向"高精特新"方向转变,重点在海洋创新药物、新型海洋生物医药材料、海洋微生物(微藻)发酵、海洋保健食品与化妆品、深海基因资源开发等领域进行创新突破。加强海洋电子设备和信息处理软件技术研发,构建海洋大数据平台,拓展海洋信息服务领域,推动构建完整的"装备研制—信息处理—应用服务"智慧海洋产业技术生态体系,加快培育壮大"智慧海洋"产业集群。

海洋环境治理与生态修复关键技术攻关。围绕海洋生态文明建设需求,重点加强海湾污染物控制与治理、海岸带生态系统修复、海洋生态修复评价等应用技术研究,为蓝色海湾治理、生态海岸带建设提供强有力的技术支撑。着重突破河口海域环境综合整治技术集成研究,复杂环境下砂质海岸生态修复与管理技术、海洋生态修复基线构建及优先区选划技术,以及研发自动、大规模、大尺度和精细化的海洋生态修复成效监测和成效评估技术。

海洋前沿领域储备技术攻关。跟踪国际科技前沿,重点拓展深海科技、海洋可再生能源等新技术的研发,加快新技术、新产品、新成果产业化应用,抢占未来产业发展制高点。

三、打造面向企业需求的技术研发服务体系

实施海洋龙头企业"培优扶强"专项行动,支持海洋龙头企业、领军企业整合产学研力量,组建体系化、任务型的创新联合体,加强海洋产业共性技术平台建设,推动产业链上中下游、大中小企业融通创新。重点支持海洋龙头骨干企业联合科研院所、高校等组建区域性协同创新中心或海洋产业技术创新联盟,以前沿技术和关键共性技术的研究开发、转移扩散、首次商业化为重点,形成协同创新的良性循环。培育以技术扩散和集成应用为主的应用技术研究机构和创新团队,强化涉海高校院所实验室技术向产品技术转化和集成应用,为企业提供问题诊断、技术咨询、系统解决方案设计、工艺优化等服务。鼓励产业园区、龙头企业建立海洋领域院士专家工作站,发挥高端智力资源的引领带动作用,面向企业开展技术创新活动。

第三节 突出企业创新主体地位

一、培育海洋科技型企业群体

完善涉海科技型企业成长加速机制,支持涉海企业申报高新技术企业、科技小巨人企业,并享受相关扶持政策。加大种子企业储备和上市扶持力度,向企业开放省级科技创新平台、相关互联网平台接口等资源,促进创新要素向海洋企业集聚,培育更多涉海"独角兽"、专精特新企业。

二、提升企业自主创新能力

支持有条件的涉海企业在优势领域争创国家、省级工程研究中心、企业技术中心、企业重点实验室、工程实验室等创新平台。大力引进、培育涉海企业研发中心、创新中心、孵化转化基地,集聚海洋科技成果资源。支持涉海企业引进海洋高端人才、高水平创新团队,打造专业化人才队伍,提高技术自主研发能力。

三、激励加大科技创新投入

创新扶持模式,大力支持"科学家 + 企业家 + 投资者"的新型研发形态,引导海洋企业和社会力量加大创新投入,逐步建立以市场为导向的科技立项机制和科技投入长效机制,促进海洋领域研发经费投入稳步增长。鼓励支持企事业单位积极申报国家级、省级涉海科学技术奖和创新人才项目,充分激发人才创新创业创造活力。

四、支持企业争当标准领跑者

发挥标准化在海洋经济高质量发展中的基础性、引领性和战略性作用,围绕我省海洋重点产业、重点领域,加快制定和实施先进适用的标准,用标准化提升创新能力,增强核心竞争力。重点加大标准研制资助力度,鼓励海洋优势领域龙头骨干企业积极参与研究制定国家标准、行业标准、地方标准、团体标准、企业标准,加快构建集认证认可、技术标准与质量管理为一体的标准支撑体系,鼓励标准化专业机构对公开的企业标准开展比对和评价,引导企业开展对标达标工作,争当标准领跑者。

第四节 畅通海洋科技成果转化渠道

一、完善科技成果转化服务平台

鼓励高校、科研院所建立专业化技术转移机构,落实高校、科研院所对其持有的科技成果进行转让、许可或者作价投资的自主决定权。支持福建省科技成果转化创业投资基金发展,促进国家科技成果转化项目库中科技成果项目在我省落地。培育海洋科技服务机构和新型研发组织、研发中介、研发服务外包等新业态,支持福州、厦门等科技资源优势地区设立海洋技术转移机构。构建成果转化孵化机制,鼓励建设一批海洋技术孵化基地、科技企业孵化器、众创空间、中试基地。发挥福建省协同创新院海洋分院的桥梁作用,充分利用中国国际投资贸易洽谈会、中国·海峡创新项目成果交易会、21 世纪海上丝绸之路博览会、厦门国际海洋周、国家技术转移海峡中心、中科院科技服务网络(STS)福建中心等平台,推动海洋科技成果与企业的对接,促进海洋科技成果转化落地。

二、繁荣海洋科技商贸活动

支持科技成果第三方评价、竞拍市场发展,培育"海洋技术经纪人",支持发展技术专利注册申报、知识产权评价、科技成果咨询和评估、科技融资代理服务等高端科技服务业。支持海洋创投基金、风投、"海洋助保贷""科技贷"等科技金融服务产品创新发展,做优海洋科技金融服务。

三、以项目促转化

突出市场导向和以"用"为目的,推动科技、人才、产业、资本、政策等创新要素高效配置,完善"政产学研金服用"紧密合作的成果转化机制。以重大项目为纽带,促进产业链和创新链的深度融合,提升企业科技成果转化能力。强化海洋科技创新与海洋经济发展政策、规划和改革举措的统筹协调与有效衔接。创新项目咨询机制,加强海洋重大科技项目主动设计,加大对科技成果转化的财政支持力度。力争沿海设区市和平潭综合实验区每年各转化落地 1 个以上重要海洋科技创新示范成果。

第六章　高标准推进涉海基础设施建设

以信息化、智慧化、现代化为核心,加快传统和新型海洋基础设施深度融合,统筹建设世界一流现代化港口群,构建现代渔港体系,着力加强海洋防灾减灾基础设施和安全保障能力建设,为海洋强省建设提供基础支撑。

第一节　建设世界一流现代化港口群

全面提升重点港区规模化、集约化、专业化水平,优化壮大以厦门港、福州港两个主枢纽港为核心的东南沿海现代化港口群,配套建设港铁联运一体化基础设施,打造厦门、福州等国际海运枢纽。"十四五"期间,新建万吨级泊位 30 个,实现全省港口货物吞吐量突破 7 亿吨,集装箱吞吐量达到 2150 万标箱。

一、加快智慧绿色港口建设

加强智慧港口建设。推进智慧港口信息基础设施建设,实施港口码头智能化升级改造工程,完善集装箱智慧物流平台、设备远程控制、智能闸口等基础设施,推进新一代集装箱全自动化码头和自动化堆场建设,逐步实现港口生产全领域、全过程的智能化,打造和推广中国港口改造升级的福建模式。健全高效便捷的监管政策,持续推进互联网、物联网、大数据、云计算、区块链、5G等信息技术与港口服务和监管深度融合,推进信息无纸化和电子化,完善国际贸易"单一窗口"数据共享交换平台,推进港口服务便利化,提高口岸智能化检测查验能力水平,提升"大港口"管理效能。

推动绿色港口建设。强化陆海码头污染监管整治,落实新建港区环保设施的同步规划建设,推进干散货码头装卸工艺优化和堆场改造,大型油气码头安装油气回收系统,提升绿色港口建设示范效应。统筹规划建设港口船舶水污染物接收、转运和处置设施,建立船舶污染物接收、转运、处置监管联单制度,推行船舶水污染物闭环管理,形成设施齐备、制度健全、运行有效的港口和船舶污染防治体系。构建清洁低碳的港口用能体系,推动港口LNG加注服务体系建设,落实船舶大气污染物排放控制区要求,加快岸电供应服务体系建设,逐年提高岸电设施的使用率。推动港口资源节约循环利用。

二、推动港口一体化发展

强化重点港区建设。以港口岸线资源集约化利用为导向,差别化推进重点港区大型专业化泊位和公共配套基础设施建设。优化港口载体功能,加快提升沿海港口重点港区规模化、集约化、专业化水平,提升关键枢纽港口国际竞争力。加快推进厦门港集装箱干线港、福州港江阴港区建设,推进福州罗源湾、漳州古雷、湄洲湾东吴、泉州石湖、泉州斗尾和宁德三都澳等港区港口基础设施建设,完善港区服务石化、汽车、先进制造业等大型临港产业功能。充分发挥厦门港古雷港区、湄洲湾斗尾港区大型油品泊位能力,为地下水封洞库储油项目提供海上原油装卸服务。

推进港口协调发展。加快港口资源整合,优化港区功能布局,强化各港区整合协作、互补发展,提升港口群整体效能,形成功能分工合理、空间布局优化、保障能力充分、具有比较优势的现代化港口群,促进产业群、港口群、城市群联动发展。加快建设湄洲湾、罗源湾大宗散货接卸中转基地,承接国外煤炭、铁矿石、天然气、油品等大宗货物转运,打造东南沿海能源矿产进口的重要口岸和大宗散货中转集散中心。

三、优化港口集疏运体系

加快疏港通道建设。着力打通沿海港口后方货运铁路通道,推进重点港区疏港铁路支线全覆盖,实现沿海港口与铁路、高速公路、国省道、工业区、开发区、科技园区顺畅连接。建设福州港口后方铁路通道,对接可门疏港铁路。规划建设江阴港经莆田至兴泉铁路货运通道,串联江阴港、湄洲湾港。推进厦门海沧至兴泉铁路货运通道建设,实现与中欧班列无缝衔接。续建港尾铁路。推进宁德漳湾、白马铁路支线对接衢宁铁路。推动平潭高铁中心站至金井港区码头货运铁路建设。加快推进白马支线、漳湾支线、城澳支线、罗源湾北岸支线、松下支线、秀涂支线、古雷支线等疏港铁路支线前期工作。推进六大湾区环线交通基础设施建设。

完善多式联运系统。推进铁海联运、公海联运、江海联运等多式联运。拓展江海联运通道,加快推进水口坝下工程、南平延平新城港区洋坑作业区码头、三明港沙县港区青州作业区1#—3#泊位工程和沙溪口至三明台江航道整治工程,振兴闽江航运,形成干支和江海直达运输转运体系。建设规模化、集约化的内河港区,增强内河航运带动经济发展的作用。

拓展内外互联大通道建设。提升晋江、三明、龙岩、武夷山等陆地港服务功能。支持内陆省份在我省建设"飞地港",拓展面向江西等内陆腹地的海铁联运、山海协作。推进"海丝"与"陆丝"双向互联互通大通道建设,建设面向"海丝"沿线国家和地区通达便捷高效的交通网络和互联大通道,促进中西部省份经我省港口对外贸易发展,促进沿海港口与中欧班列有效衔接,加快形成陆海联动、东西双向互济效益,实现"海丝"与"陆丝"无缝对接。

专栏6-1　世界一流港口建设

厦门港:推进全港区统筹发展,着力抓好海沧集装箱码头建设,发展漳州古雷石化基地,构建通往全球主要港口的航线网络,开拓外贸集装箱中转业务,强化对台贸易集散服务功能,建立新型第三方物流体系和航运交易市场,加快国际集装箱干线港和邮轮母港建设,加快建设厦门东南国际航运中心。

福州港:推进罗源湾、江阴、漳湾、三都澳等重点港区专业化规模化开发,建设大宗散货接卸转运中心、规模化工业和公共服务港区,积极发展集装箱干线运输,拓展物流、商贸、对台滚装和客运等功能,抓好福州邮轮旅游发展实验区建设,推进建设我国沿海综合运输体系的重要枢纽,加快建设国际深水大港,逐步建成以集装箱、能源、原材料运输为主,客货兼营、多功能的现代化综合性国际海运枢纽港。

> 湄洲湾港:推进南北岸重点港区合理布局,着力发展能源、原材料等大宗散货运输,拓展现代物流、临海产业服务功能,打造大宗散货中转基地和闽中及江西等中部地区的重要出海口。
>
> 泉州港:以内贸集装箱运输为主、兼顾矿建材料和煤炭等散杂货运输,拓展东南亚近洋航线,发展对台客货运输,发展成以内贸集装箱运输为主的现代化港口,打造对台运输的重要通道。

第二节 构建现代渔港体系

以中心、一级渔港为主体,以二、三级渔港和避风锚地为支撑,加快推进沿海现代渔港建设工程,建设形成布局合理、定位明确、功能完善、安全可靠、环境优美、管理有序的现代渔港体系,提高渔业防灾减灾能力,推动渔业产业发展,助力渔区乡村振兴。

一、加强渔港基础设施建设

强化渔港基础设施的建设与提升,加快渔业现代化设施的引入与升级,推动传统渔港向现代化渔港方向发展。着力推进"三区四核百渔港珍珠链"工程建设,新建一批沿海渔港,升级改造和整治维护一批渔港、避风锚地,新建或提升防浪避风设施,加大渔船安全、消防、救生及通讯导航等配套设施设备升级改造力度,改善渔船卸港作业条件,提高渔港安全停泊避风能力。"十四五"期间,新建、改造、提升渔港225个,其中新建中心、一级渔港25个,全省沿海渔船就近避风率提升至93%以上,建立完善以中心和一级渔港为龙头,二、三级渔港和避风锚地为支撑的渔港防灾减灾体系。

二、完善渔港运营和信息化建设

理顺渔港产权、使用权、收益权的关系,促进渔港建、管、护良性循环和可持续发展。规范健全渔港的经营管理制度和机制,落实渔港建设、运营及监督管理责任部门和渔港损毁维护资金。创新渔港建设投融资体制机制,调动社会各方积极性,拓宽渔港建设资金投入渠道,全面提升全省渔港建设管理水平,提高渔港运营效率,保障渔港投资效益。加强助导航设施、渔港监控系统建设,提高渔港信息化水平,逐步实现对出海渔船、渔民的动态管理,推动渔区信息化、智能化发展,为智慧渔业的发展提供孵化条件。加快推进智慧渔港建设,推动"5G+智慧渔港"建设试点示范。

三、推动渔港经济区发展

进一步完善渔业生产码头等设施,提高码头靠泊利用率,提高渔货及渔需物资装卸效率,提高渔港生产效率。加强港区道路、卸渔区、交易区、冷链物流、精深加工等配套设施的建设、升级补强,提高渔船集聚效应。拓展"渔港+"功能,延伸发展捕捞生产、卸港交易、加工运销、补给休闲等海洋渔业经济产业链。推动渔区产业结构调整升级,推动现代渔业、海洋资源深加工、滨海休闲渔村等沿海渔区特色产业发展,促进后方陆域鱼鲜餐饮、冷链物流、渔货加工等发展,推动一、二、三产业融合发展。推进渔业渔区现代化,促进渔民转产转业、增产增收,助力渔区乡村振兴。着力打造一批渔港经济区,促进渔业增效、渔民增收、渔区经济社会和谐发展。

专栏6-2 现代渔港建设重大工程

"三区四核百渔港珍珠链"建设。"三区"指闽东绿色生态渔港区、闽中协调发展渔港区、闽南创新驱动渔港区。"四核"指建设以环三都澳及三沙湾特色养殖品种和捕捞为核心的闽东渔港群,以黄岐半岛、闽江口养殖及远洋捕捞为核心的闽中渔港群,以惠安、石狮、晋江远洋捕捞和旅游为核心的闽中南渔港群,以漳浦、东山、诏安精深加工和捕捞为核心的闽南渔港群。"百渔港"指新建及提升改造和整治维护渔港数量225个。"珍珠链"指分布在福建沿海的渔港像珍珠一样被海岸线串在一起,计划通过新建更高品质的渔港及提升改造老旧渔港,增加渔港数量,提升渔港质量。

智慧渔港建设。开展"5G+智慧渔港"建设试点,为连江黄岐国家中心渔港建设基于5G的智能化监控系统。建设渔港环境保障安全生产信息化体系,以港管船,实现对全省海洋渔船信息化监管服务全覆盖。

渔港经济区建设。重点建设福鼎、三沙湾、三都澳东冲半岛、黄岐半岛、平潭岛群、莆田、泉港、惠安、连江、石狮、晋江、翔安、龙海、漳浦—云霄、东山、诏安渔港经济区。培育水产品集散、水产品加工、水产品冷链物流、滨海休闲旅游等业态,推动港产城融合发展。推动三沙湾、黄岐半岛、平潭岛群、厦门等渔港经济区的对台贸易融合发展,推动三沙湾、黄岐半岛、石狮、东山等渔港经济区的远洋渔业产业集聚发展,推动莆田渔港经济区滨海旅游和海洋牧场特色发展。

第三节 实施平安海洋保障工程

以防潮防台风为重点,加快补齐海洋防灾减灾配套基础设施短板,提升海洋灾害风险防治能力,形成重点区域重点目标保障有力、集约高效的海洋综合防灾减灾体系,全面提升平安海洋、平安福建的基本保障能力。

一、实施防洪防潮工程

加强水利、海洋渔业、自然资源、生态环境等相关部门沟通协调,高标准实施沿海、海岛和入海河口防洪防潮工程,规划开展全省入海河口整治,推进闽江、九龙江、晋江、赛江、木兰溪和其他独流入海河流防洪防潮治理,打造符合国家标准和实际需要的沿海防洪防潮减灾体系。高标准推进全省海堤除险加固和生态化建设,加固和新建一批沿海城市和沿海经济开发区重点海堤,进一步增强沿海海堤防御风暴潮能力。

二、建设沿海防护林体系

推进沿海35个县(市、区)的防护林体系建设,严格落实《福建省沿海防护林条例》,加强沿海基干林带建设,实施乡镇级海岛绿化提升,构筑沿海绿色屏障。推进灾损基干林带修复、老化基干林带更新、困难立地基干林带造林、基干林带区位退塘(耕)造林和纵深防护林的林分修复、封山育林等。实行基干林带同区位"先补后征""占一补一"政策,对海岸前沿的耕地,鼓励采取征用、调整和租赁等多种方式开展休耕造林。推动沿海基干林带储备库建设。加强对现有红树林的保护,充分利用闲置滩涂种植恢复红树林。到2025年,实现全省沿海基干林带面积达到5.71万公顷。

三、加强海洋预报预警服务

进一步加强海洋预报预警服务体系建设,完善精细化、网格化和智能化海洋预报业务系统,全面实现从传统站点海洋预报向网格海洋预报转变。组织实施渔业安全生产观测保障、海上交通安全观测保障、海洋生态保护监测保障、蓝色国土安全观测保障、海洋新兴产业观测保障等五项重点任务,新技术新装备应用示范、精细化智能网格预警预报、观测数据共享开放服务三项创新工程。大力开发精细化、智能化海洋数据产品,提升海洋灾害预警预报服务能力,为重点渔港、养殖区、重要航线、海上风电、核电、石化基地和港口码头等提供专项海洋观测预报服务,实现精密观测、精准预报、精细服务。

四、提升现代渔业装备水平

提升渔船修造水平,推广渔船标准化船型,引导我省渔船向"安全、环保、经济、节能、适居"的方向发展。鼓励开展渔船更新改造,逐步淘汰老旧、木质、高耗能渔船。积极推进新技术、新设备、新能源在渔船上的应用,加大渔船安全、消防、救生及通讯导航等设施设备升级改造力度,依法加强渔船安全救助终端设备管理,提升渔船安全性能。在全省海洋渔船中推广应用"插卡式 AIS"设备,降低船舶碰撞事故发生率。进一步完善海洋渔业安全应急通信网,加强短波电台等渔业无线电设备的规范管理,优化布局现有岸台基站并进行升级改造,推动"天通"卫星、新一代高通量宽带通信卫星在海洋渔船中广泛应用。

五、强化近海治安管控

规范 95110 海上报警服务平台运行,协同推进县(市、区)级海警工作站建设,高效组织海上接处警和巡逻防控工作,提升省、市、县三级联动效能。建立海上治安管理大数据中心,强化海域治安大数据分析处理和服务。紧盯海上走私、盗采海砂、非法捕捞、侵渔侵权等突出问题,严密日常防控,强化专项治理,有效遏制海上治安热点问题。探索"海上枫桥"模式,及时发现调处各类矛盾纠纷,防范发生重大恶性事件。

专栏6-3   海洋防灾减灾基础设施建设

防洪防潮工程。加快实施平潭防洪防潮工程、闽东苏区(宁德)防洪防潮工程、木兰溪宁海闸及配套治理工程、漳州古雷石化基地防洪防潮工程、海堤除险加固及生态化建设等重大项目。

沿海防护林带建设。"十四五"期间,建设沿海防护林4.87万公顷,其中:沿海基干林带0.97万公顷,包括人工造林0.17万公顷,林分修复更新0.8万公顷;纵深防护林3.9万公顷。

第七章   高站位打造海洋生态文明标杆

实施"碧海工程",持续推进海洋生态保护,强化陆海污染联防联控,推动海洋生态整治修复,提升海洋生态产品的供给能力,高站位打造全国海洋生态文明建设标杆。

第一节 加大海洋生态保护力度

一、强化海洋空间管控

衔接第三次全国国土调查、海岸线修测、自然保护地整合优化成果,进一步优化海洋"两空间内部一红线"格局。组织修订《福建省海岸带保护与利用管理条例》,组织编制《福建省海岸带综合保护与利用规划》,建设生态海岸带。健全陆海一体生态环境分区管控制度,严格落实海洋生态红线制度,加强海洋生态红线区管理和典型生态系统保护。严格保护深水岸线,制定岸线和海域投资强度标准规范,严格实行涉海开发利用活动相关管控措施,优化项目用海布局,促进"深水深用、浅水浅用",合理高效利用海洋资源。

二、筑牢海洋生态安全屏障

实施一批生态修复工程、绿道及水利工程,推进重点海洋生态区的保护和重点生态廊道建设。加宽加厚加长沿海基干林带,强化沼泽、红树林等重要滨海湿地保护,提高海岸带、河口生态质量。全面维护生态系统稳定性和海洋生态服务功能,建成林城相融、林水相依、林田纵横、山海相连的生态安全屏障。推进海洋生态预警监测工作,逐步掌握海洋生态系统分布格局、典型海洋生态系统现状与演变趋势、重大生态问题和风险。构建以海岸带、海岛链和各类保护地为支撑的"一带一链多点"海洋生态安全格局,打造"水清、滩净、岸绿、湾美、岛丽"的美丽海洋。

三、开展海洋生物多样性保护

整合优化海洋自然保护地,科学划定保护地功能分区,建立一批海洋自然保护区和自然公园,保护重点海洋生态系统、自然遗址、地质地貌、种质资源、红树林、珍稀濒危物种、滨海湿地等。加大对红树林、珊瑚礁、海湾、入海河口、海岛等典型生态系统的调查研究和保护力度,适时开展台湾海峡生物资源调查。推进水产种质资源保护区的调查研究与保护。保护中华白海豚、文昌鱼、中国鲎等珍稀濒危物种,加强对野生动物越冬场、繁殖地、栖息地的保护。严格控制海洋捕捞强度,加强水生生物资源增殖与保护,规范实施水生生物增殖放流,促进海洋重要渔业资源恢复。

第二节 强化陆海污染全面监管整治

强化陆海统筹,统一组织、部署、协调和调度流域—海湾环境的综合治理。到2025年底,入海河流水质持续改善,污染源精细化管理水平不断提高,重点河口、海湾水质稳步提升,全省近岸海域一类、二类水面占海域面积达83%左右。

一、推进陆海协同治理

坚持陆海污染联防联控,加强重点流域、区域、海域污染防治目标衔接,按照"查、测、溯、治"的要求,全面排查摸清入海河流、入海排污口和其他入海排口的底数,建立"一口一档"管理台账,并纳入福建省生态云平台,开展分类整治和规范化管理。推进闽江、九龙江、晋江等主要入海河流污染治理和生态工程建设,强化入海河流污染源管控。强化对主要入海河流污染物、重点排污口和海漂垃圾的监视监测和溯源追究,明晰责任、严格监督,推进涉海部门之间监测数据共享、定期通报和联合执法。

二、加快海洋生态环境监测体系建设

在三都澳、闽江口、江阴、湄洲湾、古雷、诏安等重要海域设置浮标或岸基自动监测站,结合卫星遥感、无人机、高清监控探头等手段,构建海洋生态环境监视监管网络。推进地方与科研院所、高校共建共享海洋环境监测调查船,提升海洋环境监测能力。探索在重要敏感湾区建立海漂垃圾运移轨迹预报系统和重点临海石化基地突发海洋环境污染事故应急系统,提高应急响应能力。同时运用福建省生态云平台,加强海洋环境分析研判,聚焦问题、制定措施,精准、科学、依法治理海洋生态环境突出问题。

三、加强海漂垃圾综合治理

推进海上垃圾源头管控减量,加强渔业养殖生产生活垃圾集中收治和渔港日常清理保洁,渔业船舶配置生活垃圾收集装置,渔排渔船渔港垃圾集中上岸无害化处理。加强重点海域海漂垃圾清理整治,配套建设一定数量的环卫码头、海上环卫站,扩大打捞规模、加大打捞力度。积极推进入海河流河口区海漂垃圾清理,启动入海河流流域垃圾入海拦截处置工程。推广海漂垃圾治理模式,建立海漂垃圾日常清理、转运、处置长效机制,完善垃圾清理、转运、处置基础设施。

专栏7-1 海漂垃圾综合治理工程

统筹推进海漂垃圾治理,增强海域垃圾污染防治能力,实现岸滩、河流入海口和近岸海域垃圾治理常态化,进一步打造整洁海滩和洁净海面。积极运用卫星遥感、无人机、视频监控和生态云等手段,及时发现和掌握海漂垃圾动态,指导科学部署环卫保洁力量。推进海上环卫高效率打捞船舶和潮间带滩涂垃圾机械化收集设备的研发,提升垃圾无害化处理和可再生利用工艺。

建立海上环卫机制。沿海各市组建海上环卫机构,作为海上打捞、岸线保洁、垃圾分类和规范处置的实施主体,推行企业化运营、专业化管理。

强化海上垃圾治理。沿海各市以渔排渔船渔港为重点,推进渔业垃圾减量化,从源头减少海面垃圾。完成渔业垃圾集中上岸处置,建设完善渔港污染防治设施,做好渔港环境清理整治和水域日常保洁。

严控陆源垃圾入海。加快建设完善海湾沿岸、河流两岸镇村垃圾收集、分类、处理设施,减少垃圾入河下海。在符合防洪要求的前提下,入海河流、沟渠的入海口、水闸处设置垃圾拦截设施,定期清理堆积的垃圾,提高末端拦截能力。

完善配套基础设施。沿海各市根据辖区内海漂垃圾数量、沿岸地形地貌及潮水特点,在海上养殖集中区、重点渔港区,结合镇村垃圾转运站布局,规范选址建设一批环卫船舶靠泊点和上岸垃圾集中堆场。

第三节 推进海洋生态修复

坚持山水林田湖草沙系统治理,创新完善"流域—河口—海湾"综合修复模式,围绕典型生态系统,实施"蓝色海湾"综合整治和湿地修复工程,加强互花米草等外来入侵物种防治,维护海洋生物多样性。

一、实施海湾生态环境综合治理

以全面提升海湾环境质量和生态功能为核心,推动"蓝色海湾"整治行动项目、海岸带生态保护修复工程等重大工程建设,逐步开展重要河口环境综合治理与生态修复。实施九龙江口—厦门湾生态综合治理攻坚战、闽江流域山水林田湖草生态修复攻坚战,推进福州、漳州等养殖集中区的绿色生态养殖转型升级工作,进一步推动漳州八尺门退堤还海,促进厦门湾、闽江口、三都澳、诏安湾等重要海域生态环境质量改善。坚持控源截污、标本兼治、强化"一湾一策"精准治理,探索湾长制试点,改善河口、海湾等生态系统的生态质量,建设美丽海湾。

二、推进受损滨海湿地恢复修复

加强滨海湿地调查监测,因地制宜开展滨海湿地修复工程。重点在泉州湾、厦门湾(含九龙江口)、漳江口等区域进行红树林保护与修复,进一步扩大红树林面积,有效保护红树林湿地资源。采取物理、化学、生物等办法开展互花米草除治,对实施互花米草除治且适宜红树林生长的区域统筹候鸟栖息地恢复等,科学种植红树林,推进红树林生态系统的保护恢复。开展红树林植被、底栖生物等变化趋势监测,制定湿地生态状况评定标准,开展重要湿地生态功能监测评价。通过对湿地及其生物多样性的保护与管理,提高湿地周边水功能区的水质达标率,维护湿地生态系统的生态特性和基本功能。

专栏7-2　滨海湿地生态修复工程

红树林生态系统保护与修复工程:加强红树林资源保护,全面有效保护红树林生态系统。不断加大人工营造红树林的力度,扩大红树林面积。同时加强红树林有害生物的防治,改善和提高红树林质量,提高红树林抵御风暴海啸等自然灾害的能力,充分发挥红树林防灾减灾、国土保安等生态功效,实现红树林资源的可持续发展。至2025年,保护现有红树林面积1244公顷,在宜林滩涂上规划新造红树林面积350公顷,修复红树林面积550公顷。

湿地生态修复工程:重点对湿地保护区、重要湿地实施湿地恢复、生态修复和景观提升,开展湿地生态效益补偿等项目,通过互花米草等外来物种入侵治理、红树林等乡土植被恢复、退养还湿等保护湿地生态系统,增强湿地生态功能。

三、开展受损海岸线及滨海沙滩整治修复

对海岸线实行分类管理,将闽江口、兴化湾北侧等具有典型地形地貌景观、重要滨海湿地景观的岸线纳入严格保护类岸线,确保自然岸线保有率不低于国家要求。清理非法占用生态保护红线区内岸线的活动。坚持自然恢复为主、人工修复为辅,加强岸线整治修复,实施岸线生态化工程、临海侧裸露山体修复工程、沙滩整治修复工程。加强对海岸侵蚀、海水入侵等生态脆弱区域的治理和修复,重点开展沙滩修复养护、近岸构筑物清理与清淤疏浚整治、海岸生态廊道建设等工程。加强滨海沙滩保护和修复,编制滨海沙滩保护和修复规划,打造一批"美丽滨海沙滩"。

四、加强海岛生态建设和整治修复

无居民海岛整治修复以岛陆植被修复、淡水资源保护、潮间带生态修复为主。有居民海岛整治修复以实施污染处理、饮水、供电及交通工程为主。加大无居民海岛保护区建设力度,通过设立海岛保护区保护海岛生态资源。建立全省生态岛礁工程项目库,实施开放式滚动管理。坚持自然恢复为主、人工修复为辅原则,继续推进牛山岛、琅岐岛、海坛岛、湄洲岛、惠屿和东山岛生态岛礁工程,推动台山列岛、山洲列岛、大屿、南碇屿等实施海岛典型生态系统和物种多样性保护工程。

专栏7-3　海岸带美化提升工程

以沿海县区为基本单元,重点对海岸线向陆侧一公里范围的滨海陆地和向海域侧延伸至领海基线的近岸海域强化排查检视,攻坚治理突出生态问题,大力开展生态整治修复。到2025年底,重点河口海湾水质稳中趋好,滨海银滩、湾美岸绿、亲水乐游、宜居宜业的"美丽海岸带"基本实现。

实施生态整治与修复。在闽东沿岸、罗源湾、闽江口等湄洲湾以北的主要海湾开展外来物种互花米草整治,分年度实施退草还林、退草还滩。在泉州湾、九龙江口和漳江口等湄洲湾以南的重点河口种植修复红树林,恢复红树林生态保护与景观带。在厦门湾、兴化湾、湄洲湾、泉州湾等地,选择海洋生态系统受损和生态问题较突出的区域,开展"蓝色海湾"整治修复,实施海岸带、滨海湿地、海域海岛生态修复工程。加快推进漳州八尺门海堤开堤通海和生态修复,改善东山湾、诏安湾生态环境。

集中整治突出环境问题。以县为主体、以镇为单元,逐级落实海岸带网格化排查治理责任,持续开展清理海岸带"四乱"(乱占、乱采、乱堆、乱建)专项行动。利用无人机、卫星遥感、人工巡查等手段,强化岸线和海域监视监管,建立海岸带"四乱"问题清单,实行挂账销号、限期整改制度。

提升重点海域环境质量。综合治理闽江口海域,开展闽江口入海污染详查,整治闽江口周边入海溪流、入海排放口和违法采海砂。综合治理九龙江、厦门湾,促进厦门、漳州、龙岩三地巩固污染联防联治、河海联动保护格局,推进环厦门湾重点直排海污染源达标排放与排放口整治。三都澳、同安湾、诏安湾、兴化湾"一湾一策"制定专项方案,实施生态治理和水质提升工程。

强化海洋环境监测监管。制定实施"十四五"海洋生态环境监测方案,加密三都澳、闽江口、厦门湾等重点海域监测频次,深化闽江口、闽东沿岸海域生态系统健康监测评价,拓展海洋垃圾和微塑料监测,强化重点直排海污染源监督性监测。

第四节　推动海洋生态价值转化

建立完善生态保护补偿机制,拓展生态产品价值实现途径,推进生态产业化和产业生态化,大力发展"生态 + 产业",培育海洋生态经济新业态、新模式,放大生态修复综合效应,推动打造生态活力海岸带。积极推进碳达峰、碳中和工作,抢占海洋碳汇制高点。

一、建立完善生态保护补偿机制

推动制定《福建省海洋开发利用活动生态保护补偿管理办法》。加快建立上下联动的财政资金保障体系,完善转移支付制度,归并和规范现有保护修复补偿渠道,构建科学合理的差异化利益补偿标准,稳定国土整治修复专项资金投入,建立完善上下游和行政区间的生态保护补偿机制。

二、深入开展海洋碳汇科学研究

支持厦门大学碳中和创新研究中心建设,深化海洋人工增汇、海洋负排放相关规则和技术标准研究,推动创建国家重点实验室、海洋碳汇基础科学中心,探索开展海洋碳汇研究大科学装置可行性研究。支持自然资源部第三海洋研究所"福建省海水养殖碳中和应用研究中心"建设,开发养殖碳汇监测技术体系及规程,探索建立海水养殖碳汇核算标准,开发海水养殖增汇技术。

三、推动海洋碳中和试点工程

开展海水养殖增汇、滨海湿地和红树林增汇、海洋微生物增汇等试点工程,提高海洋固碳增汇能力。探索制定海洋碳汇监测系统、核算标准,探索开展海洋碳汇交易试点,参与制定海洋碳交易规则,推动海洋碳汇交易基础能力建设,开展海水贝藻类养殖区碳中和示范应用。

四、改善滨海人居环境

在毗邻城市海湾实施水污染治理和环境综合整治工程,坚持"源头治理、统筹发展",逐步优化滨海环境。以绿色发展理念推动生态优势向经济优势转化,优化投资环境,为优质产业发展腾出空间。在不断提升经济发展"绿色含量"的同时,推动产业升级,加速迈向精细化、智能化、绿色化。推动形成绿色发展方式和生活方式,实现人与自然和谐共生、经济发展与生态环境保护双赢。

第八章　高水平拓展海洋开放合作空间

在更大范围、更宽领域、更深层次推进海洋开放合作,增强海洋战略保障能力,在加快构建以国内大循环为主体、国内国际双循环相互促进的新发展格局中发挥重要作用,更好地服务构建海洋命运共同体、服务国家重大战略实施。

第一节　深化闽台海洋融合发展

发挥海峡两岸融合发展示范区功能,以通促融、以惠促融、以情促融,推进闽台涉海基础设施联通,强化闽台海洋经济合作,共建海洋生态文明,增进海洋文化交流和情感认同,服务祖国统一大业。

一、优化闽台海空直航网络

拓展闽台直接"三通",健全闽台客滚运输健康长效发展机制,加密海峡两岸航线航班,构建更加密集、更加便捷的两岸往来海上主通道。规范两岸客货运输市场,便利客船进出港手续,提高客滚班轮准班率,提高对台服务水平,打造"三通"服务品牌。积极推进福建沿海地区与金门、马祖通水、通电、通气、通桥等"小四通"福建侧项目建设,实现应通尽通。探索推进厦金旅游自由行试点直航。拓展闽台集装箱班轮航线和散杂货不定期航线,推动闽台航线与"丝路海运"及中欧班列对接,打造闽台欧海铁联运物流新通道。

二、拓展闽台海洋产业融合发展新途径

加大闽台海洋产业对接力度,重点推进石化、电子信息、船舶、游艇、海工装备、海洋药物与生物制品、海洋能源、医疗康养、金融服务、水产品加工和远洋捕捞等产业合作,建设专业园区基地。提升海峡两岸(福建东山)水产品加工集散基地、霞浦台湾水产品集散中心、泉州惠安台湾农民创业园、漳州漳浦台湾农民创业园渔业产业区、平潭闽台农业融合发展(农渔)产业园等闽台渔业合作平台。支持福州(连江)国家远洋渔业基地与台湾地区开展渔获交易、冷链物流、水产品精深加工等领域合作。推进闽台(福州)蓝色经济产业园海洋研发中心建设,强化海洋经济发展科技基础。做大做强厦门对台邮轮始发港,推动福州邮轮旅游发展实验区、平潭对台邮轮挂靠港建设,促进平潭离岛免税政策落实,推动平潭对接台湾医美、康养、影视、文化等业态。

三、加强闽台融合共建海洋生态文明

发挥我省对台独特优势,推进闽台科技协同创新,加强海洋资源开发、海洋环境协同保护、海洋综合管理等领域交流合作。建设闽台科技合作基地,推动台湾海峡资源调查、环境监测、增殖放流活动、两马海域海漂垃圾治理和生态环境综合整治等方面紧密合作,维护台海捕捞、运输等生产秩序,为闽台海洋经济可持续发展创造良好条件。推进闽台在灾害预警、防范、营救等方面的交流合作,推进海洋生态环境及重大灾害动态监控数据共享平台建设,建立突发事件沟通协调和联合救助机制,提升海上搜救能力。

四、深化闽台文化交流

加强民间基层交流,强化宗亲、乡亲、姻亲、民间信仰交流,持续办好闽台重大交流活动,推进闽台青年文化交流,促进亲情、乡情在青年一代扎根延续,扩大闽台海洋文化交流参与覆盖面和影响力。依托两岸文博会、海丝博览会、海峡两岸文创园、台湾科技企业育成中心等平台载体,对接台湾创意设计、演艺娱乐等优势产业,深入推进闽台海洋文化产业领域合作。

专栏8-1　闽台海洋融合发展重大工程

推动闽台港航基础设施建设。推进平潭澳前客滚码头二期工程、金井作业区6号泊位建设,推动厦门港东山5000吨级对台客货码头、湄洲湾2万吨级对台滚装码头工程(莆头作业区3#—4#泊位工程)建成投入使用,推进湄洲湾港东吴港区4#泊位2万GT对台客滚码头、石井对台客运码头工程建设项目(泉金客运码头搬迁工程)开工建设。

加强闽台文化交流。巩固海峡两岸文博会、海峡两岸民俗艺术节等重大节庆会展平台实效,举办海峡两岸书院论坛、闽台同名村镇续缘之旅活动,不断丰富"福建文化宝岛行"内容并深化内涵,策划入岛交流活动;继续举办"闽台少儿歌手赛""匠心意蕴"台湾文创展等常态化活动。加强与集美大学、闽江学院等台籍师生集中的高校合作,共同开展文创赛事、创建"双创"空间以及拓展文化创意、文化艺术等人才培训。推进壳丘头考古遗址公园、南岛语族文化村、海坛海峡考古遗址公园建设,加强平潭与台湾文化体育、旅游、广电、影视等产业的合作交流。

第二节　推进"海丝"融合发展

把握区域全面经济伙伴关系协定(RCEP)签署的良好机遇,依托21世纪海上丝绸之路核心区建设,推进与"海丝"沿线国家政策沟通、设施联通、贸易畅通、资金融通、民心相通,拓展与南太平洋岛国合作空间,建设互联互通的重要枢纽、经贸合作的前沿平台、体制机制创新的先行区域、人文交流的重要纽带。

一、实施海上互联互通

围绕"一带一路"倡议提出的六大国际合作经济走廊和"海丝"核心区建设重点合作方向,聚焦关键通道、节点城市和重大项目,加快海洋港口、交通干线、物流基地和口岸通关设施建设,完善海陆空联运交通网络。积极挖掘南太岛国基础建设领域的国际合作需求,支持企业参与空港、海港及综合型渔港等重大基础设施的建设与运营。加强"丝路海运"标准体系和综合信息服务平台建设,构建"丝路海运"指数体系,实现"丝路海运"航线覆盖海上丝绸之路沿线主要港口,促进与中欧班列有效衔接,加快形成陆海联动、东西双向互济效应,实现"海丝"和"陆丝"无缝对接。推动与"海丝"沿线港口对接与航运合作,建设港口联盟,加快打造高效畅通的海上运输网络,全方位融入全球航运体系。实施"丝路飞翔"工程,推进福州、厦门机场扩建,全力打造"海丝"大通道。推动省内港口、航运、旅游和物流重点企业与东南亚合作,增开和加密福建与菲律宾、印度尼西亚、马来西亚等国海上直航航线。支持完善港口海运现代化技术,加强与东南亚、南亚、东北亚、大洋洲、欧洲、非洲、美洲地区的海上互联互通,畅通对外开放通道,建成高效率的对外开放服务体系。推动省内港口与"海丝"沿线国家港口友好合作,支持"海丝"沿线国家及地区港口企业参与省内港口建设经营。

二、建设"海丝"合作平台

推动福建与共建"海丝"国家友城官方互访、企业和民间友好往来,举办双方经贸、旅游、人文和海洋经济对接会,办好 21 世纪海上丝绸之路博览会等相关展会,搭建企业"走出去"服务平台。提升自贸试验区示范效应,加强与"海丝"沿线国家和地区相关制度创新合作,建设国际先进水平的国际贸易"单一窗口",提高投资贸易便利化水平,形成"海丝"共商共建共享新局面。以厦门建设金砖国家新工业革命伙伴关系创新基地为契机,推进数字化、工业化、创新等领域合作,打造面向金砖国家的高水平开放经济示范区。依托"海丝科技创新联盟",支持企业、高校院所与"海丝"沿线国家共建联合实验室、科技创新园和技术转移中心,推动共建海洋科考合作平台,探索建立联合仲裁机制。以跨境电商综合试验区建设为契机,推动线上平台建设、线下园区集聚、服务体系提升等重点工作,深化跨境电商监管中心建设,拓展新业务模式。推动 21 世纪海上丝绸之路海洋和海洋气候数据中心建设,加强与"海丝"沿线国家在防灾减灾、海上应急救援、海洋公共安全等公共服务领域的合作。

三、推进海洋经济合作

加强与"海丝"沿线国家和地区在水产养殖加工、远洋渔业、海工装备制造、海洋药物与生物制品、海洋新材料等领域投资项目合作,推进经济合作园区和远洋渔业基地等建设。推进福清中印尼"两国双园"等项目建设,持续推动与印度尼西亚、马来西亚、巴布亚新几内亚、毛里塔尼亚等国家开展渔业产业合作,共建渔业产业合作园,推动现代海水养殖、水产品深加工及冷链物流合作。深度拓展水产养殖加工、远洋渔业、休闲观赏渔业等对外交流合作,积极参与海外重要渔港建设,打造集捕捞、养殖、加工、运输、销售为一体的综合性远洋渔业基地,提高参与国际渔业资源配置能力。大力开拓海外市场,扩大传统优势海洋产品以及高技术、高附加值产品出口,推动劳务技术输出。

四、抓住 RCEP 新机遇

抓住 RCEP 历史机遇,深化海洋经济开放合作。推动共建海洋产业园区,探索实施蓝色经济合作示范项目。提升自由贸易试验区、国家级新区涉海功能,建设漳州招商局经济技术开发、东山经济技术开发区、福清江阴经济开发区、连江经济开发区等涉海经济开发区,打造向海开放高地。扩大大黄鱼、鱿鱼、虾等传统优势海洋产品出口,推动航运、养殖、修造船等劳务技术输出。

专栏8-2 "海丝"融合发展重大工程

"海丝"合作平台建设。支持办好21世纪海上丝绸之路博览会、丝绸之路(福州)国际电影节、中国(泉州)海上丝绸之路国际品牌博览会、海上丝绸之路(福州)国际旅游节、海上丝绸之路(泉州)国际艺术节、世界妈祖文化论坛(莆田)、"丝路海运"国际合作论坛、中国(福州)国际渔业博览会、厦门国际海洋周、中国(厦门)国际休闲渔业博览会等活动,推动建立平潭国际海岛论坛的持续性、常态化机制,打造服务"海丝"沿线国家和地区的国际化、专业化、便利化平台。

第三节 打造国内大循环重要节点

充分利用泛珠三角区域合作、闽浙赣皖区域协作平台等,立足福建向海优势,服务国家重大战略实施,加强跨省合作,推进区域内山海协作,打造国内大循环的重要节点,构建海洋经济高质量发展新格局。

一、服务国家重大战略实施

优化出闽大通道建设,积极融入长三角一体化发展,全面对接粤港澳大湾区建设,扎实推进与京津冀的合作交流,更好地服务国家重大战略实施。加快建设温福高铁,推进国省干线出省通道建设,做好福建与长三角地区涉海基础设施对接、海洋人才对接、海洋创新技术对接和海洋产业对接,建立更加紧密的海洋领域区域合作机制。推动漳州至汕头高铁建设,深度融入粤港澳大湾区建设。积极推动CEPA货物贸易、投资系统协议在福建落地实施,打造海运物流等对接平台。进一步发挥泛珠三角区域合作机制、香港特别行政区政府驻福建联络处作用,加强基础设施建设,发展多式联运体系,有序承接海洋产业转移,完善贸易物流及涉海金融服务体系,推动福建与粤港澳大湾区实现优势互补、资源共享、成果共用。推进与京津冀的合作交流,进一步完善与北京大学、天津大学等高校合作机制,着力挖掘京津冀旅游客源市场,推动中央企业加大对福建海洋产业发展的支持力度。

二、推进区域协调发展

强化出海通道功能,提升江西、湖南、三明、龙岩、武夷山等陆地港服务功能,支持内陆省份在我省建设"飞地港",鼓励中西部省份经我省港口对外贸易,拓展港口发展腹地。推进山海协作,深化闽东北、闽西南两大协同发展区建设,充分发挥福州、厦门龙头带动作用,重点完善福州—宁德—南平—鹰潭—上饶发展轴、厦门—漳州—龙岩—赣州发展轴、泉州—莆田—三明—抚州发展轴,开展基础设施建设,促进生产要素自由流动,推动海洋产业合理布局,拓展海洋产品消费市场,健全海洋生态跨地区利益分享和补偿机制,形成高质量的山海一体化区域发展格局。

第九章　高效能完善海洋综合治理体系

以打造海洋综合治理样板区为目标,着力完善海洋综合治理体制机制,提升深度参与全球海洋治理能力和水平。

第一节　健全海洋治理体制机制

围绕海洋资源优化配置和节约集约利用,完善基于生态系统的海洋综合管理体制机制,构建现代化海洋治理体系。

一、推进海域资源市场化配置

健全海洋自然资源资产产权制度和法规,加快海洋资源调查评价监测和确权登记,建设海洋资源数据库和评价应用平台。完善海域、无居民海岛有偿使用制度,健全海域海岛资源收储和交易制度,推进海域使用权转让、抵押、出租、作价出资(入股)等改革创新,完善海砂采矿权和海域使用权"两权合一"招拍挂出让制度,探索海洋排污权、海洋碳汇、海洋知识产权等市场化交易机制。探索海域使用权立体分层设权,优化海域资源配置和协调机制。创新海洋经济高质量发展体制机制,完善海洋经济发展金融服务体系。

二、加强海洋开发利用管理

完善海洋空间规划体系,统筹划定海洋生态空间和海洋开发利用空间,构建陆域、流域、海域相统筹的海洋空间治理体系。推动建立湾区跨行政区域协同发展推进机制和利益共享机制,统筹构建闽东北、闽西南、厦漳泉金等区域协同治理机制。合理规划海洋产业布局,适时启动深远海养殖发展规划编制,指导深远海养殖的规范化发展。健全环境治理与可持续开发利用相协调的政策体系,完善海洋经济高质量发展的政策措施。健全陆海一体国土空间用途管制制度,加强围填海管控,加快推进围填海历史遗留问题处理。完善海洋资源节约集约利用机制,完善差别化用海供给机制。提高海洋资源开发保护水平,严格海岸线分类管控,完善项目投资额与占用岸线、海域面积挂钩制度,推进岸线自然化和生态化。加强海域海岛精细化管理,规范无居民海岛开发利用,逐步完善海域海岛资源的利用标准和用途管制审批制度,加快建立闲置用海盘活机制。优化项目用海审批流程,做好用海服务与要素保障。

三、完善海上综合治理体系

加强涉海部门之间的协调配合,建立健全陆海统筹、权责明晰、统一高效的跨部门海洋综合执法体制机制。全面提升海洋与渔业综合执法管理工作的信息化和执法装备现代化水平,推进执法信息化、执勤码头、执法船艇及无人机等基础设施项目建设,探索整合共享涉海部门数据系统,强化动态监管的技术支撑,实现近海岸线全覆盖,做到"天上看、海上查、网上管",有效打击海洋资源开发利用、海洋生态环境保护等各领域违法犯罪活动,提高执法效能。紧盯海上险情事故多发易发的重点时段、重点水域、重点工程和重点船舶,开展风险隐患排查整治和联合执法行动,有效减少商渔船碰撞、非法采运砂、非法渡运、海上危化品运输、新业态海上安全风险等对我省海上安全形势的不利影响,遏制海上重特大险情事故的发生。

四、提升安全应急处置能力

实施海洋环境风险处置工程,增强海洋环境风险防范和灾害应对能力,健全突发环境事件风险动态评估和常态化防控机制。全面完成全省第一次海洋灾害风险普查,摸清海洋灾害风险隐患底数,形成省、市、县三级海洋灾害风险评估和防治区划,科学划定灾害重点防御区。进一步完善省、市、县三级海洋安全应急机制,深化应急、水利、生态环境、海洋渔业、气象、海事、海警等部门协同合作,细化落实防灾减灾各项措施,形成应急处置合力。加强重点海域、重点区域、重大项目和重要目标安全应急管理标准化建设,完善应急物资装备储备及保障体系,提高应对海洋公共安全突发事件的应急反应和快速处置能力。坚持应急预案动态管理,及时修订台风、风暴潮、海啸、赤潮等各类灾害和危化品泄露事故应急预案,加强海上溢油、危险化学品泄漏等风险管控。加强宣传教育、技术培训和应急演练,增强广大群众防灾减灾意识和自救互救能力。

第二节　提升参与全球海洋治理能力

立足福建优势和定位,紧密围绕国家深远海发展战略需求,服务21世纪海上丝绸之路建设,积极参与全球海洋治理,推动构建海洋命运共同体。

一、加强海洋国际合作

重点在涉外海事管理、海洋防灾减灾、海上搜救、海上安全等方面加强涉外执法和服务能力建设,推进与国际组织和周边国家共同开展海洋综合管理能力建设、海洋保护地网络建设等合作示范项目,拓展海洋生态保护修复、海洋空间规划、蓝色经济等领域的国际交流培训和产业对接项目。支持自然资源部第三海洋研究所、自然资源部海岛研究中心、厦门南方海洋研究中心等机构与"海丝"沿线国家和地区合作,促进"海丝"核心区对外交往。

二、参与全球海洋治理进程

提升参与全球海洋治理的科技实力,以气候变化、海洋酸化、海洋微塑料、深海资源开发和极地治理等全球问题为重点,鼓励相关高校、科研机构和社会力量参与发起重大海洋国际科学合作计划和项目。支持涉海科研机构和企业开展智慧海洋、蓝色碳汇、深海开发等海洋新兴领域标准化研究,参与国际涉海组织事务、涉海条约、国际行业标准与行动准则的制定修订,鼓励涉海企业进行国际标准认证,支持企业申请国际知识产权,抢占技术规则先发优势。坚持高水准打造中国(福州)国际渔业博览会、厦门国际海洋周,定期举办有影响力的国际海洋高端论坛,为推动全球和区域海洋命运共同体建设发出"福建倡议"、分享"福建经验"、贡献"福建方案",提升在国际海洋事务中的影响力。

三、打造海洋特色智库

打造深度参与全球海洋治理的海洋特色智库,加快推进厦门市海洋国际合作中心建设,支持福建海洋可持续发展研究院运作,推进自然资源部第三海洋研究所 APEC 可持续发展研究中心、PNLG 秘书处、厦门大学中国——

东盟海洋学院、中国—东盟海岸带可持续发展能力建设与交流平台(厦门大学)等专业化对外合作机构或交流平台建设,增强海洋国际交流中的政策研究、业务咨询、研讨培训、对话磋商、项目策划等多领域支撑功能,推进福建与 APEC 和 PNLG 成员之间海洋领域务实合作。搭建涉外海洋专家智库平台,推动建立面向"海丝"沿线国家和金砖国家的海洋智库合作联盟和协同创新机制,为福建对外开放发展贡献力量。

第十章　保障措施

第一节　加强组织保障

加强组织领导。健全上下联动、部门协同的海洋强省建设工作推进机制。坚持"1 + 1 + N"工作思路,即制定 1 个五年规划、1 个三年行动方案,行动方案中的每项任务分别由牵头部门制定具体工作方案,明确"重点任务 + 重点项目",提出需要协调解决的问题和具体工作措施。有关省直部门和市、县(区)要充分集中力量、主动作为,建立工作组织协调机制,对照《规划》明确的各项任务,共同推进海洋强省建设。

重视落实评估。沿海各级政府要研究制定推进海洋强省建设的实施方案和配套政策,确保各项工作落到实处。定期通报建设进展情况,协调解决《规划》推进中的相关重大问题,完善《规划》实施监测评估机制,建立动态调整和监督考核机制,根据中期评估情况适时对目标任务进行调整,确保实现规划目标任务。

强化正向激励。把海洋强省建设工作纳入经济社会发展考核体系,作为评价领导班子和领导干部工作实绩、扶持资金拨付的重要内容,全面推动各项工作任务落实到位。加大正向激励力度,对海洋重大项目多、海洋经济增长快、建设业绩突出的市、县(区),在政策、资金等方面给予重点支持。

第二节　强化要素保障

保障重大项目用地用海需求。整合区域空间、发挥特色优势、集聚要素资源,推进海洋产业加速发展,增强产业集聚区资源环境承载能力,强化用地、用海要素保障,做好远海渔业项目安全选址,确保重点项目和重大产业合理用地需求。

加强财政资金引导。积极争取国家有关部委涉海资金支持,推动国家和地方各级财政资金整合投入海洋强省建设。进一步加大对海洋生态环境保护、防灾减灾、基础设施建设等公益事业领域的支持力度,每年安排财政预算资金,集中用于扶持海洋产业发展、海洋基础设施建设、海洋经济龙头企业培育和引进、海洋科技攻关、海洋特色品牌培育等,优先向海洋经济发展示范区项目倾斜。

加大金融支持力度。鼓励社会资本以市场化方式建立运营"海上福建"建设投资基金,完善海洋项目投融资机制。积极利用地方政府专项债券支持符合条件的海洋项目建设。鼓励开发性和政策性金融机构,对海洋基础设施建设、海洋产业发展、海洋科技创新等项目给予中长期信贷、融资租赁、融资贴息等支持。支持符合条件的海洋企业发行债券、上市融资和再融资。鼓励省内金融机构推广涉海保函、供应链金融等产品,拓展以海域使用权、在建船舶和知识产权等为抵质押担保的贷款产品,发展信托、资产证券化等多样化融资。

第三节　开展试点示范

支持和鼓励各地创新思路,先行先试,积极探索海洋强省建设新路径新模式新机制。组织开展省级海洋产业发展示范县创建工作,深化福州、厦门国家海洋经济发展示范区建设,打造海洋经济高质量发展和海洋资源保护利用创新实验平台。推动海洋特色产业园、海洋生态经济示范基地、美丽渔村、美丽海湾(岛)等建设。及时总结海洋强省建设中的先进经验做法,树立典型标杆,提炼形成可复制可推广的成果,适时在全省推广。

第四节　突出项目带动

发挥重大项目对延伸海洋产业链、促进海洋产业集聚发展的支撑带动作用,围绕落实海洋强省建设主要任务,高标准建立海洋强省重大项目库,科学策划,动态调整,形成"谋划一批、签约一批、开工一批、投产一批、增资一批"的滚动发展态势。加强项目实施管理,建立重大项目责任制,对《规划》确定的重大工程、重大项目明确要求、落实进度、强化责任,确保海洋强省重大工程和重大项目顺利实施。

第五节 加强运行监测

加强海洋经济运行监测与评估工作,探索创新海洋经济统计核算制度,建立完善省市海洋生产总值核算体系。探索开展海洋经济高质量发展指数和创新潜力研究。建立常态化海洋经济运行监测数据管理、发布、共享机制,加快推进我省海洋经济高质量发展服务保障体系和能力建设,综合反映我省海洋经济发展水平和成效,为宏观决策提供科学支撑。

第六节 加大宣传引导

积极利用电视、广播、报刊、互联网等各类媒体,深入宣传海洋强省建设的重大意义、重大政策、重大行动、重大工程、重大项目,及时报道海洋强省建设的成效、经验和典型案例等,形成正确舆论导向,调动全社会参与支持海洋强省建设的积极性。开展党政领导干部、企业家等各层面的专题培训,进一步提升经略海洋的能力,强化海洋强省建设的使命担当。

《福建省"十四五"海洋强省建设专项规划》高频词图

山东省"十四五"海洋经济发展规划

为深入贯彻落实习近平总书记关于山东海洋工作重要指示精神,加快建设世界一流的海洋港口、完善的现代海洋产业体系、绿色可持续的海洋生态环境,推进山东海洋经济高质量发展,根据《山东省国民经济和社会发展第十四个五年规划和 2035 年远景目标纲要》,制定本规划。本规划期为2021—2025 年,展望到 2035 年。

一、总体要求

(一)指导思想

以习近平新时代中国特色社会主义思想为指导,全面贯彻党的十九大和十九届二中、三中、四中、五中全会精神,增强"四个意识",坚定"四个自信",做到"两个维护",紧紧围绕"五位一体"总体布局和"四个全面"战略布局,科学把握新发展阶段,完整、准确、全面贯彻新发展理念,主动服务和融入新发展格局,以高质量发展为主题,以供给侧结构性改革为主线,以改革创新为根本动力,以满足人民群众日益增长的美好生活需要为根本目的,统筹发展和安全,着力提升海洋科技自主创新能力,加快建设世界一流的海洋港口、完善的现代海洋产业体系、绿色可持续的海洋生态环境,努力打造具有世界先进水平的海洋科技创新高地、国家海洋经济竞争力核心区、国家海洋生态文明示范区、国家海洋开放合作先导区,推动新时代现代化强省建设,为海洋强国建设作出更大贡献。

(二)基本原则

坚持创新驱动。把科技自立自强作为推动海洋经济高质量发展的核心支撑。深化海洋科技体制机制改革,统筹全省海洋科技资源优势,着力提升自主创新能力,加快建设数字海洋,积极抢占海洋关键技术领域制高点。

坚持高质量发展。把产业提档升级作为推动海洋经济高质量发展的重要抓手。优化提升海洋传统产业,发展壮大海洋新兴产业,加快发展现代海洋服务业,精准建链补链强链,着力提升产业数字化和数字产业化水平,培育壮大海洋高端产业集群和特色产业基地,构建现代海洋产业体系。

坚持生态优先。把海洋生态文明建设作为推动海洋经济高质量发展的必然要求。科学开发利用海洋资源,探索市场化、可持续的生态产品价值实现路径,构建生态产业化和产业生态化的海洋生态经济体系,维护海洋自然再生产能力,促进海洋经济可持续发展。

坚持海陆统筹。把海陆统筹作为推动海洋经济高质量发展的战略引领。统筹谋划海陆空间布局,统筹配置资源要素,统筹培育优势产业,统筹建设世界一流港口等基础设施,统筹整治生态环境,实现差异化、特色化发展,推动全方位、多层次、广覆盖的海陆高效协同发展。

坚持开放合作。把深化开放合作作为推动海洋经济高质量发展的必由之路。深度融入"一带一路",加强上合示范区、自贸试验区、中日韩地方经贸合作示范区等平台建设,促进沿海地区战略合作,加快海洋经济全球布局,拓展海洋经济开放领域,提升海洋经贸合作水平。

(三)发展目标

1. 海洋经济综合竞争力加快跃升。海洋经济在国民经济中的地位和贡献不断巩固,部分领域进入全球价值链中高端,优势领域海洋科技自主创新能力达到国际先进水平,建成具有全球影响力的海洋科技创新高地。

2. 现代海洋产业体系更趋完善。海洋传统产业高端化绿色化智能化升级,海洋前沿和战略性新兴产业发展壮大,数字海洋建设取得积极成效,生产要素协同性和产业链条完整性进一步增强,产业链供应链高级化和现代化水平不断提高,基本构建具有国际竞争力的现代海洋产业体系。

3. 世界一流港口建设取得突破性进展。港口功能布局进一步优化,集疏运高效网络加快构建,航运综合服务能力大幅提升,港产城融合发展取得重大进展,高效协同、智慧绿色、疏运通达、港产联动的现代化港口群基本建成,建成海陆联动、双向开放接口和航运枢纽。

4. 海洋生态环境持续改善。陆海统筹治理体系进一步完善,与陆域、流域相协调的海洋资源利用、生态保护和污染防治体系更加健全,海洋资源集约节约利用水平明显提升,海洋生态与海洋产业发展更趋协同,海洋监测和灾害应对能力大大增强,海洋自然再生产能力得以有效维护。

5. 海洋经济开放合作深度拓展。自贸试验区、东亚海洋合作平台等开放载体作用充分彰显,深远海、极地开发保护合作持续加强,"一带一路"海上合作更加深入,蓝色伙伴关系不断拓展,成为引领国家海洋经济开放合作的排头兵。

6. 海洋发展民生福祉持续增进。海洋改善居民就业与提高生活品质的作用稳步提升,涉海就业总量持续增长,优质绿色安全的海产品供应更为丰富,高品质亲海亲民空间不断拓展,海洋防灾减灾能力显著提高,全民海洋意识明显增强。

展望2035年,山东海洋经济和科技水平位居国际前列,对国民经济的引领和支撑作用跃上新台阶;沿海港口发展水平整体大幅跃升,建成世界一流港口;高水平海洋开放新格局初步形成,基本建成海洋经济发达、海洋科技领先、海洋生态优良、海洋文化先进、海洋治理高效的海洋强省。

表1 山东省"十四五"海洋经济发展主要指标

指标名称		2020 年	2025 年	指标属性
综合实力	海洋生产总值年均增长(%)	1.54	6	预期性
	海洋生产总值占全省地区生产总值的比重(%)	18.03	18.46	预期性
产业发展	海洋制造业增加值(亿元)	4247	5550	预期性
	港口货物吞吐量(亿吨)	16.9	20	预期性
	海水淡化日产能力(万吨/日)	37.14	120	预期性
科技创新	关键核心技术国产化率(%)	—	65	预期性
	海洋高新技术企业数量(家)	258	900	预期性
	省级以上涉海科技创新平台(个)	236	320	预期性
生态保护	近岸海域优良水质面积比例(%)	91.5	92	约束性
	自然岸线保有率(%)	≥35	≥35	约束性
民生共享	渔民人均纯收入(元)	24424	34256	预期性
	人均海产品供应量(千克/人)	67.5	70.9	预期性
	省级海洋意识教育基地(个)	27	50	预期性

注:2020年海洋生产总值年均增长1.54%,为2018—2020年三年海洋生产总值平均增长数;自然岸线保有率按新口径测算;"—"表示尚无统计数据。

（四）发展布局

坚持创新驱动、市场导向、错位发展、优势互补的原则,构建"一核引领、三极支撑、两带提升、全省协同"的发展布局。

1. 一核引领。着力提升青岛市龙头引领作用,紧抓自贸试验区、上合示范区建设契机,持续放大上合组织青岛峰会效应,聚力增强海洋开放门户枢纽、海洋要素资源全球配置、海洋科技创新策源、海洋高端产业引领功能,加快全球海洋中心城市建设。突破发展海洋交通运输、现代海洋渔业等传统产业,重点发展海洋高端装备制造、海洋生物医药、海水淡化、海洋新能源新材料等海洋新兴产业,创新发展现代航运服务、海洋信息技术、涉海金融、海洋文化旅游等海洋现代服务业,谋划发展深海开发、基因技术等海洋未来产业。加快建设国际航运贸易金融创新中心、国际海洋科技创新中心、国内知名的海洋生物医药研产基地和船舶海工装备产业基地、全国重要的海水利用基地,打造海洋经济高质量发展主引擎。

2. 三极支撑。以烟台、潍坊、威海市为骨干,以提高产业核心竞争力为目标,建设优势互补、各具特色的海洋经济高质量发展增长极。烟台市,发挥新旧动能转换综合试验区核心城市作用,重点发展现代海洋渔业、海工装备制造、海洋生物医药、海水淡化、海洋文化旅游、海洋交通运输、海洋新能源等产业,建设国际海工装备制造名城、国际仙境海岸文化旅游城市、国家海洋牧场建设示范城市、国家海洋生态文明建设名城。潍坊市,发挥先进制造业优势,重点发展海洋化工、海洋高端装备、海洋生物医药、海水淡化等产业,培植一批具有国际竞争力的企业集团,建设国际海洋动力城、海工装备制造基地、绿色海洋化工基地,打造海洋经济转型发展示范区。威海市,重点发展现代渔业、船舶与海工装备制造业、海洋生物医药、海水淡化、海洋新材料、海洋文化旅游等产业,大力发展海洋电子信息与智能装备;扩大全球海洋生物产业标杆、世界滨海休闲度假旅游目的地城市、中国海洋食品名城、中国钓具名城品牌效应,高水平建设国家海洋经济创新发展示范城市、水产养殖绿色发展示范区、海洋生态文明示范区,全域建设国际海洋科技城。

3. 两带提升。（1）黄河三角洲高效生态海洋产业带。发挥黄河三角洲地区滩涂、油气、生态等资源优势,推进海洋循环经济发展和海洋生态保护,打造绿色转型发展示范区。东营市,培育特色海洋产业,重点发展现代海洋渔业、海工装备制造、海洋生物医药、河海文化旅游、海洋新能源等产业,建设全国重要的海洋石油装备制造基地。加强特色港口建设,打造黄河流域重要出海口。以建设黄河口国家公园为引领,全面提升海洋生态环境质量,打造全国知名的河海生态文明强市。滨州市,加强海陆统筹,建设铝土等干散货和 LPG 新型化工原料等运输特色港,重点发展海洋渔业、海洋新能源新材料、海水淡化、海工装备制造等产业,着力打造国内重要的优质水产品生产基地、海洋大功率风电装备产业基地。(2)鲁南临港产业带。充分发挥日照市新亚欧大陆桥经济走廊主要节点城市、海上丝绸之路战略合作支点等优势,加快推动港产城融合发展,发展壮大现代航运服务业,重点发展海洋高端装备制造、海洋生物医药、海洋新能源新材料等新兴产业,优化提升海洋休闲旅游、海洋渔业及水产品精深加工等优势产业。加快建设区域国际航运物流中心、中国北方能源枢纽,打造现代化国际港口、海滨旅游度假、海滨体育、生态宜居名城。

4. 全省协同。创新海陆统筹发展机制,加强沿海与内陆规划政策协同对接、基础设施互联互通、要素市场统一开放、生态环境联防联治,推进沿海地区海洋经济优势向内陆地区拓展延伸和转移,鼓励引导内陆企业进军海洋产业,增强内陆地区对海洋经济的服务支撑,巩固提升海洋产业链、创新链、价值链、物流链、生态链,以海带陆、以陆促海,推动海陆高效联动、协同发展。

二、构建现代海洋产业体系

紧抓新一轮科技革命的重大机遇,发挥海洋科技领先优势,加快海洋领域供给侧结构性改革,推动海洋经济向深海、远海进军,加快特色化、高端化、智慧化发展,积聚壮大海洋经济新动能,促进海洋产业链迈向全球价值链中高端,构建具有较强国际竞争力的现代海洋产业体系。

(一)优化提升海洋传统优势产业

1. 海洋渔业。突破育种关键技术,优化海水养殖结构和布局,积极探索以近浅海海洋牧场和深远海养殖为重点的现代化海洋渔业发展新模式,建设一批布局科学合理、装备水平先进、管理科学规范、产业多元融合、产出高值高效、绿色生态发展的现代化渔业综合体,推动海洋渔业牧场化、深水化、绿色化、智能化发展,拓展远洋渔业发展空间,提升海产品精深加工水平,高水平建设"海上粮仓"。

打好水产种业翻身仗。研究实施"蓝色良种"工程,加快推进水产种质资源保护、鉴定评价和共享利用三大体系建设。开展水产养殖种质资源普查,提升改造省级水产种质资源库,实现应收尽收、应保尽保。大力培育水产种业"育繁推"一体化的联合育种平台和良种繁育龙头企业,突出鱼、虾、蟹、贝、藻、参等品种的联合攻关,加快选育突破性新品种,提高水产苗种质量和良种覆盖率。依据优势水产品区域布局,打造刺参、海带、贝类、海水鱼、虾蟹类种业产业聚集区。

提升养殖业绿色发展水平。实施水产绿色健康养殖"五大行动",夯实绿色发展基础。推动水产养殖规模化集聚发展,实施集中连片池塘标准化改造,完善循环水和进排水处理设施,提高养殖设施和装备水平。争创一批国家级水产健康养殖和生态养殖示范区,积极推广水产生态健康养殖模式,推动养殖区域布局科学化、景观化、景区化。

稳步推进深远海养殖。支持重力式深水网箱、桁架类大型养殖装备等建设,提升深远海养殖装备技术水平。积极探索和推广深远海养殖重要领域和关键环节经验模式。鼓励社会资本参与深远海养殖发展。

加快现代海洋牧场建设。以加强海洋生态环境修复、开展生物资源养护、推进产业融合为目标,突出生态优先、资源修复优先,提升人工鱼礁的亲生物性能,实现渔业生境的有效恢复。以青岛、烟台、威海、日照等为重点,高水平建设国家海洋牧场示范区。积极探索三产融合型海洋牧场综合体发展新模式,推动海洋牧场与海工装备、海上风电、休闲旅游等产业融合发展。

推动远洋渔业转型升级。支持远洋渔船更新改造,提升远洋渔船现代化装备水平,推动远洋渔船增设医疗服务舱,打造现代化远洋渔业船队。以转变合作模式、提升管理水平和防范经营风险为重点,增进与"一带一路"沿线国家渔业合作,拓展远洋渔业发展空间。积极参与极地渔业资源开发利用,加快建造南极磷虾船,建设南极磷虾产业园。推进沙窝岛国家远洋渔业基地、海外远洋渔业基地建设,提升远洋渔业综合保障能力。支持应用新技术新设备开展远洋渔场和鱼种探捕项目,鼓励远洋自捕水产品回运,保障国内供给。支持企业通过收购、并购等多种方式做大做强,加快培植远洋渔业龙头企业。

加快推进渔港经济区建设。全面提升现有渔港基础设施建设和综合服务能力,建设渔港综合管理平台,实施渔港升级改造和整治维护,提升渔业自然和人文景观,拓展渔港功能,打造智慧渔港、平安渔港、清洁渔港、产业渔港、人文渔港,建设一批以渔港为龙头、城镇为依托、渔业为基础,集渔船避风补给、鱼货交易、冷链物流、精深加工、休闲观光、城镇建设为一体的综合性渔港经济区。

做大做强水产品精深加工和流通业。推动水产品产地加工和水产品冷链物流建设,提升水产品加工仓储现代化水平,加大水产品和加工副产物的高值化开发利用,在烟台、威海、青岛、日照、潍坊等市建设一批水产品精深加工基地,打造海带、海参、金枪鱼、鱿鱼、三文鱼、牡蛎等海洋食品加工产业集群,建设全国重要的水产品加工基地。发展海上超低温冷藏运输加工业务,打造海陆联动的高效冷链物流体系。发展连锁经营、直销配送、互联网营销、第三方电子交易平台等新型流通业态,构建稳定高效的水产品流通体系。探索开展水产品期货交易,打造具有全球影响力的水产品集散中心、价格形成中心。

强化水产品质量品牌建设。完善渔业标准体系,推进水产品标准化生产。开展水产质量安全源头整治,加大水产品质量安全监督抽检力度,严厉打击违禁添加行为。推行养殖水产品达标合格证制度,压实生产主体责任,提高绿色、安全、品牌水产品供给能力。大力推进渔业公共品牌认定,培育全国和区域优质水产品特色品牌。

(省农业农村厅牵头,省委外办、省发展改革委、省商务厅、省市场监管局、省海洋局配合)

专栏1 海洋渔业建设重点

现代海洋牧场:(1)东营康华国家级海洋牧场建设项目(2)烟台现代海洋牧场示范项目(百箱计划)(3)烟台挪威海洋牧场项目(4)潍坊昌邑休闲型海洋牧场项目(5)荣成靖海海洋牧场项目(6)荣威桃园渔家民俗海洋牧场项目(7)威海蓝源水产海洋牧场项目(8)日照前三岛海洋牧场项目(9)东港红旗现代海洋牧场(10)沾化金水源海洋牧场项目等。

现代渔业园区:(1)中国北方(青岛)国际水产品交易中心和冷链物流基地项目(2)青岛海洋经济三产融合发展先导区(3)东营尚牧农业牧渔归项目(4)东营通威渔光一体生态园区(5)东营中朗现代渔业产业示范园(6)东营百万亩生态渔业区提升项目(7)莱州现代渔业示范园(8)烟台八角湾海洋经济创新区(9)潍坊凡纳滨对虾育繁中心(10)潍坊滨海现代设施渔业科技产业园(11)潍坊恒兴万亩智慧渔业产业园(12)潍坊昌邑现代渔业养殖基地(13)威海深远海绿色养殖工程(14)威海俚岛海带特色小镇(15)沙窝岛国家渔港经济创新发展示范区(16)威海海洋生物高科技产业园(17)文登泽库现代渔业园区(18)乳山省级农业科技园现代海洋经济示范区(19)日照现代化渔业园区(20)滨州高端渔业装备智能化生产工业互联网升级项目(21)杭州北海海洋渔业生态产业园(22)滨州海阔现代渔业园区(23)渤海水产现代渔业园区等。

水产品精深加工:(1)青岛中鲁远洋产业园项目(2)东营正大水产万吨大虾产业链项目(3)潍坊康科润优质三文鱼产业链及产业基金项目(4)潍坊康科润名优水产良种高效免疫营养源及新型海洋渔用抗病制剂研发和规模生产项目(5)荣成好当家高档海产品深加工项目(6)荣成泰祥生物制造集约式加工项目(7)山东蓝润蔚蓝谷产业园(8)日照绿色海洋水产加工产业园(9)山东海洋集团超低温冷藏运输加工船项目等。

2. 海洋船舶工业。接轨国际造船标准,着力推进海洋船舶工业结构调整和转型升级,开展高端化绿色化智能化散货船、油船、中大型集装箱船、大型气体运输船、大洋勘探船、深海采矿船、现代远洋渔船等高技术船舶的设计和制造,提升自主设计、系统集成和总承包能力,打造高技术船舶品牌,建设世界领先的现代船舶制造基地。开展邮轮设计、制造和示范应用,实现15万吨级大型邮轮和中小型邮轮自主建造,构建邮轮制造产业链。开展高端客滚船、游艇的设计和制造,扩大高端客滚船领域品牌优势。开展水上事故预警装备、多功能新型水上应急救援船、深远海多功能救助船、大型打捞工程船等特种船舶及装备的设计和制造,增强海上综合保障装备支撑能力。开展科考破冰船、物探船等极地船舶与装备的设计与建造,推动极地装备体系化发展。加强船用动力系统、仪器仪表、甲板机械、舱室设备、通导设备等配套设备的研发制造,提高船用设备自主化水平。支持青岛、烟台、威海建设国家高端船舶制造基地。支持威海建设游艇产业基地。支持潍坊、青岛、济南、淄博市建设船舶动力装备产业基地。(省工业和信息化厅牵头,省科技厅配合)

专栏 2　海洋船舶工业建设重点

(1)青岛智慧渔业大型养殖工船项目(2)烟台中集双燃料冰级滚装船项目(3)潍坊力创电子船舶 LNG—柴油双燃料电控多点喷射系统技术研究及产业化项目(4)诸城东宝半潜游艇生产项目(5)潍坊天瑞重工海洋船舶用磁悬浮冷媒压缩机项目(6)荣成南极磷虾捕捞加工及配套辅助运输船项目等。

---

3. 海洋化工。优化海洋化工产业布局和产品结构,延伸海洋化工产业链,加大技术改造升级力度,打造绿色、集聚、高端海洋化工产业基地。发展精细盐化工,拉长以溴素为原料的阻燃材料、药用中间体等产业链条,打造高端盐化工产业基地。加快研发海水化学资源和卤水资源综合开发利用技术,扩大海水提取钾、溴、镁等系列产品及其深加工品规模。支持海藻活性物质国家重点实验室等工程化开发平台建设,加快发展海藻化工产业。高标准、高质量建设裕龙岛炼化一体化项目,打造世界级高端石化产业基地。(省工业和信息化厅牵头,省科技厅配合)

专栏 3　海洋化工业产建设重点

(1)青岛 90 万吨/年丙烷脱氢与 8×6 万吨/年绿色炭黑循环利用项目(2)青岛 2×45 万吨/年高性能聚丙烯项目(3)东营威联化学 200 万吨/年对二甲苯、250 万吨/年精对苯二甲酸及配套工程(4)东营振华石油化工丙烷脱氢及环氧丙烷项目(5)山东科鲁尔化学年产 26 万吨丙烯腊生产及配套二期工程(6)东营联成化工年产 10 万吨甘油法环氧氯丙烷项目(7)烟台裕龙岛炼化一体化项目(8)潍坊新和成 PG 项目(9)潍坊万盛功能性新材料一体化生产项目(10)潍坊中化弘润化工新材料及深加工项目(11)潍坊鲁清石化高端橡塑一体化项目等。

---

4. 海洋矿业。提高海洋油气资源自主勘探能力,建设海洋油气资源开发与综合保障基地。积极推进渤海油田及凝析油、凝析气勘探开采,就近登

陆东营、滨州等地加工转化。开展部分典型海域海底生态地质调查、海岛海湾综合地质调查,获取海洋地质基础数据,合理开发海滨砂矿、海底煤矿、金矿等矿产资源。研究突破海底资源勘查及开发关键技术,力争深海空间探测与作业技术达到国际领先水平。探索组建深远海开发集团,开展深远海矿产能源勘探开采、深海空间开发利用等。(省发展改革委、省科技厅、省工业和信息化厅、省自然资源厅、省国资委、省能源局按职责分工负责)

专栏4　海洋矿业建设重点

(1)莱州三山岛北部海域金矿项目(2)胜利油田海上埕岛油田产能建设工程(3)深海非粘结性复合管道研发与产业化项目(4)深远海开发集团等。

(二)发展壮大海洋新兴产业

1.海洋高端装备制造。面向深海大洋资源开发,加快推进核心设备国产化、智慧化,推动形成覆盖科研开发、总装建造、设备供应、技术服务的全产业链体系,打造"山东海工"区域品牌,建设世界领先的现代海工装备制造基地。

着力突破海洋高端装备关键设备、核心技术。构建海洋开发装备自主研发、生产、装备体系,重点发展深水钻井船、深水半潜生产平台、液化天然气浮式生产储卸装置(FLNG)、浮式生产储卸油装置(FPSO)等深水油气装备,支持研发建造"蓝鲲号"超大型海洋设施一体化建设安装拆解装备。加快发展大功率海上风电机组、海水淡化、海洋能开发、海上火箭发射平台、深远海养殖等装备及关键配套设备。培育发展深海空间站、深潜器、无人船艇、水下机器人等新兴海洋装备,推进极地特殊环境观测技术研发和装备制造。

着力提升海洋高端装备基础配套能力。大力发展海洋工程用高性能发动机、液化天然气(LNG)/柴油双燃料发动机、超大型电力推进器等,积极发展水下采油树、水下高压防喷器、智能水下机器人、水下自动化钻探、海底管道检测等装备,提高深水锚泊系统、动力定位系统、自动控制系统、水下钻井系统、柔性立管深海观测系统等关键配套设备设计制造水平。

着力打造海洋高端装备产业集群。培育壮大具有国际竞争优势的龙头企业、专业化配套企业,强化自主设计、系统集成和总承包能力,提升产业集聚发展水平。青岛建设综合性海洋装备制造基地、东营建设海洋石油装备产业基地、烟台建设中国海工装备名城、潍坊建设海洋动力装备制造基地、威海建设海洋装备制造基地、日照建设高端海洋装备用钢基地、滨州建设海洋新能源装备产业基地。

（省工业和信息化厅牵头，省科技厅配合）

专栏5   海洋高端装备制造建设重点

（1）青岛 TUFF 中国项目（2）青岛汉缆海洋工程产业链基地（3）医院船项目（4）东营威飞海洋装备年产300套海洋水下生产系统项目（5）"蓝鲲号"超大型海洋设施一体化建设安装拆解装备项目（6）烟台风电主轴轴承项目（7）潍柴国际配套产业园（8）潍柴重机大缸径发动机（M 系列）万台产能项目（9）山东豪迈 6-12MW 海洋大功率风电装备关键部件研发及产业化项目（10）威海远遥科技湾区核心区（11）威海怡和海洋激光光谱遥感监测仪器生产项日（12）威海海富光子航空制造用高端光纤激光器国产化项目（13）威海捷诺曼基于红外智能传感的新型海洋环境污染物检测成套装备研发与示范应用项目（14）山东润龙大功率风电高端装备制造产业基地等。

---

2. 海洋生物医药。发挥海洋生物资源和科研人才优势，创新发展模式，推进海洋生物医药产业集聚发展，打造国内领先、世界一流的海洋生物医药产业集群。到 2025 年，力争取得 5 个海洋新药及创新医疗器械证书、10 个临床研究批件，系列海洋生物功能制品形成显著规模和经济效益。

推进产业结构优化升级。重点开发海洋糖类肽类药物、海洋天然及合成小分子药物、现代海洋中药（复方）等具有自主知识产权、市场前景广阔的海洋创新药物。大力开发止血、创伤修复、组织工程和药物缓控释等海洋生物医用材料。积极构建绿色、安全、高效的海洋生物医药新剂型和新产品体系，推动试剂原料和中间体产业化。加快海洋功能食品、化妆品等技术研发和产业发展，打造国内外知名的硫酸软骨素、胶原蛋白肽、海参肽等规模化生产基地，推动海洋生物农用制品、海洋生物酶制剂等优势产品提质升级，支持海洋中药资源综合利用。

加快海洋生物医药产学研融合发展。建立全球首个海洋药物资源信息系统，构建以智能超算虚拟快速筛选为代表的海洋新药创制技术体系。加强企业与国内外高校、科研院所等科技创新合作，推动海洋生物医药科技创新成果在山东汇聚、落地和转化。鼓励企业主导或参与相关标准及行业规范制修订，增强在国内外海洋医药领域话语权和影响力。支持企业建立生物医药离岸孵化中心,与国际一流的科研机构、跨国企业联合建立实验室和新型研发机构,通过专利许可、共享权益等方式引入国际合作项目,提升国际化研发能力。

提升产业发展支撑能力。建设国家深海基因库,打造全球最大的海洋综合性样本、资源和数据中心。高水平建设海洋药物技术创新中心、海洋生物医药综合创新基地、产业技术孵化基地。做大做强龙头企业,培育壮大具有自主研发能力的创新型中小企业,健全完善海洋生物医药产业链、创新链。打造公共服务平台体系,为产业发展提供技术研发、分析测试、药物评价、产品注册等专业服务。支持符合规定的海洋药物纳入国家药品目录。

(省发展改革委、省教育厅、省科技厅、省工业和信息化厅、省卫生健康委、省市场监管局、省医保局、省药监局、省海洋局按职责分工负责)

专栏 6 海洋生物医药建设重点

(1)国家深海基因库(2)青岛蔚蓝生物国家动保工程中心与动物用生物制品、保健品综合生产基地(3)青岛蓝谷药业海洋科技谷(4)青岛聚大洋海洋生物医药科技园(5)海大生物产业园暨中国海洋大学海洋生物产业化基地(6)青岛领帆现代生物产业园(7)东营滨海创新原料药共享平台(8)山东深海生物海洋源功能氨基酸 5-ALA 产业化项目(9)山东国际生物园海洋微生物资源高效利用研究、海洋生物医用材料开发项目(10)烟台绿叶制药生物创新药产业化生产线建设项目(11)烟台超敏蛋白免疫制剂项目(12)潍坊华辰生物维生素药物基地(13)潍坊新和成蛋氨酸项目(14)潍坊国邦健康科技产业园(15)潍坊海洋生物一类新药生产项目(16)潍坊京新药业医药健康产业链生产链生产基地(17)潍坊海龙元海洋生物制品生产项目(18)威海赤山南极磷虾高端生物开发产业园(19)威海阪和兴业生物科技项目(20)威海汇瀚健康产业项目(21)山东洁晶岩藻黄素抗神经系统重大疾病海洋创新药物研发项目(22)山东美佳海洋生物活性多糖关键技术与示范项目等。

---

3. 海水淡化与综合利用。将海水淡化水纳入沿海地区水资源统一配置体系,坚持发挥市场机制作用与政府宏观调控相结合的原则,以实现沿海工业园区和有居民海岛淡水稳定供应为重点,稳步探索市政用水补充机制,推动产业规模应用、集群培植、循环利用、高质量发展,建设“胶东海上调水”等

一批海水淡化与综合利用示范工程,打造全国重要的海水利用基地。到2025年,全省海水淡化产能规模达到120万吨/日。

提升海水淡化产业核心竞争力。建设山东海水淡化与综合利用产业研究院、国家海水利用工程技术(威海)中心,加强科研攻关和成果转化,开展海水淡化专用材料、装备的协同攻关及产业化。支持威海在小型船用海水淡化设施、海水浴场海水淡化冲淋设施等方面示范推广。支持海洋新材料均相荷电膜关键技术研究及应用、海水淡化膜及分离工艺研究、高压泵与能量回收装置研制、低温多效蒸馏海水淡化关键技术研究,推进关键装备国产化。

推进海水淡化规模化应用。滨海地区严格限制淡水冷却,大力推进海水淡化与综合利用在高耗水行业和工业园区的规模化应用,建设一批海水淡化基地。支持有用水需求的海岛和海洋船舶配备海水淡化装置。有条件的城市加快推进淡化海水作为生活用水补充水源,沿海严重缺水城市将淡化海水作为市政新增供水及应急备用的重要水源。

推动海水淡化全产业链协同发展。在青岛、烟台建设具有辐射供水功能和全产业链的综合性产业园。加快突破关键核心装备制造瓶颈,提升装备集成能力和制造水平。推动海水淡化浓海水中化学元素提取技术升级,鼓励从浓海水中提取钾、溴、镁等产品,提高产品附加值,推动海水淡化相关产业融合发展。

(省发展改革委、省科技厅、省工业和信息化厅、省住房城乡建设厅、省水利厅、省卫生健康委、省海洋局按职责分工负责)

专栏7　海水淡化建设重点

(1)青岛百发海水淡化项目(2)青岛海水淡化工程装备制造项目(3)烟台海阳核电大型海水淡化项目(4)华电莱州海水淡化三期项目(5)龙口裕龙岛海水淡化项目(6)烟台万华海水淡化项目(7)潍坊滨海海水淡化项目(8)威海中欧膜技术产业园建设项目(9)华能威海海水淡化项目(10)日照海水淡化一期项目(11)鲁北碧水源海水淡化项目等。

4.海洋新能源。加强海洋能资源高效利用技术装备研发和工程示范,支持海上风电、潮汐能等海洋能规模化、商业化发展,打造海洋新能源示范引领高地。按照统筹规划、分步实施原则,谋划推进海上风电基地建设,聚焦渤中、半岛北、半岛南三大片区,推进海上风电集中连片、深水远岸开发应

用示范,打造千万千瓦级海上风电基地和千亿级山东半岛海洋风电装备制造产业基地。加强关键核心技术独立创新、联合创新,实现风电装备生产本地化、高端化,打造"立足山东,辐射沿海"集研发设计、智能制造、工程总承包、运维服务等于一体的风电装备产业集群。探索推进"海上风电 + 海洋牧场"、海上风电与海洋能综合利用等新技术、新模式,积极推广"渔光互补"模式,支持海洋清洁能源与海水淡化、深远海养殖、海洋观测等融合发展。探索开展多种能源集成的海上"能源岛"建设。(省发展改革委、省能源局、省海洋局按职责分工负责)

专栏8 海洋新能源建设重点

(1)国家电投山东半岛南3号海上风电项目(2)华能山东半岛南4号海上风电项目(3)渤中、半岛北、半岛南海上风电基地首批项目(4)烟台远景能源海上风电装备制造中心项目(5)威海乳山风电装备制造产业基地(6)潍坊寿光400MW渔光互补光伏发电项目(7)潍坊国家能源海洋核动力平台冷源系统产业园项目(8)山东滨华氢能产业发展示范项目等。

5.海洋新材料。加快推进海洋新材料研发,重点研制用于海洋开发的防腐新材料、无机功能材料、高分子材料、碳纤维材料、反渗透膜等新材料,提高海洋工程用高端金属材料和高性能高分子材料的本地化配套能力,推动多孔石墨烯吸附材料、可降解油污吸收材料、海洋生物新型功能纺织材料、纤维材料等海洋新材料在环境保护、纺织服装、健康医疗等领域的应用。推进青岛钢研高纳高新材料产业园以及威海石墨烯产业园、碳纤维产业园建设。(省工业和信息化厅、省海洋局按职责分工负责)

专栏9 海洋新材料建设重点

(1)东营华泰年产16万吨环保型生物基纤维项目(2)山东启恒33万吨/年高分子新材料项目(3)东营久日87000吨先固化系列材料项目(4)山东泰特尔9500吨/年特种环氧树脂项目(5)国家电投海阳100MW/200MWh储能电站项目(6)国家电投龙口100MW/200MWh锂电池储能项目(7)潍坊舒肤康30万吨/年高端聚丙烯新材料项目(8)潍坊海洋新材料产业园(9)威海石墨烯产业园等。

（三）加快发展现代海洋服务业

1. 海洋文化旅游。坚持海陆统筹、城海一体、山海融合，着力提升优质文旅产品供给能力和智慧化服务水平，建设一批特色旅游线路、标志性景区和精品项目，串珠成线、连片成面，建立滨海、近海、远海有机结合的海洋旅游产品体系，打造海洋文旅融合发展高地、世界著名的"仙境海岸"滨海旅游胜地。

打造滨海风景旅游带。实施全域景观美化工程，完善景观游赏设施体系，串联各类滨海景观，打造一批满足观光、休闲、度假需求的休闲度假综合体。推动滨海自驾旅游，加快滨海自驾廊道建设，完善沿海公路两侧绿化、步道、驿站、营地等旅游基础设施。提升青岛凤凰岛、蓬莱、海阳、日照山海天等国家级旅游度假区层次，推动荣成好运角度假区创建国家级旅游度假区，创建长岛国家海洋公园，提升黄河口生态旅游影响力。

打造海岛生态旅游带。推进"齐鲁美丽海岛"建设，实行"一岛一策""一岛一品"，加强长岛与烟台岛群、刘公岛与威海岛群、青岛岛群、日照岛群、滨州岛群五大岛群的保护利用，形成一批生态观光、休闲度假、康体运动、文化体验等不同特色的海岛旅游产品。

打造海洋体验旅游带。以青岛中国邮轮旅游发展实验区为重点，与烟台港、威海港、日照港协同，整体打造母港、始发港、停靠港的"一主一备两点"的山东邮轮旅游体系，支持青岛建设国家邮轮母港。发展壮大休闲渔业，依托海洋牧场，拓展观光、垂钓、采摘、餐饮、娱乐、购物等功能，打造海上田园综合体。积极开发海洋运动、海水康疗、海洋食品养生、海草房民宿、房车露营、海洋节会等产品，打造全天候海洋旅游新业态。

打造海洋特色文化旅游带。深度挖掘崂山、蓬莱、成山头、日照滨海等文化内涵，开发海洋历史文化、海洋国防文化、海洋科技文化、海港文化、航海文化、海洋民俗文化等研学旅游产品。推动荣成海洋文化生态保护实验区申报国家级文化生态保护实验区。加强海洋文创产品开发，加快发展新业态、新模式。

（省文化和旅游厅牵头，省交通运输厅、省自然资源厅、省农业农村厅、省海洋局配合）

专栏10　海洋文化旅游建设重点

（1）青岛崂山沙港湾（2）烟台丁字湾文化旅游城（3）烟台海上世界（4）烟台芝罘仙境（5）烟台八角湾海上艺术城（6）烟台养马岛整体提升改造项目（7）蓬莱开元旅游度假区（8）潍坊滨海欢乐海游艇码头（9）寿光羊口老商埠海洋生态文旅城（10）高密红高粱小镇（11）海上游威海项目（12）威海虎头角海洋艺术小镇（13）荣成马栏湾海洋运动小镇（14）荣成那香海滨海文旅小镇、游艇小镇（15）荣成天鹅小镇（16）威海孙家疃中国油画小镇（17）威海朝阳港欢乐海岸大型主题公园（18）日照"黄海之眼"项目（19）日照阳光海岸品质提升工程（20）日照海州湾海上田园综合体（21）日照官草汪渔港小镇（22）日照星河湾休闲海钓基地（23）滨州海底世界（24）滨州鲁北休闲渔业旅游示范园等。

2. 涉海金融贸易。加速现代金融与海洋产业紧密结合，加快涉海金融产品服务创新，构筑多元化的涉海金融服务体系。支持银行设立港口物流、海洋科技、航运金融等专营分支机构，保险机构创新航运、渔业、海洋科技等领域险种研发和推广。开展海域使用权、在建船舶、水产品仓单及码头、船坞、船台等抵质押贷款业务，鼓励发展船舶、海工装备、仓储设施融资租赁，加强知识产权质押融资，加快建设地方海洋自然资源资产使用权二级交易市场。鼓励发展创业投资，规范发展涉海要素市场，引导区域性股权市场设立海洋经济特色板块，支持符合条件的涉海企业在境内外资本市场上市挂牌。支持青岛开展海域使用权集中收储和运营试点、建设蓝色金融研究院；支持日照打造综合能源交易中心。加快发展海事仲裁服务业，建设中国海事仲裁委员会青岛仲裁中心。（省地方金融监管局、人民银行济南分行、山东银保监局、山东证监局按职责分工负责）

（四）推动海洋产业与数字经济融合发展

强化海洋数字基础设施支撑。统筹推进海洋立体观测网、海洋通信网络、海底数据中心、海底光纤电缆等基础设施建设，完善海洋信息采集与传输体系，统一标准规范，分级分类准入，加快建成覆盖全省近海海域的山东海洋立体观测网。建设海洋智能超算平台，加快构建超算与大数据产业互联网体系,共同打造国家级分布式超算中心。支持沿海七市建设互联互通的智慧海洋协同创新公共服务平台。

大力推动海洋数字产业化。夯实海洋数字产业化基础,加快推进海洋信息技术装备国产化,集中力量突破一批关键核心技术,加强海洋信息感知技术装备、新型智能海洋传感器、智能浮标潜标、无人航行器、智能观测机器人、无人观测艇、载人潜水器、深水滑翔机等高技术装备研发。加强海岸带和海底地形测绘,开展海洋信息感知、数据处理、场景应用等重大应用示范,高水平、一体化建设海洋环境综合试验场,构建智能化海洋数字孪生系统。打造国际一流的海洋数据信息产业集群,完善海洋大数据开放共享机制,积极推动海洋大数据产业园建设,建成全球海洋大数据中心。

提高海洋产业数字化水平。实施智慧海洋工程,加快现代信息技术同海洋产业的深度融合,积极运用大数据、云计算、人工智能等新一代信息技术赋能海洋产业发展。加快培育海洋产业新技术、新产业、新业态和新模式,大力发展智慧渔业、智能制造、智慧港口、智慧航运、智慧旅游等"智能＋"海洋产业。支持山东省智慧海洋产业技术研究院建设,以绿色、智慧海洋产业发展为重点,推动智慧海洋产业高效率、高质量发展。提升产业链供应链资源共享和业务协同能力,推进海洋产业园区智慧化改造。

(省发展改革委、省科技厅、省工业和信息化厅、省交通运输厅、省农业农村厅、省文化和旅游厅、省大数据局、省海洋局、省通信管理局按职责分工负责)

专栏 11　海洋领域数字经济建设重点

(1)青岛英豪智慧海洋产业综合体(2)烟台北斗空间信息产业园(3)烟台北航科技园(4)潍坊北斗科技创新产业园(5)潍坊滨海鼎向超算中心(6)面向中小型港口的智慧化管理系统研发与应用示范(7)山东省智慧海洋产业技术研究院等。

三、建设全球海洋科技创新高地

坚持面向世界海洋科技前沿、海洋强国建设战略需求,深入实施创新驱动发展战略和科技兴海战略,加强海洋重大科技基础设施和高端创新平台建设,优化创新创业生态,完善从基础研究、应用研究到成果转化的全链条海洋科技创新体系,推动海洋领域原始创新、颠覆性技术创新,成为国家海洋科技自立自强的主导力量。

(一)搭建高水平海洋科技创新平台

加强涉海重大创新平台布局,积极争取国家海洋战略科技力量在山东布局,创建海洋领域国家实验室,打造突破型、引领型、平台型一体化的国家大型综合性研究基地,塑强海洋科技创新"核心力量"。高水平推进中国海洋工程研究院等海洋科技创新平台建设。打破行政和学科壁垒,加快推进涉海科研院所、高校和企业科研力量高效整合,强化重大海洋科技研发项目、资金和人才等一体化配置,打造一批资源共享、能力集成的高端创新平台,提升海洋科技创新整体效能。探索"盘活存量、开放共享"的大型科研基础设施管理运行模式,推进海洋调查船、海上试验场、调查监测设备、检测检验设备、中试和定型平台等共享共用,打造中试公共平台与海洋设备检验检测公共研发平台、深海技术装备公共研发平台、高性能科学计算与系统仿真平台。布局建设海工装备陆海联调综合试验场、水动力平台等一批大科学装置。(省教育厅、省科技厅、省海洋局按职责分工负责)

(二)加快突破海洋核心关键技术

聚焦前沿问题、关键核心技术及引领未来发展的颠覆性技术,编制海洋关键核心技术攻关动态清单,强化自主研发,打好海洋领域核心关键技术攻坚战。深入开展全球海洋变化、深海科学、极地科学、天然气水合物成藏等基础科学研究,在"透明海洋""蓝色生命""海底资源""海洋碳汇"等领域牵头实施国家重大科技项目,抢占全球海洋科技制高点。在深远海设施渔业、智慧港口、高技术船舶、海洋生物医药、海工装备和海洋生态保护等领域实施一批省级重大科技创新工程,攻克一批"卡脖子"关键技术,增强产业自主可控能力。聚焦海洋空间利用、生物技术、生命健康、清洁能源、新材料、深海和极地等科技前沿,超前开展海洋前沿技术和颠覆性技术研发,构建面向未来发展的战略性技术储备优势。积极参与海洋观测、气候变化、海洋生态系统等全球海洋重大科技问题研究以及国际大科学计划、大科学工程,打造

东北亚海洋科技创新的引领者和全球海洋科技创新网络的重要节点。(省发展改革委、省科技厅、省海洋局按职责分工负责)

(三)健全完善海洋领域标准体系

聚焦海洋强省建设任务重点,加快布局科学系统、创新引领的新型海洋标准体系,充分发挥标准化在海洋强省建设中的基础性、战略性和引领性作用。围绕海洋科技创新、海洋新兴产业、智慧海洋、海洋生态环境保护等重点领域,聚焦海洋领域基础研究、原始创新、关键技术和重点成果等,全力实施海洋标准创新转化工程,实施一批标准化攻坚研发项目。进一步扩大海洋标准有效供给,统筹考虑海洋产业、海洋生态环境、海洋执法监督管理、海洋公共服务、海洋科教文化等领域,加强地方标准研制,鼓励支持涉海企业事业单位对标国际标准,积极参与国际标准研制;鼓励开展海洋领域国际标准和国外先进标准制修订动态研究,及时掌握有关标准化信息,推动将国际标准和国外先进标准转化为国家标准或地方标准,为海洋经济高质量发展提供技术支持。(省海洋局、省生态环境厅、省工业和信息化厅、省科技厅、省农业农村厅、省文化和旅游厅、省市场监管局按职责分工负责)

(四)促进海洋科技成果高效转化

面向现代海洋产业发展主战场,加快完善政产学研金服用协同推进的体制机制,打造全国一流的海洋科技成果转移转化基地。依托国家海洋技术转移中心,建设国家海洋技术交易市场和网络平台,鼓励有条件的地区建设区域性海洋技术交易市场。建立省级海洋科技成果信息系统,完善海洋科技成果信息共享机制和公共服务平台。引导高校、院所等高端科研机构建立专业性海洋科技成果转移转化机构,扶持培育涉海中介服务机构和专业化技术交易平台。创新海洋科技成果产业化应用激励机制,采取科研资助、股权投资、首台(套)保费补贴等方式,支持海洋科技成果转化。实施最严格的知识产权保护制度,建设海洋产业知识产权运营公共服务平台。(省发展改革委、省教育厅、省科技厅、省工业和信息化厅、省市场监管局、省海洋局按职责分工负责)

(五)培育壮大创新型涉海企业

强化企业在技术创新决策、研发投入、科研组织和成果转化应用等方面的主体地位,推动政策、技术、资金、人才、管理等创新要素集聚,支持涉海企业开展科技创新、管理创新、商业模式创新,打造创新型涉海企业集群。聚焦海工装备、海洋生物医药、海洋新能源等重点领域,通过建链、补链、强链、保链,集聚上下游配套企业,塑造一批战略性全局性产业链,培育源自山东的海洋航母级、链主型企业,大力培育海洋专精特新"小巨人"企业和制造业单项冠军企业。支持涉海企业牵头组建海洋科研团队,承担国家和省重大海洋科技项目,建设一批以龙头企业为主导、产学研合作、相关社会组织参与多层级、多模式、多机制的海洋技术创新联合体,推动跨领域跨行业协同创新,为成员企业提供订单式研发服务,畅通大中小企业融通创新渠道。支持企业与高校、科研院所联合设立涉海研发机构或技术转移机构,共同开展研究开发、成果应用与推广、标准研究与制定。(省发展改革委、省教育厅、省科技厅、省海洋局按职责分工负责)

(六)打造海洋科技人才集聚区

坚持激活存量与做大增量相结合,强化海洋领域重大创新平台、大科学装置、大科学计划等对人才的集聚作用,打造一支梯度合理、结构完善、富有活力、国际领先的海洋科技创新"集团军"。以重大科研任务和重大科技基础设施建设为牵引,实施海洋高层次人才引进行动,加快青岛国际院士港建设,面向全球引进和培养一批战略科学家。加强驻鲁海洋科考团队建设,加快培养海洋前沿领域的科学家和工程师。支持中国海洋大学、山东大学提升海洋学科建设质量,打造世界一流的海洋学科高地,争取增加博士硕士学位授权点设置,扩大高层次海洋人才培养规模。高标准建设山东海洋干部培训基地,面向全国开展海洋管理人才高端培训。支持符合条件的高校建设海洋领域现代产业学院和未来技术研究院,大力培养产业技术人才。完善涉海职业教育体系,鼓励职业院校开设海洋专业,支持涉海企业和学校合办二级学院和专业,支持日照创建涉海职业教育示范区,建设一批涉海职业教育基地,造就一支庞大的高技能人才队伍。深化人才体制机制改革,优化海洋科技人才创新创业生态,健全以创新能力、质量、实效、贡献为导向的科技人才使用、评价和激励机制。(省教育厅、省科技厅、省人力资源社会保障厅按职责分工负责)

专栏12　海洋科技创新建设点

重大创新平台:(1)中国海洋工程研究院(2)海洋物探及勘探设备国家工程实验室(3)海藻活性物质国家重点实验室(4)青岛院士产业核心区试验区海洋经济板块(5)中国工程科技发展战略山东研究院(6)山东能源研究院(7)国家海洋设备质量检验中心等。

大科学装置:(1)大洋钻探科考船(2)超高速高压水动力平台(3)海工装备陆海联调综合试验场等。

技术创断平台:(1)山东省船舶与海洋工程装备创新中心(2)东营海洋石油水下装备测试试验中心(3)山东省(烟台)海上航天装备技术创新中心(4)山东省海洋腐蚀防护技术创新中心(5)山东省海洋药物创新中心(6)山东省绿色海洋化工制造业创新中心(7)山东省海洋监测设备技术创新中心(8)山东省海产贝类技术创新中心(9)山东省海藻与海参技术创新中心(10)山东省海洋智能系统与装备技术创新中心(11)山东省深远海绿色养殖技术创新中心(12)山东省智慧港口技术创新中心(13)山东省特种食品技术创新中心(14)山东省深远海资源勘采装备技术创新中心(15)潍坊鲁清研发中心(16)山东海洋科技大学园公共实训基地(17)威海海洋无人装备与技术联合创新中心(18)威海拓展纤维先进复合材料研发中心(19)海洋负排放研究中心等。

新型研发机构:(1)山东省高瑞石化产业技术研究院(2)黄河三角洲海洋资源保护与利用研究院(3)烟台环渤海药物高等研究院(4)威海海洋生物产业技术研究院(5)北京大学威海海洋研究院(6)山东海工装备研究院(7)山东黄海科技创新研究院(8)日照黄海冷水 团绿色养殖研究院(9)渤海先进技术研究院(10)魏桥(国科)研究院(11)黄海科学技术研究院(12)山东省海水淡化与综合利用产业研究院等。

四、建设世界一流的海洋港口

瞄准设施、技术、管理、服务"四个一流"目标,建设高效协同、智慧绿色、疏运通达、港产联动的现代化港口群,打造辐射日韩、连接东南亚、面向印巴和中东、对接欧美,服务国内国际双循环的开放接口和航运枢纽。到2025年,港口货物吞吐量、集装箱吞吐量分别达到20亿吨、4000万标箱。

(一)优化港口功能布局

推进港口一体化协同发展。深化港口一体化改革,通过资本运作、项目合作、混合所有制改革等方式,加快沿海港口及相关资源整合,加快推动向枢纽港、贸易港、金融港升级,促进港口间合理分工、错位发展。重点推进青岛港董家口港区、日照港岚山港区、日照港石臼港区、烟台港西港区等港区建设,统筹有序发展渤海湾港口和威海港,打造国际航运服务基地、大宗商品储运交易加工基地。优化口岸营商环境,建立口岸单位协调机制,创新监管模式,提高港口航道通航效率,打造国内效率最高效、通道最便捷、成本最经济的海洋港口。

提升基础设施保障能力。坚持建设、管理和养护并重,以原油、LNG、集装箱、客(滚)等大型化、专业化泊位,完善深水航道、防波堤、锚地等港口公用基础配套设施建设为重点,健全完善现代化港口基础设施体系。推进老港区功能调整和老码头升级改造,提升存量码头通过能力和技术水平。有序推进自动化集装箱码头、大型原油码头和LNG码头等专业化码头建设。健全港口集疏运体系,以提升港口集疏运能力为重点,推进集疏港铁路向堆场、码头延伸,加快与干线铁路衔接,打通铁路进港"最后一公里"。

(省交通运输厅、省发展改革委、省国资委、省地方金融监管局、青岛海关、济南海关按职责分工负责)

(二)建设智慧绿色平安港口

提升港口智慧化水平。深入推进交通强国智慧港口试点,加快自动化码头、智慧管理平台等重点项目建设,主导或参与智慧绿色港标准体系制定。深化5G、北斗、物联网、区块链、智能控制等港口场景应用,打造港口云生态平台,提高区域型港口、港城、港航、集疏运协同水平,建设世界一流的智能化港口网络体系。加快智能航运技术创新与综合实验基地建设,完善海上5G通信实验网络平台,打造智能航运先行示范区。到2025年,5万吨级以上干散货专业化码头作业基本实现自动化。

推动港口绿色发展。实施绿色港口行动计划,完善港口LNG加注、岸电标准规范和供应服务体系,鼓励港口作业机械、港内车辆和拖轮等使用新能源和清洁能源,推动港口清洁能源利用,支持青岛港建设"中国氢港"。加快码头环保设施升级改造,推进港口和船舶污染物接收转运及处置设施建设,严格实施危险废物、船舶水污染物转移联合监管制度,开展港口和船舶污染防治攻坚。推动海关与港口查验全过程信息无缝衔接、客户服务全程无纸化。到 2025 年,港口清洁能源和新能源占综合能源消耗比重达到 60%。

加快平安港口建设。加强安全设施建设维护,建立完善港口储罐、安全设施检测和日常管控制度,提高设施设备安全可靠性。提升客运码头安检查危能力,推动高危作业场所和环节逐步实现自动化、无人化。推进建立省级港口危险货物监管平台,实现重要设施设备实时监测、智能感知和风险预警。完善港口应急预案,纳入城市应急预案体系,健全港地联动快速反应机制。推行安全生产风险分级管控和隐患排查治理双重预防体系,推广重点大型港机设备在线监测、实时检测技术,提升危化品安全监管信息化水平,实现隐患定期排查、重大隐患及时"清零"。

(省交通运输厅、省科技厅、省生态环境厅、青岛海关、济南海关、山东海事局按职责分工负责)

(三)提升现代航运发展水平

建设港口集疏运高效网络。推进海港、河港、陆港、空港"四港联动",探索组建全省多式联运发展企业联盟,完善海运、公路、铁路等多式联运一体畅联的集疏运体系,加快建设东北亚国际集装箱运输枢纽、东北亚油品储运加工交易基地和全球重要的能源原材料中转分拨基地。开展国际中转集拼试点试验,建设中国北方(青岛)冷链物流基地,打造青岛港国际枢纽海港。加强沿海港口与中欧班列、西部陆海新通道、中欧陆海快线等高效衔接,优化对中欧、中亚、南亚地区的海外业务网络布局,加快过境集装箱运输发展,搭建经济高效的海铁联运物流新通道。依托中非铝土矿全程供应链物流体系,构建"一带一路"中非双向物流黄金大通道。加快青岛港董家口港区、日照港、潍坊港等进港铁路、疏港公路建设。加强沿海港口与油气管网衔接,提高原油、成品油管输比例。完善港航配套设施,支持大型港航企业通过兼并、重组、租赁、合作等方式整合资源,培育国际化大型港口海运企业,壮大山东港航物流实力,提升链式服务能力。推进邮轮母港建设,支持青岛建设中国北方邮轮中心。

增强航运综合服务能力。强化青岛港、烟台港、日照港等港口枢纽节点功能,加强与辽东半岛、津冀港口群战略合作,培育引进国际知名航运组织和功能型机构,拓展高端航运服务领域,打造国际航运服务基地、大宗商品储运交易加工基地。增强港口贸易功能,支持开展原油混兑、保税贸易、船舶燃供等新业务,打造北方低硫船供油基地;在自贸试验区建设临港跨境电商产业园,打造日韩商品入境首选地;发展大宗商品现货贸易市场,提升大宗商品交易中心功能。青岛建设国际原油集散分拨中心,烟台建设中国北方主要的 LNG 分拨中心和面向日韩的大宗散货混配加工基地,日照建设中国北方船供油示范基地、能源大宗商品交易中心、全链条综合贸易服务平台。

深化港口开放合作水平。提高海向通达度,鼓励港口企业与国际知名航运企业合作,新增国际海运航线,打造日韩、东南亚、中东、印巴、欧美五大优势航线组群。深化国内港口合作,探索建立沿海港口战略联盟。提高陆向辐射度,建立海港与"齐鲁号"欧亚班列合作联动机制,拓宽跨境货物集散和过境运输渠道。完善黄河流域内陆港布局,促进黄河流域生产链、供应链、资源链集成集约集聚,打造黄河流域最便捷的出海大通道。推动沿海内河联动发展,加快沿海、沿河临港产业和物流园区一体化。建设与日韩海上运输黄金通道,提高中韩国际客货滚装班轮运输效能,推动开通中韩陆海联运整车运输,争取开通中日陆海联运。深化与日本、韩国海关的通关合作,推动海关 AEO 便利化措施落地见效,提升国际航行船舶营运效率。

(省交通运输厅、省商务厅、青岛海关、济南海关、山东海事局按职责分工负责)

(四)推进港产城深度融合发展

坚持港口发展与腹地经济互为支撑,优化港产城互动共融生态,促进跨港口跨区域产业链拓展、供应链整合和要素资源共享,加快形成以港促产、以产兴城、港城共荣的融合发展新格局。

统筹港产城发展布局。因地制宜布局港口资源与临港产业,推进港产城空间整合、功能集合、链条耦合,依托沿海市,建设沿海融合发展引领带;依托内陆市,建设内陆融合发展协同区;发挥主要港口龙头带动作用,贯通陆海融合发展大通道,构建沿海引领、内陆协同、通道支撑、融合互动的融合发展区域。依托区域交通大通道,加快海河、海公、海铁、海空联动建设,优化城镇空间体系,积极打造现代港口经济圈,带动腹地发展。统筹港口作业区、疏港通道、港口物流园区、临港工业区、海关特殊监管区域与城市航运服务集聚区、城市生态廊道等功能区布局。

　　健全港产城融合发展机制。促进沿海港口岸线资源统一规划、后方土地统筹开发、资本要素市场化配置、数据资源有效流动,健全港产城资源共享机制。推进港口与城市综合交通运输系统一体化发展,探索港区、城区与产业园区整合开发模式,完善港产城设施共建机制。引导临港产业园区深度开发、老港区转型升级、海洋产业链式集聚,创新港产城产业共生机制。构建港产城生态和谐空间体系,强化港城污染防治和环境保护协同,推进清洁低碳能源使用,构建港产城生态共治机制。

　　高水平建设融合发展示范区域。充分发挥港口的枢纽功能、产业的支撑能力、城市的集聚效应,建设一批综合竞争力强、地域优势明显、产业特色突出的融合发展示范区域。巩固国际枢纽港地位,壮大现代航运服务,提升城市国际竞争力,打造青岛国际航运服务示范区。高标准配套港口和城市服务设施,推动"专业码头、高端石化、优美城镇"三位一体融合发展,打造烟台裕龙岛融合发展示范区。推动先进钢铁制造产业高质量发展,大力培育钢铁产业生态圈,打造日照—临沂融合发展示范区。加快沿黄沿海互联互通基础设施建设,大力发展高端化工等临港产业,提升城市服务能级,建成独具特色的黄河三角洲现代化港城。

　　(省发展改革委、省交通运输厅、省工业和信息化厅、省住房城乡建设厅、省自然资源厅、省商务厅、青岛海关、济南海关按职责分工负责)

专栏 13　世界一流港口建设重点

　　码头泊位:(1)青岛港前湾港区泛亚码头工程(2)青岛港董家口港区干散货、油品、集装箱码头工程(3)东营港东营港区—突堤北侧液体散货泊位工程(4)东营港广利港区液体化工品码头工程(5)东营港广利港区海河联运枢纽工程(6)东营港区 25 万吨级单点系泊码头(7)烟台港蓬莱东港区扩建工程(8)烟台港西港区原油码头二期工程(9)烟台港西港区裕龙石化配套 30 万吨原油码头工程(10)烟台港西港区 315—317#通用泊位工程(11)潍坊港中港区东作业区集装箱泊位工程(12)小清河海河联运枢纽港工程(13)威海港新港区二突堤集装箱泊位建设工程(14)威海港南海港区通用泊位和液体散杂货泊位工程(15)日照港石臼港区西区集装箱码头改造工程(16)日照港岚山港区集装箱码头改造工程(17)日照港岚山港区南作业区通用泊位工程(18)日照港转型升级工程(蓝色智港)(19)日照港 LNG 接收站项目(20)滨州港海港港区液体散货泊位工程等。

> 港航公用设施:(1)青岛董家口港区胡家山作业区防波堤工程(2)东营港东营港区 10 万吨级内航道工程(3)烟台港西港区 LNG 接收站工程(4)潍坊港中港区 5 万吨级航道工程(5)威海港威海湾港区 10 万吨级航道工程(6)日照港石臼港区南作业区深水航道一期工程(7)日照港岚山港区深水航近二期工程(8)日照港岚山港区 LNG 防波堤和航道工程(9)龙口港 LNG 接收站项目(10)滨州港海港港区 5 万吨级航道及防波挡沙堤工程等。
>
> 现代物流基地:(1)东营港综合物流园(2)烟台港西港区北突堤物流园(3)烟台港大宗散货集散中心(4)潍坊小清河海河联运枢纽港和商贸物流基地(5)威海国际物流多式联运中心暨配套产业园(6)日照港国际物流园等。

五、维护绿色可持续的海洋生态环境

坚持开发与保护并重、污染防治与生态修复并举,坚持海陆统筹推进,科学谋划海洋开发,持续改善海洋生态环境质量,维护海洋自然再生产能力,打造水清、滩净、岸绿、湾美、岛丽的美丽海洋,筑牢海洋生态安全屏障,促进海洋经济可持续发展。

(一)加强海洋生态保护修复

开展海洋生态保护修复行动,完善海洋自然保护地、海洋生态保护红线制度,统筹实施沿海防护林、河口、岸滩、海湾、湿地、海岛等保护修复工程,加强典型生态系统和海洋生物多样性保护,维护海洋生态系统稳定性和海洋生态服务功能。推进海洋自然保护地整合优化,制定省级重点保护滨海湿地名录,建立滨海湿地类型自然保护地。以保护黄河三角洲典型的河口湿地、滨海滩涂等复合生态系统和生态过程为目标,高标准建设黄河口国家公园。加强烟台、威海、青岛、日照和滨州五大岛群保护利用,高水平建设长岛海洋生态文明综合试验区,创建长岛国家海洋公园。实施自然岸线保有率目标管控,严格落实海岸建筑退缩线制度。加强海洋生物资源养护,持续实施增殖放流,支持海草床、牡蛎礁修复,实施大型海藻生态修复工程,抓好互花米草等外来物种入侵长效防治,着力提升海洋资源多样性指数和丰度指数。

(二)推进海陆污染联防联控

强化陆源入海污染控制、海洋污染防治,探索建立沿海、流域、海域协同一体的综合治理体系。持续开展入海河流"消劣行动"、海陆结合部"净滩行动",严格限制低水平、同质化、高耗能、高污染建设项目准入,拓展入海污染物排放总量控制范围,保障入海河流断面水质。全面落实"湾长制""河长制",构建跨区域海洋生态环境共保联治机制。全面开展入海排污口溯源整治,严格入海排污口分类监管。结合美丽海湾建设重点对海湾、河口,特别是严重污染海域、环境质量退化海域、环境敏感海域开展连续监测和网格化精细化管控。加强海水养殖污染治理,加快制定海水养殖尾水排放地方标准,实现规模以上养殖主体尾水达标排放。健全"海上环卫"工作机制,在渤海海域开展海洋垃圾调查监测评价示范,探索开展海洋封闭倾废试点。完善海上溢油、核泄漏物、危化物等突发性水污染事故预警系统,推进海洋环境网格化监测和实时在线监控。

(三)集约节约利用海洋资源

建设海洋资源基础信息平台,动态监管海洋资源开发利用活动,开展海域使用后评估研究。加强行业用海精细化管理,严控海域开发规模和强度,规范养殖用海管理。严格围填海管控,对合法合规围填海闲置用地进行科学规划,引导符合国家产业政策的项目消化存量资源。落实海洋渔业资源总量管理制度,严格执行伏季休渔制度,加大减船转产力度,开展限额捕捞和海域轮作试点。完善海域海岛有偿使用制度,健全无居民海岛资源市场化配置机制。推动海域立体综合利用,推广多营养层次综合养殖,推进分层用海,支持海上风电、海洋牧场、海洋旅游等活动兼容用海、融合发展。

(四)推动海洋生态与海洋产业协同发展

坚持"谁保护、谁受益,谁污染、谁付费"原则,建立健全海洋生态补偿政策。加快海洋产业生态化改造,推进节能减排技术在海洋渔业、海洋制造业、海洋交通运输业等领域的推广应用,促进海洋产业绿色低碳发展。大力发展海洋循环经济,加强水产品加工废弃物高值化利用,建设海水淡化与综合利用、海洋盐业与盐化工等循环产业链。加快海洋负排放研究中心、黄渤海蓝碳监测和评估中心等平台建设,实施典型海区碳指纹与碳足迹标识体系理论和应用研究、海洋微型生物碳汇过程与识别技术研发等重大项目,开展渔业碳汇、滨海盐沼湿地碳汇、海洋牧场碳汇和微生物碳汇等系列方法学研究和标准制定,建设典型海洋生态系统碳汇时间序列观测站,建立系统完善的海洋碳汇数据库,评估省内海域滨海湿地、海洋牧场、典型海草床、海洋微生物等多种碳汇本底值,拓展潜在海洋增汇途径和方式。扩大海带、裙带菜、牡蛎等经济固碳品种养殖规模,放大渔业碳汇功能。按照国家部署要求,积极推进渔业碳汇、海草床碳汇等蓝碳资源参与国家自主减排交易,使蓝碳资源变资产、资本。

（省自然资源厅、省生态环境厅、省住房城乡建设厅、省水利厅、省农业农村厅、省应急厅、省海洋局、山东海事局按职责分工负责）

专栏14　海洋生态保护与修复建设重点

（1）入海排污口监测溯源和综合整治工程（2）青岛小岛湾北岸海岸带综合整治工程（3）小管岛保护利用工程（4）东营河口区北部海岸带生态系统保护修复工程（5）黄河三角洲国家级自然保护区南部海洋生态保护修复工程（6）长岛海洋类国家公园和"两山"实践创新基地建设工程（7）烟台四十里湾"蓝色海湾"整治行动（8）烟台长岛海洋生态保护修复工程（9）烟台开发区八角湾东岛国家海岸公园（10）寿光老河河口退围还滩湿地保护修复工程（11）潍坊滨海旅游度假区海岸带保护修复工程（12）荣成朝阳港海岸带保护修复工程（13）荣成石岛湾海岸带保护修复工程（14）威海国家"蓝色海湾"修复行动项目—双岛湾海域整治修复工程（15）乳山和尚洞至浪暖口海岸带保护修复工程（16）威海南海新区海洋生态经济园区（17）沾化北部沿海海岸带生态保护修复工程等。

六、深入拓展海洋经济开放合作空间

以海洋为纽带,以共享蓝色空间、发展蓝色经济为主线,围绕服务构建互利共赢的蓝色伙伴关系,强化海洋合作平台建设,创新海洋经济自由贸易政策,推动全方位、多层次、宽领域的海洋开放合作。

(一)拓展涉海开放合作领域

加强与京津冀、环渤海、长三角、珠三角等地区的战略合作,深度融入"一带一路"、区域全面经济伙伴关系(RCEP),提升海洋领域货物贸易、服务贸易、投资、知识产权、原产地规则等方面合作水平。深化海洋产业合作,构筑互利共赢的海洋产业链供应链合作体系。聚焦高端装备、医养健康、工业设计、物流流通、港口服务等产业,深化与日韩海洋经济领域合作,建设日韩海洋经济投资重要目的地。加强与欧盟、北美、俄罗斯等国家和地区在海工装备、海洋生物医药、新能源新材料、海洋环保、海洋科技等领域合作,拓展海洋经济合作空间。开展与沿海国家在海洋保护、环境监测、科学研究和海上搜救等领域务实合作。积极参与北极"冰上丝绸之路"开拓、南极全球治理等国际行动,推进大洋与极地渔业、矿产、油气等资源勘探开发合作。

(二)建设高能级海洋开放合作平台

高水平建设上合示范区海洋合作中心,办好东亚海洋合作平台青岛论坛、世界海洋科技大会、全球海洋院所领导人会议、国际海洋科技展览会、国际海洋动力装备博览会等各类涉海论坛展会,打造国际航运服务、金融、经贸、科技等多领域、全方位的高能级海洋开放合作平台。完善东亚海洋合作平台机制,推动成立东亚海洋合作组织,建设东亚海洋经济合作先导区。支持国际海洋组织在山东设立分支机构,共同发起蓝色经济合作计划,策划举办蓝色经济主题活动。深化东北亚地区地方政府联合会海洋与渔业专门委员会框架下合作,依托友好城市交流平台,推动地方政府间海洋领域合作。

(三)提升海洋经贸合作水平

充分发挥中国(山东)自由贸易试验区制度创新优势,把海洋经济发展作为自贸试验区差异化建设探索重点,创新海洋领域经贸、科技、文化、生态等方面合作机制,打造互利共赢的海洋合作中心。高标准建设中日(青岛)地方发展合作示范区、中韩(威海)地方经济合作示范区,深化中韩(烟台)产业园与韩国新万金产业园合作。高质量建设中国—上合组织地方经贸合作示范区,打造区域物流中心、现代贸易中心、双向投资合作中心、商旅文交流发展中心,建设上合组织国家面向亚太市场的"出海口"。加强海洋生物种质和基因资源研究及产业应用,搭建国际海洋基因组学联盟,开展全球基因测序服务。支持设立国际中转集拼货物多功能集拼仓库,逐步开放中国籍国际航行船舶入级检验。支持开展外籍邮轮船舶维修业务。

(省委外办、省科技厅、省工业和信息化厅、省交通运输厅、省农业农村厅、省商务厅、省国资委、省地方金融监管局、省海洋局按职责分工负责)

七、推进海洋安全发展

提升海洋安全能力。加快推进验潮站、浮标、潜标、雷达、卫星、志愿船等综合观测设施建设,构筑完善的海洋环境监测网络。加强预警监测体系队伍建设,实施海洋预报数字化提升工程,健全台风、风暴潮、赤潮、海冰等海洋灾害应急响应机制,提升灾情信息快速获取、研判和处置能力。推进海洋灾害风险区、重点防御区和防治区选划,加强对沿海环境风险较大的行业企业、海上生产设施等风险隐患排查,防范溢油、危险品泄露、核辐射等重大环境风险。完善渔船渔港动态监管信息系统,推动海洋渔船配备防碰撞自动识别系统、北斗终端等安全通信导航设备应用。加快推进"陆海空天"一体化水上交通安全保障体系建设,提升海上救助能力。加强海洋安全宣传教育,建设用好总体国家安全观刘公岛教育培训基地。(省生态环境厅、省农业农村厅、省应急厅、省教育厅、省海洋局、山东海事局按职责分工负责)

八、保障措施

围绕高质量发展海洋经济推进海洋强省建设,加强统筹协调,深化重大领域改革创新,强化政策支持,健全海洋管理制度,推进海洋治理现代化,完善规划实施和评估机制,确保规划任务目标顺利实现。

(一)加强组织领导

各级政府要把海洋工作摆上重要位置,履行好主体责任,特别是沿海各市、县(市、区)主要负责同志要亲自研究海洋经济重大问题,V抓好重点工作落实,切实做到守海有责、守海负责、守海尽责。充分发挥省委海洋发展委员会统筹协调作用,加强对全省海洋经济发展规划实施的指导和监督,协调解决海洋经济发展政策与机制创新中的重大问题。省政府有关部门和沿海各市要严格按照规划明确的主要目标和重点任务,健全工作机制,明确工作要求,进一步研究细化支持海洋经济发展的具体政策。充分发挥企业在海洋经济发展中的主体作用,支持在海洋产业集中度较高的城市组建各类涉海行业协会、商会,推进信息互通、资源共享和产业合作。

(二)深化改革创新

持续深化供给侧结构性改革,推进海洋牧场监管、海水淡化供给、海上风电开发等领域制度创新,为海洋经济发展营造良好的政策环境。探索实施海洋经济集成改革试点,一体推进海洋自然资源产权、开发使用、经营管理、要素配置等改革,放大集成效应。深化海域、无居民海岛产权改革,创新完善使用权转让、抵押、出租、作价出资等权能。深化涉海科研事业单位薪酬制度、科技奖励制度、收益分配制度等方面改革,充分激发科研人员创新创业创造活力。完善海洋公共服务产品和平台等资源使用制度,推进海洋调查船队、海洋装备测试基地、海洋生物种质资源等市场化应用。

(三)完善支持政策

严格执行国家用海政策,完善重大项目用地用海等要素保障机制,支持沿海地区加快存量建设用地盘活挖潜,对涉海的省重大项目,确需新增建设用地的,由省市统筹安排用地指标。健全完善财税、金融、社会资本等多元化投融资机制,进一步提升海洋经济发展支撑保障能力。统筹各类涉海财政资金,对具有重大引领作用的海洋战略性新兴产业进行重点扶持,对具备基础优势仍有发展潜力的传统产业给予定向扶持。加大对海洋生态修复、环境保护、防灾减灾等领域的财政支持力度。落实好国家支持海洋经济发展的优惠政策,完善配套政策。鼓励金融机构开展海洋绿色信贷业务、蓝色债券试点,创新开发性金融、政策性金融业务。完善涉海保险机制和政策,健全涉海保险保障体系。支持政府、行业部门和金融机构联合打造海洋投融资平台,定期修订发布海洋产业投融资指导目录,建立海洋经济融资项目库,争创海洋经济金融综合改革试验区,推进海洋产业与多层次资本市场深度对接。

（四）创新海洋治理

强化海洋治理体系设计,加强涉海部门之间的统筹协调和沟通配合,推动海洋管理、环境保护、综合执法、应急保障等信息共享,实现海陆资源、环境、灾害等事务的协同治理。全面推进依法治海,自觉运用法治思维和法治方式配置海洋资源,不断提升海洋法治建设水平。加大海域海岛使用、海洋环境保护、海洋矿产和渔业资源保护专项执法力度,严厉打击非法捕捞、非法占用和盗捕盗采等各类违法行为。加强基层一线执法队伍和装备能力建设,提高"末梢环节"海洋执法水平。加快科学精准的海洋经济核算体系建设,定期发布全省海洋经济运行情况报告,创新研究海洋发展指数、海洋航运指数等产品。推动与周边国家和地区共建海洋防灾减灾合作机制,探索建立联合研究机构和海洋观测站,建立完善海上救援合作机制。加强海洋意识宣传教育,积极引导社会民众参与海洋治理。

（五）强化督导评估

省发展改革委、省海洋局要加强对本规划实施的指导、检查和监督,科学开展中期评估和总结评估,全面掌握规划实施情况,及时发现和协调解决规划执行中的突出问题,合理调整规划目标任务、重大政策、重点工程,确保规划目标和任务落到实处。各部门、各市要加大宣传力度,引导社会更加关心海洋、认识海洋、经略海洋,营造支持海洋经济发展的良好氛围。

（省发展改革委、省科技厅、省财政厅、省人力资源社会保障厅、省自然资源厅、省生态环境厅、省农业农村厅、省地方金融监管局、省海洋局、省税务局、人民银行济南分行、山东银保监局、山东证监局按职责分工负责）

《山东省"十四五"海洋经济发展规划》高频词图

广东省海洋经济发展"十四五"规划

引 言

海洋孕育了生命,联通了世界,促进了发展。党中央、国务院高度重视海洋工作,党的十九大提出"坚持陆海统筹,加快建设海洋强国"。习近平总书记围绕海洋发展发表了系列重要论述,创造性提出"海洋是高质量发展战略要地"科学论断,为推进海洋强国建设提供了根本遵循。

广东因海而兴、因海而富,海洋生产总值连续 26 年居全国第一,在全国海洋经济发展总体格局中具有举足轻重的地位。"十四五"时期是我国由海洋大国向海洋强国转变的关键阶段。广东要切实增强政治责任感和历史使命感,完整、准确、全面贯彻落实新发展理念,抢占高地、走在前列,全面推动海洋经济高质量发展,为全省打造新发展格局战略支点贡献蓝色力量,为海洋强国建设作出新的更大贡献。

本规划依据国家海洋经济总体部署和《广东省国民经济和社会发展第十四个五年规划和 2035 年远景目标纲要》编制,是指导"十四五"时期广东海洋经济发展的专项规划。规划范围包括广东省全部海域和广州、深圳、珠海、汕头、佛山、惠州、汕尾、东莞、中山、江门、阳江、湛江、茂名、潮州、揭阳 15 个市所属陆域,海域 41.9 万平方千米,陆域 8.8 万平方千米。规划期为 2021 至 2025 年,展望到 2035 年。

第一章 发展成就和面临形势

第一节 "十三五"发展回顾

"十三五"时期,广东省持续推进海洋经济综合试验区建设,基本建成

"四区一地"——提升我国海洋经济国际竞争力的核心区、促进海洋科技创新和成果高效转化的集聚区、加强海洋生态文明建设的示范区、推进海洋综合管理的先行区和南海资源保护开发重要基地,海洋强省建设取得突破性进展。

(一)海洋经济竞争力核心区地位持续巩固

海洋经济总量保持平稳增长。海洋生产总值从 2015 年的 1.44 万亿元增长到 2020 年的 1.72 万亿元,连续 26 年居全国首位,占全国海洋生产总值约五分之一,占全省地区生产总值的 15.57%。海洋产业结构不断优化,2020 年海洋三次产业比例为 2.8:26.0:71.2,基本形成行业门类较为齐全、优势产业较为突出的现代海洋产业体系。传统海洋产业加快转型升级,海洋新兴产业加速培育壮大,海洋服务业能力大幅提升。省重点支持的海洋电子信息、海上风电、海洋生物、海洋工程装备、天然气水合物、海洋公共服务六大海洋产业蓬勃发展,成为推动全省海洋经济增长的新动能。

海洋空间开发格局持续优化。以"一核"为引擎,以"一带"为主战场的海洋空间开发格局基本形成。珠三角大力发展海洋高端制造业和现代服务业,与港澳在海洋运输、海工装备制造、邮轮旅游等领域的合作不断加强,成为全国海洋经济发展重要增长极。沿海经济带海上风电、海工装备、海洋生物、海洋电子信息、海洋油气化工、滨海旅游业等加快发展、集聚态势明显。巴斯夫、埃克森美孚、中海壳牌等百亿美元重大项目成功落户,形成世界级现代海洋产业基地。积极共建粤闽浙沿海城市群,持续深化与北部湾地区和海南自由贸易港在港航、旅游、海事等领域的合作。

(二)海洋科技创新和成果高效转化集聚成效显著

海洋科技支撑能力显著提升。设立专项资金重点支持海洋六大产业科技研发及成果转化,实施省重点领域研发计划"海洋高端装备制造及资源保护与利用"专项,形成了一批国内领先、国际先进的国产化技术和装备。"海龙号"填补了国内高端饱和潜水支持船自主建造空白,大型半潜式海洋波浪能发电技术与装备、海底大地电磁探测成果、天然气水合物勘探开采、深水区超大型海上风电设备安装平台设计与制造等多项技术研究获得国家和省级科技奖励。其中,"深海天然气水合物三维综合试验开采系统研制及应用"项目获国家技术发明奖二等奖,国内最长最深海底大地电磁探测成果入选 2019 年度中国十大海洋科技进展。海洋药物、海洋可再生能源、舰载雷达、海洋油气及海底矿产开发利用产业等领域专利授权量大幅增加。

重大海洋创新平台加快建设。全省建有覆盖海洋生物技术、海洋防灾减灾、海洋药物、海洋环境等领域的省级以上涉海平台 150 多个。其中,国家级重点实验室 1 个、省实验室 1 个、粤港澳联合实验室 2 个。建设完成新型地球物理综合科学考察船"实验 6"号和我国最大的海洋综合科考实习船"中山大学"号,规划建设南海海底科学观测网、天然气水合物钻采船(大洋钻探船)、可燃冰环境生态观测实验装置等海洋领域大科学装置,基本建立起覆盖全产业链的技术创新体系。湛江、深圳先后被确定为国家海洋经济创新发展示范城市。广州、珠海、湛江三地加快建设南方海洋科学与工程广东省实验室。在全国率先成立首个省级海洋创新联盟——广东海洋创新联盟,推动省内涉海单位深度合作、共建共享。

(三)海洋生态文明建设示范作用进一步凸显

海洋生态保护工作卓有成效。实施海岸线整治修复、魅力沙滩打造、海堤生态化、滨海湿地恢复及美丽海湾建设等海岸带生态保护修复"五大工程",建设 11 个海岸带保护与利用综合示范区。"十三五"时期累计整治修复海岸线 212.38 千米、营造修复红树林面积 3071.9 公顷。生态安全屏障进一步巩固,全省累计建成海洋自然保护地 49 个,面积 34.59 万公顷,数量和面积均居全国前列。海洋生态文明建设制度体系不断完善,印发实施《广东省海洋生态文明建设行动计划(2016—2020 年)》《广东省美丽海湾规划(2019—2035 年)》和《广东省推进粤港澳大湾区海岸带生态保护修复减灾三年行动计划(2020—2022 年)》等,划定海洋生态红线,探索海岸线精细化管控。实施全省劣 V 类主要入海河流"一河一策"精准治理,2020 年全省 27 个入海河流国考断面全面消除劣 V 类。

(四)海洋综合管理先行区建设取得重要突破

海岸带综合管理不断加强。印发实施了全国首个省级海岸带综合保护与利用总体规划,出台《广东省沿海经济带综合发展规划(2017—2030

年)》,提出"一线管控、两域对接,三生协调、生态优先,多规融合、湾区发展"的海岸带保护与利用总体格局。深圳市在全国率先编制陆海一体的海岸带地区详细规划,推进陆海协同发展,实现海岸带地区的精细化管控。

海域海岛管理不断完善。全面深化海域海岛管理"放管服"改革,项目用海审批效率提升 50% 以上。印发《广东省加强滨海湿地保护严格管控围填海实施方案》,严格落实国家严控围填海政策,围填海历史遗留问题处理进度全国领先。在全国率先试点海砂开采海域使用权和采矿权"两权合一"市场化出让,开展无居民海岛市场化出让试点,推动海岸线有偿使用。深圳、珠海市开展地方立法探索,为完善海域海岛管理体系作出表率。

海洋防灾减灾预警体系初步建成。在全国率先打造"海、陆、天"三位一体的海洋立体观测网,全省建设运行 100 个海洋监测站、2 个平台站和 38 个浮标观测站点,以及 42 个长期验潮站、58 个简易验潮站。高标准建设省级海洋预警报综合服务平台,在全省 90 个岸段设置警戒潮位标识物。沿海城市逐步构建海洋灾害观测体系,惠州大亚湾成为全国海洋综合减灾示范区。

(五)南海资源保护开发重要基地建设加速推进

南海海洋矿产资源勘探开发技术取得重大突破。落实《推进南海神狐海域天然气水合物勘查开采先导试验区建设战略合作协议》,积极推进试验区建设。2017 年在南海神狐海域实现了我国首次海域天然气水合物试采,累计产气量超过 30 万立方米,获取科学试验数据 647 万组。2020 年南海神狐海域天然气水合物二次试采成功,创造了产气总量 86.14 万立方米、日均产气量 2.87 万立方米两项世界纪录,并首次攻克深海浅软地层水平井钻采核心技术,实现从"探索性试采"向"试验性试采"的重大跨越,向天然气水合物勘查开采产业化迈出极为关键的一步。同时,天然气水合物钻采船(大洋钻探船)、广州南沙深海科技创新基地、自然资源部标准化天然气水合物重点实验室等一批标志性项目快速推进。

南海海上油气资源开发有序推进。湛江雷州乌石 17—2 油田群等项目开工建设,珠江口盆地番禺—流花、白云、荔湾凹陷海上常规天然气勘探开发力度逐步加强,国家海上油气战略接续区加快建设。依托"崖城－香港"

海底输气管线,建立起环粤港澳大湾区和海南自贸区连通各海上气田的天然气管网大动脉。

南海海洋生物科学研究与利用顺利推进。充分利用中科院南海海洋研究所、中山大学等科研力量,在南海生物资源调查和挖掘等方面取得了国内领先的基础研究成果。同时,不断加强南海海洋生物资源利用技术攻关,在海洋天然产物和海洋药物研发、海洋微生物新型生物酶和海洋蛋白肽的生物制品研发,以及海藻和鱼油等海洋水产品精深加工技术等方面处于国内领先地位,部分技术接近或达到国际先进水平。

(六)海洋经济开放合作不断拓展

"十三五"期间,全省对"一带一路"沿线国家进出口总额累计达 7.9 万亿元,年均增长 7.5%。2020 年对沿线国家进出口总额占全省的 24.8%。全省经核准备案在"一带一路"沿线国家设立企业(机构)915 家,累计实际投资额 26.4 亿美元。通江达海、干支衔接的航道网络基本建成,全省港口共开通国际集装箱班轮航线 349 条,缔结友好港口 86 对,沿海主要港口航线通达全球 100 多个国家和地区。大湾区水上高速客运航线增至 29 条。全省港口货物吞吐能力达 19.5 亿吨,集装箱吞吐量达 6730 万标准箱,拥有广州、深圳、珠海、东莞、湛江 5 个亿吨大港,深圳港、广州港集装箱吞吐量分别位居全球第 4、5 位。

成功打造中国海洋经济第一展。"十三五"期间共举办 5 届中国海洋经济博览会,累计参展单位 10226 家,吸引专业观众超 29 万人次,成交和合作意向额度达 2460.7 亿元,成为对外展示中国海洋经济发展成就的重要窗口。同时,先后举办广东 21 世纪海上丝绸之路国际博览会、世界港口大会等重大活动。首届中欧蓝色产业合作论坛倡议建立"国际蓝色产业联盟",推动在深圳设立"中欧蓝色产业园",并推动国内外涉海企业、科研机构、金融机构、产业协会、管理部门间形成蓝色伙伴关系。

第二节　面临形势

"十四五"时期,我省海洋经济发展面临的外部环境和自身条件都发生了深刻而复杂的变化,既有新的机遇,也有新的挑战。

从国际形势看,新一轮科技革命和产业革命促进了全球价值链进一步整合,深刻变革着人类与海洋的互动方式。越来越多的高精尖技术正逐渐渗透到各个海洋产业部门,不断催生新产业、新业态、新模式,为海洋经济发展提供了更加广阔的空间。海洋逐渐成为经济全球化、区域经济一体化的联系纽带。但与此同时,当今世界"百年未有之大变局"正在加速演进,中美关系处于重要关口期、新冠肺炎疫情全球蔓延等一系列"灰犀牛"和"黑天鹅"事件,深刻冲击全球产业链、供应链和价值链,对我省进一步拓展蓝色经济空间带来诸多阻碍,海洋经济发展的不稳定性、不确定性明显增强。

从国内形势看,我国发展仍处于重要战略机遇期,正转向高质量发展新阶段,治理效能提升,经济长期向好,市场空间广阔,社会大局稳定,发展海洋经济、建设海洋强国具备扎实的物质基础和优越的制度保障。我国已进入由海洋大国向海洋强国转变的关键阶段,党中央、国务院作出加快发展海洋经济、推进海洋强国建设的战略部署,为新时期做好海洋工作指明了方向,提供了根本遵循。同时,在构建以国内大循环为主体、国内国际双循环相互促进的新发展格局的背景下,我国内需潜力不断释放,生产要素在全球范围内的重组和流动不断加快,海洋在畅通内外连接、构建全球产业链供应链中的地位将更加突出,经略海洋迎来前所未有的历史机遇。同时也要看到,我国海洋核心技术与关键共性技术自给率低,海洋资源与生态环境约束加大,海洋强国建设任重道远。

从省内情况看,我省海域辽阔、岸线漫长、滩涂广布、港湾优越、海岛众多,海洋资源十分丰富,经济发展基础良好。随着建设粤港澳大湾区和深圳中国特色社会主义先行示范区重大战略的深入实施,以及"一核一带一区"建设的持续推进,将吸引国内国际更多的先进生产要素集聚,持续增强我省海洋经济发展内生动力。但与此同时,我省海洋经济发展存在速度与质量不平衡、区域发展不平衡、创新驱动不充分、对外开放合作不充分、综合治理能力建设不充分等问题,推动海洋经济高质量发展的任务仍然艰巨。

第二章　总体要求

第一节　指导思想

坚持以习近平新时代中国特色社会主义思想为指导,深入贯彻党的十九大和十九届二中、三中、四中、五中全会精神,认真落实习近平总书记关于海洋发展的系列重要论述和对广东工作的重要指示批示精神,立足新发展阶段,贯彻新发展理念,构建新发展格局,充分发挥海洋高质量发展战略要地作用,紧紧围绕省委、省政府"1+1+9"工作部署,以高质量发展为主题,以深化供给侧结构性改革为主线,以创建自然资源高水平保护高效率利用示范省为主平台,优化海洋经济空间布局,构建现代海洋产业体系,提升海洋科技创新能力,推进海洋治理体系和治理能力现代化,全面建设海洋强省,为广东打造新发展格局战略支点,在全面建设社会主义现代化国家新征程中走在全国前列、创造新的辉煌作出重要贡献。

第二节　基本原则

坚持生态优先、绿色发展。牢固树立和践行"绿水青山就是金山银山"理念,协同推进海洋开发与保护、污染防治与生态修复,全面提升海洋资源保护水平和利用效率,积极探索海洋生态产品经济价值实现路径,推动海洋经济可持续发展,共享蓝色家园。

坚持陆海统筹、区域协调。统筹陆海空间、要素、通道和生态建设,实现陆海资源优势互补、要素合理流动。促进沿海各区域间海洋产业合理分工、协调发展,加快形成现代海洋产业集群,助力高质量构建"一核一带一区"区域发展格局。

坚持创新驱动、科技引领。集聚国内外创新资源,率先突破一批海洋领域核心技术和关键共性技术,积极促进数字技术与海洋经济深度融合,抢占世界海洋科技创新制高点。不断提升海洋科技成果转化能力,引导形成海洋新业态、新模式,构建创新型海洋经济体系。

坚持开放融通、合作共赢。持续推进粤港澳大湾区建设。加强与海南自由贸易港和北部湾经济区等区域有效合作,共建粤闽浙沿海城市群。进一步发挥海洋在对外开放中的窗口作用,拓展更高层次的国际蓝色合作,在构建新发展格局中实现更大作为。

第三节　发展目标

"十四五"期间,广东力争实现以下海洋经济发展目标:

海洋经济发展取得新成效。到2025年,海洋生产总值继续保持全国首位。海洋经济向质量效益型转变取得明显成效,建成海洋高端产业集聚、海洋科技创新引领、粤港澳大湾区海洋经济合作和海洋生态文明建设四类海洋经济高质量发展示范区 10 个,打造 5 个千亿级以上的海洋产业集群。

海洋科技创新实现新突破。海洋科技创新能力大幅提升,涉海高新技术企业以及涉海有效专利数量不断增长,研发经费投入逐步加大,到 2025 年,争取重点监测涉海单位研发经费投入年均增长 10%。

海洋生态文明建设达到新高度。建立海洋生态保护长效机制,海洋生态环境质量明显改善,大陆自然岸线保有率、近岸海域水质优良面积达到国家要求,海洋自然保护地面积达 49 万公顷。

海洋开放合作迈向新台阶。与"一带一路"沿线国家和地区在海洋产业、科技、生态等方面合作取得突破性成果。举办 10 次国际海洋高端展会,新增一批国际友好港口,重点港口集装箱铁水联运量年均增长率达 20%。

海洋治理效能获得新提升。海洋法律法规体系不断健全,海洋预警监测、应急救助、防灾减灾能力显著提升,海洋公共服务体系逐步完善,建设全省统一的海洋大数据中心,2 个省级及以上海洋综合试验场,3 个海洋科普与教育基地,3 个海洋博物馆。

表1 广东省"十四五"海洋经济发展主要指标

目标类型	序号	指标	2020 年	2025 年	属性
经济指标	1	海洋生产总值年均增速①(%)	—	6.5	预期性
	2	海洋生产总值占全省地区生产总值比重(%)	15.57	16 左右	预期性
	3	千亿级以上海洋产业集群数量②(个)		5	预期性
	4	海洋经济高质量发展示范区数量(个)	—	10	预期性

① 海洋生产总值年均增速为名义增速。

② "十四五"期间,形成海上风电、海洋油气化工、海洋工程装备、海洋旅游以及现代海洋渔业等五个千亿级以上海洋产业集群。

目标类型	序号	指标	2020年	2025年	属性
科技指标	5	涉海有效专利数量年均增长(%)	—	6.5	预期性
	6	重点监测涉海单位研发经费投入年均增长(%)	—	10	预期性
	7	涉海高新技术企业数量(个)	406	650	预期性
生态指标	8	大陆自然岸线保有率(%)	≥35	按国家要求确定	约束性
	9	近岸海域水质(一类、二类)优良面积比例(%)	90.2	按国家要求确定	预期性
	10	海洋自然保护地面积(万公顷)	35	49	预期性
开放指标	11	举办国际海洋高端展会次数(次)	5	10	预期性
	12	重点港口集装箱铁水联运量年均增长率(%)	10	20	预期性
	13	广东省与“一带一路”国家的进出口总额年均增速(%)	7.5	5	预期性
治理指标	14	建设省级及以上海洋综合试验场(个)	—	2	预期性
	15	建设海洋科普与教育基地数量(个)	3	3	预期性
	16	建设海洋博物馆数量(个)	—	3	预期性

展望2035年,广东省将全面建成海洋强省。海洋经济综合实力跻身全球前列,建成现代海洋产业体系,成为代表我国参与全球海洋经济竞争的核心区;海洋研发投入强度、创新能力世界一流,成为国际海洋科技创新集聚区;海洋生态环境质量和资源利用效率居世界前列,建成海洋生态文明建设示范区;海洋开放合作国际领先,畅通国内大循环和联通国内国际双循环功

能不断增强,建成海洋经济合作引领区;海洋综合管理水平全方位提升,建成海洋治理体系与治理能力现代化先行区。

第三章　推动形成陆海统筹内外联动海洋经济空间布局

贯彻落实国家区域发展战略,强化"一核一带一区"区域发展格局空间响应,推动陆海一体化发展,加快形成"一核、两极、三带、四区"的海洋经济发展空间布局。

第一节　着力提升珠三角核心发展能级

深入贯彻粤港澳大湾区和深圳中国特色社会主义先行示范区建设战略部署,珠三角核心区着力发挥核心引领作用,构筑双区驱动、双城联动和多点支撑格局,争创一批现代海洋城市,打造海洋经济发展引擎。

双区驱动。全力推进粤港澳大湾区建设,发挥香港－深圳、广州－佛山、澳门－珠海强强联合引领带动作用,共同打造世界级湾区。依托深港、广佛、珠澳极点和广深港、广珠澳科技创新走廊建设,形成具有全球影响力的国际海洋科技创新策源地。以广州南沙、深圳前海、珠海横琴为载体,共同建设高端现代海洋产业基地。推动广州打造世界海洋创新之都,构建江海联动海洋经济创新发展带,形成海洋科技创新和综合管理与公共服务高地。支持深圳中国特色社会主义先行示范区在海洋经济高质量发展方面先行先试,建设"蛇口－前海－海洋新城－光明"西部海洋科技创新走廊和"盐田－大鹏－深汕"东部向海发展走廊,吸引更多国际组织和机构落户,打造全球海洋中心城市。

双城联动。加强广州、深圳重大涉海产业、基础设施、平台和政策对接,推动海洋经济协调发展。发挥广州基础创新和深圳应用创新优势,促进海洋产业链上下游深度合作,探索共建海洋工程装备、海洋电子信息、海洋生物医药产业集群,联合实施一批海洋战略性新兴产业重大工程。以广州港、深圳港引领大湾区东西两岸港口物流资源整合,携手港澳打造具有全球竞争力的国际海港枢纽,建设世界一流港口群。共建共享海洋大科学装置、重点实验室等海洋科技基础设施和功能型平台,积极开展海洋高等教育交流合作。加强海洋领域人才激励和评价机制对接。提升入海污染物联防联控水平。

多点支撑。支持珠海、惠州、东莞、中山和江门立足本地资源、区位优势和产业基础,大力发展海洋经济,争创各具特色的现代海洋城市。珠海加快建成珠江口西岸海洋经济高质量发展核心城市和沿海经济带高质量发展典范,推进高栏港临海先进制造业基地、综合保税区和万山海洋开发试验区建设,打造环珠澳蓝色产业带,支持开展海岛保护与开发综合试验。佛山加速推进佛山三龙湾高端创新集聚区建设,加快优势产业向海洋领域延伸,重点发展智能制造装备、新能源与节能环保装备。惠州以大亚湾、惠东为重点,集聚石化能源、新材料和高端电子信息产业,推进港产城深度融合发展,打造珠江东岸新增长极。东莞加快滨海湾新区建设,重点发展海洋电子信息、智能制造产业。中山推动建设海洋新能源装备研发制造基地,支持神湾镇打造高端海洋工程装备制造基地、智能海洋工程装备研发中心及海洋精密制造、新能源、新材料研发制造基地。江门以银湖湾滨海新区和广海湾经济开发区为重点,建设海工装备测试基地和特色海洋旅游目的地,打造珠江西岸新增长极和沿海经济带上的江海门户。

第二节 加快建设东西两翼海洋经济发展极

以汕头、湛江省域副中心建设为引领,加快打造东西两翼海洋经济发展极,统筹涉海基础设施建设、海洋产业布局和海洋生态环境保护,与粤港澳大湾区串珠成链,形成世界级沿海经济带。

以汕头为中心建设东翼海洋经济发展极。支持汕头打造海上丝绸之路重要门户和创建现代海洋城市。构建以汕头高铁站、汕头港为枢纽的"承湾启西、北联腹地"①综合交通运输体系。支持汕头港做大做强,加快推进汕头广澳港疏港铁路和广澳港区三期建设,提升汕头港航基础设施和集疏运能力。打造汕头海上风电创新产业园,建设粤东千万千瓦级海上风电基地。依托汕头国际海缆登陆站和卫星接收站,拓展发展海洋信息产业。加快南澳海岛旅游发展和汕头滨海旅游城市建设。

---

① "承湾启西、北联腹地"指对粤港澳大湾区和粤闽浙沿海城市群起承上启下交通节点枢纽作用,承接粤港澳大湾区、开启通往粤闽浙沿海城市群的交通大通道,往北拓展联通梅州、江西等内陆地区腹地。

强化汕头的辐射带动作用,争取将大汕头湾区和大红海湾区建设成为全国重要海湾。依托汕头港打造商贸服务型国家物流枢纽,统一谋划港口、高铁站和机场的空间布局,构筑一体化交通基础设施,推进汕潮揭组合港口群和疏港通道建设。依托汕头临港经济区、揭阳滨海新区和潮州港临港产业平台,推动东翼海洋油气、港口物流、海上风电、海工装备等产业协作互补发展。构建区域海洋创新体系,推动汕头大学、广东以色列理工学院加强涉海学科建设。加强海洋生态环境的共保共育,强化海洋生态环境联防联治,形成一体化生态发展格局。加快潮州港经济开发区建设和推进西澳港区综合开发,建成区域性港口物流中心、能源基地和临港产业基地,打造现代渔业示范区。推进揭阳粤东新城、大南海石化工业区、惠来临港产业园建设。增强汕尾沿海经济带战略支点功能,对接揭阳石化能源产业资源,建设汕尾东海岸石化基地和新港区港口码头。积极发展滨海旅游、海洋渔业。

以湛江为中心建设西翼海洋经济发展极。支持湛江加快建设国家海洋经济发展示范区,创建现代海洋城市。加快推进湛江港30万吨级航道改扩建工程,规划建设40万吨铁矿石码头,推动疏港铁路和公路建设,提升港航和集疏运能力,加速建成全国性综合交通枢纽。积极发展绿色石化、海工装备、钢铁、海上风电、核电等临海工业。

强化湛江的辐射带动作用,争取将大海陵湾和雷州半岛打造成为全国重要海湾。重点推进汕湛高速粤西段、广湛高铁、粤西沿海高速等项目建设,加强湛茂阳一体化城镇交通连接。以湛江空港经济区和高新技术产业开发区,茂名滨海新区、高新区、水东湾新城等为载体,推动临港产业集聚,重点发展绿色石油化工、海洋科技服务创新、先进材料、高端装备制造、海洋旅游等产业。完善海上航运网络,重点加密至东盟国家的海运航线,将湛茂港口群打造成为大西南地区出海主通道和"中国-东盟自贸区"重要门户。加强南方海洋科学与工程广东省实验室(湛江)、茂名高新技术协同创新研究院等创新平台建设,共同构建高水平海洋科技创新服务平台。严格保护红树林等重要海洋生态空间。

支持茂名重点发展港口物流、临海石化、滨海旅游等产业,积极推进茂名港、茂名博贺临港工业区、茂名石化工业园建设,打造绿色化工和氢能产业基地、区域性港口枢纽和物流中心。增强阳江沿海经济带战略支点功能,重点推进阳江海上风电全产业链基地建设。

第三节　统筹利用海洋保护开发带

依托不同海域的自然条件、资源禀赋和开发潜力,由近及远、梯次开发,统筹开发海岸带、近海海域经济带和深远海海域经济带,形成各具特色的三大海洋保护开发带。

高质量保护开发海岸带。从大陆海岸线向陆 10 公里起至领海外部界线之间的带状区域(含 5 大海岛群)是发展海洋经济的核心区域。以海岸线为轴,构建"一线管控、两域对接,三生协调、生态优先,多规融合、湾区发展"的海岸带保护与利用总体格局。全面提升"六湾区一半岛"开发利用和整体保护水平,统筹陆海资源开发、产业布局、通道建设和生态环境保护,推动陆域资金、技术等生产要素转身向海下海和海洋资源产品上岸。划定海洋"两空间内部一红线",加强海洋生态空间和海洋开发利用空间管控。加强"五岛群"保护利用,实施分区、分类、精细化管理,开展海岛保护与开发综合试验。优化开发有居民海岛,加强基础设施建设,改善人居环境。规范无居民海岛开发利用,严格保护特殊用途海岛。

专栏 1　六湾区一半岛

1. 环珠江口湾区。陆域涉及珠海、中山、广州、东莞和深圳 5 市,主要由西江、北江和东江冲积而成的三个小三角洲及珠江口外海的岛群共同组成,是珠江出海口。定位为具有国际影响力的世界级城市群、港口群和宜居优质生活圈,我国南方海洋科技中心,粤港澳大湾区核心区域,我国最重要的海洋产业集聚区之一。

2. 环大亚湾湾区(深惠湾区)。陆域涉及深圳、惠州 2 市,主要由大亚湾、大鹏湾以及大鹏半岛共同组成。定位为国际级石化与港口物流基地、广东重要的海洋先进制造业基地、现代海洋服务业基地和重要的清洁能源生产基地。

3. 大广海湾区。陆域涉及江门市,由黄茅海、广海湾、镇海湾和上下川群岛等共同组成。定位为广东海洋经济发展的新引擎、珠三角辐射粤西及大西南的枢纽型节点和珠江西岸粤港澳合作重大平台。

4. 大汕头湾区。陆域涉及汕头、潮州、揭阳 3 市,包括柘林湾、海门湾、神泉港等三个相互连接的海(港)湾。定位为广东重要的国际港、物流中心和海洋产业基地。

---

5. 大红海湾区。陆域涉及汕尾市,由碣石湾和红海湾两个海(港)湾共同组成,是珠三角和粤东地区的主要通道,是承接珠三角产业转移的重要区域。定位为广东新型能源基地、临海型先进制造业基地、海洋渔业深加工基地和海洋产业转移示范区。

6. 大海陵湾区。陆域涉及阳江、茂名2市,由北津港、海陵湾、沙扒港、博贺港、水东湾、海陵岛及附近其他岛屿共同组成。定位为广东沿海临港工业基地、港口物流基地、先进装备制造业基地、滨海旅游和海洋文化基地,南海能源新通道。

7. 雷州半岛。陆域涉及湛江市,由雷州半岛及其周边岛群共同组成。定位为我国西南重要通道、广东临海重化工业及物流基地、与海南相向而行的国际滨海旅游半岛和国家级海洋重点保护区。

专栏2 五大海岛群

1. 珠江口岛群。深圳东部沿岸岛区、狮子洋岛区、伶仃洋岛区、万山群岛区、磨刀门-鸡啼门沿岸岛区、高栏岛区6个岛区,重点发展海洋交通运输业、滨海旅游业、临海现代工业、海洋高新技术产业和现代海洋渔业。

2. 大亚湾岛群。虎头门以北沿岸岛区、虎头门-大亚湾口岛区、平海湾沿岸岛区、沱泞列岛区、考洲洋岛区5个岛区,重点发展海洋交通运输业、现代海洋渔业、滨海旅游业和临海现代工业。

3. 川岛岛群。川山群岛区、大襟岛区、台山沿岸岛区3个岛区,重点发展海洋交通运输业、滨海旅游业、现代海洋渔业。

4. 粤东岛群。南澳岛区、柘林湾岛区、达濠岛区、海门湾-神泉港沿岸岛区、甲子港-碣石湾沿岸岛区、红海湾岛区、东沙群岛区等7个岛区,重点发展现代海洋渔业、海洋交通运输业、海洋生态旅游业。

5. 粤西岛群。南鹏列岛区、阳江沿岸岛区、茂名沿岸岛区、吴川沿岸岛区、湛江湾岛区、新寮岛区、外罗港-安铺港沿岸岛区7个岛区,重点发展现代海洋渔业、滨海旅游业。

优化开发近海海域空间。领海外部界线至 -500 米等深线间的区域是实施海洋经济综合开发的重要区域。重点发展现代海洋渔业、海洋旅游、海洋油气、海洋交通运输等产业。优化近海绿色养殖布局,强化水产养殖环境监督管理,加快海洋牧场建设。努力构建以典型珍稀动植物为重点的天然生态保护带,增强维持近海海域水动力稳定、生物多样性的生态保障能力。加大海洋矿产和珠江口盆地油气资源勘探和开采力度。积极发展海上风电、波浪能、潮汐能等清洁能源。完善深水航道安全监管,保障深水航道航行安全。

积极拓展深远海开发空间。 -500 米等深线以深的区域是实施海洋经济综合开发的重要拓展区域。大力发展深海技术,加大深海油气、矿产、天然气水合物等资源勘探开发力度,积极发展深水渔业。推进深远海领域国际交流合作,加强海洋环境问题研究,积极参与管辖海域外生物多样性保护活动。

第四节 聚力打造海洋经济高质量发展示范区

以各类园区、开发区为载体,以产业链条为牵引,集聚海洋产业资源,建设四类海洋经济高质量发展示范区,发挥示范带动作用,开创高质量发展新局面。

海洋高端产业集聚示范区。围绕临海绿色石化、海洋高端装备制造、海上风电、海洋电子信息、海洋生物医药等产业,打造 2—3 个海洋高端产业集聚示范区。重点示范海洋产业结构优化升级、产业链协同发展、涉海投融资体制机制创新等内容,形成一批世界一流的企业、国内领先的品牌和行业标准。

海洋科技创新引领示范区。面向南海,围绕深海探测、深远海资源开发利用、陆地空天技术下海等前沿领域,以深港、广佛、珠澳极点和广深港、广珠澳科技创新走廊上的园区、高新技术开发区等为载体,建设 2—3 个海洋科技创新引领示范区。重点示范海洋核心技术、关键共性技术和先导性技术攻关突破,以及海洋知识产权交易、科技成果转化和产业化等内容。

粤港澳大湾区海洋经济合作示范区。围绕港口航运、涉海金融、海洋高端旅游、海洋生物医药等领域,以广州南沙粤港澳全面合作示范区、深圳前海深港现代服务业合作区、珠海横琴粤澳深度合作区等为载体,建设 2—3 个粤港澳大湾区海洋经济合作示范区。重点示范海洋领域市场准入、标准认定、产权保护、政务服务、人才引入等方面的规则衔接和机制对接。

海洋生态文明建设示范区。围绕重要河口生态系统及生物多样性保护修复、重要海湾生态系统保护修复、重要海岛生态系统保护修复等领域，建设 2—3 个海洋生态文明建设示范区。重点示范海岸带空间管控、海域海岛精细化管理、滨海湿地保护修复、红树林种植修复、生态海堤建设等内容。

第四章 构建具有国际竞争力的现代海洋产业体系

紧紧围绕海洋经济高质量发展，发挥区位与资源禀赋优势，以打造海洋产业集群为抓手，构建具有国际竞争力的现代海洋产业体系，构筑广东产业体系新支柱。

第一节 培育壮大海洋新兴产业

培育战略性、先导性产业，不断突破关键技术，增强产业链供应链自主可控能力，引导产业集中布局、集聚发展，抢占未来产业发展先机。

打造海上风电产业集群。推动海上风电项目规模化开发，基本建成已规划近海浅水区项目，推动省管海域近海深水区项目开工建设，争取粤东千万千瓦级海上风电基地纳入国家相关规划并推动基地项目开工建设。强化省统筹工作力度，重点统筹做好项目前期工作、场址资源划分及配置、发展与安全，以及海上集中送出、登陆点和陆上送出通道、送出模式等。支持海洋资源综合开发利用，推动海上风电项目开发与海洋牧场、海上制氢、观光旅游、海洋综合试验场等相结合，力争到 2025 年底累计建成投产装机容量达到 1800 万千瓦；推动海上风电产业集群发展，加快建设阳江、粤东海上风电产业基地，力争到 2025 年全省风电整机制造年产能达到 900 台（套）。推动技术进步和成本下降，以龙头企业为引领，重点开展低风速、大容量、抗台风、防盐雾风电机组研发制造，加快漂浮式风机基础、柔性直流送出等关键技术转化运用。进一步完善海上风电产业链，重点引进或鼓励收购新型材料、主轴承、齿轮箱、海上升压站、施工船机运维设备等产业链企业，补齐产业链供应链短板。提前谋划海上风电运维产业发展，重点在阳江、揭阳、汕尾等地布局建设海上运维基地,同时鼓励支持风电研发设计、装备制造、风电施工及运维企业加强合作,通过组建专业运维机构或委托开展社会第三方专业运维,推行运维服务专业化。

专栏3　海上风电产业集群

1. 建设珠三角海上风电研发服务基地。以广州、深圳、中山为核心,以明阳智能、中广核等企业为龙头,打造海上风电科技创新研发基地。利用广州南沙、深圳前海、珠海横琴等自贸区发展海上风电金融产品,培育和创新海上风电设备融资租赁及保险、基金等海上风电金融业务。

2. 建设粤东千万千瓦级海上风电基地。争取将粤东千万千瓦级海上风电基地纳入国家相关规划,推动开工建设。打造汕头海上风电创新产业园,配套一定整机组装产能。推动汕尾(陆丰)海洋工程基地建设,设立先进能源科学与技术省实验室汕尾分中心。谋划布局揭阳运维基地。

3. 建设粤西千万千瓦级海上风电基地。推动粤西阳江、湛江海域海上风电项目规模化集中规划、连片开发,打造粤西千万千瓦级海上风电基地。打造阳江海上风电全产业链基地,加快推进先进能源科学与技术省实验室阳江分中心建设。支持南方海洋科学与工程广东省实验室(湛江)参与海上风电研究。

打造海洋工程装备制造产业集群。增强高端海工装备研发、设计和建造能力,加快向中高端海工产品和项目总承包转型,加快形成产值超千亿元海洋工程装备制造产业集群。突破多功能潜水器、深海传感器、深海矿产资源探测、海上智能集群探测系统、海洋智能监测等关键技术,支持新技术、新材料在海洋装备领域的示范应用。促进产品结构优化调整,重点发展综合物探船、油气管道铺设船、海上油气储运设施、海洋钻采设备等深海油气资源勘探开发装备,加快发展应用于海上风电场建设与运维、深远海大型养殖、深远海采矿、海水淡化、海上旅游休闲等场景的新型海洋工程装备。培育具备国际竞争力的行业领军海工企业,推进海工自主品牌产品开发和产业化。推动高端海洋装备核心配套产业国产化,发展海洋装备安全保障和智能运维技术。支持海工专业软件、特殊材料、高可靠元器件、极端环境适用和智能控制等"卡脖子"技术与装备的攻关与进口替代。

专栏4　海洋工程装备制造产业集群

1. 重点推进广州龙穴、深圳蛇口、珠海高栏港和湛江、阳江、汕尾等地海洋工程装备制造基地建设。

2. 支持在深圳、珠海、中山和江门等地建立智能海洋工程装备研发中心和海工装备测试基地。

3. 推动建设中船南方海洋工程技术研究院、广州国家级智慧海洋创新研究院和招商局海洋装备研究院。

加速发展海洋药物与生物制品业。发展具有自主知识产权的海洋生物技术,重点开展海洋生物基因、功能性食品、生物活性物质、疫苗和海洋创新药物等关键技术攻关。鼓励开发海洋高端生物制品和海洋保健品、海洋食品,支持替代进口的海洋药物技术和产品。加快培育海洋生物医药龙头企业。完善生物医药产业研发、中试、检测检验、应用、生产及反馈链条,重点搭建海洋生物医药产业中试服务平台,推动海洋生物医药成果加快落地。鼓励开展海洋生物医药生产工艺技术研究,打造创业创新基地示范中心。

专栏5　海洋药物与生物制品业

1. 以广州、深圳国家生物产业基地为核心,加快推进广州南沙国家科技兴海示范基地、深圳国际生物谷大鹏海洋生物园、坪山生物医药科技产业城建设。推动珠海国际健康港和粤澳合作中医药科技产业园、中山健康科技产业基地、佛山南海生物医药产业基地等建设。支持粤东、粤西地区海洋生物产业集聚发展。

2. 建设海洋生物医药中试平台和海洋生物基因种质资源库,加快广州、深圳、湛江等地海洋生物医药研究技术管理平台和创新孵化器建设。

3. 重点开展基于生物技术和基因工程的抗肿瘤、抗新冠等病毒、抗心血管疾病海洋生物药物研发;推动海洋原料药健康发展;加快海洋生物来源的多糖、肽类生物制品和功能性食品的深度开发和成果转化;推动海洋(微)生物来源创新药物研发关键技术突破和成药性评价以及海洋生物来源油脂、生物毒素等功能分子的生物制品关键技术突破和产品研发;加快海洋生物高效疫苗研发及成果转化。

加快推进天然气水合物产业化进程。筹建天然气水合物勘查开发国家工程研究中心,建设广州海洋地质调查局深海科技创新中心基地。加快天然气水合物钻采船(大洋钻探船)及码头、岩心库建设。设立天然气水合物资源勘查开发示范基地,协助开展先导试验区天然气水合物矿体储量勘测调查。加强天然气水合物基础理论和开采关键技术研究,推进天然气水合物开采装备的研发、制造,配套发展相关服务,加快推进天然气水合物商业化开采进程。

专栏6 天然气水合物勘探开发重点突破技术

1. 加强水合物成藏机理和开发基础理论研究,突破水合物资源高精度勘探及规模化开采技术,研发多类型水合物高精度综合勘探技术、海底钻机随钻测井技术、海底浅软地层水平井钻井、储层改造技术、水合物开发过程环境监测及绿色安全开发技术等,实现工程化应用。

2. 推进天然气水合物钻完井、井场和环境监测、试采装备安全保障等关键工程技术攻关,推动资源区块优选、开采控制技术、小井口系统等领域研发。研制钻采船关键技术与试验设备,推进天然气水合物钻采船(大洋钻探船)项目建设。

开展海洋可再生能源示范利用。开展海洋能精细化调查与评估。支持海洋潮汐能、潮流能、波浪能、温差能、盐差能、海水制氢等海洋可再生能源示范利用,孵化海洋能开发、装备制造及测试服务企业。重点加强波浪能、温差能技术研发和产业化,引导研发、设计、示范、测试、施工、运维等上下游企业集聚发展。开展多种能源集成的海上"能源岛"建设,打造多能互补供电系统和示范电站。

专栏7 海洋可再生能源示范项目

珠海大万山岛波浪能示范工程项目。项目位于大万山岛西南侧,工程总装机容量900千瓦。项目建设主要任务:研制海上波浪能发电平台,推动高可靠性海洋能供能装备应用示范。探索波浪能与海上风电融合发展,利用海上风电庞大的桩基,搭载浮子式波浪能发电系统。制定波浪能装备测试规范和标准体系。

培育发展海洋新材料制造业。提升传统海洋材料性能,开发满足海洋环境使用的资源节约、环境友好、高性能和功能化新型材料。聚焦海洋防腐、海洋防污、深海浮力、军事隐身、海洋膜、海洋金属钛合金、船舶及海洋工程用钢、高性能海工混凝土等方面,重点开发和研制海底通讯、海洋船舶及海洋工程防护、海洋环境污染处理及海洋特殊材料等。创新发展海洋钛合金全链条技术体系,推动钛金属提取、型材加工、部件成形、表面制造以及耐腐蚀基础理论和服役安全应用等技术全面发展。

积极发展海水综合利用业。重点发展海水淡化、海水冷却等核心技术,推动海水综合利用材料与成套设备研发和产业化。在海岛和沿海缺水地区布局海水淡化工程,支持南澳岛、万山群岛、川岛、东海岛等开展海水淡化与综合利用示范。支持海洋船舶、平台配套加装海水淡化装置。加强军民融合海水淡化基础设施建设。引导临海企业使用海水作为工业冷却水,推动海水冷却循环技术在沿海电力、化工、石化、核电等高用水行业的规模化应用。

第二节　加快海洋服务业提速升级

推动生产性服务业向专业化和价值链高端延伸,生活性服务业向高品质和多样化升级,着力提高服务效率和服务品质,提升海洋服务业发展水平。

打造海洋旅游产业集群。加快"海洋－海岛－海岸"旅游立体开发,形成产值超千亿元的海洋旅游产业集群。建设富有文化底蕴的世界级滨海旅游景区和度假区。建设滨海旅游公路、千里观海长廊和滨海特色风情小镇。对标全球一流海岛旅游目的地,加强海岛资源禀赋及文化内涵挖掘,鼓励社会资本参与海岛旅游项目开发与保护,积极发展"跨岛游"。探索横琴岛、万山群岛国际休闲旅游岛开发新模式,打造具有全球知名度的海岛旅游品牌。建设粤港澳大湾区国际邮轮母港群,完善邮轮旅游产业链和产品供给体系。积极举办冲浪、海潜、帆船运动等海洋竞技赛事,完善海洋旅游、休闲、竞技活动产业配套。加强滨海旅游配套基础设施建设,提升餐饮、住宿、游览、购物和娱乐等服务能力。

专栏8 海洋旅游产业集群

1. 海岛旅游。重点发展珠海横琴岛、万山群岛,江门川山群岛,汕头南澳岛,阳江海陵岛,湛江硇洲岛等特色海岛旅游目的地。

2. 滨海旅游。重点发展深圳西涌、大小梅沙,珠海金海滩,惠州巽寮湾、双月湾,江门浪琴湾——那琴半岛,汕头青澳湾,揭阳金海湾,汕尾遮浪半岛,阳江大角湾,湛江金沙湾,茂名中国第一滩、浪漫海岸等黄金海岸旅游。

3. 旅游景区。着力打造珠海横琴国际休闲旅游岛、深圳大鹏半岛、惠州稔平半岛等滨海旅游产业平台,推进深圳欢乐海岸、东部华侨城、汕尾渔人码头,茂名水东湾,湛江渔人码头和珠海万山群岛,汕头南澳岛,惠州巽寮湾滨海旅游度假区等景区景点建设。

4. 邮轮游艇。加快广州南沙和深圳太子湾邮轮母港建设,支持广州、深圳建设中国邮轮旅游发展试验区,支持珠海、汕头、湛江等市建设邮轮访问港.支持中山、江门、珠海等地与澳门探索国际游艇旅游合作,建设国家级游艇旅游示范基地。打造若干游艇度假中心及度假区。支持大鹏半岛探索建设国际游艇旅游自由港。

加快发展蓝色金融产业。鼓励有条件的银行业金融机构设立海洋金融事业部,开展海域、无居民海岛使用权和在建船舶、远洋船舶等抵押贷款、质押贷款。推动设立国际海洋开发银行,积极争取以深圳前海为中心创建"中国蓝色金融改革试验区"。对接深交所和上交所南方中心等资本交易平台,支持涉海企业在境内外多层次资本市场上市、发行债务融资,引导吸引各类资本加大对涉海企业股权投资。探索开发期权期货、排污权交易等海洋相关金融产品。鼓励发展海工装备和船舶融资租赁,扶持涉海融资租赁公司做大做强。加快发展航运、滨海旅游、海洋环境、海外投资等保险业务。提高海洋信息、咨询等专业服务水平,鼓励发展海洋经济类证券指数等产品。

促进航运专业服务业发展。围绕广州、深圳国际航运枢纽建设,积极推动航运金融、航运保险、航运交易、航运经纪、海事仲裁、航运资讯与咨询、航运研究与教育培训、航运文化创意与传播等发展,提升现代航运服务国际影响力与核心竞争力。探索建设国际船舶登记中心,完善启运港退税、中转集拼相关政策,推进中资"方便旗"船舶沿海捎带业务发展和多种类型中转业务,建设国际中转港。支持前海深港现代服务业合作区加快建设现代海洋服务业集聚区,实行更加开放的国际船舶登记检验制度,逐步放开船舶法定检验、入级检验业务。积极吸引国际知名船级社在广州、深圳、珠海等地设立地区总部或分支机构,在大湾区扩大业务范围。拓展现代航运服务业产业链,提升全球航运资源配置能力,全力打造世界级海运船队。积极谋划国际海事法院、海事仲裁院等海洋法律服务专业机构落户广东,拓展国际航运仲裁服务,提高国际航运领域话语权。

第三节 推动传统海洋产业提质增效

深化供给侧结构性改革,推进产业结构优化及产品智能化发展,加快补链强链延链,推动产业集群化发展,做强海洋竞争优势产业。

打造海洋油气化工产业集群。坚持绿色高端发展,推进央地合作开发南海油气资源,加快形成产值超千亿元的海洋油气化工产业集群。在深圳、湛江建设海洋油气资源开发与服务综合保障基地。加快沿海 LNG 接收站基础设施建设。吸引国际大型油服企业在广东设立区域总部。打造以广州、惠州、湛江、茂名和揭阳等为核心的沿海石化产业带,形成"一带、两翼、五基地、多园区协同发展"特色产业布局。加快巴斯夫(广东)新型一体化、埃克森美孚惠州乙烯一期、中海壳牌惠州三期乙烯等重大石化项目建设。鼓励支持优势企业加大兼并重组、跨国并购力度,培育具有国际竞争力的行业龙头企业,带动形成一批特色骨干企业。大力发展中下游产品特别是高端化学品,延伸石化产业链。提升产业创新能力,实施质量品牌建设工程,打造一批品牌响、质量优、效益高的石化产品。

专栏9 海洋油气化工产业集群

1. 广州石化基地。重点优化石化产业链,巩固发挥精细化学品及日用化学品发展优势,发展合成树脂深加工、高性能合成材料、工程塑料、化工新材料、日用化工等高端绿色化工产品,推动中石化广州分公司绿色安全发展,促进油品质量升级,实现提质增效,建设园区化、集约化、技术先进、节能环保、安全高效的石化基地。

---

2. 惠州大亚湾石化基地。以大亚湾石化园区为依托,中海油惠州石化炼油、中海壳牌乙烯和埃克森美孚惠州乙烯项目为龙头,建立上中下游紧密联系、科学合理的石化产业链,着力推动高端化学品、电子信息化学品的发展,启动精细化工园区规划建设,形成"一区多园"、资源共享的布局,建设园区规范化、产业集群化、生产清洁化、产品高端化、资源高效化、经济循环化的石化基地。

3. 湛江东海岛石化基地。以中科广东炼化一体化项目为龙头,巴斯夫新型一体化项目为动力,加快石化产业园区和产业集聚建设,发展清洁油品、基础化工材料、合成材料、精细化工产品,形成比较完整的石化产业链,建设规范化、集聚化、循环化、智能化的石化基地。

4. 茂名石化基地。以中石化茂名分公司炼油和乙烯项目为核心,茂名高新技术开发区和茂南石化区为依托,构建科学合理、具有茂名特色的石化产业链,形成高质量成品油、润滑油、溶剂油、有机原料、合成树脂、合成橡胶、液蜡等系列特色产品和高端精细化工产品;加快东华能源丙烷脱氢项目建设,努力建设成为技术先进、产品有特色、园区管理规范、经济效益良好的石化基地。

5. 揭阳大南海石化基地。加快中石油广东石化项目及中下游石化项目建设,加强与大亚湾石化区的联系与合作,重点发展清洁油品、化工原料、合成材料、精细化工等石化产业,培育延伸现代石化产业链,建设一批高性能高分子材料、功能复合材料及高端精细化学品项目,形成规划布局科学合理、产品和产业链独具特色、综合竞争力强的临港石化生产基地、粤东地区石化原料和产品的中转基地。

打造海洋船舶工业产业集群。全面推进船舶工业结构优化升级,提升高技术船舶研发制造能力,加快形成海洋船舶工业产业集群。加速推进散货船、油船、集装箱船等三大主流船型优化升级。创新发展智能船舶,加强智能系统总体设计,重点突破智能感知、探测、航行、检测系统等关键技术。推动碳达峰、碳中和关键技术在高技术船舶领域的研发及应用,加快培育碳储运船舶、海上碳封存装置研发设计和制造能力。提升中小型内河及近海船艇研发、设计和制造的智能化绿色化水平,加快无人船艇技术研发。提升船用低速机、船舶电力推进系统、压载水处理系统、绿色清洁能源动力系统等关键配套设备和系统配套能力。引导船舶制造及配套企业淘汰低端无效产能,实施并购重组、强强联合。加快大湾区游轮谱系化研发设计,促进智能运维和绿色环保技术在大湾区游轮领域的应用,推动新材料、新工艺在高端客滚船、豪华邮轮等高技术船舶的示范应用。大力开拓游艇中端市场,提升游艇设计研发能力,建设集游艇销售、展览展示、游艇体验、物流仓储、商务洽谈、技术服务等功能于一体的交易中心。

专栏 10　海洋船舶工业产业集群

1. 建设广州、珠海、中山船舶制造基地和江门中小型船舶及配套设备基地。

2. 推动全产业链要素融合,形成从研发设计、总装制造到用户使用的绿色智能船舶产业联盟。建设科技研发、创新及试验平台,依托沿海、沿江客船及游船,推动深圳蛇口形成行业绿色智能船舶产业发展示范基地和邮轮研究中心。加快珠海无人艇与智能船舶测试实验平台及游艇产业研发制造基地建设,打造国内无人船产业发展高地和全球知名无人船技术研发测试公共服务平台。

3. 重点发展公务船、高技术特种工程船及小型舰艇,积极开发高附加值豪华游艇产品以及救生艇、充气橡皮艇等新型产品,促进游艇产业研发制造集聚。

4. 大力发展液化天然气(LNG)船、氢能船舶、特种工程船、客滚船、大型执法船、多功能救助船、万吨巡视船和科考船等高技术船舶。发展深远海多功能救助船、大型打捞船、智能疏浚工程船等特种船舶产品。

提升海洋交通运输综合竞争能力。增强广州、深圳国际航运枢纽竞争力,以汕头港、湛江港为核心推进粤东、粤西港口资源整合优化,推动形成全省港口协同发展格局,携手港澳共建世界一流港口群。加快与互联网、物联网、大数据等现代信息技术融合发展,建设智慧港口。大力推广应用清洁能源,积极推进港口岸电设施建设、使用,提高港口岸电设施覆盖率。加快液化天然气(LNG)加注码头建设。统筹推进沿海主要港口疏港铁路和出海航道建设,积极对接西部陆海新通道,构建通江达海、连内接外、畅通有效的陆海运输网络。

专栏 11　海洋交通运输

1. 珠三角港口群以广州港、深圳港为核心,带动珠海港、东莞港、惠州港、佛山港、中山港等周边港口发展,构建对接港澳、联通西江、服务泛珠三角地区的世界级港口群.加快广州南沙、深圳盐田等深水港区以及公共航道、锚地建设。广州港以发展集装箱运输、煤炭和散粮中转、商品汽车滚装运输为主,加快推动国际航运枢纽建设,打造信息化国际大港;深圳港以发展集装箱运输为主,推动与惠州港联动发展,打造世界最大的具有全球智慧集装箱资源配置能力的港口;珠海港以发展煤炭中转和外贸进口铁矿石接卸为主;东莞港以发展能源、原材料和集装箱支线、喂给运输为主;惠州港以发展外贸进口原油接卸为主,打造国际一流石化产业港。

2. 粤西港口群以湛江港为核心,重点发展原油、铁矿石、煤炭等能源及原材料物资运输,打造大西南地区出海主通道和中国-东盟自贸区重要门户。湛江港以发展大宗能源物资及工业原料、集装箱运输为主,建设区域性枢纽港,打造西部陆海新通道、海上丝绸之路的战略支点;茂名港以发展煤炭、原油等大宗散货运输为主。

3. 粤东港口群以汕头港为核心,重点发展集装箱支线运输和能源及原材料物资运输,打造粤东地区对外开放与合作的重要平台。

打造现代海洋渔业产业集群。高质量建设"粤海粮仓",布局珠三角沿海和粤东粤西两翼深水网箱产业集聚区、海洋牧场示范区建设,加快形成产值超千亿元的海洋渔业产业集群。聚焦种业"卡脖子"关键问题,实施"粤种强芯"工程,实现建设水产种业强省目标。持续推进深水网箱养殖,以抗风浪网箱养殖为纽带形成深水网箱制造、安置、苗种繁育、大规格鱼种培育、成鱼养殖、饲料营养、设施配套等环节的产业链条,实现规模化、集约化、产业化经营。支持建设一批深水网箱养殖基地、现代化海洋牧场、水产特色养殖示范基地、休闲渔业示范基地等,重点建设海洋牧场 14 个。加快饶平、徐闻等 17 个渔港经济区建设,完善渔港配套设施。规范有序发展远洋渔业,统筹远洋捕捞作业区开发与海外综合性基地建设,加快深圳国家远洋渔业基地(国际金枪鱼交易中心)项目建设。培育若干渔业龙头企业和一批渔业产品知名品牌,大力发展海产品精深加工,延伸海洋渔业产业链条,提高海产品附加值。完善水产品冷链物流体系,提升专业水产品检验检疫水平。

专栏 12　现代海洋渔业产业集群

1. 在粤西建设对虾、名优海水鱼类、珠母贝良种场及养殖基地;在粤东建设鲍鱼、石斑鱼类、鲷科类良种场及养殖基地。

2. 建设一批深水网箱养殖示范基地,构建智能化渔业资源养护和新兴海基养殖平台。推广重力式深水网箱、桁架类大型网箱、船型类大型养殖装备三类深远海智能养殖模式,探索"深远海养殖 + 风电""深远海养殖 + 休闲海钓""深远海养殖 + 运输加工"三类产业融合发展新模式。引导建设湛江、阳江和江门等深海网箱产业集聚区。

3. 大力发展海产品精深加工,打造特色水产品精深加工集群。在湛江、茂名、阳江、江门、汕头、潮州等地建设一批高水平水产品精深加工园区。

4. 建设饶平、南澳岛、汕头海门、揭阳、陆丰、汕尾(马宫)、惠州 – 深圳、珠江口、珠海、江门、阳东、海陵岛 – 阳西、茂名、湛江湾、遂溪 – 廉江、雷州和徐闻 17 个渔港经济区。

5. 鼓励应用新型电商平台和销售模式,积极培育大型水产网络交易平台。建设一批设施先进、功能齐全、服务完善、管理规范、辐射力强的水产品批发市场。

6. 建设水产品质量检测中心,完善水产品溯源系统。

第四节　支持海洋经济数字化发展

围绕海洋领域数字产业化和产业数字化发展,巩固提升海洋信息产业发展优势,加强信息化智慧化赋能,推进现代信息技术同海洋产业的深度融合。

推动海洋信息产业发展壮大。支持大型电子信息企业向海洋领域拓展,推动高端海洋电子装备国产化。加快船舰智能终端、船用导航雷达、船舶海工电子设备及系统的研制与开发,重点研发基于高通量卫星、低轨卫星、天通卫星和北斗卫星导航系统的船舶通信导航设备。推动服务于航行保障、海上搜救、环境监测、生态调节、资源管理的海上新型基础设施建设,支持海底数据中心关键核心技术突破,有序引导广州、深圳、珠海、汕头和惠州等地在海底布放高能耗数据中心。深入推进粤港澳大湾区"智慧海洋"工程。开展海洋数据资产化研究,探索数据资产化标准体系建设,开发和挖掘海洋信息咨询、海洋目标监测、海洋资源开发、渔场渔情预报、海洋防灾减灾、航运保障、海洋生态环境保护等海洋大数据应用服务。

专栏 13   海洋电子信息

1. 依托广州、深圳、东莞、惠州电子信息产业基础,打造珠三角海洋电子信息产业集聚区。支持汕头、潮州培育发展新型海洋电子元器件产业。

2. 培育一批涉海电子信息装备技术和龙头企业,突破水声探测、深海传感器、水下机器人、无人和载人深潜、水下通信定位等关键技术,积极发展卫星、无人机、智能船、海洋遥感与导航等海上态势感知手段和关键技术。

加快现代数字技术与海洋产业深度融合。以海洋制造业为重点,加快物联网、大数据、虚拟仿真、系统协同、人工智能等技术的应用。提升海洋工程装备电子设备的研发制造能力。打造"智慧 + 海洋产业",建设智慧港口、智慧航运、智慧渔业和智慧旅游等,加速海洋产业数字化发展。强化企业数字化技术改造,全面提升传统制造方式自动化、网络化和智能化水平。

第五章   强化海洋科技自立自强战略支撑

发挥科技创新在海洋经济高质量发展中的引领作用,打好关键核心技术攻坚战,努力突破制约海洋经济发展的科技瓶颈,率先形成海洋经济创新体系和发展模式,为海洋强省建设提供强劲动能。

第一节 优化海洋科技资源配置

瞄准海洋科技发展前沿,聚焦广东发展需求,提升源头创新供给能力,强化涉海重大创新平台和基础设施布局建设,服务保障南海资源保护开发。

增强海洋基础研究能力。深入开展海洋气象学、物理海洋学、海洋化学、海洋生物学、海洋地质学等基础科学研究。围绕南海开发保护需求,聚焦海洋空间利用、生物技术、生命健康、天然气水合物、深海矿产资源勘探开发等科技前沿,实施一批具有前瞻性、战略性的重大海洋科技项目,在若干重要领域跻身世界先进行列。进一步加强海洋基础调查、海洋空间资源承载能力、海洋生态修复技术、空天地海通信技术等领域研究,强化支撑管理决策咨询能力。积极参与深海和极地关键技术与装备、海洋环境安全保障与岛礁可持续发展等国家重点研发计划。

加快海洋科研基础设施建设。围绕大湾区建设综合性国家科学中心,合理有序布局海洋重大科技基础设施,推进天然气水合物钻采船(大洋钻探船)、海底科学观测网南海子网、冷泉生态系统、极端海洋科考设施等建设,打造重大科技基础设施群。争取省部合作共建国家深海科考中心,推动国家技术标准创新基地海洋领域子基地建设。依据海洋气候、生态系统特征及区域代表性,争取国家在我省岛屿和岛礁等布局建设海洋生态系统国家野外科学观测研究站。

构建高水平多层次海洋实验室体系。争取在海洋科学领域新建国家重点实验室,继续推进热带海洋环境国家重点实验室建设,培育建设企业类国家重点实验室及省部共建国家重点实验室。加快推进南方海洋科学与工程广东省实验室建设,打造海洋科技创新国家实验室预备队。充分发挥港澳海洋科技和产业优势,建设一批粤港澳联合实验室。

加强海洋技术创新平台建设。支持建设中科院南海生态环境工程创新研究院、广东智能无人系统研究院等一批前沿科学交叉研究和高水平海洋科研机构。支持工程(技术)研究中心和企业技术中心等海洋创新平台建设。以政府为主导,联合涉海科研院所、高校和其他单位,成立广东省一体化海洋信息服务平台或联盟,加强海洋信息的获取、集成、应用和共享。

专栏14　海洋科技创新平台

1.广州:推动广州南沙科学城建设大湾区综合性国家科学中心先行启动区的联动协同发展区,重点发展海洋科学。筹建天然气水合物勘查开发国家工程研究中心。推进明珠科学园建设,打造南方海洋科技创新合作中心。建设南方海洋科学与工程广东省实验室(广州)、中国科学院南海生态环境工程创新研究院、广州海洋地质调查局深海科创中心、广东智能无人系统研究院、中科院洁净能源创新研究院(广州)、大湾区海洋环境研究院、广东省海岛及海岸带生态科学研究中心、广东腐蚀科学与技术创新研究院、广东海洋大学广州(南沙)研究院等重大平台。

2.深圳:组建国家深海科考中心,以深海前沿科学研究、技术和装备研发为重点,打造中国深海科创基地。规划建设国家南方海洋科学城。

3.珠海:建设南方海洋科学与工程广东省实验室(珠海),形成南海四基观测系统、海洋科考平台、海洋遥感信息中心、海洋数据中心、海洋生物资源库、海洋元素与同位素平台、海洋工程技术试验平台、万山无人船海上测试场等八大公共平台。建设深海高端制造科技园。

4.惠州:以中科院两大科学装置(强流重离子加速器装置和加速器驱动嬗变研究装置)和先进能源科学与技术广东省实验室、离子产业园、稔平半岛能源科技岛建设为依托,建设粤港澳大湾区海洋科技创新中心和成果转化基地。

5.汕头:依托华侨经济文化合作试验区、中以(汕头)科技创新合作区、中国科协海智计划广东(汕头)工作基地,加快推进化学与精细化工广东省实验室建设,布局建设华南技术转移中心粤东分中心和一批高水平创新研究院等创新平台。

6.湛江:建设南方海洋科学与工程广东省实验室(湛江)。

第二节　激发涉海企业创新活力

充分发挥企业在技术创新中的主体作用,聚焦海洋核心装备制造和关键技术研发,强化产业链协同创新,提升涉海企业技术创新整体效能。

突破海洋产业关键核心技术和装备。强化国家地方协同,积极探索社会主义市场经济条件下关键核心技术攻关新型举国体制"广东路径",以企业为主导、市场为导向,综合多学科、多主体、多层级力量,协同开展关键核心技术攻关及关联基础和应用基础研究,推动海洋领域"卡脖子"问题成体系解决,切实保障产业链安全。继续实施"海洋高端装备制造及资源保护与利用"重点研发计划,提升核心技术装备国产化率。

提升涉海企业技术创新能力。推动产业链上中下游、大中小微海洋企业融通创新,促进产业链再造和价值链提升。鼓励龙头企业牵头组建创新联合体,承担海洋领域国家重大科技项目。培育一批核心技术能力突出、集成创新能力强的创新型领军涉海企业。培育创新型民营企业,支持民营骨干企业承担国家及省、市重大和重点海洋科技攻关项目。遴选一批高成长涉海中小企业,在政策服务方面给予重点支持,推动成为细分行业领域的"专精特新"企业。发挥企业家在科技攻关方向、技术路线确定、发展模式创新、商业模式创新中的引领作用,鼓励企业家积极探索和开展创新活动。

第三节 加强海洋科技人才培育

实施更加开放的人才政策,面向全球引才聚才,优化人才培育和发展环境,强化人才支撑,打造海洋科技创新人才高地。

强化海洋科技人才引育。实施海洋人才发展计划,制订海洋"高精尖缺"人才引进目录。按照"领军人才 + 产业项目 + 涉海企业"模式,积极组建海内外海洋产业领军人才团队,加快培养和引进海洋技术方面帅才型领军人才。建设海洋领域院士工作站、博士工作站、博士后工作站、博士后创新实践基地,大力聚集海洋高端人才。放宽外籍高层次海洋人才来粤工作条件限制,创新人才引进服务机制。

创新人才教育培养模式。支持深圳加快组建高水平海洋大学,设立中国海洋大学深圳研究院、哈尔滨工程大学深圳海洋研究院。支持省内高校增设涉海专业与学科,推动中山大学、广东海洋大学和南方科技大学等高校加快建设优势特色海洋学科,加快推进广州交通大学建设。加强高校海洋学科专业、类型、层次与区域海洋产业发展的动态协同,培养高水平复合型海洋技术人才。大力发展海洋技术职业教育和非学历教育,鼓励校企合作设立海洋技术学院或产业研究院。依托地方和企业构建实习实训平台,探索产教融合途径,建立海洋技术类人才储备库。

第四节 改善海洋科技创新环境

强化海洋科技创新政策支持和服务体系建设,持续优化科技成果转移转化制度环境,营造良好海洋科技创新氛围。

加大海洋科技创新扶持力度。强化财政、税收、金融等政策支持,促进海洋技术、人才、资金等各类创新要素向涉海企业集聚。鼓励海洋领域研发资助专项向企业倾斜,支持海洋电子信息、海上风电、海洋生物、海工装备、天然气水合物、海洋公共服务等海洋六大产业产品研发、技术改造和技术攻关等。完善"众创空间－孵化器－加速器－产业园"全链条孵化育成体系。大力支持各类技术创新中介服务机构的发展,形成规模化、社会化、网络化的技术创新服务体系。发挥海洋创新联盟桥梁纽带作用,加强行业共性关键技术研发和推广应用,为联盟成员企业提供订单式海洋技术服务。

加速海洋科技成果转化。促进海洋创新链和产业链精准对接,加快科研成果从样品到产品再到商品的转化。推动一批短中期见效、有力带动产业结构优化升级的重大涉海科技成果转化应用。充分利用中国海洋经济博览会、中国国际高新技术成果交易会等平台,推动海洋知识产权和科技成果产权交易。强化海洋科技成果转移转化市场化服务,完善海洋科技成果转化金融服务体系,扶持培育涉海中介服务机构和专业化技术交易平台。

第六章 推动海洋经济绿色高效发展

坚持绿水青山就是金山银山理念,加快推进海洋整体保护、系统修复和综合治理,提升海洋资源节约集约利用水平,探索海洋生态产品价值实现机制,积极参与碳达峰、碳中和行动,促进海洋经济全面绿色低碳转型,推进人与自然和谐共生的现代化。

第一节 高水平保护与修复海洋自然资源

构建以海岸带、海岛链和自然保护地为支撑的海洋生态安全格局,加强海洋物种和生境保护,实施海洋生态修复重大工程,强化陆源污染物入海控制,大力提升海洋生态系统质量和稳定性。

整体保护海洋生态环境。严格实施海洋生态红线管控制度,守住自然生态安全边界。构建以国家公园为主体的自然保护地体系,优化整合以珍稀物种、典型海洋生态系统为代表的自然保护地,保护野生动物及其重要栖息地,保护、恢复和改善野生动物生存环境。推进珠三角地区水鸟生态廊道建设,加大对产卵场、索饵场、越冬场、洄游通道等重要渔业水域的保护力度,筑牢沿海珍稀物种生态廊道和生物多样性保护网络。重点推动入海河口、海湾、滨海湿地与红树林、珊瑚礁、海草床等多种典型海洋生态类型的系统保护,促进海洋生物资源恢复和生物多样性保护。健全海洋生态环境监测网络,建设海岸带生态环境感知物联网,提升海洋环境监测能力,加强对近岸重要海洋功能区、严重污染海域、环境质量退化海域、环境敏感海域关键指标的监测。

专栏 15　海洋珍稀物种保护

1. 推进湛江雷州半岛海域、阳江湾海域、珠江口海域、镇海湾—广海湾—川山群岛—银湖湾海域、大亚湾—大鹏湾海域、红海湾—碣石湾海域和潮汕—南澎列岛海域等生物多样性保护优先区建设。

2. 加大对汕尾海丰、汕头南澳、湛江红树林等野生鸟类栖息地的保护,加强大凤头燕鸥、黑脸琵鹭、勺嘴鹬等珍稀濒危鸟类及其栖息地资源的调查、监测和保护。

3. 对中华白海豚、中华鲎、绿海龟等具有广东特色的珍稀濒危物种开展专项调查,建立监测网络。

系统修复海洋生态环境。持续开展"蓝色海湾"综合整治行动,加强生态环境修复效果监测评估。重点实施海岸线整治修复、魅力沙滩打造、海堤生态化、滨海湿地恢复以及美丽海湾建设等"五大工程"。推进重要河口、海湾、海岛等生态系统保护修复,开展海洋珍稀濒危物种典型生境保护修复、生态灾害防治、防护林体系建设等。通过探索赋予一定期限的自然资源产权等激励政策,鼓励社会资本进入生态修复领域。大力发展海洋生态产业,做大做强海洋环境监测及海洋生态修复工程设计、施工和维护等产业。

综合治理海洋污染。建立"流域 + 沿海 + 海域"协同的海洋环境综合治理体系。加强陆源入海污染控制,严格规范入海排污口设置的备案管理,逐步将入河入海排污口、海洋污染源等纳入排污许可管理,对重点入海排污口进行分类管控。开展入海河流环境整治行动,强化工业污水、生活污水和农业面源污染治理,控制和削减污染物排海总量,改善海域水环境质量。加强船舶、港口、海水养殖等污染治理。严格管控废弃物海上倾倒,实施海漂垃圾和海洋微塑料源头治理。加强沿海地区、入海河流流域、河口、近岸及海湾(湾区)生态环境目标、政策标准衔接,实施区域流域海域污染防治和生态保护修复的责任衔接、协调联动和统一监管。

第二节　高效率利用海洋自然资源

建立健全海洋资源资产产权管理制度,提升海洋资源市场化配置水平,推进海洋资源全面节约、循环利用,全面提升海洋资源利用效率。

加强海洋资源调查评价和确权登记。建设统一的海洋资源调查监测与应用体系,开展海洋资源基础调查、专项调查和动态监测。组织实施海洋生态产品基础信息调查,摸清各类生态产品数量、质量等底数,形成生态产品目录清单。建立海洋生态产品动态监测制度,及时跟踪掌握生态产品数量分布、质量等级、功能特点、权益归属、保护和开发利用情况等信息。有序推进海洋资源确权登记,清晰界定海洋资源资产产权主体,划清所有权和使用权边界。丰富海洋资源资产使用权类型,合理界定出让、转让、出租、抵押、入股等权责归属。

持续推进海洋资源科学配置。发挥市场在资源配置中的决定性作用,建立和培育海洋资源产权交易市场,完善全民所有海洋资源资产出让、租赁、作价出资政策。健全海砂、无居民海岛和养殖用海等海洋资源使用权招拍挂制度。建立涵盖海洋资源资产等在内的全省自然资源统一交易平台,链接供需信息,完善资格认定、价值评估、信用赋予、交易鉴证等服务。更好地发挥政府作用,健全市场监测监管和调控机制,推进海洋资源市场健康有序发展。基于陆海统筹编制出台国土空间规划、海岸带综合保护与利用规划,强化海洋国土空间用途管制,规范海洋资源开发与保护秩序。除国家重大项目外,全面禁止新增围填海。

节约集约利用海洋资源。推进港口转型升级、临港产业聚集,推动港产城融合发展。从严控制项目用海规模和占用岸线长度。实施海洋资源差别化有偿使用,通过价格杠杆约束粗放利用,激励节约集约使用海洋资源。推行海域空间立体开发和混合利用,探索海上风电、深水养殖、海上娱乐、海底管线、海底隧道及其他海底设施分层用海。盘活利用低效闲置的港口岸线、海域海岛资源,探索建立闲置用海调查与收储制度,定期开展闲置用海调查,引导建立优胜劣汰的市场化退出机制。

促进海洋资源循环利用。推进海洋关联企业合作,不断拓展和延伸产业链条,提高海洋资源的综合利用水平。大力发展和创新海洋循环产业,构建形成港口海运—临港石化—冶炼产业、海洋渔业—滨海旅游业等生态产业链闭环,在海洋产业内部开发新的价值创造环节,将上游企业加工形成的排放物变为下游企业加工制造环节的原材料,实现产业内循环。探索发电、海水制盐、海洋化工等海洋产业循环发展模式。发展废船拆解、废钢回收、废钢分拣加工、钢铁冶炼、高端钢材轧制到船舶制造全流程的循环经济产业链。加快涉海产业园区生态化改造,构建区域产业生态链,创新园区绿色闭环网络体系。

第三节 积极探索海洋生态产业化

围绕解决海洋生态产品"难度量、难抵押、难交易、难变现"等问题,建立保护海洋生态环境的利益导向机制,推进生态优势转化为经济优势。

探索开展海洋生态产品价值核算。综合考虑海洋生态产品类型、保护开发成本和市场需求等,开展以海洋生态产品实物量为重点的生态价值核算,逐步建立海洋生态产品价值核算体系。推动海洋生态产品价值核算结果的应用,探索将核算结果作为生态保护补偿、生态损害赔偿、绩效考核评估等工作的重要参考。

探索海洋生态产品经济价值实现机制。推进海洋生态产品价值实现机制试点。推动海洋生态资源权益市场化交易,探索建立海岸线占补、蓝色碳汇交易等产权指标交易市场。鼓励金融机构加大对海洋生态产品经营开发主体中长期贷款支持力度,探索海洋生态产品证券化路径和模式。培养新型的生态产业化经营主体。

探索培育蓝色碳汇产业。落实国家碳达峰、碳中和部署,深入开展海洋碳汇研究,鼓励开展蓝碳标准体系、海洋碳汇核算系统的理论方法和碳汇计量相关技术方法及标准研究。建设可持续性海洋牧场等重要海岸带生态系统,发挥浮游植物、藻类和贝类等生物的固碳功能,试点研究生态渔业的固碳机制和增汇模式,开展海水贝藻类养殖区碳中和示范应用。把蓝碳作为支持沿海可持续发展的重要途径,带动海洋生态修复、生态旅游、生态养殖、蓝碳技术服务和蓝碳交易等海洋经济新业态发展。吸引社会资金投入红树林保护修复,推动海洋碳汇经济发展。

> **专栏16　海洋碳汇**
>
> 　　1. 推进蓝碳资源有机碳含量、面积、碳储量评估等本底调查。探索建设蓝色碳汇项目产权界定与配置、蓝碳交易、审核、计量及交易制度。积极推动蓝碳捕集、利用、封存技术的研究、测试和商业化应用。
>
> 　　2. 大力推进蓝碳增汇工程,开展近海生态系统固碳增汇关键技术研发与示范,通过生态修复工程恢复和提升红树林、盐沼湿地和海草床等海岸带高等植物生境的碳汇功能。
>
> 　　3. 在广州、深圳、珠海、江门、惠州和湛江等开展海洋碳中和试点和示范应用,探索海洋碳汇交易,推动形成粤港澳大湾区碳排放权交易市场。

第七章　加强海洋经济开放合作

　　充分发挥海洋在对外开放中的门户作用,主动融入国内国际双循环,在海洋领域实施更大范围、更宽领域、更深层次的对外开放,积极参与全球治理,建设向海开放高地。

第一节　持续深化粤港澳海洋经济合作

　　发挥比较优势,在涉海基础设施、海洋科技、海洋产业、海洋生态保护等方面密切合作,积极促进粤港澳海洋经济深度融合。

　　强化粤港澳海洋基础设施互联互通。加快推进深中通道、黄茅海跨海通道、狮子洋通道、莲花山通道等规划建设,打造珠江口世界级跨江通道群,推动珠江口东西两岸融合发展。完善粤港澳大湾区港口基础设施,建设多式联运的集疏运网络,增强广州、深圳国际航运综合服务功能,与香港形成互惠共赢、优势互补的港口、航运、物流和配套服务体系,共同推动粤港澳大湾区世界级港口群建设。加快建设大湾区通往东西两翼的沿海高快速铁路"双通道"建设,强化海港、空港和陆路交通枢纽集散、中转等功能,积极拓展海洋经济发展腹地。

促进粤港澳海洋科技创新协同。充分发挥港澳海洋科技优势,依托广州创新合作区、前海深港现代服务业合作区、深港科技创新合作区深圳园区、横琴粤澳深度合作区等,集聚高水平创新资源,深化粤港澳海洋领域科技创新合作。联合港澳高等院校、科研机构、工程中心等,共建海洋科技创新平台,推动港澳地区国家重点实验室在粤设立分支机构。合作开展海洋生物医药、海洋污染、深海资源勘探开发和海洋防灾减灾等领域关键核心技术攻关,建设科技成果中试熟化基地、国际先进科技创新规则试验区和粤港澳大湾区中试转化集聚区。建设粤港澳青年创新创业示范基地,推动湾区内涉海人才流动资质互认。

深化粤港澳海洋产业合作。在 CEPA 框架下,推动粤港澳涉海投融资、人员货物通关、涉海行业标准等方面规则对接。加强粤港澳航运服务合作,鼓励共建航运服务专业机构,大力发展航运支付结算、融资租赁、航运保险、会计审计及法律服务等专业服务。加强粤港澳海洋金融合作,探索在境内外发行企业海洋开发债券,鼓励产业(股权)投资基金投资海洋综合开发企业和项目。发挥香港国际金融中心作用,为广东涉海企业"走出去"提供投融资和咨询等服务。支持澳门打造中国 – 葡语国家金融服务平台,承接中国与葡语国家涉海金融合作服务,探索建设澳门 – 珠海跨境金融合作示范区。加强粤港澳滨海旅游合作,推广"一程多站"和粤港澳游艇自由行试点政策,支持开通香港 – 深圳 – 惠州 – 汕尾等一批海上旅游航线,积极发展粤港澳"跨岛游"。加强粤港澳海洋文化事业合作,联合举办海洋文化论坛、海洋科技成果交流展示会等。

加强海洋生态环境合作共治。实施滨海湿地跨境联合保护,加强海洋污染联合管控与海洋生态环境联合监测,共建美丽海湾。开展海洋防灾减灾联防联治,制定统一的海洋观测数据标准,推进现有海洋观测站点基准联测,建立海洋观测预报数据共享和灾害预警联合会商机制,共同提升粤港澳海洋防灾减灾水平。加强与香港、澳门在应对海平面上升与气候变化等国际热点问题的合作。

第二节　对接辐射泛珠三角区域海洋经济

加强与海南、广西、福建等周边省区的合作交流,强化海洋基础设施互联互通,推进生产要素自由流动,促进泛珠三角区域海洋经济协调联动发展。

推动与海南自贸港联动融合发展。推动广州港与海南港在产业协同、资源共享、技术创新、互联互通等方面的合作,实现"港港联运"。深化湛江港与海南港口的战略合作,继续推进琼州海峡港航一体化。加快琼州海峡经济带建设,强化海洋交通运输、海洋旅游、海洋生物制药、海洋能源开发、海工装备制造、海洋公共服务等产业合作。研究与海南在徐闻共建产业合作园区,打造海南加工制造业和现代服务业重点延伸区和扩散地。

协同北部湾经济区打造陆海双向经济通道。以珠江-西江经济带、西部陆海新通道建设为契机,加大与北部湾海洋产业对接,重点推进在钢铁石化、生物医药、滨海旅游、特色海产品加工等领域深度合作。与北部湾经济区共同开拓东南亚市场,积极探索建设中国—东盟海洋合作区。支持湛江打造西部陆海新通道主出海口,探索构建对接西南腹地省区物流运输和交流合作平台,优化共商共建共享机制,与重庆、成都、南宁等地共同打造现代化物流枢纽体系。

携手闽浙沿海城市打造粤港澳大湾区辐射延伸区。统筹陆海交通基础设施建设,加强港口资源整合,携手共建粤闽浙沿海城市群和"21世纪海上丝绸之路"支点。重点推进粤闽海洋产业合作,积极开展海洋生物技术研发、中试和成果转化,支持建设海洋科技企业孵化器;建立现代渔业科技创新联盟,提升水产品精深加工、渔业人工育苗育种等方面自主创新能力,共建海产品食品检验检测平台;推动汕头、潮州等与厦门、泉州、漳州等组建滨海旅游城市联盟,加强在特色旅游、文化创意等方面合作,共同开发海洋文化精品旅游线路。

第三节 加快推进全球海洋经济合作

践行海洋命运共同体理念,充分发挥广东在构建新发展格局中的战略支点作用,打造南海开发保障基地,强化与海上丝绸之路沿线国家和地区的合作,深度参与全球海洋治理。

积极拓展全面开放蓝色空间。巩固拓展国际蓝色经济伙伴关系,积极推动次区域合作拓展深化,打造蓝色经济合作新亮点。充分利用区域全面经济伙伴关系协定(RCEP)等自由贸易协定优惠条款,开拓蓝色合作新空间。鼓励广东涉海企业走出去,积极参与沿线国家海洋产业园区建设。加强与国外重要港口物流合作,拓展国际航线网络,共建友好港口、临港物流园区。支持涉海企业在印尼、马来西亚等东盟国家建立一批以海水养殖、远洋渔业加工、新能源与可再生能源、海洋生物制药、海洋工程技术、环保产业和海洋旅游等领域为重点的海洋经济示范区、海洋科技合作园。加强与太平洋岛国蓝色合作,协助太平洋岛国渔业升级,建设一批集生产、冷藏加工、远洋渔船补给和服务保障平台等于一体的远洋渔业多功能综合服务基地。逐步拓展欧美国家航线,打通连接国际物流大通道,加快与欧盟开展海洋科技、海上清洁能源、海洋生态环保等蓝色经济合作,高标准建设中欧蓝色产业园。推动中国海洋经济博览会向品牌化、市场化、国际化方向发展,不断提高中国海洋经济博览会的国际参与度。

积极参与全球海洋治理。聚焦我国参与国际能源合作、海洋矿产勘探开采、渔业生物资源利用、物流转运等领域,强化南海开发服务保障能力。加快海洋产业技术发展与国际标准接轨步伐,鼓励在粤海洋企业积极参与和引领海洋贸易、海洋生态安全、装备制造等领域的国际标准制定。鼓励科研机构开展海洋物理环境变化、海洋塑料污染、海洋酸化、极地以及海洋监观测技术等科研合作。积极组织相关涉海企业参与美国休斯敦石油展会(OTC)和阿布扎比石油博览会(ADIPEC)等会展活动,进一步扩大广东省石化企业及品牌的国际影响力。积极引进国际海洋事务机构落户广东,主动参与国际海洋事务的交流合作。

第八章　提升海洋经济综合管理能力

推进海洋领域治理体系与治理能力现代化,不断提升海洋公共服务水平,加强应急救灾和风险防范能力,大力提升海洋文化软实力,建立健全海洋经济监测评估体系,为海洋经济平稳健康发展提供支撑。

第一节　完善海洋公共服务平台

充分发挥政府作用,聚焦基础服务、基础设施、基础数据,统筹开展各级各类海洋公共服务平台建设,系统提升公共服务效能。

建设重点海洋产业公共服务平台。结合智能船舶、水下机器人、水下通信、海洋生物、风电、波浪能、人工浮岛等一批海洋产业发展海试需求,建设海洋工程装备检测、海洋生物产业化中试技术研发和海洋材料环境试验等公共服务平台。积极争取布局建设国家海洋综合试验场(万山),加快推进省级海洋试验场建设。

加强海洋信息基础平台建设。推进海洋地理信息数据资源建设,构建海洋测绘基准服务网络。建设海洋大数据中心,加强海洋数据的获取、存储、计算、分析与应用。建立广东省海洋资源市场动态监测体系,实施海洋资源价格调查、监测和评价。探索建设海洋产业投融资信息服务平台,实现涉海企业和金融机构的信息交互与对接。依托省政务数据共享交换平台,全面提升海洋业务"一网统管""一网通办"能力,打通审批、服务、监管、执法、信用全链条,实现海洋领域政府决策科学化、治理精准化、政务服务高效化。

建立健全海洋经济监测评估体系。完善海洋经济统计调查、核算、发布和共享制度,构建海洋经济高质量评价体系和监测体系,不断提升省级和市级海洋经济运行监测与评估能力。定期开展海洋经济运行监测工作,做好涉海企业直报和涉海部门数据共享。积极推进市级海洋生产总值核算。持续开展海洋经济重大问题研究,提升对海洋经济运行的综合评估分析能力,做好监测数据类、统计分析类、指数报告类和专题研究类产品编制。

第二节　筑牢海洋防灾减灾防线

统筹发展和安全,建立观测监测、预警预报、风险防范、应急救援全流程的海洋灾害防控安全体系,维护人民群众生命财产安全。

持续推进海洋立体观测网建设。提高全省海洋观测站点分布密度和观测能力,推进验潮站、浮标、雷达、志愿船等综合观测设施建设,逐步完善全省海洋立体观测网。完善海洋立体观测网运行机制,实施海洋观测站(点)分级分类管理,规范海洋观测设施建设和运行管理,逐步实现海洋观测数据信息共享,推进观测资料数据对比工作。

强化预报监测服务海洋经济发展能力。建立智能网格化海洋预报系统。强化重点保障目标精细化海洋预报工作,为企业和涉海重大项目提供定制化海洋环境保障服务,服务好港口运输、海上风电开发及海上油气开发等作业活动。加强海洋灾害风险防范能力,扎实推进海洋灾害风险普查,开展海洋灾害承灾体调查。继续推进沿海市、县海洋灾害风险评估和区划工作,划定海洋灾害重点防御区。强化沿海核电站、大型石化基地、储油基地等设施隐患排查整治,开展环境风险源邻近区域环境监测和定期巡查,防范溢油、危险品泄露、核辐射等重大环境风险。积极推进生态海堤建设。加强海洋生态保护修复和生态灾害预警监测。加强沿海防护林体系工程建设,重点推进沿海基干林带造林、灾损基干林带修复和老化基干林带更新等,充分发挥基干林带抵御台风和风暴潮等自然灾害的重要作用。加强公众海洋防灾减灾教育。

提升应急救灾及搜救水平。优化搜救基地布局,完善救助码头、避风锚地等设施建设。健全沿海地区防洪防潮体系,提高沿海地区对海洋灾害的防御能力。积极争取和有效保障国家在广东省布局建设救助站点。完善救灾应急专业队伍,强化突击队伍、骨干队伍、辅助力量、专家智库等应急处理力量体系。提升海洋防灾减灾救灾应急装备水平。加强海洋环境分析预测和搜救辅助决策支撑,提升海上搜救能力。

第三节 提升海洋公共文化服务

充分挖掘海洋文化资源价值,大力弘扬特色鲜明的南海海洋文化,培育海洋文化产业,提升海洋文化影响力,为海洋经济高质量发展提供强劲的精神动力和良好的人文环境。

增强海洋文化意识宣传教育。加深公众对海洋的认识,树立全面现代海洋观。加快推动海洋知识"进教材、进学校、进课堂",加强海洋文化知识科普。培育打造具有传播力和影响力的海洋资讯新媒体平台,巩固提升中国海洋经济博览会和"海洋宣传日""南海开渔节"等海洋主题活动影响力,建立多层次、多渠道的海洋知识传播方式,营造关心海洋、认识海洋、经略海洋的浓厚氛围。

推进海洋文化设施建设。鼓励沿海地市结合当地文化和旅游特色,建设海洋主题游乐场或海洋文化城。依托先进技术,开展水下文化遗产调查和保护研究,建设广东水下文化遗产保护中心。支持建设海洋博物馆和海洋历史文化遗址公园,打造海洋文化的显著标志,提升海洋文化软实力。依托海洋创新平台、海洋实验室、海洋观测站点等,形成一批跨学科、特色鲜明的海洋科普教育场所,争取建设成为国家级海洋科普教育基地。

专栏17 海洋文化载体建设

1. 建设广州海事博物馆、深圳海洋博物馆、阳江广东海上丝绸之路博物馆、湛江红树林博物馆、广东台山海上丝绸之路博物馆等,传播海洋知识、弘扬海洋文化。

2. 建设南方海洋科学与工程广东省实验室(珠海)科普馆。

3. 建设粤港澳大湾区海防遗址国家文化公园,推进林则徐销烟池与虎门炮台群、大鹏所城、台山广海卫城、新会崖门宋元古战场等一批重点海防遗址遗迹保护利用。加快建设揭阳石碑山角领海基点公园及江门围夹岛领海基点公园等。

打造海洋文旅精品项目。系统梳理广东海洋文化资源,全力保护海洋文化遗产,深入挖掘广府文化、海商文化、"海上丝绸之路"文化、妈祖文化以及海防海战历史遗迹等,支持广州南海神庙、江门川岛圣方济各教堂、湛江徐闻古港、潮州笔架山宋窑、阳江阳东大澳渔村等海丝遗址遗迹开发特色海洋文旅产品。打造一批具有海岛民俗和渔业文化特色的海洋文化旅游区,推出广东省海洋文化旅游专线。加强国际海洋文化旅游交流合作,策划滨海旅游节、海洋狂欢日、海洋文化演艺活动和海上体育赛事等国际海洋文化活动。挖掘海洋文化资源,鼓励创作具有海洋特色的文化创意产品。

第九章 保障措施

坚持把党的领导贯穿发展海洋经济全过程和各方面,健全规划协同推进和责任监督落实机制,推动重点任务重点改革集中攻坚,确保规划科学有序实施。

第一节 加强组织领导

坚持党总揽全局、协调各方的领导核心地位,完善集中统一高效的海洋工作领导体制。积极发挥省海洋工作领导小组作用,强化全省海洋事务统筹,协调解决跨区域跨部门重大问题,督促各地各部门落实责任和任务。沿海各地结合本地发展实际,制定本级海洋经济发展规划或政策,落实本规划各项目标任务。省有关部门按照职责分工,强化工作协同,形成规划实施的政策体系。组织开展规划实施动态监测、中期评估和总结评估,重大情况和评估结果及时向省政府报告。

第二节　加强重点攻坚

完善海洋领域治理体系,修订省海域使用条例、海洋环境保护法实施办法,推动海岸带、海岛、海上构筑物和海上交通安全等管理制度建设。发挥先行先试的制度优势,全面深化改革,率先推动海域立体分层设权、海岸线占补制度、海岸建筑退缩线制度、市级海洋生产总值核算制度、蓝碳标准体系建设等五项重点改革举措落地见效。巩固和深化海洋综合执法队伍改革,提高海洋综合执法效率,维护海洋保护开发良好秩序。坚持目标导向、结果导向、问题导向,部署开展蓝色科技走廊、海洋产业集聚发展示范、粤港澳大湾区海洋经济合作示范、海洋基础设施、海洋生态保护、智慧海洋等六大工程建设。

第三节　加强要素保障

统筹整合各级财政资金,稳步加大对海洋经济、科技、生态等方面的财政投入,进一步优化涉海领域财政支持政策。积极申请中央财政支持海洋公共基础设施、重大实验室建设及海洋生态保护修复等。探索设立市场化运作为主的省海洋经济创新发展基金,鼓励社会资本以市场化方式运营海洋产业投资基金。完善海洋产业投融资风险分担机制。用好政府性融资担保降费奖补政策和再担保代偿补偿政策,支持涉海企业融资。加强用地用海用林保障,强化资源供给和空间响应的精准化、差异化配置,推进用地用林计划指标优先向重大平台、重大项目集聚。对涉及用海的重大平台、重大项目提前介入、跟进服务,优先安排符合国土空间规划、海洋生态红线等管控要求的重大项目用海,确保涉海重大平台、重大项目落地实施。积极构建涵盖高层次技术创新人才、管理人才、技能人才的多层次海洋人才体系。建设省海洋经济发展智库,为海洋经济发展提供智力支撑。

第四节　加强公众参与

加大规划宣传力度,定期公布规划实施新进展、新成效和新经验,形成正确舆论导向,强化规划影响力。完善公众参与机制,积极支持涉海社会组织发展,强化重大决策和项目的公众参与,畅通公众意见反馈渠道,鼓励社会公众通过法定程序和渠道参与规划的实施和监督,为海洋经济发展营造良好的社会氛围。

附件 1

广东省海洋经济发展"十四五"
规划重点改革举措

序号	改革任务	具体改革内容
1	海域立体分层设权	根据不同用海类型和用海方式的兼容性要求,探索制定海域使用立体分层设权配套政策。探索海域分层确权协调机制,对海域的水面、水体、海床、底土分别设立使用权,探索三维海籍制度,出台海域立体分层设权管理制度。
2	海岸线占补制度	从岸线价值评估、搭建岸线存储平台等方面研究建立支撑技术方法;建立海岸线占补管理系统平台、异地占补机制、监督管理机制,形成有效的实施和监管体制,逐步建立行之有效的生态岸线指标交易市场体系。
3	海岸建筑退缩线制度	开展省海岸建筑前沿线现状调查,分析统计各类型岸线海岸建筑前沿线的分布情况和存在问题。根据海岸线类型和风险防范、建设需求等因素,研究探索海岸建筑退缩线的划定方法并划定广东省海岸建筑退缩线,明确海岸建筑退缩线内的区域建筑物建设和管理要求。
4	市级海洋生产总值核算制度	建立含核算范围、基础数据采集及审核、核算方法、核算结果校验等内容的市级海洋生产总值核算制度。编制《广东省市级海洋生产总值核算技术指南》,指导各地有序开展市级海洋生产总值核算工作,探索科学的核算方法。
5	蓝碳标准体系	开展蓝碳的增汇固碳机制原理、方法、标准及政策体系研究,探索海洋碳汇核算系统的理论方法和碳汇计量相关技术方法及标准。建设低碳试点城市,探索海洋碳汇交易制度和建立海洋碳汇交易试点。

附件 2

广东省海洋经济发展"十四五"
规划重大工程项目

序号	项目名称	建设内容及规模	总投资额（亿元）	建设周期
合计		建设六大工程共 30 个项目。	6202.65	
	（一）蓝色科技走廊建设工程		210.73	
1	南方海洋科学与工程广东省实验室（广州）	建设实验室 2#、3#海洋科技支撑平台，冷泉装置园区基建、香港及深圳分部，引进人才团队。	23.27	2020—2024
2	南方海洋科学与工程广东省实验室（珠海）	建设 8 个基础研究和应用基础研究的功能实验室，6 个综合性的集成创新中心，以及 6 个"海洋＋"产业园区。	30	2019—2024
3	南方海洋科学与工程广东省实验室（湛江）	建设一系列功能实验室、科学装置、中试基地、公共服务平台，以及 1 个码头泊位。	58	2020—2022
4	天然气水合物钻采船（大洋钻探船）建设项目	自主设计建设 1 艘天然气水合物钻采船（大洋钻探船）、1 艘钻探保障船、南部码头 1 处。其中码头包括 1 个钻采船泊位、1 个钻探保障船泊位以及 3 个调查船泊位。陆域配套建设世界一流的岩心库。	43	2020—2021
5	冷泉生态系统研究装置项目	建设模拟仿真试验系统、原位智融研究系统和保障支撑系统，为天然气水合物开采和冷泉生态系统演化研究提供全生命周期的模拟仿真与实时长期观测的先进平台和技术支撑。	25	2022—2026

序号	项目名称	建设内容及规模	总投资额（亿元）	建设周期
6	深海科技创新中心基地	建设天然气水合物工程技术中心、天然气水合物勘查开发国家工程研究中心、深海探测高新技术研发中心、水合物实验测试中心、自然资源部海底矿产重点实验室、海洋环境与工程中心、数据处理与计算中心、大洋与极地中心、国际合作与交流中心、成果资料与科普馆。	11	2018—2025
7	极端海洋动态过程多尺度自主观测科考设施预研项目	建设岸基智能科考示范中心，研发智能科考试验系统和极端环境智能科学载荷。	7.76	2021—2024
8	广东腐蚀科学与技术创新研究院	瞄准装备制造、能源材料、海洋科技需求，开展耐腐蚀材料、表面改性技术、腐蚀防护涂料与涂层、缓蚀剂、阴极保护、结构安全评价与寿命预测等方面研究，提升腐蚀防护与控制技术的自主创新能力。	12.7	2020—2025
（二）海洋产业集聚发展示范工程			4243.63	
1	海上风电项目	重点建设省管海域阳江南鹏岛、沙扒、青洲、湛江外罗、徐闻、新寮、珠海桂山、金湾、惠州港口、汕尾后湖、甲子、揭阳神泉、汕头勒门、海门等海上风电项目，推动国管海域专属经济区海上风电项目陆续开工建设。	900	2017—2025
2	海洋高端装备项目	建设汕尾海洋工程基地（陆丰）中天科技产业园新建项目、陆丰海洋工程基地、深海石油钻探设备研发和制造基地、汕尾海洋工程基地（陆丰）项目管桩及导管架制造厂工程项目、三一海洋重工二期港口机械项目、临海装备制造基地项目。	108	2020—2024

序号	项目名称	建设内容及规模	总投资额（亿元）	建设周期
3	绿色石化产业项目	建设广州、惠州大亚湾、湛江东海岛、茂名、揭阳大南海等五大炼化一体化基地，建设一批高端精细化工产品和化工新材料项目。到 2025 年，形成炼油 9000 万吨/年、乙烯 900 万吨/年、芳烃 500 万吨/年以上的生产能力。	950	2012—2035
4	液化天然气接收站、储气库	建设广州 LNG 应急调峰气源站（一期）、国家管网深圳 LNG 应急调峰站、阳江 LNG 调峰储气库、潮州华瀛 LNG 接收站、惠州 LNG 接收站、珠海金湾 LNG 接收站扩建工程、粤西（茂名）LNG 接收站、广东大鹏 LNG 接收站扩建工程、中石油揭阳 LNG 项目等。	400	2017—2026
5	核电项目	建设惠州太平岭核电一期项目，新开工建设陆丰核电、廉江核电、太平岭核电二期等项目，"十四五"期间，新增装机 240 万千瓦，到 2025 年，核电装机容量达到 1854 万千瓦。	1000	2019—2030
6	油气开采与石油储备项目	建设乌石 17—2 油田群开发、原油储库、成品油储库等项目。	100	2021—2025
7	沿海渔港建设项目	新建渔港经济区 3 个，升级改造沿海渔港 15 个。	200	2021—2025
8	深圳国家远洋渔业基地（国际金枪鱼交易中心）项目	开展深圳国家远洋渔业基地前期规划研究，建设总体思路是"一基地两港区、整体规划、差异发展、分期实施"，拟在大铲湾港区和深汕港区规划建设国家远洋渔业基地。	75.63	待定

序号	项目名称	建设内容及规模	总投资额（亿元）	建设周期
9	南海旅游岛综合开发项目	建设集主题公园、主题酒店、创意文化、生态旅游、特色商业等为一体的大型文旅综合项目，打造成为茂名旅游新名片、广东省滨海旅游标杆产品。	500	2020—2040
10	粤港澳大湾区海防遗址公园项目	推进林则徐销烟池和珠江口鸦片战争炮台旧址保护利用工作，以打造高水平爱国主义教育、国安和海防教育基地为目标，推进建设海防遗址公园。	10	2021—2023
（三）粤港澳大湾区海洋经济合作示范区工程			865	
1	国家级新区和功能平台	建设广州南沙新区、深圳前海深港现代服务业合作区、珠海横琴、汕头华侨经济文化合作试验区、中新广州知识城、广州临空经济示范区。	365	2014—2024
2	省级新区和功能平台	建设广州人工智能与数字经济试验区、珠海西部生态新区、汕头海湾新区、惠州环大亚湾新区、惠州潼湖生态智慧区、汕尾新区、东莞水乡特色发展经济区、东莞粤海银瓶合作创新区、东莞滨海湾新区、中山翠亨新区、江门大广海湾经济区、阳江滨海新区、湛江海东新区、茂名滨海新区、潮州新区、揭阳滨海新区等。	300	2012—2025
3	经济合作区	建设深汕（尾）特别合作区、深河产业共建示范区、珠江口西岸高端产业集聚发展区、汕潮揭临港空铁经济合作区、粤桂合作特别试验区、粤闽经济合作区、琼州海峡经济带等。	200	2013—2026

序号	项目名称	建设内容及规模	总投资额（亿元）	建设周期
	（四）海洋基础设施工程		610	
1	港口码头项目	建设广州港南沙港区四期和五期、广州港南沙港区国际通用码头、深圳港盐田港区东作业区集装箱码头、珠海港高栏港区集装箱码头三期、珠海港高栏港区港弘码头扩建、汕头港广澳港区三期、惠州港荃湾港区荃美石化码头、东莞港沙田港区西大坦作业区1#－3#码头、阳江港海陵湾港区丰头作业区F1－F2泊位、湛江港宝满港区集装箱码头一期扩建、湛江港东海岛港区40万吨级散货码头、湛江港巴斯夫一体化工程配套码头、茂名港博贺新港区油品化工码头项目（30万吨级）、潮州港金狮湾港区公共通用码头、揭阳LNG项目配套码头等项目，"十四五"期间，新增港口货物年通过能力1.8亿吨，集装箱年通过能力900万标准箱。	250	2013—2028
2	航道、防波堤、锚地项目	建设广州港环大虎岛公用航道、广州港20万吨级航道、深圳港西部港区出海航道二期、惠州港荃湾港区进港主航道扩建、惠州港东联作业区进港航道扩建、惠州港碧甲作业区航道扩建、江门港广海湾港区广海湾作业区进港航道、江门港广海湾港区广海湾作业区防波堤、阳江港进港航道改造项目、湛江港30万吨级航道改扩建、茂名港博贺新港区30万吨级航道、茂名港吉达港区防波堤一期、揭阳港大南海东岸公共码头防波堤、琼州海峡北岸防台应急锚地、崖门出海航道二期等。	360	2019—2030

序号	项目名称	建设内容及规模	总投资额（亿元）	建设周期
3	国家海洋综合试验场（万山）	结合万山试验区和三角岛试验区建设，积极争取国家支持在我省布局建设国家海洋综合试验场，开展海洋能装置、海洋装备等的测试工作。	待定	
	（五）海洋生态保护工程		246.13	
1	重要河口生态系统及生物多样性保护修复项目	包括韩江河口、珠江口河口、练江河口、鉴江河口，涉及黄埔、番禺、南沙、东莞、香洲、斗门、金湾、中山、台山、新会、宝安、南山、饶平、澄海、龙湖、濠江、吴川、坡头等区域，植物隔离带建设73千米，水涵养林建设216公顷，红树林修复建设200公顷，营造红树林61公顷，提升红树林质量40.5公顷，优化红树林生境300公顷，修复珊瑚礁5公顷，增殖马尾藻场、海草床50公顷，替换无瓣海桑林50公顷，营造鸟类栖息地50公顷，有害生物防控示范100公顷，增殖海马等珍稀濒危物种2万尾，生态化海堤建设30.9千米。	65.26	2021—2035
2	重要海湾生态系统保护修复项目	范围包括大亚湾－大鹏湾、靖海湾、柘林湾、红海湾、广海湾、阳江湾、水东湾、博贺湾、雷州半岛，涉及龙岗、盐田、惠阳、惠东、惠来、陆丰、海丰、阳西、江城、电白、徐闻、遂溪、廉江、雷州、麻章、霞山、坡头、赤坎等18个县（市、区），红树林种植686.6公顷，恢复滨海湿地286.6公顷，营造鸟类栖息生境30.5公顷，岸堤生态化12.21千米，生态化岸线42.4千米，沙滩整治32千米，海岸带整治29.6千米。	139.51	2021—2035

序号	项目名称	建设内容及规模	总投资额（亿元）	建设周期
3	重要海岛生态系统保护修复项目	范围包括南澳岛－澎湖列岛、镇海湾－广海湾－川山群岛－银湖湾、万山群岛，涉及南澳、台山、万山等3个县（市、区），红树林种植、生境改造与治理53公顷，修复海草床3公顷，修复或重建海藻场170公顷，修复珊瑚礁30公顷，防风林种植0.36公顷，沙滩整治修复5.7公顷，基岩岸线保护及砂质岸线修复15千米，生态岛礁建设6个。	41.36	2021—2035
	（六）智慧海洋工程		27.16	
1	粤港澳大湾区"智慧海洋"工程	在粤港澳大湾区设立"空天地海"多种感知手段的沿岸及近海感知网，建立融合多种通信手段的通信传输网，建设集各类与海洋开发保护有关的智慧海洋数据中心，开发为海洋经济、生态文明建设、海洋防灾减灾、海洋综合管理、海洋执法提供服务的系统。	5.02	2021—2025
2	广东"平安海洋"气象保障工程	建设南海海洋综合气象观测、南海海洋气象预报与风险评估、南海海洋气象预警信息发布与服务、南海海洋气象观测装备保障、南海海洋气象灾害信息网络、南海海洋配套基础设施等。	18	2021—2025
3	海洋测绘地理信息工程	完成我省领海基线内范围的海洋测绘基准建设（包括海岛验潮站与CORS站并置建设、海洋GNSS大地控制网建设、海洋高程控制网建设）、近海海洋地理信息资源建设（包括海岸带、近海海域的海底地形地貌测绘、数字水深模型生产、无人海岛（礁）测绘、海洋地理信息数据库建设、广东省海洋地理信息标准体系建设）、海洋测绘技术装备建设等3项主要内容。	4.14	2021—2025

《广东省海洋经济发展"十四五"规划》高频词图

广西海洋经济发展"十四五"规划[*]

前　言

海洋兴则国兴,海洋强则国强,海洋是高质量发展战略要地,发达的海洋经济是建设海洋强国的重要支撑。广西作为西部唯一的沿海省份,优势在海、潜力在海、希望在海,在加快建设海洋强国上肩负着重要的战略使命。

"十四五"时期是广西加快发展海洋经济、建设海洋强区的重要战略机遇期。广西将深入贯彻落实习近平总书记关于海洋发展的系列重要论述和视察广西时重要指示精神,进一步认识海洋、走向海洋、经略海洋;进一步拓展海洋经济发展新需求新空间,提高海洋开发能力,扩大海洋开发领域;进一步优化海洋产业结构,培育壮大海洋战略性新兴产业,构建现代海洋产业体系;进一步加快转变海洋经济发展方式,实现发展层次、发展规模和发展水平的新跨越,打造经济高质量发展新引擎,提高海洋经济对国民经济增长的贡献率,推进海洋强区建设。

本规划依据全国"十四五"海洋经济发展规划和《广西壮族自治区国民经济和社会发展第十四个五年规划和2035年远景目标纲要》编制,主要阐明"十四五"时期广西海洋经济发展的指导思想、目标任务和重大举措,规划范围包括北海、钦州、防城港3市,并延伸到南宁、玉林市相关陆域地区。

本规划以2020年为基期,规划期限为2021年至2025年。

---

* 该规划附件请详见 http://hyj.gxzf.gov.cn/zwgk＿66846/xxgk/fdzdgknr/fzgh/ghjh/t10069060.shtml。

第一章　发展背景

第一节　发展基础

"十三五"期间,全区海洋经济继续保持快速发展,海洋经济总量显著增加,海洋产业结构更趋合理,海洋科技创新能力稳步提升,海洋生态文明建设效果显著,为"十四五"全区海洋经济高质量发展奠定了坚实的基础。

海洋经济综合实力不断增强。"十三五"期间,全区海洋经济总量逐年提升,海洋生产总值从 2016 年的 1251 亿元增加到 2020 年 1651 亿元[①],年均增速为 7.2%,海洋生产总值占全区地区生产总值比重由 2016 年的 6.8% 增加到 2020 年的 7.5%,占全国海洋生产总值比重从 2016 年的 1.77% 增加到 2020 年 2.06%,海洋经济成为全区经济持续快速增长的重要引擎。全区海洋三次产业结构从 2016 年的 16.2∶35.1∶48.7 调整为 2020 年 15.2∶30.7∶54.1,海洋第一产业比重略有下降,海洋第三产业增加值年均增长 15% 以上,海洋产业结构更趋合理。

海洋发展顶层设计不断完善。"十三五"期间,北部湾经济区持续发展,北钦防一体化稳步推进,自治区陆续出台了《关于加快发展向海经济推动海洋强区建设的意见》和"1+6"系列文件、《广西加快发展向海经济推动海洋强区建设三年行动计划(2020—2022 年)》等指导当前和今后一段时期做好海洋工作的纲领性文件。在新一轮机构改革中新组建自治区海洋局,海洋综合管理体制机制不断健全。

海洋产业加快转型发展。"十三五"期间,传统产业加快转型升级,临港产业、现代海洋服务业和海洋战略性新兴产业持续壮大,海洋渔业、滨海旅游业、海洋交通运输业和海洋工程建筑业成为全区海洋经济发展的四大优势产业,2020 年四大优势产业增加值之和占广西海洋生产总值的比重约为50%。海洋战略性新兴产业逐步发展,其中,海洋药物与生物制品业年均增速超过 20%,海洋电力业 2020 年增加值达 2.8 亿元。资源型海洋产业发展速度放缓,其中海洋化工和海洋矿业发展规模基本稳定,海洋盐业于 2017 年

[①]　数据来源:《广西壮族自治区海洋经济统计公报》,数据均为现价数据。

完全退出市场。

涉海基础设施不断完善。"十三五"期间,西部陆海新通道上升为国家战略,海洋集疏运基础设施建设力度、涉海运输综合服务能力和水平持续增强,极大缓解了海铁联运"最后一公里"问题。"十三五"以来,北部湾港基础设施建设累计完成投资 139.63 亿元,新开工建设钦州港大榄坪港区大榄坪南作业区 9 号 10 号泊位工程等 36 个项目;相继建成钦州港东航道扩建一期、二期工程等 17 个重点项目;新增航道 51.64 公里,其中 30 万吨级航道 8.51 公里,10 万吨级航道 25.7 公里。到 2020 年,全区沿海港口拥有生产性泊位 271 个,其中万吨级以上泊位 98 个,综合吞吐能力 2.77 亿吨;北部湾港货物吞吐量完成 2.96 亿吨,集装箱吞吐量首次突破 500 万标准箱,跻身全国沿海港口集装箱吞吐量前 10 位。

海洋科技创新实现较大突破。"十三五"期间,全区先后建立了北部湾大学、自然资源部第四海洋研究所、自然资源部第三海洋研究所北海基地等涉海科研机构,在广西大学、北部湾大学、广西民族大学等区内高校设立了涉海学院,海洋学科与人才培养体系初步形成。北海海洋产业科技园建成并投入使用,海洋科技要素集聚增强。拥有广西近海海洋环境科学重点实验室等省级以上海洋创新平台 12 家,广西中船北部湾船舶及海洋工程设计有限公司等涉海高新企业 27 家,科研院所获批或实施涉海国家级科技项目 63 个、省部级 150 个。

海洋对外合作水平进一步提升。"十三五"期间,中国—东盟博览会和中国—东盟商务与投资峰会逐步成为推进区域经济一体化的务实平台,中国(广西)自由贸易试验区、面向东盟的金融开放门户、中国—东盟信息港、中马"两国双园"、广西—文莱经济走廊等平台的引领带动作用进一步提升,进出口总额年均增长 8.8%,对东盟进出口额占外贸总值 48.9%。截至 2020 年,截至 2020 年,广西与东盟 7 个国家、47 个港口建立了密切的运输往来,开通定期集装箱航线 52 条,其中外贸 28 条、内贸 24 条,与世界近 100 个国家和地区的 200 多个港口开展贸易运输合作;与越南、马来西亚、巴基斯坦等 20 多个"一带一路"沿线国家和地区在海洋渔业、海洋科技、生态保护等领域进行合作,毛里塔尼亚远洋渔业园区成为广西海外最大的远洋捕捞和海产品加工基地,中国—文莱钦州大蚝产业一体化合作项目加快推进。

海洋生态环境质量稳步上升。"十三五"期间,全区牢固树立和践行"绿水青山就是金山银山"的理念,加强沿海防护林体系建设,实施流域海域综合治理,开展了"蓝色海湾"整治行动和海岸带保护修复工程,冯家江湿地生态治理成绩显著,珊瑚礁、红树林等珍稀动植物得到有效保护,北部湾蓝色海湾建设取得初步成效。2020年,全区近岸海域44个监测点位平均水质优良比例为2015年以来最优,海水浴场环境质量大幅攀升,入海排污口达标率显著提升,近岸海域生态环境质量逐年提升。

海洋经济试点示范建设卓有成效。"十三五"期间,北海市成功获批为国家海洋经济创新发展示范城市、国家海洋经济发展示范区和入选国家科技兴海产业示范基地。北海市培育了一批创新型海洋产业龙头企业、中小型企业,初步形成了现代海洋产业集聚区。北海海洋经济创新发展示范城市建设获得中央财政奖励资金3亿元,支持海洋生物医药、海洋工程装备等13条创新协同产业链建设。

我区海洋经济在稳步发展的同时,还存在一些问题:海洋经济竞争力弱,海洋产业层次偏低,短链断链弱链突出;海洋科技创新基础薄弱,海洋高端人才缺乏;海洋开放合作水平不高,开放环境有待优化;涉海基础设施亟待提升,海洋资源综合开发利用能力不强;海洋发展政策支持力度不够,海洋经济统筹协调机制有待完善,海洋意识有待提升等问题突出。

第二节　发展形势

当前和今后一个时期,广西海洋经济发展处于重要战略机遇期,机遇与挑战并存,但机遇大于挑战。

发展机遇:党中央对海洋强国的战略部署和习近平总书记视察广西时提出"大力发展向海经济"的重要指示精神,为广西向海发展提供了战略导向和政策红利。《区域全面经济伙伴关系协定》(RCEP)正式签署,西部陆海新通道、中国(广西)自由贸易试验区、面向东盟的金融开放门户等一批国家级重大开放平台推进建设,为广西深度融入国内国际双循环、全方位深化开放合作、促进海洋要素流通、构建海洋经济产业链供应链、实现海洋经济高质量发展带来开放合作新机遇。北部湾城市群建设、北钦防一体化、对接粤港澳大湾区和强首府战略全面提速,北部湾国际门户港全力推进,中国—东盟信息港、南宁临空经济示范区和防城港国际医学开放试验区加快建设,平陆运河纳入国家《内河航运发展纲要》等,为广西发挥沿海、沿边、沿江区位优势,进一步释放海的潜力,加快海洋强区建设带来新机遇。

发展挑战:新冠肺炎疫情全球蔓延加速世界百年未有之大变局的演化,国际经济政治局势复杂多变,不稳定性不确定性明显增加,国内经济下行压力加大,对广西开放发展带来诸多挑战。粤港澳大湾区、海南自由贸易试验区(港)等加速资源要素区域集聚,对广西带来显著的"虹吸效应",项目、人才、技术、资金的竞争愈加激烈。随着经济快速发展和临海产业加速集聚,海洋生态环境压力越来越大,"碳达峰""碳中和"对优化海洋产业布局和加快海洋经济转型升级提出新要求,对全区如何利用好自身海洋资源优势实现跨越式发展带来较大挑战。

第二章　总体要求

第一节　指导思想

以习近平新时代中国特色社会主义思想为指导,全面贯彻党的十九大和十九届二中、三中、四中、五中全会精神,深入落实习近平总书记关于海洋发展的系列重要论述和视察广西时的重要指示精神,抢抓《区域全面经济伙伴关系协定》(RCEP)、西部陆海新通道、中国(广西)自由贸易试验区、粤港澳大湾区建设等重大机遇,坚持创新、协调、绿色、开放、共享的新发展理念,积极融入以国内大循环为主体、国内国际双循环相互促进的新发展格局,以海洋经济高质量发展为主题,以改革、开放、创新为根本动力,坚持陆海统筹、产业集聚、科技引领、开放合作、生态优先,按照"一港两区两基地"的发展定位,系统谋划海洋产业布局,扎实推进海洋经济转型升级,着力提升海洋治理能力现代化水平,全力打造"一轴两带三核多园区"的海洋发展新格局,使海洋经济成为推动广西经济高质量发展的重要增长极,把广西建设成为具有重要区域影响力的海洋强区。

第二节　基本原则

陆海统筹、协同发展。坚持陆海统筹、以海带江、以海融边,筹谋划陆海空间,推动内陆向海发展,实现海陆产业互动、基础设施互联、资源要素互通、生态环境互保,构建陆海一体化协同发展新格局。

产业集聚、融合发展。坚持海洋产业集聚化、集群化、差异化发展方向，依托港口和产业园区，强链、补链、延链，着力打造区域特色海洋产业集群，推动海洋产业集聚、联动、融合发展。

科技引领、创新发展。坚持实施创新驱动发展战略，优化创新生态，加大海洋创新载体和公共服务平台建设，提升海洋科技研发和成果转化能力，增强核心自主创新能力，打造海洋科技创新人才高地。

开放合作、共享发展。积极融入新发展格局，高水平推进"南向、北联、东融、西合"全方位开放发展，探索海洋开放合作新模式、新机制、新路径，打造海洋开放合作平台，提高开放层次和合作水平，共享海洋开放合作新成果。

生态优先、绿色发展。坚定不移走绿色发展道路，坚持开发与保护并重，严守海洋生态红线，加强海洋生态环境保护，创新循环经济、低碳经济和生态友好型海洋经济发展新模式，打造北部湾美丽蓝色海湾。

第三节　发展定位

立足广西区位优势、资源禀赋、产业基础，按照区域发展的要求，确定我区海洋经济发展的战略定位为"一港两区两基地"。

北部湾国际门户港。以建设智慧港、绿色港、枢纽港为目标，打造畅通高效的国际航运物流新枢纽和西部地区对外开放新门户。加速与"一带一路"沿线国家港口合作建设，推进海上互联互通，增强服务"一带一路"沿线国家和中西部地区能力，加快构建国际大通道。

北部湾滨海旅游度假区。整合北部湾全域旅游资源，培育滨海旅游新业态，打造海洋旅游精品，构建特色滨海旅游产品体系。加强与东盟国家的海洋文化交流，拓展海上旅游新空间，促进区域文化旅游协同高效发展，全力打造北部湾国际滨海度假胜地。

海洋生态文明示范区。全面践行绿水青山就是金山银山理念，坚持生态环境保护与海洋资源开发并重、海陆污染协同治理与生态保护修复并举，创新海洋生态综合管理体制，提升海洋生态环境治理能力，推动海洋经济循环、集约、低碳发展，打造人海和谐、生态良好的海洋生态文明广西样板。

北部湾海洋装备制造基地。统筹布局全区海工装备、船舶及其他涉海装备制造产业链，以海上风电装备、海洋船舶修造、深远海渔业装备、海洋工程装备、海洋矿产资源开发装备、船舶装备等为发展重点，加快建立特色明显、配套服务健全、规模经济效益显著的海洋装备产业集群,打造区域特色的北部湾海洋装备制造基地。

中国南部海域蓝色粮仓基地。充分发挥北部湾海域渔业资源优势,建设水产原(良)种体系,大力发展标准化池塘养殖、工厂化养殖、沿海滩涂养殖、深水抗风浪网箱养殖等,加快建设海洋牧场,提升海产品精深加工水平,打造成中国南部海域蓝色粮仓基地,实现种粮于海、产粮于海、存粮于海。

第四节 发展目标

到 2025 年,海洋经济综合实力和竞争力明显提升,海洋经济总量规模稳步增长,海洋经济在全区经济中的比重显著提高;海洋空间布局更加科学合理,海洋产业结构进一步优化,现代海洋产业体系基本形成;海洋科技创新体系逐步完善,海洋科技能力进一步提升;海洋生态环境质量持续良好,海洋公共服务体系和海洋综合管理体制更加完善,初步建成具有区域特色的海洋经济强区。

海洋经济综合实力持续提升。海洋渔业等传统海洋产业实现提质增效,蓝色粮仓建设取得明显成效;海洋高端装备制造、海洋药物与生物制品等海洋战略新兴产业实现新突破;滨海文旅康养规模和质量大幅度提升,沿海港航、物流业及延伸产业规模取得重大突破。到 2025 年,全区海洋生产总值年均增长速度保持在 10% 左右,海洋经济对全区经济增长贡献率达到 11% 左右。

海洋创新能力明显增强。重大海洋科技创新平台建设取得突破,海洋创新链、人才链、资金链、产业链深度融合发展;以企业为主体的海洋科技创新能力显著增强,基本形成要素配置合理、功能完善的区域海洋科技创新体系。到 2025 年,海洋科技研发投入显著强度,涉海专利等海洋科技研究成果明显增多,海洋科技成果转化占比突破 1%。

海洋开放合作不断深化。中国(广西)自由贸易试验区建设取得明显成效,北海洋经济发展示范区、防城港国际医学开放试验区建设加快推进。面向东盟的科技、产业、生态、贸易等海洋合作平台建设取得突破。推动涉海企业深度参与西部陆海新通道建设,密切与中南、西南地区开放合作,形成全方位、多层次、宽领域的区域经济开放新格局。到 2025 年,对东盟国家的贸易进出口总额突破 3000 亿元。

海洋生态文明建设保持先进水平。严格落实"两空间一红线"的要求,海洋生态文明建设水平显著提升,海洋生态修复与保护取得新成效。到2025年,珊瑚礁、红树林、海草床、滨海湿地等典型海洋生态系统获得有效保护与修复,自然保护地面积不少于460平方公里,大陆自然岸线保有率不低于35%,主要污染物排放总量进一步减少,近岸海水水质优良率达国家考核目标。

表1　广西"十四五"海洋经济发展预期目标

类别	序号/指标		单位	2020	2025	属性
综合实力	1	海洋生产总值年均增速	%	7.20	10	预期性
	2	海洋经济对全区经济增长贡献率	%	4.1	11	预期性
产业发展	3	海洋制造业增加值年均增速	%	—	8	预期性
	4	海洋交通运输业增加值增速	%	12.70	15	预期性
	5	滨海旅游业增加值年均增速	%	20.30	21	预期性
	6	海上风电装机容量	万千瓦	/	300	预期性
科技创新	7	海洋科技成果转化占比	%	0.60	≥1	预期性
开放合作	8	北部湾港口货物吞吐量	亿吨	2.96	5	预期性
	9	北部湾港集装箱吞吐量	万TEU	505	1000	预期性
	10	对东盟国家贸易进出口总额	亿元	2375.70	3000	预期性
生态文明	11	近岸海域水质优良面积比例	%	90.90	达国家考核目标	约束性
	12	大陆自然岸线保有率	%	≥35	≥35	约束性
	13	自然保护地面积	平方公里	/	≥429	约束性
	14	国家级海洋牧场数量	个	2	[6]	预期性
民生共享	15	海洋科普和意识教育基地	个	10	[35]	预期性

注:①海洋生产总值增速按现价计算。
　　②[ ]内为五年累计数。

第三章 坚持陆海统筹,优化海洋空间布局

围绕建设海洋强区的战略目标,按照"陆海统筹、生态优先、集聚发展、区域协同"的要求,科学开发利用海洋资源,优化海洋空间布局,加快推进海洋产业集聚发展,努力构建"一轴两带三核多园区"的海洋发展新格局。

第一节 培育"一轴"

南宁至北钦防海洋经济成长轴。以海洋经济为纽带,以西部陆海新通道为牵引,链接强首府战略和北钦防一体化战略,培育建设南宁至北钦防海洋经济成长轴。深入推进北钦防一体化建设,将北海、钦州、防城港3市打造成为区域优势互补、产业错位发展的海洋经济集聚区。完善北钦防至南宁的陆海空立体交通网络体系,打造物流、商流、资金流、信息流"四流合一"的贸易大通道。加速北部湾港口功能沿成长轴向南宁延伸,加快数字南宁建设,培育电子信息、先进装备制造和生物医药三大重点产业,有机衔接北钦防现代临港产业体系,着力提升南宁在海洋经济成长轴中的战略地位。

第二节 打造"两带"

现代化沿海经济带。以北海—钦州—防城港—玉林的临海(临港)产业园区为支撑,培育海洋经济全产业链发展,形成现代化沿海经济带。重点打造化工、新材料、电子信息、装备制造、能源、医学制药、林浆纸等临海(临港)产业集群;升级发展海洋渔业;做大做强滨海旅游业;培育海洋高端装备制造、海洋药物和生物制品、海洋新能源等战略性海洋战略性新兴产业;大力发展涉海金融、海洋信息服务、港航物流贸易等现代海洋服务业。

沿海绿色生态屏障带。以北海—钦州—防城港的沿岸重点生态功能区为支撑,构筑沿海绿色生态屏障带。实施污染物入海总量控制制度,加强海洋生态环境敏感区域保护,建设海岸防护林,实施珊瑚礁、红树林、海草床等重要生态系统生态修复,提高重点海湾和重点流域生态环境质量,打造美丽蓝色海湾。

第三节 做强"三核"

以北海市铁山湾—廉州湾、钦州市钦州湾、防城港市防城湾为主要空间

载体,坚持错位发展、特色发展,科学定位三个核心片区,构建海岸互通、三核互动的发展新格局。

铁山湾—廉州湾核心片区。加速铁山港东西港区、龙港新区、铁山港工业区联动发展,铁山湾以建设中西部地区特色临海(临港)产业集聚区为目标,重点发展新材料、海洋工程装备、林浆纸、港航物流、海水产品加工贸易等产业。统筹北海主城区、北海工业园、合浦县城发展,廉州湾以打造国际化、生态化、创新型的现代化滨海新区为目标,重点布局电子信息、海洋信息服务、滨海旅游、海洋药物与生物制品、智能制造等产业。

钦州湾核心片区。以建设西部陆海新通道战略枢纽和国家重要的绿色临港产业示范基地为目标,重点发展化工、海洋交通运输、海洋装备制造、海洋新能源、国际贸易等产业,打造特色产业突出、临港经济发达、港产城共荣的钦州湾核心片区。

防城湾核心片区。以打造广西冶金产业集聚区、国际医学开放试验区和面向东盟的国际枢纽港为目标,重点发展金属新材料、轻工食品、海洋新能源、海洋交通运输、海洋渔业、海洋药物与生物制品、滨海旅游等产业,高质量建设国际医药产业合作示范园区,打造临港产业发达、边贸活跃、海边互动共荣的防城湾核心片区。

第四节　提升"多园区"

以产业园区化、基地化为目标,发展升级海洋特色产业园区,支撑海洋经济高质量发展。重点支持北海工业园、北海综合保税区、北海铁山港工业区、北海高新技术产业园、北海海洋产业科技园、玉林龙潭产业园区,钦州石化产业园、钦州综合保税港区、中马钦州产业园,防城港国际医学开放试验区、防城港经济技术开发区,南宁六景工业园区、南宁市邕宁新兴产业园区、南宁青秀伶俐工业园等涉海园区提档升级,优化涉海园区营商环境,合理布局园区涉海产业。依托主要海洋产业链条,集优势之力培育建设海洋药物和生物制品、智能制造、海上风电装备制造、涉海金融、新材料等特色园区,将涉海园区打造成广西海洋经济高质量发展的重要载体。

第四章　提升产业质量,构建现代海洋产业体系

抢抓"制造强国、质量强国、网络强国、数字中国"重大机遇,推动海洋战

略性新兴产业培优做强和传统产业提质增效互动并进,现代海洋服务业和制造业协同发展,临海产业和内陆产业联动发展,推进海洋产业基础高级化和产业链供应链现代化,拓展海洋产业深远海发展新空间,提升海洋产业发展质量和竞争力,打造具有区域特色的现代海洋产业体系。

第一节　加快海洋传统产业提质增效

一、现代海洋渔业

以打造中国南部海域蓝色粮仓基地为目标,以构建现代海洋渔业产业体系、生产体系和经营体系为途径,依靠科技创新,统筹国内外两种资源、两个市场,推进海洋渔业发展方式转变和产业结构调整,加快海洋渔业一二三产业融合发展,实现海洋渔业提质增效。到2025年,海洋渔业经济总产值突破1000亿元,海洋渔业在全区农林牧渔业总产值中的比重突破10%。

建设现代渔港经济区。升级改造北海内港、南澫、营盘、钦州犀牛脚、防城港企沙中心渔港,重点推动北海营盘、钦州、防城港渔港经济区建设,打造特色鲜明、功能互补、布局合理的现代渔港经济区。支持推动防城港市双墩渔港升级改造、东兴市天鹅湾渔港码头建设、企沙中心渔港、大龙二级渔港、北海市铁山港区营盘中心渔港改扩建和防城港国际海洋渔业经济合作区建设。

打造北部湾蓝色粮仓。加强现代渔业养殖设施和技术的研发应用,推进生态低碳养殖,支持建设一批标准化池塘、工厂化循环水养殖、深水抗风浪网箱生态养殖、养殖工船等产业化示范基地和深远海大型养殖设施基地。加快建建设规模化、标准化现代渔业园区,大力发展名特优和净水渔业品种。积极推动南珠产业发展,探索南珠深水养殖和工厂化养殖,创建南珠产业标准化示范基地。打造规模化、标准化的现代海洋牧场集聚区,加快防城港市白龙珍珠湾海域、北海市银滩南部海域、钦州三娘湾海域和北海冠头岭西南海域精工南珠等4个国家级海洋牧场示范区建设。加快推动海水产品精深加工业集聚发展,培育一批海水产品加工龙头企业和区域特色品牌,创新水产品流通方式,构建新型多元水产品交易平台。加强优势特色养殖品种良种培育和原种保护,开展海洋渔业育种共性关键技术研究和水产品良种繁育保种,提高海水养殖良种覆盖率。

开拓远洋渔业发展空间。坚持引进来和走出去并重,抓住中国—东盟自贸区升级版建设机遇,积极开发利用国际渔场资源,推动建设外向型海洋渔业,进一步拓展海洋渔业发展空间、提升发展层次和水平。提升大洋性和跨洋性远洋渔业捕捞能力,建成一批海外综合性远洋渔业基础保障基地,完善远洋渔业产业链条,增强远洋渔业服务保障能力,支持远洋渔业企业在主要作业海域沿岸国家和地区建设海外渔业综合基地,推动建设毛里塔尼亚远洋渔业园、文莱—中国(广西)渔业合作示范区等。

专栏1:"蓝色粮仓"工程

加强优势特色海产品种良种培育和原种保护。支持开展海洋渔业育种共性关键技术研究、水产品种良种保种选育和提纯复壮工作。支持建设和升级改造广西现代渔业种业示范园(核心区)、中国—东盟海洋水产种业研发基地、南美白对虾遗传育种中心、国家级马氏珠母贝原种场和国家级近江牡蛎原种场。

推进海洋渔业绿色集聚发展。以北海、钦州、防城港浅海海域为主体,推进生态低碳养殖,建设浅海优势海产品健康养殖基地,配套建设相应的养殖尾水净化处理设施。支持实施现代化海洋牧场及渔业一体化产业园、北部湾金鲳鱼现代产业园、现代都市休闲渔业示范园、桂台现代农渔业合作双创园等项目。

做大做强海产品精深加工业。支持建立北海市、防城港市海产品精深加工集聚区和南珠、大蚝产业标准化示范基地。培育一批海水产品加工龙头企业和区域特色品牌,支持鼓励企业积极开发鲜活、冷鲜等水产食品和海洋保健食品。推进防城港北部湾国际生鲜冷链、华立边境深加工、北海福达农产品冷链、钦州保税港区生鲜冷链等水产品加工基地建设。发展水产品来料加工与出口,支持东兴市等互市商品(海产品)深加工试点工作。

壮大海洋渔业服务业。发展直销配送、电子商务、抖音等移动互联网营销、第三方电子交易平台等新型流通业态。依托西部陆海新通道和中国(广西)自贸试验区钦州片区,创建国内连接东盟、东南亚的国际水产品交易中心和冷链物流配送基地。大力发展休闲渔业,鼓励市场主体积极参与民俗渔村、休闲渔业示范基地等渔业文化设施建设,加快创建海洋渔业名优名牌和地理标志。

二、海洋交通运输业

依托西部陆海新通道建设,进一步补短板、提能级、建网络、扩范围、优服务,畅通西部地区面向东盟及全球的海洋交通运输新通道,努力将北部湾国际枢纽海港建设成为西部地区对外开放发展的新窗口。到2025年,力争全区海洋交通运输业增加值达到410亿元左右,港口货物吞吐量5亿吨以上,集装箱吞吐量1000万标箱以上。

提升港口交通运输能级。深入落实"三大定位"新使命,进一步优化沿海港口布局,明确港口功能结构、发展层次、发展重点和发展时序,突出北部湾港综合运输和支撑临港产业发展的枢纽作用。有序推进专业化大型化码头设施建设,有效提升港口设施保障能力和服务水平。加快既有码头设施的改造升级,挖潜码头能力,提升作业效率,压缩船舶在港停时。推进深水航道等公共基础设施建设,重点推进大型深水航道、锚地及防波堤等工程建设,满足临港产业发展需求。

扩大海洋运输辐射范围。完善港口集疏运通道布局,在国土空间总体规划的指导和约束下,开展相关专项规划和详细规划编制工作,强化港口与产业等相关规划的衔接,为长远发展预留通道路。破解多式联运末端瓶颈,推动港区集疏运通道与区域铁路、公路骨干网络互联互通,提升与港口发展相匹配的集疏运通道能力,着力打通多式联运"最后一公里"。打通西南水运出海大通道,开工建设西部陆海新通道(平陆)运河,大力发展江海联运,推动北部湾与西江流域的"江海联动"发展。大力推进航空货运和海运联动发展,积极推动相关市支线机场建设。

拓展港口运输网络。加快国内海运网络建设,稳定加密北部湾港至天津、日照、上海、广州等重要港口的航线,加强与珠三角港口的东向融合,继续推动与海南自由贸易港的集装箱运输航线合作。积极开展沿海捎带业务、内外贸集装箱同船运输。完善多式联运物流网络,大力发展海铁、公水、江海联运,强化北部湾港作为多式联运综合运输枢纽的服务能级。巩固北部湾港——重庆双向"天天班",重点推进渝桂、川桂、陇桂等冷链班列,加快推进贺州、梧州、玉林联运通道。逐步拓展国际海运网络,加快发展东盟航线,进一步提升航线密度和准班率,不断提高腹地货物经北部湾港口对外运输的时效性。依托腹地货源市场,发展非洲、南美航线,逐步拓展北美、欧洲、中东等远洋航线。

提升港口物流服务。依托南宁大宗商品交易所等现有平台,建设北部湾大宗商品交易中心,积极与国内外大型贸易商开展合作。充分利用中国(广西)自由贸易试验区先行先试政策,形成以钦州综合保税区为龙头,以多点保税物流中心和区内"内陆港"为重要支撑的保税物流网络。结合钦州—北海—防城港港口型国家物流枢纽建设,加快打造北部湾国际门户港公共信息平台,优化集装箱进出口提还箱手续,提升港口内部运行效率,推行"船边直提""抵港直装"等新作业模式,推动建立公开透明的码头服务收费项目名录和价目表。

专栏2:"智慧港口"

进一步优化港口功能布局。渔澫、企沙、大榄坪等港区重点面向腹地发展综合运输服务,金谷、铁山港西/东港区等重点服务临港产业发展需要,支持石步岭、侨港等港区(点)发展旅游客运、客货滚装运输,建设国际邮轮母港。强化北部湾港大宗货类、集装箱等运输功能,防城港域以大宗散货运输为重点,钦州港域以集装箱、石油化工品运输为核心,北海港域以服务临港产业的能源、原材料物质运输为主。

推进建设自动化、信息化与智能化港口:加快建设钦州大榄坪南作业区9号10号自动化集装箱泊位、钦州大榄坪南作业区7号8号泊位自动化改造、钦州港大榄坪南作业区11号1101号1102号集装箱泊位建设等项目。建设基础支撑系统、港口作业系统、港口服务系统、业务管控系统、港口多式联运系统、智慧客运码头系统,完善港口信息化基础设施,实现港口各个信息系统间信息的互联互通,为智慧港口提供动态、可扩展的信息处理基础设施和运行环境。完善和拓展港口危险货物安全监管信息系统,完善在线监管执法、安全隐患动态监管、危险货物作业线上审批、安全监管材料电子化存档等。

加快推进港口基础设施建设。重点建设钦州大环作业区17—19号泊位工程、北海港铁山港西港区北暮作业区南7—10号泊位工程、北海铁山港北暮作业区9号至10号泊位、北海铁山港北暮作业区19号20号集装箱泊位、北海铁山港北暮作业区7—10号泊位、北海铁山港沙尾作业区4号5号集装箱泊位、防城港企沙港区赤沙作业区1号2号泊位工程等项目。提升北部湾港深水航道通过能力,建成北海港铁山港区航道三期工程、北海国际客运港航道扩建、防城港企沙港区潭油作业区进港航道一期工程等项目。力争开工建设防城港30万吨级进港航道工程项目。

第二节　推动海洋战略性新兴产业培育壮大

一、海洋工程装备制造业

以建链强链补链延链为抓手,发展壮大海上风电装备、海洋渔业装备、船舶修造业,优化升级海洋装备制造产业链,提升高端装备制造业的核心竞争力。培育现代远洋船舶修造及配套设备制造产业,以中船钦州大型海工修造及保障基地、北海南洋船舶海工装备综合体为龙头,加快引进高端整船项目和延伸产业链,发展船舶及海工装备修理、制造、改装及船舶配套等业务。引进海上风电核心整机生产企业,配套发展电机制造、叶片制造、机械部件等制造业。针对南海油气资源及北部湾开发需要,加快整合区内优势企业资源,发展满足海洋油气开采需要的海洋矿产资源开发装备。发展深远海网箱养殖平台和大型远海渔船配套捕捞成套装备制造。大力开发生产海洋平台起重机、船用起重机、舰用特辅机、船用甲板机械设备等海洋工程装备。到 2025 年,将我区打造成特色鲜明的北部湾海洋装备制造基地。

二、海洋信息产业

加快构建广西"智慧海洋"平台。加快构建广西海洋信息通信网,完善海上移动通信基站、水下通信设施和海洋观测卫星应用等海洋信息通信基础网络,打造广西海洋立体观测网。依托广西电子政务外网、壮美广西·政务云、自治区数据共享交换平台,重点构建广西北部湾海洋大数据中心,实施智慧海洋工程,支持海洋传统产业的数字化、智能化升级,支持海洋卫星数据产业化、北斗导航终端在海洋测绘方面应用,构建集海域使用动态管理、海洋观测预警预报、海洋工程环境监管、渔业管理、渔船信息化管理、海上安全生产监管、养殖区域及水质监控、海洋经济运行监测与评估、防灾减灾、海上应急事项处置等于一体的"智慧海洋"平台。建立海洋物流信息平台,运用信息服务业推动海洋经济产业发展;建立海洋信息成果交易共享平台,推动中央驻桂院所和本地科研院所成果就地转化。

积极培育海洋信息服务企业,鼓励有实力的信息服务企业向海洋信息服务领域拓展。加快海洋信息网络体系建设,促进海洋信息服务业与海洋渔业、海洋制造业等产业有机融合,推动信息服务业与海洋物流市场的有机结合。加快建设基于北斗技术的海上导航平台,推动新一代卫星技术在广西北部湾的应用。积极拓展海洋智慧旅游、智能养殖、智能船舶、智慧海上风电运维等设备制造和应用服务领域。以北海海洋电子信息产业园为龙头,联动中国—东盟信息港南宁核心基地,打造"数字广西"海洋信息产业及信息服务与设备制造示范区。

专栏3:"智慧海洋"工程

打造广西海洋立体观测网:合理布局岸基海洋观测站(点)、浮标、志愿船、雷达,建立"海洋观测管理总站—区域管理站—观测站"三级管理体系,配备海洋观测数据管理与信息服务系统和网络、观测装备保障基地,构建集岸基、海基于一体的广西海洋综合观测网体系,满足海洋防灾减灾、海洋生态保护、海洋气候变化应对、海洋经济安全保障等需要。

建设广西北部湾海洋大数据中心:开展广西北部湾海洋大数据中心基础能力建设,构建广西智能海洋大数据存储、处理、融合、挖掘、展示的软硬件共享服务平台,实现涉海行业信息、实时数据的多元汇集、整合集成、统一管理、智能处理、可视计算和共享服务,为海洋经济发展、公众服务、教育、科研、政府决策及行业监管等服务夯实数据基础。

建设基于北斗技术的海上导航平台:加快制定基于北斗技术的多功能一体化终端标准规范,研发推广基于北斗技术的多功能一体化终端,建设基于北斗技术的海上导航平台大数据中心,开展区域试点,逐步实现产业化。

三、海洋药物和生物制品业

开展海洋天然药用化合物合成、海洋药用生物繁育和微生物种质资源研究,加快突破海洋创新药物、生物制品、新型海洋生物材料等关键环节,加快推进检测试剂、抗肿瘤、抗动脉硬化、阿兹海默症等领域在海洋创新药物中的研发、中试与产业化。重点开展高端蛋白质、海藻类多糖、维生素类、海洋化妆品等具有区域特色和市场前景的海洋生物制品。加强内陆与沿海生物制药企业合作,培育壮大本土海洋药物与生物制品龙头企业,开展新型海洋生物制药产品及产业化示范研究;继续引进和扶持一批具有自主知识产权的海洋生物制药及生物制品领军企业。支持防城港国际医学开放试验区建设,高标准建设国际中小企业医学孵化中心和国际医学创新赋能中心。到2025年,力争全区海洋药物和生物制品业增加值达7.5亿元,年均增速11%左右,力争打造区域竞争力强的海洋药物与生物制品集聚区。

四、海水综合利用业

合理利用国家海水利用与淡化产业优惠扶持政策,结合海岛及滨海旅游区开发建设需求,推动海岛海水淡化工程落地。大力发展海水直接利用,结合沿海临港工业区建设以及沿海电力、化工、钢铁等重点行业新建和改扩建项目,积极推进和扩大以海水作为工业冷却水,通过海水的有效替代,节约淡水资源。积极推广循环经济发展模式,利用海水淡化、海水冷却排放的浓缩海水培育卤水资源深加工、钠产业链、氯产业链等海水化学资源综合利用产业链,初步形成深加工能力,提高资源使用效率和产品附加值。到2025年,海水综合利用业增加值年均增速保持在10%左右。

五、海洋可再生能源利用业

按照国土空间规划以及生态保护红线等相关控制线的要求,合理适度推进海洋风能利用,做好海洋风能利用规划和产业化前期研究,可持续开发海上风电资源,建设一批海上风电项目,培育"海上风电＋"融合发展新业态。支持引进或建设国家海上风力发电工程技术研究及装备研发设计中心(广西分中心),开展技术创新示范。支持北海市光伏材料产业链建设,发展海洋风电＋光伏＋储能(制氢)的综合能源服务。以风电开发和配套产业链建设为重点,以海上风电产业园为核心,培育海洋风电产业链,带动风电装备制造业及海上风电服务业发展,打造北部湾海上风电基地。到2025年,建成海上风电装机容量300万千瓦,在建海上风电装机容量500万千瓦。

专栏4:海洋战略性新业产业

海洋药物和生物制品业:支持开展国家海洋经济创新发展(北海)产业园暨中华鲎海洋生物产业基地、黑珍珠海参活性成分提取及成果转化、海水螺旋藻高值化综合开发利用、微藻大健康生物与新医药产业基地等建设。

海洋高端装备制造业:支持中船钦州大型海工修造及保障基地、北海南洋船舶海工装备综合体和北海无人机研发制造基地等建设,重点推进海上风电装备、风机主体生产、海洋新能源智能电控系统产业化、智税平台＋智能企业机器人、智能水下机器人等项目。

海洋可再生能源利用业:推动开展北部湾海上风电示范项目、海上牧场＋海上风电示范项目、制氢融合试点项目、广西北部湾海上风电基地、南宁风电科技园等骨干项目。

第三节 大力发展现代海洋服务业

一、滨海旅游业

围绕文化旅游强区建设目标,统筹创新"海+江""海+山""海+边"滨海旅游新模式,持续推动文化、体育、养生深度融合发展,统筹沿海地区旅游资源,高质量打造北部湾滨海旅游度假区。到2025年,全区滨海旅游业增加值突破600亿元。

推动滨海旅游升级发展。加强北海、钦州和防城港在旅游资源开发、设施配套、市场开拓等方面联合与协作,优化布局北钦防滨海旅游项目,统筹规划沿海文旅设施建筑风格,创新北部湾高品质旅游品牌,提供民族区域特色的体验。加快北部湾国际滨海度假胜地和北海邮轮母港建设步伐,推动建设一批高档次、精品级滨海度假设施和度假酒店群。积极推进北海银滩、涠洲岛,防城港江山半岛、钦州三娘湾等创建国家级旅游度假区,着重打造冠头岭国家级旅游度假区和金海湾红树林国家5A景区,重点提升钦州三娘湾和刘冯故居4A景区和防城港金滩4A景区设施和服务水平,积极推进防城港西湾旅游区建设。加快拓展滨海腹地旅游带,培育北部湾休闲度假游、中越边关跨国风情游、海上丝路邮轮游等特色精品旅游线路,建设广西边海国家风景道。积极开发游钓型游艇、邮轮游艇、海上观岛、海岛度假等新型海上旅游体验产品。培育一批宜居宜业宜游滨海特色小镇(海岛),推动休闲度假酒店、"渔家乐"改造升级和品牌化、连锁化经营。

促进海洋旅游与文化体育融合发展。挖掘北部湾海洋文化潜力,重点培塑海上丝绸之路旅游文化品牌。全力建设集海洋文化、休闲运动、海岛养生、南珠文化、时尚生活、主题娱乐、海岛度假等功能于一体的涠洲岛海岛旅游目的地。依托国际赛事,大力发展滨海和海上体育运动产业,支持发展帆船帆板、赛艇、沙滩足排手球、潜水、海钓、龙舟等项目和动力伞、滑翔伞、轻型飞机、热气球等低空运动项目。支持鼓励举办和引进国内外高水平赛事,着力打造环北部湾自行车、沙滩排球、海上帆船等品牌体育赛事,打造一批泛北部湾海岸线体育旅游精品路线和户外休闲运动品牌。

建设北部湾健康养生宜居城市群。以建设北部湾健康养生宜居城市群为目标,采用政策引导,激发市场和消费群体活力,健康有序的发展沿海城市康养产业,以生态景区休闲养生、养老家园、"候鸟中心"、运动基地健身娱乐为主题,推动建立健康医疗、养生养老、健康数据、健康管理、健康咨询等大健康产业链,创建一批集休闲体验、运动康体、旅游观光于一体的"三避五养"①度假区。

二、涉海金融保险服务业

培育涉海金融生态环境,构建银行业、证券业、保险业支持海洋高技术产业发展的金融体系。支持扩大涉海企业信贷资金规模,完善海域使用权抵押贷款制度,鼓励发展以海域使用权、无居民海岛使用权、在建船舶、船舶设备、海产品仓单等为抵质押担保的贷款产品。积极尝试开发海洋产业基金、海洋投资信托、海洋股权投资等新型海洋金融工具;用好用足支持政策,鼓励金融机构开发涉海金融产品,设立专门服务海洋经济的分支机构或子公司,支持北海市创建向海金融示范区和东兴市建设跨境金融结算中心。面向服务北海市、防城港市、钦州市、玉林市等大宗海洋商品交易企业,探索建立海洋高技术产业股权投资发展基金。引导保险企业开发涉海保险产品,探索建立海洋高技术产业贷款风险补偿机制;大力发展科技保险,促进海洋科技成果转化。支持发展"互联网 + 海洋金融",建立海洋金融服务平台,为涉海产业提供包括财富管理、投资、保险、信托、信贷、融资租赁等一揽子金融服务解决方案。

三、海洋会展服务业

推动海洋会展市场主体发展,重点培育一批市场运作能力强、管理服务水平高的海洋展览业优势企业。利用中国—东盟博览会和商务投资峰会等平台,积极打造海洋经济专题展览会,培育以大型专业会展集团为龙头、中小型专业化服务企业为重要组成、专业化分工明确的会展市场主体。

四、海洋环保产业

加强海洋碳汇生境营造,开展海洋碳汇综合利用发展模式研究和技术研发,探索推进海洋碳汇交易,深化蓝碳国际合作。积极培育发展岸线整治、近海生态修复、河口资源保护、沿海防护林建设、滩涂生态涵养等相关海洋生态保护技术,加快培育和发展涉海环保节能技术、海洋环境工程与技术咨询、海洋环保科技推广、海洋环境信息服务等环保中介服务。

---

① 三避:避霾、避寒、避暑;五养:养生、养心、养老、养颜、养疗。

第四节　促进临海(临港)产业集聚发展

坚持"优布局、强龙头、补链条、聚集群"导向,促进港产城海融合,实现临海产业集聚发展。以港口和临海产业园区为载体,开展关键产业的强链补链延链专项行动,发展技术先进、经济高效、绿色节能、环境友好的高端临海临港产业,推动临海临港工业实现低碳化、集约化和高端化发展。优化北部湾临港产业结构,构建各具特色、产业链上下游分工合理的北部湾一体化临港产业体系。推动传统临港产业转型升级和绿色化改造,构建一体化现代临海(临港)产业体系,发展新一代信息技术、先进装备制造、新能源、生物医药及医疗器械、节能环保等新兴产业,培育壮大高端金属新材料、电子信息、石油化工等千亿元级产业集群,重点打造钦州化工产业基地、防城港金属新材料产业基地、北海电子信息产业基地,推进龙港新区重点产业项目建设。北海市建设向海经济发展示范城市,钦州市建设西部陆海新通道战略枢纽、国家重要的绿色临港产业示范基地,防城港市建设现代化临港工业城市,玉林市建设'两湾'产业融合发展先行试验区、全国重点金属新材料和新能源材料产业基地。加快数字南宁建设,有机衔接临港现代产业。

第五章　强化创新驱动,打造海洋科技创新高地

坚持创新驱动,聚焦海洋资源开发,激发海洋整体创新活力和加速海洋科技成果转化,提升海洋科技自主创新和科研成果转化能力,打造海洋科技创新高地。

第一节　推动海洋科技创新载体建设

培育海洋科技创新企业。聚焦海洋渔业、海洋高端装备制造、海洋药物与生物制品、海洋新能源等产业技术创新,筛选出一批技术含量高、成长速度快、产业模式新、带动能力强、发展潜力大的海洋高新技术企业入桂创业。加强涉海"瞪羚企业"引进力度,鼓励涉海企业技术创新平台建设,开展自主创新。支持建设具有区域特色的企业技术中心、工程技术中心和新型产业技术研发机构。

搭建海洋科技创新平台。加强内陆与沿海的科技合作,建立陆海协作

的科技创新平台。推进建设海洋领域自治区实验室、自然资源部热带海洋生态系统与生物资源重点实验室。吸引国内涉海科研院所以分支机构、新型产业技术研发机构等进驻广西。加强与"一带一路"沿线国家及地区开展双多边国际海洋科技合作,着力推进中国—东盟国家海洋科技联合研发中心、中国—东盟国家海洋科技教育交流中心建设,探索建立中国—东盟海洋科考平台、海洋生物种质资源平台和海洋科技创新孵化平台。

加快推进涉海科研院校发展。发挥好部区共建机制,进一步加强自然资源部第四海洋研究所基础设施建设,增强服务国家和地方经济建设的能力。支持广西海洋研究院、广西水产科学研究院、广西红树林研究中心等科研机构开展海洋科技攻关。大力发展海洋科学教育,支持广西大学等区内高校做强涉海专业学科和院系、拓展海洋专业门类、按规定增设涉海职业技能实训基地。

创建海洋科技创新联合体。充分发挥涉海骨干龙头企业在集聚产业创新资源、加快产业共性技术研发、推动重大科技成果应用等方面的作用,鼓励涉海企业与科研院校开展校企合作,共建科技研发中心、科技服务平台等。开展产业联盟、技术联盟、智库联盟等多形式的科创合作,构建以企业为主体、政产学研用相结合的海洋科技创新联合体。

第二节　加快海洋科技攻关和成果转化

推进海洋关键技术攻关。结合智慧海洋、海洋药物和生物制品、海洋船舶制造、海洋牧场、海洋新能源、海水循环利用等技术需求,集中优势科研力量,开展海洋数据智能管理与应用、海洋资源开发利用、海洋生态保护修复、海洋装备与工程等关键领域的技术攻关。积极开发珍珠系列药品、微藻保健品和鲎试剂等为代表的海洋生物制药和生物制剂。聚焦海洋油气开采设备、海洋关键配套设备和系统、高技术船舶以及基础配件等技术革新。推进海水循环冷却技术等工艺和装备水平升级。开展国际国内及区域科技合作和技术转移活动,支持涉海企业引进国内外先进海洋科技成果。

健全海洋科技成果转化服务体系。推动建设海洋产权交易中心,引入中介机构和社会投资机构,构建全区联动开放共享的技术市场体系。发挥北部湾国际技术转移转化中心积极作用,营造区域性国际化技术转移转化生态圈。加强涉海高校院所科研能力建设,支持与社会共建共享科研仪器设备等。

第三节　加快海洋人才队伍建设

引进和培育海洋高端人才。实行八桂学者、国内外高层次和创新人才引进、港澳台英才引进计划等自治区重大人才项目,大力培养引进海洋领域领军人才、顶尖人才团队;落实"人才服务绿卡"政策待遇,建立人才"一站式"服务平台。加快建立以创新能力、质量、实效、贡献为导向的海洋科技人才评价体系。引导涉海企业建立创新人才培养、引进和激励制度。完善涉海企事业单位人才流动机制,畅通人才跨所有制流动渠道。支持自然资源部第四海洋研究所、广西大学、北部湾大学等科研院所和大学开展海洋科研教学,着力培养海洋战略性新兴产业急需的科技人才,支持区内高校建设海洋科技创新团队。发挥自然资源部第四海洋研究所人才聚集效应的优势,集合区内各类海洋科研机构,加快构筑海洋高端人才集聚的"蓝色智库"。

强化海洋创新人才对外交流合作。持续实施"东盟杰出青年科学家来华入桂工作计划",依托中国—东盟技术转移中心、中马北斗应用联合实验室等创新平台,加强与东盟国家开展双多边海洋人才资源的合作开发,创新国际海洋科技人才联合培养方式,支持自然资源部第四海洋研究所与浙江大学共建东盟留学生跨地联合培养基地、玉柴建设国家引才引智示范基地。

第六章　筑牢生态屏障,推进海洋生态文明建设

坚持节约优先、保护优先、自然恢复为主,加强海洋污染防控,推进海洋生态保护修复,提升防灾减灾能力,筑牢沿海绿色生态屏障带,打造海洋生态文明建设广西样板。

第一节　强化海洋资源科学利用

开展海洋资源承载力调查与评价。统一推进水面、水体、海床、底土,以及海岛、滨海湿地、滩涂等海洋自然资源调查,摸清海洋资源"家底",构建海洋资源基础信息平台。开展广西海洋资源环境承载能力和空间开发适宜性评价,开展重点海域海洋沉积动力及环境地质监测,科学合理布局海洋产业,集约配置海岸带与海域资源。

推广海洋资源的高效循环利用模式。继续推行海洋循环经济模式,构建多层次资源高效循环利用体系,提高海洋资源利用的高效性,降低经济发展的能耗水平和污染排放水平,形成海洋循环经济发展的长效机制。推广近海多元立体化生态养殖,减少养殖废弃物排放,提高养殖水产品质量和经济效益。深入推进园区循环化改造,形成废弃物和副产品循环利用的工业梯级利用生态链网,规范发展再制造产业,实现资源利用率最大化和废弃物排放量最小化。

推动海洋资源产业绿色化发展。支持涉海绿色技术创新体系与绿色产业链构建,引导资金向绿色产业转移。严控高耗能、高排放涉海项目发展,壮大节能环保、清洁生产、清洁能源、基础设施绿色升级、绿色服务等涉海产业。推动化工、钢铁、新材料等临海(临港)工业园区绿色生态化改造,重点发展生态旅游、海洋牧场、新能源等绿色产业。

第二节 加强海洋污染防控治理

强化陆源污染物治理。实施主要河流入海口生态环境地质调查监测,制定实施主要污染物减排工作方案和污染物排放总量削减计划。开展沿海排污口整治行动,调整优化排污口布局,取缔未纳入规划的各类排污口。加大对南流江污染综合治理的投入,控制河流对海洋的污染。建立园区污染物动态监控体系,完善园区污染物处理设施建设,逐步实行工业废水分类治理。加强港口污染管控,建立港口污染责任人制度,完善港口污染物处理设施,建立港口环境污染监测和应急机制。

建立海上污染防治机制。加强船舶污染管控,建立绿色船舶制度,严格限制不符合环境标准的船舶使用,完善船舶废弃物回收处理体系,提高船舶污染物接收、转运和处置能力。严格船舶污染源头控制,建立船舶污染监管长效机制,健全船舶污染物接收、转运和处置第三方的管理制度,加强船舶污染防治宣传和管理。开展海上垃圾治理,建立海上垃圾清运制度,减少垃圾入海量。

实施养殖污染管控制度。建立重点养殖功能区的养殖容量评估机制。加强海水养殖环境监测和治理,探索制定养殖尾水排放标准,建立养殖尾水净化处理与废弃物清理机制,引导养殖尾水集中净化处理达标排放或循环利用,减少养殖尾水排放总量。推进海上养殖设施绿色化,鼓励引进新型生态环保养殖设施,加快替换现有的养殖浮漂、网具等。

第三节　完善海洋生态治理体系

制定完善海洋生态管理制度。加快编制岸线空间布局优化方案。加大海洋保护地投入,建立规范高效的海洋保护地管理制度,组建基于智慧海洋平台的海洋保护地生态数据监管平台,实施监测统一全过程监控。严守生态红线,完善海洋生态红线管理制度,对海域实施分类管控。严格红树林地用途管制。探索建立海岸带生态准入、海岸建筑退缩线、海洋工程实施后监测与评估等制度。

加快海洋生态保护修复与补偿。强化生态修复的顶层设计,编制广西海洋生态修复规划。加大海洋资源保护与修复投入,加快修复受损岸线、海湾、河口、海岛和珊瑚礁、红树林、海草床等典型海洋生态系统。推进海洋生态环境损害赔偿、海洋生态补偿标准、补偿金使用监督等制度实施,统筹管理海洋生态赔偿及补偿费用。引导社会资金投入,完善市场化、多元化海洋生态补偿机制。

专栏5:海洋生态保护修复

持续推进海洋生态保护修复项目实施。支持防城港西湾红树林生态修复工程、月亮湾—乌雷海岸带保护修复、西湾海域整治修复和东湾红树林湿地公园建设;支持钦州市孔雀湾、淡水湾、鹿耳环江红树林生态修复工程,钦江流域治理工程;支持北海市铁山港区岸段、银滩岸线整治修复。

推进生态岛礁与海堤建设:重点开展北海涠洲岛岸线保护整治和珊瑚礁生态试验基地及恢复示范工程、防城港山心沙岛生态岛礁建设项目。支持钦州龙门港镇、钦州市钦南区龙门港、钦州市平山岛、钦州市滨海新城等海堤建设。

开展红树林保护修复专项行动:通过实施宜林滩涂造林和宜林养殖塘退塘还林,新造红树林1000公顷;采用自然恢复和适度人工修复相结合的方式,修复现有红树林3500公顷。

实施互花米草专项治理行动:运用综合防控方案,在北海市(丹兜海、廉州湾、大风江等地)和钦州市(大风江、茅尾海等地)完成600公顷互花米草治理。

创新开展蓝碳市场建设和生态经济核算。培育蓝碳技术服务和碳交易等蓝色经济新业态,实施广西海洋标准化碳汇监测,建设广西海洋碳汇野外观测平台,建立广西海洋碳汇数据库。积极参加全国碳排放权交易市场建设,加快蓝碳经济体系的市场化发展。探索开展海洋生态经济核算试点示范工作。

第四节　提高海洋防灾减灾能力

提升海洋防灾数据服务能力。开展海洋及海岸带大断裂活动性、放射性辐射调查监测。加快建立覆盖全区近海海洋生态预警监测网络,高质量建设服务北部湾的海洋观测网和预报中心。强化近岸海域精细化观测预报能力,实现海洋观测点对沿海重点城市、浴场、港口、航线、养殖区等重点保障目标和风暴潮影响典型岸段的精细化覆盖。实现数据共享和预警信息及时互传通报,拓宽海洋预报产品发布渠道,利用智慧海洋平台,实现涉海部门信息共享。

加强海洋灾害应急体系建设。加强自治区、市、县三级海洋观测预报与防灾减灾队伍和应急设备库建设力度。继续完善海洋灾害应急预案体系,修编自治区海洋污染应急预案,推进各级防治船舶及其有关作业活动污染海洋环境应急能力建设,定期开展赤潮、风暴潮、海啸、海上溢油、核事故等灾害应急演练。完善跨部门、跨区域联动应急响应管理机制,加强与广东、海南等周边地区的海洋灾害应急合作。完善海洋应急救援保障体系,加快配套救援保障基地、救援船、救援力量、救援装备等。

第七章　扩大海洋开放合作,主动融入新发展格局

积极拓展海洋发展新需求新空间,建设开放合作新平台,联通东盟及"一带一路"沿线国家,加快促进区域间合作,逐步形成服务西南、中南等地区的全方位开放新格局。

第一节　拓展海洋发展新需求新空间

积极拓展海洋经济发展新腹地,深化与西南、中南等地区间产业协作,推动中西部地区在北部湾沿海建立"飞地园区",完善畅通沿海至腹地的大

通道,建设服务中西部地区国际陆海联运基地。搭建全面对接粤港澳大湾区和海南自由贸易港向海开放平台,推动共建海洋产业园,拓展资本投资新空间,促进陆域资金、人才等资源要素向海集聚,加快北部湾城市群与粤港澳大湾区城市群联动发展。

第二节 打造对外开放合作新平台

搭建国内涉海合作平台。深化与西南、中南等经济合作,打造服务于中西部地区的"走出去"综合服务平台。主动与沿海发达地区联合创建海洋创新载体,携手打造具有竞争力的海洋创新合作平台。深化北部湾城市群与粤港澳大湾区交流合作,建立产业跨行政区转移和利益共享机制,推进"两湾"产业融合先行试验区(广西玉林)、内地与香港关于建立更紧密经贸关系的安排(CEPA)先行先试示范基地建设。

建设国际蓝色合作平台。深化海洋经济交流合作,与海上丝绸之路沿线国家探索港口+配套园区"双港双园"发展模式,推动建立中国—东盟海洋产业联盟,构建粤桂琼与东盟海洋合作圈,拓展深远海蓝色经济新空间。支持有实力的涉海企业与境外企业合作共建一批远洋渔业基地、海洋特色产业园区和经贸合作区,延伸渔业合作半径。定期举办中国—东盟国家蓝色经济论坛,密切与东盟国家的海洋人文、科技和教育交流合作,推动自然资源部第四海洋研究所、北部湾大学等科研机构与海上丝绸之路沿线国家相关机构建立长期稳定的合作机制,共同开展海洋低敏感领域的交流合作。

第八章　振兴海洋文化,提高海洋文化软实力

以挖掘、保护和开发为抓手,推动海洋文化资源产业化,加快全区海洋文化事业高质量发展,综合提高海洋文化软实力,打造具有广西特色的海洋文化品牌。

第一节 挖掘传承海洋特色文化

保护海洋文化遗产。依托少数民族民间传说故事、传统舞蹈、传统手工技艺、民间信俗,培养海洋民俗文化传承人,保护海洋民俗文化。开展海洋

文化古迹、遗址抢救性修复和保护工作,支持和鼓励具备条件的海洋古迹申报各级别遗产名录,建设海洋文化数据库。

创建海洋特色文化保护载体。支持沿海地区因地制宜建立一批海洋科普与教育示范基地、涉海博物馆、纪念馆、文化产业园,发挥新媒体的优势,拓展海洋文化的传播渠道。积极打造城市建设景观设计中的海洋文化元素,逐步建设一批海洋主题公园、海洋文化展示长廊。开展海洋渔业生产及美食艺术、珍珠艺术、海洋民歌与音乐表演、海洋舞蹈表演、京族和疍家族群艺术、节庆礼仪等海洋文化活动。

第二节 推动海洋文化产业化发展

构建海洋文化产品体系。创作一批具有广西特色的漫画、文学作品,衍生电影、游戏、动漫、演艺等系列海洋文化产品。依托民间文学、传统表演与游艺、传统工艺等,打造形式多样、参与度高的海洋文化旅游项目。发挥"老、少、边、山、海、寿"文化旅游特色优势,建设一批富有海洋文化底蕴的旅游景区、度假区。支持拍摄反映当地海洋历史文化和生活的影视作品,建设南国滨海人文风光影视基地。

发展海洋文化旅游新业态。推进海洋文化与其他产业深度融合,延长文化产业价值链,推广"文化+"模式,创建海洋文化旅游精品线路,定期举办"开海节""南珠节""蚝情节"和京族哈节等滨海民族特色节庆活动。充分利用智能信息技术,培育壮大"互联网+"新型海洋文化业态。实施海洋文化产品推广行动,建设海内外多元文化交流平台,深化与东盟国家的文化交流。

第九章 深化改革创新,推进海洋治理现代化

坚持问题导向,完善海洋管理制度,构建适应海洋经济高质量发展的系统完备、科学规范、运行有效的政策制度体系,提升海洋治理体系和治理能力现代化水平。

第一节 完善依法护海治海体制机制

健全海洋法规体系。加强地方海洋立法工作,根据国家上位法及时修

订海域管理、海洋环境保护、无居民海岛保护等地方性海洋法规。探索出台广西海洋经济发展促进条例,推进海洋经济活动纳入法制化轨道。

完善海洋执法体制。加强海洋执法装备和队伍建设,统筹推进集监管立体化、执法规范化、管理信息化、反应快速化于一体的现代海洋管理体系建设,推进海上联合执法,形成统一高效的联合执法体制,维护海上安全和海洋生产、海洋交通、海域使用管理的良好秩序。

第二节　加强用海用岛管控

优化用海用岛政策。完善用海用岛市场化配置制度和海域、无居民海岛有偿使用制度,推进无居民海岛有偿出让。推进海洋资源资产市场化配置,完善海域使用权转让、抵押、出租、作价出资等权能。积极稳妥推进围填海历史遗留问题处理,盘活存量,集约节约使用,保障重大项目用海。

严格用海产业活动的空间规划与用途管控。加强行业用海的精细化管理,提高各类海洋产业集约节约用海标准,严格限制低水平、同质化、高耗能、高污染建设项目准入。积极探索海域立体综合利用模式,鼓励深水立体综合增养殖,探索推进浴场、海上娱乐,开放式养殖等活动与海底管线及其他海底设施分层用海,支持海上风电、深海网箱养殖、海洋牧场、海洋旅游等活动兼容用海、融合发展。

专栏6:海洋经济发展重大政策

研究出台广西壮族自治区海洋经济发展促进条例。

加强海洋空间管制,制定重大项目用海目录,加快出台广西海岸带综合保护与利用规划。

进一步完善用海用岛市场化配置制度,优化完善海域、无居民海岛有偿使用制度。

规范养殖用海管理,优化完善用海项目管理办法。

探索海域立体综合利用管理,逐步建立海域分层确权制度。

探索出台闲置用海回收处置管理制度。

第三节　强化海洋经济运行监测与评估能力

完善全区海洋经济统计调查体系,健全海洋经济运行监测与评估机制,推进市级海洋经济核算,定期发布海洋发展报告、海洋经济发展报告。持续开展海洋经济重大问题研究,研究建立海洋经济高质量发展评价指标体系,提升对海洋经济运行的综合评估分析能力。发挥涉海企业在海洋经济发展中的主体作用和创新创造活力,建立重点涉海企业联系制度和涉海企业名录库,支持组建各类涉海行业协会,形成政企民多方参与的综合协调机制。建立健全海洋经济数据共享机制,拓展新的部门数据共享途径。充分运用大数据、云计算、区块链等现代信息技术手段,创新海洋经济统计和评估方法,完善基础数据库,提高统计数据质量。

第十章　保障措施

第一节　加强组织领导

健全自治区海洋工作领导小组议事协调机制,加强对全区海洋工作的领导和统筹协调,分解目标任务,明确责任分工,组织规划实施。地方政府要强化主体责任,抓好重点任务和重大项目的落地实施。各级涉海主管部门要积极争取地方党委政府的支持,共同构建促进海洋经济发展的长效机制。

第二节　加大财政扶持力度

整合各专项资金中海洋相关支出方向资金,优先支持自治区海洋工作领导小组明确的重点项目。积极探索财政资金和社会资本合作,开展海洋经济创新发展示范。加大对涉海产业园区、海洋战略性新兴产业、海洋科技创新、海洋生态修复、环境保护、防灾减灾等领域的财政支持力度。继续减免养殖海域使用金,提高对行业优质企业的支持力度。

第三节　强化监督评估考核

建立督查制度,强化对分解目标的督查与考核,强化对重大政策、重大项目及配套措施的督促落实。建立规划实施评估和考核制度,开展规划中期评估,根据评估成果动态调整规划目标,强化对目标任务的跟踪考核。探索引入社会机构参与评估,建立第三方评估常态化制度。

第四节　提升全民海洋意识

健全海洋意识公众参与机制,建立一批海洋科普和意识教育基地,开设一系列海洋论坛、讲座,完善和创新活动平台,普及海洋知识。加强涉海法律法规和有关海洋政策宣传,不断增强全民对发展海洋经济、保护海洋环境、维护海洋权益、传承海洋文化的意识,营造亲海、爱海、强海的浓厚社会氛围。

第十一章　环境影响分析

本规划以建设海洋强区为目标,提出"十四五"期间广西海洋经济发展的重大政策、重大项目、重大改革举措,对推进全区海洋经济高质量发展,实现人海和谐发展具有重要意义。总体来看,规划实施对海洋生态环境的影响是有利的,也存在一些不利影响,但大多数不利影响是短暂的、可控的,严格执行规划可以减轻、避免或降低到最低限度。

第一节　有利影响

规划实施后,对生态环境的有利影响主要体现在七个方面:一是发展定位明确了全区未来五年海洋经济发展方向,有利于统筹协调海洋资源,提高海洋资源全要素生产率,避免盲目开发带来的资源浪费与环境污染问题。二是空间布局的落实有利于进一步规范陆海空间开发秩序,促进与主体功能定位相适应的空间开发格局的形成,加快促进生产空间集约高效、海洋产业布局合理、海洋园区集聚发展。三是现代海洋产业体系的构建,有利于发展低资源能耗、低污染排放、高技术含量的现代海洋产业,提升海洋产业链供应链现代化水平,优化海洋产业结构海洋发展模式。四是强化海洋科技创新,搭建海洋科技创新载体,完善科技创新成果转换机制,加快海洋人才队伍建设,有利于激发科技人员自主创新能力与积极性,塑造海洋经济发展新动力。五是建设海洋生态文明示范区,有利于优化与改善海洋生态环境,促进海洋资源集约节约利用,严格防控海洋污染,实现对岸线、海湾、河口、海岛和红树林、海草床、珊瑚礁等典型海洋生态系统的保护修复,对于建设生态海洋、健康海洋、和谐海洋具有重要意义。六是构建陆海统筹、内外互动、全方位开放的新格局,有利于加快拓展海洋发展新空间,有利于更好的利用国内国际两个市场、两种资源,有利于引领海洋开发加快向深远海拓展,缓解沿海地区环境压力。七是海洋治理体系和治理能力现代化建设,有利于提升海洋综合治理能力,为海洋资源科学有序开发,降低无序乱开发带来的生态破坏提供制度约束。

第二节　不利影响

规划实施后可能对生态环境带来一些局部的、短期的不利影响,主要体现在三个方面:一是产业活动发展会对生态环境带来一定压力。大量海洋产业集聚在海岸带与近海海域,势必会造成用地用海紧张,增大海岸带与近海海域生态环境压力;受限于产业结构调整的渐进性,初期产业发展也会对生态环境造成不利影响。二是基础设施建设可能对环境造成直接影响。港口、航线与沿海交通建设可能对岸线、海岛造成影响,对红树林、海草床、珊瑚礁等典型生态系统带来威胁。三是政策制度和保障措施落实不到位,可能会降低对海洋资源保护开发利用的约束,不科学不合理的开发行为存在会对生态环境造成不利影响。

第三节　缓解措施

为有效降低规划实施后带来的不利影响,扩大规划实施的有利影响,主要采取四方面的缓解措施:

一是压实责任,强化监督。按照规划分解目标与任务,统筹协调各职能部门各单位的责任,强化分工负责制和地方政府的主体责任,配套成立相应的组织协调机构,压实责任。对规划实施事前、事中、事后的全过程监管,定期对规划实施进行跟踪分析与评估,最大程度地减免规划实施的不利环境影响。

二是始终坚持生态优先、绿色发展的基本原则,将海洋生态文明建设贯穿于规划实施的各个环节与阶段,夯实绿色发展理念,加速推动海洋粗放式发展模式向集约绿色低碳发展模式转型,科学开发海洋资源,保护海洋生态环境,发展低污染、低能耗、低排放的绿色海洋产业。

三是切实贯彻发展定位和空间布局。把贯彻发展定位和空间布局作为规划实施的重要抓手,严格按照"一港两区两基地"的发展定位和"一轴两带三核多园区"空间布局落实海洋产业项目,以合理的空间布局推动海洋产业发展与生态用海、海洋生态修复有机结合。

四是发挥好法律、政策和制度对生态环境保护的重要作用。严格落实海洋管理制度,建立和完善海岸带综合保护与利用规划,实施海湾污染综合防控制度,严格用海产业活动的空间规划与用途管控,完善生态保护补偿制度。

名词解释

海洋经济是开发、利用和保护海洋的各类产业活动,以及与之相关联活动的总和。

海洋生产总值是按市场价格计算的海洋经济生产总值的简称。它是指涉海常住单位在一定时期内海洋经济活动的最终成果,是海洋产业及海洋相关产业增加值之和。

海洋产业是开发、利用和保护海洋所进行的生产和服务活动,包括海洋渔业、海洋油气业、海洋矿业、海洋盐业、海洋化工业、海洋生物医药业、海洋电力业、海洋可再生能源利用业、海水利用业、海洋船舶工业、海洋工程建筑业、海洋交通运输业、滨海旅游等主要海洋产业,以及海洋科研教育管理服务业。

海洋科研教育管理服务业是开发、利用和保护海洋过程中所进行的科研、教育、管理及服务等活动,包括海洋信息服务业、海洋环境监测预报服务、海洋保险与社会保障业、海洋科学研究、海洋技术服务业、海洋地质勘查业、海洋环境保护业、海洋教育、海洋管理、海洋社会团体与国际组织等。

海洋相关产业是以各种投入产出为联系纽带,与主要海洋产业构成技术经济联系的上下游产业,涉及海洋农林业、海洋设备制造业、涉海产品及材料制造业、涉海建筑与安装业、海洋批发与零售业、涉海服务业等。

《广西海洋经济发展"十四五"规划》高频词图

海南省海洋经济发展"十四五"规划

（2021—2025 年）

前　言

《中华人民共和国国民经济和社会发展第十四个五年规划和 2035 年远景目标纲要》指出，"坚持陆海统筹、人海和谐、合作共赢，协同推进海洋生态保护、海洋经济发展和海洋权益维护，加快建设海洋强国。"建设海洋强国是中央统筹国内国际两个大局，办好发展安全两件大事作出的重大战略部署。对拓展我国经济社会发展的战略空间，推动经济持续健康发展，推进高水平对外开放、构建新发展格局等都具有重大意义。

我省是海洋大省，授权管辖西南中沙群岛的岛礁及其海域，在国家海洋强国战略中具有特殊地位和作用。"十四五"时期，依托海南地理区位优势和海洋资源优势，加快培育壮大海洋经济，拓展海南经济发展蓝色空间，对服务海洋强国战略、推动海南自由贸易港建设及实现自身发展具有重要意义。

建设海南自由贸易港是国家重大战略，为我省海洋经济跨越式发展带来重大历史机遇，也对我省海洋经济发展提出更高目标要求。"十四五"时期，我省应抓住自由贸易港建设重大战略机遇，以拓展海南经济发展蓝色空间为主题，以海洋科技创新为重要动力，着力构建现代海洋产业体系，统筹海洋生态保护与海洋经济发展、深远海开发与海洋权益维护，加强海洋经济开放合作，提升海洋服务保障能力，初步形成与自由贸易港相适应的现代海洋经济体系，并为中长期发展奠定重要基础，充分履行中央赋予海南"更好服务海洋强国、'一带一路'建设、军民融合发展等国家重大战略实施"的重要使命。

本规划根据党中央国务院对海南自由贸易港建设的系列部署要求、《海南省国民经济和社会发展第十四个五年规划和二〇三五年远景目标纲要》编制。规划涉及区域包括海南省负责管辖海域以及海洋经济发展所依托的相关陆域。规划期至 2025 年，展望 2035 年。

第一章　特定背景

"十三五"期间,海南海洋经济发展取得显著成就。"十四五"时期海南海洋经济发展,既面临多重国家战略叠加的重大机遇,也面临诸多矛盾与挑战。要准确把握海南海洋经济发展的特定背景,谋划开拓海洋经济发展新局面。

一、海洋经济发展的新机遇新挑战

1. 建设海洋强国对海洋经济发展的战略机遇。南海海域辽阔、资源丰富、战略地位突出,是我国重要的安全屏障和贸易通道,是国家海洋权益的重要组成部分,是实现海洋强国目标的重要支撑。海南授权管辖西南中沙群岛的岛礁及其海域,开发南海资源、发展海洋经济的潜力巨大。

2. 构建新发展格局对海洋经济发展的战略机遇。以加强与东南亚国家交流合作为重点打造重要开放门户,是海南自由贸易港建设的重大战略任务。在我国加快构建以国内大循环为主体、国内国际双循环相互促进的新发展格局的背景下,"十四五"时期,加强与东南亚国家交流合作,促进与粤港澳大湾区联动发展,将带动海南逐步成为国内国际双循环的重要枢纽和交汇点,这为壮大海南海洋经济规模,提升海南海洋经济发展质量带来新动力。

3. 自由贸易港建设对海洋经济发展的战略机遇。一方面,自由贸易港是当今世界最高水平开放形态,随着中央赋予海南的特殊开放政策与税收政策逐步落地见效,多重政策叠加和外溢效应将吸引一批高端海洋经济领域的发展创新要素集聚。另一方面,中央赋予海南一系列支持政策、部署一系列重大项目,为补齐海南海洋经济发展短板、加快构建现代海洋产业体系提供了良好条件和重要支撑。

4. "三区一中心"建设对海洋经济发展的战略机遇。建设全面深化改革开放试验区,将带动海南海洋资源开发和保护领域制度集成创新,吸引涉海企业、人才、技术、研发机构等高端要素集聚,明显提升海洋资源开发能力与全球海洋资源要素配置能力。建设国家生态文明试验区,将强化海南海洋生态环境保护,倒逼海洋传统产业绿色转型和节约集约利用海洋资源。建设国际旅游消费中心,将提升海南海洋产品的品牌影响力与竞争力,并促进海洋一二三产业融合发展。建设国家重大战略服务保障区,将推动海南深度融入海洋强国、共建"一带一路"、军民融合发展等重大战略,支撑保障能力全面加强,海南海洋经济在国家战略格局中的地位和作用明显提升。

5. 涉海需求快速提升对海洋经济发展的战略机遇。国人对海产品、海洋医药与生物制品、海洋旅游等涉海产品与服务的需求全面快速增长,成为推动海洋经济发展的重要动力。我国推进绿色发展进程,进一步放大了海南海洋生态环境优势,有利于更大力度开发海洋可再生能源。我国对深海科技的需求凸显海南深海资源优势,有利于集聚优质涉海创新要素,增强海洋科技创新尤其是深海科技创新能力。

同时也要看到,当今世界正经历百年未有之大变局。新冠肺炎疫情对海洋产业链、供应链、价值链带来巨大影响。南海形势复杂多变,海南开发利用海洋资源、推进海洋经济相关领域对外投资与开放合作及拓展海洋经济发展空间面临的不确定性、不稳定性明显上升,统筹海洋经济发展与国家安全的难度加大。新一轮科技革命和海洋产业变革深入发展,海洋领域新技术、新业态、新模式加速涌现,国内沿海省市纷纷抢抓建设海洋强国的重大机遇,加快海洋战略平台和资源布局,更加强调海洋经济高质量发展,海南海洋经济发展面临更加激烈的竞争。

二、"十三五"时期主要进展

1. 海洋经济规模不断扩大。2015—2020 年,海洋生产总值由 1005 亿元增长到 1536 亿元,年均增长 8.85%;海洋经济占全省 GDP 的比重由 26.9% 上升到 27.8%。

2. 海洋产业体系逐步健全。传统海洋产业保持稳定发展,邮轮游艇等旅游业态快速发展,深海智能养殖渔场、现代化海洋牧场、渔港经济区等渔业新业态不断萌发,深海科技、海洋信息等产业快速起步,以海洋渔业、海洋旅游业、海洋交通运输业、海洋科研教育管理服务业为支柱的海洋产业体系初步形成。

专栏 1.1 2015 年、2020 年海南海洋重点产业增加值比较

	2015 年 (亿元)	2020 年 (亿元)	2015—2020 年 均增速(%)
海洋渔业	242	305	4.7
海洋交通运输业	27	66	19.6
海洋旅游业	195	270	6.7
海洋科研教育管理服务业	240	511	16.3

3. 海洋科技创新能力稳步提升。大力实施涉海科技计划项目。重点面向深海探测、海洋资源开发利用等战略性领域,加快布局建设国家深海基地南方中心科技创新平台、中国地调局南海地质科技创新基地等科研平台,我省第一个省部共建国家重点实验室(南海海洋资源利用国家重点实验室)获批筹建。积极促进"探索一号"科考船、"深海勇士号"载人潜水器、"奋斗者号"万米载人潜水器等国家海洋科技重大装备落户海南。

4. 海洋基础设施取得较大改善。"四方五港多港点"发展格局进一步巩固,重点港口扩建升级工程稳步推进,全省港口综合通过能力达到 2.6 亿吨,集装箱吞吐量达到 299.79 万 TEU。以渔港为重点的渔业基础设施建设取得明显改善,拥有中心渔港 6 处、一级渔港 7 处、二级渔港 13 处、三级渔港 17处。积极推进重大基础设施建设,跨海交通运输、海底管线、海洋油气平台等涉海基础设施不断完善。

5. 海洋公共服务能力不断提升。海洋监测预报、资源保护、海上安全救援、防灾减灾等海洋公共服务能力不断提升,基本形成涵盖海洋监测预报、海域动态监测、海上搜救和水生野生动物疫病防疫等的海洋公共服务体系。

6. 海洋生态环境保护能力明显增强。海洋生态监视监测和海洋环境观察预报网络初步建成,省、市(县)两级海域使用动态监视监测管理系统基本建立。海洋生态保护与修复力度不断加强,海洋监督执法力度不断强化。2020 年,海南省近岸海域水质总体为优,优良水质面积比例为 99.88%,优良水质站位比例为 95.6%。海洋生物多样性及生态系统结构相对稳定。

三、突出矛盾

1. 海洋经济布局不合理。浅近海资源开发过度,深远海资源开发滞后;沿海市县处于低水平均衡发展状态,海洋产业结构趋同,中心城市辐射带动能力弱;港口、临港产业基地、海洋产业载体等重点涉海基础设施有待进一步完善,粗放式增长的矛盾依然突出;海洋资源利用效益不高,优势海洋产业附加值较低。

2. 海洋产业发展基础薄弱。海洋渔业仍以传统捕捞为主,2019 年全省海洋捕捞产值占比为 65.2%,远高于全国 37.2% 的平均水平;水产品精深加工能力不强,智能网箱、海洋牧场、休闲渔业等发展滞后。海洋旅游以自然观光、滨海休闲度假为主,多元化、国际化产品与服务供给能力较弱,邮轮游艇旅游发展不充分、基础设施不完善。港口、航道、锚地等建设滞后,航运运力和航线密度亟待提升,现代航运业还处于起步阶段。海洋油气产业规模小,海洋新兴产业尚处于培育期,新动能、新业态发展缓慢。

3. 海洋科技创新能力不足。海洋科技创新投入严重不足,创新要素不足,尤其是高水平创新主体和平台较少,顶尖科研人才和创新团队极为缺乏,企业创新能力不强,海洋装备技术研发能力不足,缺乏核心竞争力。海洋科技创新的体制机制不完善,管理能力和水平亟待提升。海洋科技创新资源整合力度不够,成果转化率不高。科研机构、科研人员、研发投入和专利授权等主要涉海科技指标落后于沿海省市。2020年,海南涉海高校和科研机构只有16个,与山东、广东等沿海省份差距巨大。

4. 近海生态环境压力较大。粗放型生产方式、海岸带无序开发、入海河流水质超标、污染物无序排放导致近海生态环境问题凸显。珊瑚礁、红树林、海草床等典型海洋生态系统退化,海岸自然风貌、滩涂湿地遭破坏,部分砂质海岸侵蚀严重,部分海湾、潟湖水质恶化。海洋产业绿色转型压力较大,发展动力不足。

5. 海洋资源开发管理体制机制不健全。涉海资源整合不够,涉海管理部门职能职责既交叉又分散,缺乏强有力的综合协调与管理联动机制。海洋经济管理能力弱,特别是规划引导、调查统计、运行监测等与海洋经济高质量发展要求严重不相适应。

第二章　总体要求

"十四五"时期,抓住多项国家战略叠加给海南海洋经济发展带来的重要机遇,放大海南的区位优势和资源禀赋优势,在着力解决"海洋资源大省与海洋经济小省"的突出矛盾方面实现重要突破,更好服务建设海洋强国、共建"一带一路"、军民融合发展等国家重大战略。

一、指导思想

高举中国特色社会主义伟大旗帜,深入贯彻党的十九大和十九届二中、三中、四中、五中全会精神,坚持以马克思列宁主义、毛泽东思想、邓小平理论、"三个代表"重要思想、科学发展观、习近平新时代中国特色社会主义思想为指导,贯彻落实习近平总书记关于海洋发展的系列重要论述,准确把握新发展阶段,深入贯彻新发展理念,加快构建新发展格局,坚持陆海统筹、人海和谐、合作共赢,依托海南"深远海"优势与特色,构建现代海洋产业体系、增强海洋科技创新能力、推进海洋经济绿色发展、加强海洋经济开放合作、提升海洋服务保障能力、完善海洋经济发展政策,以此推动海洋经济高质量发展,拓展海南经济发展蓝色空间,服务自由贸易港建设,切实履行好党中央赋予的重要使命,为建设海洋强国做出更大贡献。

二、基本原则

1. 陆海统筹、合理布局。坚持陆海统筹、梯次推进,推进陆海资源配置、产业布局、生态保护、灾害防治对接融合,统筹沿海各市县海洋产业分工与布局协调发展,形成陆海资源与产业分工协调互动,产业布局"全省一盘棋、全岛同城化"的海洋经济发展格局。

2. 创新驱动、科技引领。实施创新驱动发展战略,加大关键科技研发与成果引进力度,充分利用海南自由贸易港政策与制度优势,更大力度吸引集聚企业、人才、资本、技术等海洋创新要素,加大海洋科研基础设施投入和创新平台建设,深化科研体制改革,尽快补齐海洋科技创新的突出短板,实现做大总量与提升效益的有机统一。

3. 绿色发展、生态优先。严格保护海洋生态环境,更加重视以海定陆。推进海洋产业绿色转型,遏制对海洋资源的粗放利用和无序开发,推动构建生态型海洋产业体系。加强海洋生态环境治理,全面提升海陆生态保护和污染防治一体化水平。创新生态文明制度与政策体系,提升海洋资源节约集约利用水平,打造海洋生态文明建设示范区。

4. 统筹协调、协同发力。把制度集成创新作为做大做强海洋经济的重要保障,积极推进海洋综合管理能力与治理体系建设。完善统筹协调机制,强化公众海洋意识,推动全社会共同参与海洋强省建设,加强央地联动、市县协同和区域协调发展。统筹推进海洋行政管理、执法监测、技术支持、公共服务、政策扶持等方面的能力建设,不断加强南海维权和开发服务保障能力。

5. 突出特色、重点突破。面向国家总体布局与海南省功能定位,依托"深海"优势,做大"深海"文章,全面推进渔业向深远海发展,加快深海油气资源开发,加强深海探测、深海科研和深海装备研发制造,打造深远海邮轮游艇旅游精品,强化深远海国际合作。结合自由贸易港政策创新优势,加快推动国际航运物流、海洋金融、海洋科技服务、海洋文化等现代海洋服务业发展,培育具有海南特色和区域竞争力的海洋产业链,打造特色鲜明的海洋经济发展示范区。

6. 开放合作、互利共赢。用足用好海南自由贸易港贸易和投资自由化便利化政策,推动与"一带一路"沿线国家和地区开展更加务实高效的合作,加强与东南亚国家交流合作,构建区域性海洋产业链供应链,建设 21 世纪海上丝绸之路重要战略支点与重要开放门户,实现海洋经济合作开发与海洋权益维护同步推进。

三、发展目标

1. 2035 年愿景展望。到 2035 年,全省海洋经济规模显著提升,跻身海洋经济大省行列,深海科技创新能力达到国内领先、国际一流水平,海洋经济的国际竞争力、影响力大幅提升,建成辐射能力强大的南海资源开发服务保障基地,在海洋经济区域合作中发挥一定的主导作用。

2. 2025 年。以实现 2035 年愿景为目标,综合考虑海南海洋经济发展基础及未来发展趋势、潜力,到 2025 年:

——海洋经济规模大幅提升。全省海洋生产总值超过 3000 亿元,对国民经济增长贡献率达到 40% 左右。

——海洋科技创新能力显著增强。海洋创新要素不断集聚、配置更加优化,投入显著增长,涉海科研机构达到 25 家,集聚效应开始显现,海洋科技成果转化率达到 60%,海洋科技创新驱动力显著增强。

——现代海洋产业体系初步构建。海洋渔业、海洋旅游业、海洋交通运输业、海洋油气化工产业等传统海洋产业发展质量、效益显著提升,海洋药物与生物制品、海洋信息、海洋可再生能源等新兴产业规模大幅提高,形成海洋旅游、现代海洋服务业等千亿级海洋产业集群。

——海洋生态文明建设水平不断提高。海洋生态文明制度体系更加完善,海洋资源开发利用效益明显提升,海洋生态产品价值实现机制初步建立,海洋生态环境基础设施建设全面加强,生态型海洋产业体系初步形成。

——海洋合作网络不断扩大。以与东南亚为重点的海洋产业合作、海洋人文交流广度、深度明显提升,与粤港澳大湾区在海洋领域的融合更加深入,争取建立若干海洋经济特色合作园区与示范基地、区域性海洋产业合作交流平台,以粤港澳大湾区为重要依托,以东南亚为重点的海洋合作网络初步建立。

专栏 2.1 "十四五"时期海南海洋经济发展指标表

	指标名称	单位	2020 年	2025 年	年均增长（%）	属性
经济规模	海洋生产总值	亿元	1536	3000	14.3	预期性
科技创新	海洋研究与试验发展经费投入强度	%	—	0.5	—	指导性
	重点涉海高校和科研机构数量	家	16	25	—	指导性
产业发展	海洋新兴产业增加值年均增速	%	—	25	—	预期性
	海洋旅游业增加值	亿元	270	600	17.3	预期性
	海洋交通运输业增加值	亿元	66	200	24.8	预期性
	海洋科研教育管理服务业增加值	亿元	511	1100	16.6	预期性
	海水淡化日产能力	万吨/日	1.06	5	36.4	预期性
资源环境	近岸海域水质优良面积比例目标	%	>98	>98	—	约束性
	自然岸线保有率目标	%	>60	>60	—	约束性
	近岸海域生态保护红线面积占比	%	35.1	35.1	—	约束性
	海岸线生态修复长度	公里	—	95.21	—	预期性

注：1. 年均增长为名义增速。

2. 相关统计数据以国家核实数据为准。

第三章　优化蓝色经济空间布局

"十四五"时期,构建"南北互动、两翼崛起、深海拓展、岛礁保护"的蓝色经济空间布局。

一、优化沿海海洋产业布局

坚持陆海统筹,推进沿海各市县海洋产业分工和陆海资源协调互动,实现空间布局与发展功能相统一、资源开发与环境保护相协调、全省统筹与市县差异化发展相衔接。

1. 打造两大海洋经济增长极

北部:海洋现代服务业增长极。包括海口、澄迈和文昌 3 市县及其邻近海域,建设具有国际竞争力的海洋现代服务业集聚区、具有世界先进水平的海洋新兴产业发展集聚区。

实施《海口海洋经济创新发展产业地图》,支持海口综合性枢纽港、澄迈油气勘探生产服务基地建设,提升海口创新发展示范城市产业协同创新和产业链创新水平,吸引集聚一批优质涉海市场主体,打造覆盖全省、面向东南亚的现代海洋服务体系。依托澄迈油气勘探生产服务基地,以北部重点产业园区为依托,加快培育发展海洋医药、海洋高端装备研发制造等海洋新兴产业。推进北部跨市县海洋渔业产业链对接,加强渔港基础设施建设与功能配套,建设覆盖全省、面向东南亚的集养殖、加工、保鲜、物流、交易于一体的海洋渔业产业化集聚区。强化养殖海域与海湾、红树林等生态环境整治修复与保护力度。

专栏 3.1　北部海洋现代服务业增长极各市县产业发展方向

市(县)	产业发展方向
海口	重点发展海洋旅游、海洋交通运输、海洋医药与生物制品、海洋工程咨询、涉海金融、涉海商务服务、海洋教育培训等产业,构建海口海洋经济发展"一轴一核两组团"①的空间发展布局,打造海洋现代服务业发展集聚区,辐射带动周边市县海洋产业发展。建设海口东海岸国家级海洋牧场示范区。
澄迈	重点发展油气勘探生产服务、能源储备、海上勘探、海洋交通运输业、海洋物流服务业和海洋渔业等产业,打造临港供应链物流集散地和南海油气勘探生产服务基地。
文昌	重点发展海水精品养殖、休闲渔业、海洋文化等产业,加快建设冯家湾现代化渔业产业园,谋划建设文昌清澜国际港区。

---

① 　一轴一核两组团是指:海洋经济产业创新发展轴、中心发展核、长流组团、江东组团。

南部:海洋旅游与高新技术产业增长极。包括三亚、陵水和乐东3市县及周边海域,建设具有全球影响力的海洋科技教育创新中心、具有世界竞争力的海洋旅游示范区。

高标准推进三亚崖州湾科技城建设,打造具有国际竞争力的海洋科技研发中心、海洋科技成果孵化中心、海洋科技教育创新中心。推进国际旅游消费中心引领区、凤凰岛国际邮轮母港建设,推进陵水国家海洋经济发展示范区、大三亚圈渔港经济区建设,培育邮轮游艇、海洋文化创意、海岛旅游、水产南繁种苗、海洋牧场、休闲渔业等产业集群。支持三亚开展海洋旅游国际合作,加快推进三亚新机场、国家深远海综合试验场等重大项目建设。

专栏3.2　南部海洋旅游与高新技术产业增长极各市县产业发展方向

市(县)	产业发展方向
三亚	重点发展深海科技、热带海洋旅游、海洋科技教育、水产南繁种业、邮轮游艇、海岛旅游等产业。依托三亚崖州湾科技城,建设深海空间站岸基服务业保障基地,打造深海基地南方中心。建设三亚蜈支洲岛国家级海洋牧场示范区。
陵水	重点发展游艇旅游、海岛旅游、海洋信息、水产南繁种业等,打造中国热带滨海养生基地和海洋休闲度假区旅游胜地,创建海洋旅游范例。
乐东	重点发展热带海洋旅游、海洋渔业等产业,推动长隆海洋主题公园建设,打造海南西南部休闲旅游康养度假胜地。

2. 提升两翼海洋经济发展水平

西翼:西部临港临海绿色工业发展带。包括儋州、临高、昌江、东方4市县及沿海地区和洋浦经济开发区,建设西部陆海新通道国际航运枢纽、临海临港工业集聚区、绿色循环石化基地、清洁能源基地、低碳制造业示范区。

加快建设洋浦区域国际集装箱枢纽港,推进港口码头建设与功能完善,重点发展港航物流和以船舶融资租赁、航运保险、海事仲裁、航运咨询和航运信息服务为重点的现代航运服务业,建成区域国际航运中心、西部陆海新通道国际航运枢纽和港航物流供应链服务中心。培育做大临港油气石化产业和低碳制造业,打造世界级绿色智慧石化产业基地及具有国际影响力的石油天然气储备基地。

推进能源勘探、生产、加工、交易、储备、输送及配套码头建设。加快发展滨海核电、海上风电等清洁能源,推进沿海化工产业绿色循环发展。着力推动临港临海产业集中集约布局,建设国家战略能源储备基地,打造临港临海绿色工业发展带。

专栏3.3　西部临港临海绿色工业发展带各市县产业发展方向

市(县)	产业发展方向
儋州	重点发展海洋渔业、临港工业、海洋旅游、邮轮旅游等产业,打造北部湾国际水产品贸易中心、西部地区的南海旅游出发中转港口。
临高	重点发展海洋渔业,推进渔业精深加工、休闲渔业等多业态渔业产业发展,打造海洋现代渔业创新发展综合体。将金牌港建设成为以新型建筑、海洋装备制造及维修为主的现代化港口新区。
昌江	重点发展海洋渔业、清洁能源等产业,推进海尾智慧渔业产业园建设,打造集海水养殖、水产品加工与交易、休闲渔业、渔业服务为一体的现代海洋渔业产业链。
东方	重点发展海洋渔业、海洋旅游、海洋油气化工、港口及临港工业等产业,打造油气化工产业集群和以天然气化工为主的新材料基地。
洋浦经济开发区	重点发展港航物流、商贸服务(国际贸易)、海洋装备制造及维修、高端旅游消费品制造等产业,建设绿色石化新材料全产业链国际化基地、区域国际集装箱枢纽港。

东翼:东部高质量海洋生态经济发展带。包括琼海、万宁2市沿海区域及其附近海域,打造海洋生态文明建设示范区、滨海旅游目的地、国际经济合作和文化交流的重要平台。

统筹海洋资源开发与海洋生态环境保护,加快推进"蓝色海湾"工程建设,加大近海海域生态环境整治修复力度。重点发展滨海生态旅游、休闲渔业、远洋渔业、海洋文化产业等生态型产业,打造高质量的海洋生态经济发展带。

专栏3.4 东部高质量海洋生态经济发展带各市县产业发展方向

市(县)	产业发展方向
琼海	重点发展休闲渔业、海洋旅游、海洋文化等产业,加快建设潭门渔港休闲渔业基地,打造一批"南海风情美丽新渔村"。
万宁	重点发展海洋渔业、海洋旅游、深层海水利用等产业,打造以滨海度假、水上运动、生态养生、节庆赛事为特色的滨海旅游度假胜地。

二、加强深远海保护开发与合作

突出资源优势,做大"深海"文章,加强深海资源开发与与国际合作,强化岛礁生态保护修复,提升深远海综合开发服务保障能力。

1. 加强深海开发与合作。以提升"深海进入—深海探测—深海开发"能力为目标,以三亚崖州湾科技城为依托,加快深海空间站、国家级深远海综合试验场、国家南海生物种质资源库建设,重点开展深海科考、深海探测、深海资源勘探开发、海洋遥感、海洋生态保护等活动;推进深海技术研发和深海工程装备制造,发展深海养殖、深海油气、深海生物活性物质及生物制品、深层海水开发利用等产业。在深海产业发展、深海科学探测和海洋生态环境保护等方面推进区域合作;完善海洋气象综合观测、预报预警和公共服务基础设施,建设深海监测综合服务平台,提高海洋气象防灾减灾能力,积极提供海洋国际公共服务。

2. 加强岛礁保护与利用。加强岛礁自然资源调查,开展岛礁生态环境综合整治,建设生态岛礁。完善南海岛礁民事服务设施与功能,布局建设海水淡化、海洋可再生能源开发等示范基地;有序推进西沙旅游资源开发,稳步开放海岛游;适度发展远海渔业捕捞、休闲渔业等产业。完善岛礁基础设施建设,提升有居民岛屿间互联互通水平,强化本岛服务保障功能与基础设施体系的对接。

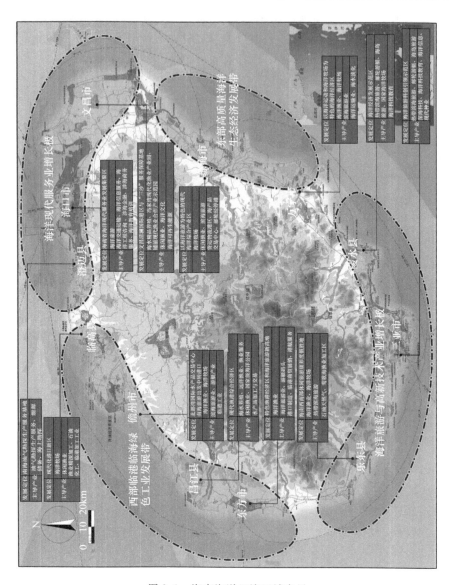

图 3.1　海南海洋经济区域布局

第四章　构建现代海洋产业体系

用足用好自由贸易港政策,吸引资本和创新要素向海洋产业集聚,优化升级海洋传统产业,培育壮大海洋新兴产业,促进海洋产业集群化发展,构建结构合理、相互协同、竞争力较强的现代海洋产业体系。

一、优化升级海洋传统产业

1. 海洋渔业

推动海洋捕捞由近海向远海拓展。开展南海渔业资源调查,压减近海渔业捕捞强度,严格控制拖网、围网等作业类型。稳妥实行限额捕捞制度。积极发展外海捕捞,鼓励发展远海捕捞,引进和发展远洋捕捞。

推动海水养殖向岸上、深远海转型。稳步推进近岸海域禁养区养殖清退工作,科学控制限养区养殖规模,合理布局养殖区,引导退养渔民转产转业。逐步推动海水养殖由近海养殖为主向深远海养殖为主转变,支持发展生态型、高产值深远海装备养殖,建设大型深水网箱、深远海大型智能养殖渔场、养殖工船,发展深远海岛礁区域渔业增养殖。推进水产健康养殖示范区建设,推动传统海水养殖场生态化、休闲化改造,发展循环型、零用药、达标排放的现代化工厂养殖,建设一批产业特色鲜明、科技含量较高、生态环境友好的水产养殖产业园区。建设水产品质量检测和检验检疫中心,构建水产品质量全过程追溯管理体系,创建出口水产品质量安全示范区。

做强做优水产种苗业。围绕优势品种建设水产种质资源库、水产遗传育种中心、原良种场及水产种业繁育基地。依托三亚崖州湾科技城等,实施一批海洋生物育种重大科技项目。支持海水增养殖优质品种培育和健康种苗繁育技术研发,加快完善水产原良种体系和疫病防控体系,加强海水养殖生物育种知识产权保护。在三亚、海口、文昌、陵水等地建设一批海水养殖优良种质研发中心、中试基地和良种基地,服务国家南繁科研育种基地建设和南繁产业发展。

高标准建设现代化海洋牧场。以修复海洋渔业资源和生态环境为前提,根据海域特点、相关功能规划及渔民转产转业需要,因地制宜,以人工鱼礁和海草场、海藻床为载体,底播增殖为手段,增殖放流为补充,智能化信息系统为支撑,高标准建设一批兼具生态保护、休闲垂钓、观光旅游、增养殖功能的热带海域特色的养护型、休闲型和增殖型海洋牧场。鼓励社会资本参与深远海生态牧场建设,培育一批海洋生态牧场综合体,创建国家级海洋牧场示范区。

专栏4.1　海洋牧场重点建设项目

争创海口东海岸、儋州峨蔓、临高头洋湾、文昌冯家湾、万宁洲仔岛、三亚蜈支洲等6个国家海洋牧场示范区。

重点推动琼海潭门、东方四更、昌江棋子湾、文昌铜鼓岭、文昌铺前湾、文昌潮滩鼻、澄迈马裹、海口西海岸等12个现代化海洋牧场建设。

释放休闲渔业发展潜力。加快推进"五个一"休闲渔业建设品牌工程①、休闲渔业综合示范工程、基础配套工程、共享渔庄工程、热带渔文化工程建设。创新"休闲渔业＋"行业发展模式,积极培育休闲垂钓、鱼鲜美食、渔事体验、观赏鱼、水产购物、科普教育等多种休闲业态。

高质量建设渔港经济区。优化全省渔港布局,推进渔港升级改造及配套设施建设,新建、改扩建渔港15座。打造六大渔港经济区,发展水产加工、冷链物流、市场交易、休闲观光等渔港二、三产业,延伸渔业产业链条。推进"智慧渔港"建设,打造集渔港安全监控、灾害预警、信息服务、渔船签证、渔船检验、船员培训、渔政执法等为一体的渔港综合服务与管理平台。

专栏4.2　全省六大渔港经济区布局

1.海澄文渔港经济区。规划布局渔港(或避风锚地)21座,其中中心渔港2座(文昌市铺前渔港、澄迈县新兴渔港),一级渔港1座(文昌市清澜渔港),二级渔港5座(海口市三联渔港、海口市东营渔港、文昌市湖心(加丁)渔港、澄迈县玉包渔港、澄迈县东水渔港),三级渔港6座(海口市烈楼渔港、海口市沙上渔港、海口市北港岛渔港、海口市曲口渔港、文昌市宝陵渔港、文昌市长圮港渔港),避风锚地7座(海口市海甸溪避风锚地、海口市龙珠湾避风锚地、文昌市珠溪河避风锚地、文昌市炮台沟避风锚地、文昌市抱虎港避风锚地、文昌市八门湾避风锚地、澄迈县林诗避风锚地)。

---

① "五个一"休闲渔业建设品牌工程,即创建认定一批全国精品休闲渔业示范基地(休闲渔业主题公园),创建一批海钓赛事基地,创建一批休闲渔业小镇和美丽渔村,创建一批有影响力的赛事节庆活动,投放一批清洁能源休闲渔船。

2. 琼海—万宁渔港经济区。规划布局渔港（或避风锚地）7座，其中中心渔港1座（琼海市潭门渔港），一级渔港2座（万宁市港北渔港、万宁市乌场渔港），二级渔港2座（琼海市青葛渔港、万宁市新潭湾渔港），三级渔港1座（万宁市坡头渔港），避风锚地1座（万宁市港北港避风锚地）。

3. 大三亚圈渔港经济区。规划布局渔港（或避风锚地）10座，其中中心渔港2座（陵水县新村渔港、三亚市崖州渔港），一级渔港2座（乐东县莺歌海渔港、乐东县岭头渔港），二级渔港3座（陵水县黎安渔港、陵水县赤岭渔港、乐东县望楼渔港），三级渔港2座（三亚市后海湾渔港、三亚市角头湾渔港），避风锚地1座（陵水县新村避风锚地）。

4. 东方—昌江渔港经济区。规划布局渔港（或避风锚地）7座，其中中心渔港1座（东方市八所渔港），一级渔港2座（昌江县昌化渔港、昌江县海尾渔港），二级渔港3座（东方市感恩渔港、东方市墩头渔港、昌江县新港渔港），三级渔港1座（东方市利章渔港）。

5. 儋州渔港经济区。规划布局渔港（或避风锚地）8座，其中中心渔港1座（儋州市白马井渔港），一级渔港1座（儋州市新英渔港），二级渔港3座（儋州市海头渔港、洋浦干冲渔港、儋州市泊潮渔港），三级渔港2座（儋州市排浦渔港、洋浦南滩渔港），避风锚地1座（儋州市白马井避风锚地）。

6. 临高渔港经济区。规划布局渔港（或避风锚地）8座，其中中心渔港1座（临高县新盈渔港），一级渔港2座（临高县武莲渔港、临高县调楼渔港），二级渔港2座（临高县黄龙渔港、临高县美夏渔港），三级渔港2座（临高县头咀渔港、临高县抱才渔港），避风锚地1座（临高县黄龙避风锚地）。

专栏4.3　现代渔业产业化重点建设项目

1. 生态水产养殖产业园区。规划建设冯家湾现代化渔业产业园、万宁和乐蟹生态产业园、东方海水水产种苗产业园、昌江海尾智慧渔业产业园等现代水产养殖产业园区。

2. 水产南繁种苗产业体系。依托三亚崖州湾科技城、全球动植物种质资源引进中转基地及全省水产种业产业基地等丰富的资源优势及产业基础，着力提升水产种苗产业科技创新能力，加快构建以水产种质资源场、繁种基地、"育繁推一体化"示范项目和新品种生产性能测试站、省级水生动物疫病监测中心建设等综合配套的新型现代种业体系。

3. 水产品精深加工示范区。鼓励、引导水产品企业发展绿色、安全、高附加值的水产品精深加工技术,延伸布局水产品全值化、高附加值精深加工产业链,提高全省水产品精深加工率与加工水平。争取到2025年,扶持培育10个年产值超过10亿元的水产品加工龙头企业。

4. 国际水产品集散贸易示范区。重点发展海鲜产品进口、热带水产种苗出口和现代渔业科技服务贸易,积极拓展渔业生产原料贸易、海产品精深加工与冻品国际贸易和冷链物流、供应链金融服务等相关产业。建设面向东南亚的,涵盖信息、贸易、定价、价格指数发布、金融保险等功能在内的,以人民币计价的国际化、数字化国际海产品现货电子商务贸易服务平台,推动打造立足海南、辐射东南亚的国际水产品集散基地。

5. 渔业基础设施提升工程。加快建设文昌铺前中心渔港、万宁乌场一级渔港、乐东莺歌海一级渔港,扩建琼海潭门中心渔港、陵水新村中心渔港,新建昌江昌化一级渔港。

2. 海洋油气化工产业

推动海洋油气勘探开发向深远海拓展。坚持"陆海统筹、由浅入深、以近养远、远近结合"的原则,推进油气勘探开发,建设南海近浅海油气开发带,稳步推进深远海油气资源开发。吸引民营企业和国际油气公司参与南海油气资源勘探开采。积极落实国家油气勘查开采管理改革试点,推进探采合一和准入退出机制,推动油气勘查区块竞争性出让。

推进海洋油气化工业发展。依托东方临港产业园,优化石化产品结构,提高原油加工深度,优化燃料产品配置方案,实现化工产品转化最大化。加快华盛聚碳酸酯一期、二期项目和20万吨丙烯腈项目建设。开展LNG(液化天然气)岛外转运业务,成为国家"南气北运"储备基地之一。提升海上液化天然气产业链能力。推动高二氧化碳天然气综合利用及甲醇制低碳烯烃项目建设,延长甲醇产业链;提升增值尿素等新型肥料产量占比,推进化肥产品结构升级。加快推动海南车船燃料清洁化,针对LNG重卡、琼州海峡客滚船、渔船等,加快布局LNG加注业务,构建和完善LNG加注网络。

推进天然气水合物生产性试采。加快天然气水合物等新型资源的勘探和技术储备,加大天然气水合物调查力度。加快推进资源区块优选、开采控制等领域研发和技术攻关,支持成立集天然气水合物勘探、钻采、开发、储运、服务等环节于一体的工程公司,推进天然气水合物试采。积极推动重点海域天然气水合物勘查开发先导试验区建设,加快推进琼东南天然气水合物生产性试采,开展科技攻关,突破琼东南海域天然气水合物钻采难点。

专栏4.4 海洋油气化工产业重大项目

加快推进中海油能源发展股份有限公司海南生产支持基地项目、海南龙盘油田科技有限公司装备技术产业园二期项目、油服供应基地、中海油海南马村码头后方陆域扩建项目、莱佛士油田基地服务项目建设。

推动东方13—2气田、陵水17—2气田、陵水25—1气田等项目建设。

建设澄迈、洋浦 LNG 扩建项目、崖13—1气田储气项目。适时建设东方 LNG 接收仓储项目。

推进东方临港工业园华盛聚碳酸酯一期、二期项目,加快建设20万吨丙烯腈项目,新增60万吨甲醇(DMTO)。

建设国家战略能源储备基地。加强原油储备能力勘查,建设国家石油储备基地。根据企业自身情况,适当开放部分设备开展油气商储,探索建立国储、义储、商储、企储相结合的储存体系和运作模式。重点依托洋浦港、八所港、文昌港,强化战略能源储备功能;推进澄迈、洋浦、东方 LNG 接收站及储备基地建设;加强完善洋浦和东方油气储备基地基础设施和运营管理能力建设。

3. 海洋航运业

建立现代化港口集群。优化各港口发展方向和功能定位,强化主要港口枢纽功能。做优做强洋浦港、海口港,重点推进洋浦集装箱枢纽港小铲滩码头工程、海口港马村港区集装箱码头工程建设。推进文昌清澜港和八所港码头资源整合,优先发展公用码头等基础设施,加快升级科考码头、补给码头等。实施大型港口设施"油改电"工程,大力推广清洁能源为燃料的船舶和港口作业机械、车辆应用,开展氢能港口试点,推进港口绿色化转型。

完善港口集疏运体系。加强疏港通道建设,完善疏港公路、铁路、管道和场站覆盖。提升集装箱、散杂货陆域堆场规模,强化港口与交通枢纽的有机连接。在枢纽型港口周边布局建设一批现代物流园区,做大做强集装箱物流、热带农产品冷链物流、国际粮油物流、石化物流。积极发展多式联运。加快琼州海峡两岸客滚运输基础设施统一规划和建设,密切与西部陆海新通道重要节点城市和物流枢纽的联系。到 2025 年,全省沿海港口集装箱通过能力达到 750 万 TEU。

推进港口基础设施数字化改造。建设"智慧枢纽港",以洋浦港、海口港、三亚港等枢纽港口为重点,推进港口基础设施数字化改造,鼓励港口运营企业开发视频监控系统和安全生产自动化控制系统,实现对港口码头、船舶、车辆、堆场及重大危险货物等的实时监控。鼓励港口企业开展物流网、云计算、大数据等新一代信息技术应用,提高调度、运营智能化水平。基本建成服务西南、连接沿海、辐射东南亚的区域性数字国际海运转运中心。

专栏 4.5　重点港口和功能布局

1. 洋浦港。由洋浦、神头和后水湾三个港区组成。将洋浦港打造为面向国内国际的区域性国际集装箱中转以及油气化工等专业化码头为主的枢纽港,以集装箱运输为主,兼有散杂货;神头港区重点为临港产业提供石油化工、煤炭等大宗能源、原材料和产成品储运服务。

2. 海口港。由秀英、新海和马村三个港区组成。以陆岛客货滚装、邮轮旅游客运、集装箱和散杂货运输为主,兼顾新式跨海客运、石油化工品运输、南海油气勘探生产服务、救援应急保障功能的综合性枢纽港。

3. 八所港。由鱼鳞洲、罗带河和高排三港区组成。主要提供铁矿石、水泥、煤炭和化肥等能源、原材料和产成品运输服务,兼顾边贸商品运输以及海南与东南亚间的滚装运输,是工业港和公用商港并重的港口。

4. 三亚港。由三亚、红塘、南山和梅山四个港区组成。重点打造国际邮轮母港、游艇示范基地和深海科考船舶基地,兼顾为大三亚旅游经济圈经济社会和机场航空用油等提供运输服务,是以旅游客运和深海科考船基地为特色的港口。

5. 文昌港。由清澜、铺前、木兰三个港区组成。文昌港将为海南省东部沿海、文昌航天发射基地装备和三沙市生产资料、生活物资补给和人员往来提供运输保障。

6. 其他港口。主要包括琼海港、万宁港、陵水港、临高港、乐东港、昌江港,是海南省港口群和综合运输体系的有益补充。

发展中高端船舶维修及研发制造。以临高金牌港、三亚崖州湾科技城为重点,稳步发展船舶维修与制造业。充分发挥自由贸易港零关税及加工增值政策优势,发展大型海运船舶、港务船艇和邮轮游艇保税维修,引进一批国内外头部船舶企业或研发机构,建设国际化高端船舶研究平台。

打造具有全球影响力的航运交易中心。高标准建设海南国际航运交易所,重点发展航运金融、航运信息服务、船舶交易、运价交易、海事诉讼与仲裁等高附加值业务。吸引国际航运协会总部落户海南。建立邮轮旅游产品、船舶买卖和融资租赁、国际海员劳务、人民币结算交易平台,拓展外币结算、证券化等业务,开展运价衍生品业务,建设航运数据库。创建"冷链物流"运价指数体系,创立有国际影响力的"一带一路"运价指数体系。

4. 海洋旅游业

提升滨海度假产品质量。加快构建以观光旅游为基础、休闲度假为重点、文体旅游和健康旅游为特色的海洋旅游产业体系。优化海洋旅游产业布局,升级海口西海岸、三亚亚龙湾、三亚海棠湾、万宁神州半岛—石梅湾、陵水清水湾等典型滨海度假产品质量。在海口、三亚、儋州、琼海等地培育、引进国际滨海度假旅游项目,举办海洋旅游国际论坛,打造大型海洋主题文旅综合体。围绕潭门更路簿等海洋文化,融合发展购物、养生、娱乐、运动等度假旅游产品,发展海洋美食文化消费,引导滨海观光滨海度假发展。

积极推进近海休闲旅游。强化近海生态休闲游,重点支持蜈支洲岛、西岛发展游船、海钓、水上飞机等新业态,支持更多企业投资发展近海游船旅游和海钓旅游,将热带休闲渔业与海洋旅游相结合。探索建立与国际体育赛事协会、体育组织的长期合作机制,积极推动高水平国际性或区域性水上运动体育赛事组织和体育俱乐部落户海南,引进国内外知名赛事策划运营公司进行赛事孵化,提升海南职业赛事的国际化水平。

有序推进海岛游。积极融入"一带一路"建设,推进海洋旅游从滨海旅游向海上、海岛延伸,推广远洋海岛观光游,开发海底观景、南海俯瞰、岛礁光影、远洋生物观光等亮点产品,培育远洋海岛旅游品牌。有序推进西沙旅游资源开发,稳步开放海岛游。

培育壮大邮轮旅游规模。推进邮轮旅游试验区建设,吸引国际邮轮注册。加快三亚向国际邮轮母港发展,完善三亚邮轮母港和邮轮码头的商业服务配套,建设岸上配送中心。高标准建设海口、儋州邮轮码头,建设邮轮旅游岸上配送中心。畅通邮轮航线国内循环,推动开辟环海南岛、北部湾近海以及东部沿海地区至海南航线,重点拓展西沙邮轮旅游。探索邮轮航线国际循环,借助"亚洲邮轮联盟"和中国—东盟邮轮旅游发展联盟等合作平台,加强海上丝绸之路邮轮旅游合作,联合打造国际旅游精品线路,努力构建环南海、区域全面经济伙伴关系(RCEP)地区、海上丝绸之路沿线国家的邮轮旅游航线。落实在三亚等邮轮港口开展海上游航线试点。推动落实在邮轮、邮轮港码头开设免税店。促进邮轮维修、船供、船舶登记、金融保险、市场营销等邮轮经济发展要素在海南集聚,推动邮轮经济全产业链发展。

提升游艇旅游国际化水平。完善全岛游艇码头布局,增设公共游艇码头,加快构建"一环两核四方"①的游艇码头布局。推动设立游艇产业改革发展创新试验区。建设一批国际游艇旅游特色小镇。结合大型游艇展会和国际游艇帆船比赛,扩大海南游艇产业国际影响力。壮大游艇租赁和游艇体验游市场,推动结合旅游度假区设置游艇码头和游艇俱乐部,研究开发特色游艇旅游产品,构建多层次游艇旅游消费方式,打造多元游艇旅游业态。培育游艇上下游企业发展,重点支持游艇交易、展示、租赁、设计、制造、维护、保养、驾培等产业发展,设立海南国际游艇交易中心,打造游艇帆船设计制造、零配件交易集散、售后服务和消费中心。简化游艇审批手续,降低准入门槛,对实行免担保政策进境的自驾游艇提供便捷服务。深化港澳游艇自由行,放宽游艇旅游管制,建立高效便捷、规范清晰的游艇出入境政策体系和管理机制。

专栏4.6　海洋旅游重大任务

1. 升级滨海度假产品质量。包括海口西海岸、海口江东新区、三亚亚龙湾、三亚海棠湾、儋州滨海新区、琼海博鳌、文昌淇水湾、万宁石梅湾、万宁神州半岛、昌江棋子湾、乐东龙沐湾、陵水清水湾、陵水土福湾等。

2. 发展热带近岸海岛休闲游。包括海口南海明珠岛、三亚蜈支洲岛、三亚西岛、陵水分界洲岛等。

3. 邮轮港口提升建设工程。包括三亚凤凰岛国际邮轮母港、海口秀英港(提升)、儋州海花岛游轮码头。

---

① "一环两核四方"的游艇码头布局,即以海口、三亚为两个核心,东部区域以琼海博鳌为中心,西部区域以儋州、八所为主,并在文昌,万宁石梅湾神州半岛、乐东龙沐湾、昌江棋子湾和临高角等地环岛多点布局游艇码头。

4. 推动开辟5条邮轮旅游航线。包括环海南岛航线、沿海城市—海南航线、海上无目的地航线、环南海航线、一带一路沿线国家"一程多站"航线。

5. 丰富邮轮游艇旅游业态。包括帆船运动休闲旅游、游艇海钓游、高端游艇派对、航海夏令营、帆船拓展团建。

5. 海洋文化产业

大力发展新兴海洋文化产业。推出有较强社会影响力和市场竞争力、带有鲜明海洋特色的文学艺术、音乐舞蹈、戏剧表演、书法绘画、时尚设计、工艺美术、广告创意、动漫游戏等产品、作品。鼓励演艺娱乐业创新海洋题材,发展集演艺、休闲、观光、餐饮、购物为一体的海洋特色综合娱乐体。发展具有鲜明海南特色和海洋风情的海洋生态旅游和海洋文化旅游产品,注重游客参与式和体验式感受。提升各类涉海节庆、会展的文化品质,推进市场化、专业化、品牌化发展。促进文化创意与海洋科技创新深度融合。

打造一批海洋文化精品。围绕潭门更路簿等海洋文化,打造特色海洋文化产品和知名品牌。做优赶海节等渔事节庆活动,打造渔事节庆活动品牌。开发蕴含疍家文化、耕海牧渔文化、丝路文化等海洋文化娱乐产品。发挥骨干企业龙头作用,打造具有核心竞争力的海洋特色文化品牌。促进特点鲜明、创新能力强的中小微海洋特色文化企业加速发展,支持个体创作者、工作室开发海洋特色文化资源。完善海洋特色文化产品销售网络,提高海洋特色文化消费意识。

专栏4.7　海洋文化产业重大工程

1. 打造一批海洋文化精品。以潭门更路簿为重点,依托疍家文化、耕海牧渔文化、丝路文化等特色海洋文化,打造一批戏曲文艺、网络文艺、节庆演艺精品。

2. 做强一批海洋文化节庆赛事。包括万宁国际海钓节、国际冲浪赛、中华龙舟赛、三亚国际沙滩音乐节、琼海赶海节、海口国际沙滩足球邀请赛、海口国际沙滩马拉松赛、全国沙滩排球巡回赛总决赛等。办好第六届亚洲沙滩运动会。

建设海洋特色文化产业平台。规范建设一批海洋特色文化产业平台，支持海洋特色文化企业和重点项目发展。鼓励海洋特色文化企业联合高校、学术机构建立产学协同创新机制，鼓励高等院校和科研院所设立海洋特色文化创意设计和产品研发中心。依托相关地域海洋传统文化资源，重点推进21世纪海上丝绸之路海洋特色文化产业带建设。大力发展海洋特色文化乡镇和渔村，建设富有海洋传统文化特点和海洋自然景观的滨海乡镇渔村。

保护与合理利用水下文化遗产。建立南海历史文化遗产数据库和管理信息系统。开展涉海古籍与文物抢救工作，实施海洋文化遗产保护工程。积极推动有代表性的海洋文化遗迹申报世界文化遗产。对海洋沉船、水下遗址与遗物等制定切实的保护措施。摸清海南省海上丝绸之路相关文化遗产资源的家底，提出保护、展示和利用措施并部署实施。做好涉海重大建设工程中的海洋文物、水下遗址的保护工作。保护重要海洋节庆和海洋民俗，创新保护措施，推进涉海非物质文化遗产的保护与传承。

二、培育壮大海洋新兴产业

1. 海洋信息产业

构建海洋观测监测体系。继续推进实施智慧海洋工程。加快构建南海综合立体观测体系。优化海洋观测系统布局，新建、升级和改造一批岸（岛礁）基、离岸海洋观测站（点），开展验潮站、浮标、志愿船、无人机、雷达、海况视频等观测监测系统建设，推进潜标、海床基、海底观测站布局和建设，实现观测网络由近岸、近海拓展至深远海。争取中央支持，在部分海域开展航标基地可行性研究与规划编制，适时开展航标基地建设。

发展海洋通讯导航产业。全力推进北斗系统在渔业、航运导航和定位的应用，重点发展北斗卫星船用导航芯片、接收终端、航行警告接收机、船舶卫星跟踪系统、防撞系统等产品。推进通信、导航、遥感三类卫星地面站及数据中心建设。引进龙头企业，推进与卫星运营商、北斗卫星导航企业合作，发展卫星通信导航服务业。

推进海洋新型基础设施建设。加快建设海南海底数据中心。设置通信海缆专用管廊，研究划定管廊保护区。协调保障海南—香港国际海缆项目顺利实施。完善岸基、岛礁、船载4G/5G基站建设，拓展南海区域移动通信覆盖范围。鼓励运营商开展本地卫星主站建设，引入海洋卫星宽带运营商共同完善南海区域卫星互联网建设,推进船联网建设,实现卫星网络优化。加快发展高质量卫星通信服务,形成南海卫星宽带服务能力。探索移动通信与卫星通信协同组网,建设天地一体化通信网络。

推进海洋大数据平台建设及应用。整合政府部门、科研机构、涉海高校、企业现有涉海基础数据、行业数据、管理数据等资源,构建集海洋行政办公、海洋环境监测、海洋预报减灾、海洋科技服务、海域海岛监管、海洋经济统计分析、海洋行政许可办理、海洋信息分析应用等于一体的海洋大数据平台。依托海南生态软件园、海口复兴城互联网信息产业园、清水湾国际信息产业园等载体,培育和引进一批海洋信息和物联网科研机构、一批海洋信息应用软件开发企业和一批大数据服务供应商,面向产业、民生、管理需求,推进涉海政务管理、科研教育、资源开发、生态保护、防灾减灾、海上救援、服务保障等领域应用开发和增值服务,壮大海洋信息服务业。探索建立与东南亚国家或地区间的海洋数据交换和共享机制,积极开展全球海洋数据的业务化收集、整合处理和质量评估。

专栏4.8　海洋信息服务重大项目

1. 南海海洋大数据中心。建设南海本底数据的实时立体信息资源库及计算数据中心,为深海进入、深海开发和南海权益维护提供信息支撑基础。

2. 海南海底数据中心。建设岸站、海底高压复合缆、海底分电站及海底数据舱。一期布放100个数据舱,并逐步建设以海底数据中心为核心的综合性海洋新技术产业园。

---

2. 海洋药物与生物制品产业

开发深海生物药物资源。开展深远海生物资源与环境调查评估,加强南海深海生物勘探、资源保藏体系建设,建设国家南海生物种质资源库。加强深海生物资源应用潜力评估与开发利用技术研究,筛选具有特殊功效的深海微生物、酶和化合物,培育深海生物科技产业。

培育壮大海洋生物药品与医药器械研发产业。积极开展拥有自主知识产权的海洋创新药物研究开发,深化研究海洋生物活性物质的提取、结构和功能,解决产品高效制备、合成和质量控制等药源生产关键技术。重点以海南大学热带生物资源教育部重点实验室、医药龙头骨干企业等为依托,加强海洋生物毒素研究和药物开发研究。着力解决抗体药物制备关键技术等制约海洋生物技术药物研究开发的瓶颈技术,提升海洋生物技术药物规模化生产能力。发挥海南特色中医药与旅游康养产业融合发展优势,深入推进海陆结合、中西医融合特效、高效的海洋中医药药方药剂产品开发,加大对海洋中药资源的调查、研究和开发力度。积极拓展海洋生物医用材料新领域,重点开发止血、创伤修复、组织工程和药物缓控释等海洋生物医用材料。争取到 2025 年,取得 2—3 个海洋新药临床研究批件。

培育壮大海洋生物制品业。加快利用现代生物技术,开发具有免疫调节、营养素补充、抗疲劳等确切功效的海洋新资源食品、特殊医用食品和高附加值的绿色保健品和功能性食品。开发基于新型海洋生物活性物质为核心成分的特殊用途化妆品与护理用品,以及成分、功效确切的非特殊用途化妆品。围绕绿色生态农业和环境可持续发展,开发可提升行业技术水平、产品质量与安全性的新型海洋生物制品。争取到 2025 年,新开发海洋生物制品 20 个。

3. 海洋可再生能源产业

稳步推进海上风能资源利用。加强全岛及周边海域风能资源勘查,科学有序推进海上风电开发,鼓励发展远海风电。在东方西部、文昌东北部、乐东西部、儋州西北部、临高西北部 50 米以浅海域优选 5 处海上风电开发示范项目场址,总装机容量 300 万千瓦,2025 年实现投产规模约 120 万千瓦。坚持节约集约用海,重点支持海上风电与海洋牧场等其他开发利用活动融合开发,实现与生态、渔业、旅游等协调发展。

加强海洋能综合利用。推进波浪能工程化应用,重点建设一批发电示范项目,选取波功率密度较大、水深适宜、离岸较近的海域建设海南省本岛波浪能电站示范工程,加快岛礁波浪能示范工程建设。支持温差能综合利用技术探索和创新,论证海南省温差能建设基地,开展适用于南海海域的温差能发电装置研发,制定阵列化排布方案,引入生产制造企业。开展海岛可再生能源多能互补示范,结合"生态岛礁"工程,在海上风能、波浪能资源丰富区域建立风浪耦合电站,实现海洋能互补供电。推动海洋能技术攻关,将"海洋能＋制氢""海洋能＋海水淡化""海洋能＋养殖"等"海洋能＋"利用的产业发展新技术、新业态为突破口,形成技术领域的比较性优势。大力发展海洋能装备制造业,重点开发 50—100 千瓦模块化、系列化波浪能装备。推进海洋能立体开发技术研发。

发展清洁能源产业。依托昌江核电基地,推进昌江清洁能源高新技术产业园建设,培育核电产业集群。推进核电直接关联产业项目、核电备品备件国产化科研创新中心项目、清洁能源储能项目、新材料研发生产基地项目以及核电其他关联产业项目等建设。探索构建"制氢—运输—用氢"示范产业链,推进海水制氢产业发展。

4. 海水淡化与综合利用业

提高本岛应急补充性供水能力和岛礁淡水保障能力。在本岛沿海旅游业集聚的缺水地区,因地制宜建设中小型海水淡化工程。加强海水淡化技术开发,鼓励支持远离陆地的海岛建设海水淡化工程,实现有需求的有居民岛礁海水淡化工程全覆盖。开展中小型岛礁新能源海水淡化工程,重点开发推广与可再生能源结合互补的海水淡化工程,探索研究小型海上核电海水淡化工程。通过改造旧船舰建造配备海水淡化船。完善工程服务体系,培育专业化海水淡化工程服务企业。积极拓展海水淡化装备与关键材料研发制造。

加快培育发展深层海水利用业。加快推进深蓝海洋深层水综合体—海洋高新产业基地项目。重点利用深层水高纯度特性制造生产高附加值饮用水、功能性饮料产品、高品质化妆水等多种深海产品;利用海洋深层水探索深海鱼类、虾类、贝类、蟹类生长试验,开展深海水产种苗的培育;发展深层海水医疗康养服务。

扩大海水直接利用范围。加快与沿海用水量较多的企业及园区进行海水直接利用产业衔接,大力推行海水循环冷却、海水脱硫、海水冲灰冲渣等海水直接利用。支持新建企业优先选用海水循环冷却系统,鼓励已建海水直流冷却或淡水冷却系统的企业改建海水循环冷却系统,逐步扩大海水循环冷却的比重。积极拓展海水大生活应用范围,支持开展海水制冰、养殖海水的循环利用,鼓励发展海水休闲、海水娱乐旅游等项目。

促进浓海水综合利用产业发展。积极引进海水淡化新技术、新工艺、新装备,发展浓海水化学资源高效提取及高值化深加工产业。利用海水淡化废弃浓盐水发展海水提钾、溴、镁等附加值较高的产业,开发老盐柠檬酸、健康海盐等新产品。推进新技术在传统盐业生产中应用,改造传统制盐业,升级海盐化工业。

5. 深海高端仪器装备关键零部件与新材料研发制造业。聚焦深海资源勘探开发、深海探测、海洋环境监测预警,围绕海洋工程装备科学技术研究及成果转化应用,开展深海监测和探测仪器装备、海洋仪器仪表及自动化控制等关键技术研究及成果转化应用。围绕可视浅钻、智能观测机器人、无人观测艇、载人潜水器、深水滑翔机、重载作业型水下机器人、深水油气生产装备、海洋生物和化学传感器等设备及关键零部件的生产制造,引进一批优质企业。推进深海潜水器谱系化、功能化发展。加快提升中深水自升式钻井/生产平台、深水半潜式钻井/生活平台、极地冰区平台、海洋多功能(钻采集输)平台等关键技术装备开发制造能力。积极布局海洋新材料研发生产,积极推进深海作业装备用特殊轻质高强耐压材料开发,重点研制新型无机功能材料、高分子材料、玄武岩纤维材料、深海浮力材料,超前布局研发深海矿物新材料。

三、推动海洋产业集群化发展

1. 强化海洋龙头企业引领带动作用。围绕现代海洋渔业、水海产品深加工、海洋可再生能源、海洋药物与生物制品、船舶制造、航运、滨海旅游、海洋信息等产业,积极培育和引进关联性大、带动性强的龙头企业,形成龙头骨干企业带动大产业发展的格局。强化涉海龙头企业政府服务,鼓励市县打造研发、设计、融资、物流、孵化、专业技术服务、引才等海洋产业公共服务平台。鼓励龙头企业进行技术攻关和产业示范,提高集聚整合能力,按照产业链环节与资源价值区段相匹配原则开展跨区域布局。

2. 建设海洋产业示范园区。依托重点涉海产业园区,推动要素集聚、产业培育、技术创新、转型发展。创新园区招商模式,实行"一园一策""一链一策",加强对园区内企业融资信贷、要素保障、品牌培育推广、科技创新、知识产权保护等方面的挂钩服务与平台建设。争取到2025年,打造一批产业集聚、定位鲜明、配套完善、功能完备的海洋产业集群化发展示范园区。

专栏4.9　建设海洋产业示范园区先导项目

1. 三亚崖州湾科技城。加快"一港三城一基地"建设,推进南山港、深海科技城、南繁科技城、科教城及全球动植物种质资源引进中转基地建设,建设具有重要国际影响力的深海科技创新中心,打造集基础研究、应用研究、产业平台、创新人才服务于一体的国际深海科学城。

---

2. 洋浦经济开发区。以洋浦港小铲滩码头为重点,着力发展外贸集装箱中转运输,加快建设区域国际集装箱枢纽港;依托洋浦经济开发区石化产业基础,重点发展海洋油气产业,做大石油冶炼加工产业链、完善精细化工产业链,构建区域油气化工产业集群、国家级石化产业基地和出口加工基地。

3. 海口海洋新兴产业集聚区。依托海口国家高新技术产业开发、海口桂林洋生物产业集聚区、海口金盘生物产业集聚区等,重点扶持海洋医药与生物制品产业、海洋工程产业、海洋环境保护产业,吸引国际国内知名海洋产业企业进驻,发展以海洋有益微生物、海洋药物和海洋功能食品为主,海洋新材料与活性物质提取为辅的海洋生物产业体系,发展一批独具特色的热带海洋生物产品,建成全国最大的热带有益微生物菌种库和产业化基地。

4. 陵水国家海洋经济发展示范区。开展海洋旅游业国际化、高端化发展示范,创新"海洋旅游+"产业融合发展模式,大力构建以海洋旅游业为主导,以海洋文化产业和高端服务业为支撑的特色海洋产业体系,建成产业布局合理、集聚效应明显、国际竞争力和可持续发展能力强、试验示范作用突出的海洋经济发展示范区。

5. 澄迈海洋产业集聚区。主要依托澄迈县老城经济开发区马村港区的南海(澄迈)油气勘探生产服务基地发展临海经济,依托澄迈县桥头镇新兴港、玉包港发展休闲渔业。

3. 培育特色海洋产业集群。放大海洋渔业、海洋旅游业、海洋交通运输、海洋科研教育管理服务业等支柱产业优势,培育壮大海洋牧场、邮轮游艇、港航物流、深海科技、海洋油气化工等附加值高、成长性强的特色海洋产业。实施海洋产业价值链提升扶持计划,鼓励海洋龙头企业聚焦深海科技、海洋牧场、港航物流、邮轮游艇、海洋油气化工等产业延长产业链、提升价值链、增强创新链,打造海洋特色鲜明、区域品牌形象突出、产业链协同高效、核心竞争力强的特色海洋产业集群。

专栏 4.10　特色海洋产业集群培育

1. 深海科技产业集群。大力推动三亚崖州湾科技城建设,主攻深海探测、海工装备研发制造与检验检测、海水利用、海洋环境监测及预警等技术方向,加强相关装备与技术的自主研发、设计、制造及系统集成,提高深海科技产业的国际竞争力。力争到 2025 年,形成具有区域竞争力的深海科技产业集群。

2. 海洋牧场产业集群。力争到 2025 年,形成具有海南特色的海洋牧场产业集群,全省海洋牧场带来的综合产值(海洋牧场产品产值、海钓产值、休闲型海洋牧场产生的休闲旅游产值)超过 50 亿元。

3. 港航物流产业集群。服务海南自由贸易港建设和区域国际集装箱枢纽港建设目标,以洋浦港为重点,整合港口、航运、产业、物流等供应链全要素资源,做强集装箱物流、冷链物流、国际粮油物流、石化物流四大专业物流品牌,打造港航物流产业集群。力争到 2025 年,港航物流产业营收规模达到 1500 亿元。

4. 邮轮游艇产业集群。围绕邮轮旅游试验区、游艇产业改革发展创新试验区的定位,利用游艇进口免税、燃油免税、船供保税、融资租赁等政策,打造国际邮轮母港。培育游艇上下游企业发展,支持游艇交易、展示、租赁、设计、制造、维护、保养、驾培等产业发展。到 2025 年,初步建成以邮轮游艇旅游服务为核心,包括船队运营、邮轮游艇配套、港口运营等在内的邮轮游艇产业集群,产业规模突破 200 亿元。

5. 海洋油气化工产业集群。依托东方临港产业园,打造天然气化工、精细化工、能源、南海资源开发装备制造、油气仓储运输于一体的油气化工产业集群。

第五章　增强海洋科技创新能力

聚焦深海科技,以搭建海洋科技创新平台为重点,汇聚全球海洋创新要素,强化海洋重大关键技术创新,促进海洋科技成果转化,建立开放协同高效的现代海洋科技创新体系,着力打造深海科技创新中心,增强海洋科技创新驱动力。

一、强化企业创新主体作用

1. 支持企业开展海洋科技创新。发挥涉海龙头骨干企业在集聚产业创新资源、加快产业共性技术研发、推动重大科技成果应用等方面的带动作用,完善"产学研用"紧密合作的技术创新体系。支持企业与各类海洋科技创新平台联合开展基础研究。支持企业出题出资,委托实验室等科技创新平台围绕产业发展需要,主动开发和储备原创技术。

2. 激励企业加大海洋科技研发投入。引导涉海企业建立海洋科技研发中心,实施创新优惠计划,对企业新购置(含自建、自行开发)固定资产或无形资产,单位价值不超过500万元(含)的,允许一次性计入当期成本费用在计算应纳税所得额时扣除,不再分年度计算折旧和摊销;新购置(含自建、自行开发)固定资产或无形资产,单位价值超过500万元的,可以缩短折旧、摊销年限或采取加速折旧、摊销的方法。

3. 培育海洋经济领域创新型企业。推动海洋科技创新主体孵化器建设,加强国家级、省级海洋科技企业孵化器认定工作,形成功能专业化、形式多样化、投资多元化、组织网络化的海洋科技创新创业孵化体系,支持重点涉海产业园区建设海洋技术孵化基地、科技企业孵化器、加速器、众创空间和中试基地。培育一批具有国际竞争力的海洋创新领军企业,实施海洋企业创新平台倍增计划,引进国内外知名海洋企业及研发机构,打造海洋创新型企业集群。制定海洋科技型中小企业认定条件和标准,制定实施有利于创新型中小企业的特别优惠条款,加强政策辅导对接、咨询服务。

4. 支持组建海洋产业创新联盟。以三亚崖州湾科技城、海口国家高新技术产业开发区、洋浦经济开发区等重点涉海产业园区为依托,以涉海科研院所、涉海企业为主体,打造海洋产业创新联盟,承担产业共性技术研发重大项目,构建创新联合体。支持联盟组织共建管理、科研、成果、人才四大信息平台。重点聚焦深海资源开发、海洋环境保护,联合推动基础研究、关键技术攻关、科技成果推广。对于解决共性技术问题、搭建公共服务平台的,择优给予财政资金支持。

二、完善海洋科技创新平台体系

1. 实施重大核心技术攻关。聚焦国家海洋战略需求,发挥深海优势,强化深海油气矿产成藏、天然气水合物、全球海洋变化、现代种苗、深海科学、海洋生物、海岛科学等基础科学研究。围绕海洋地质、深海运载作业、海洋油气资源开发、海洋环境监测、海洋生态修复、海洋生物资源开发、水产南繁种苗、海水淡化、海洋化学资源综合利用、海洋能源综合利用等领域关键核心技术,谋划一批重大核心技术攻关工程,实行"揭榜挂帅"制度。积极承接国家科技创新2030—重大项目"深海空间站"运维和保障基地建设。积极参与"种业自主创新""深海关键技术与装备""蓝色粮仓科技创新"等国家重点研发计划,策划南海科技创新重大专项。

2. 建立新型海洋科研机构。聚焦"深海进入—深海探测—深海开发",打造深海科技创新中心。培育建设热带海洋科学与技术国家重点实验室、海南工程地质国家重点实验室、崖州湾种子国家实验室、深海技术实验室,加快南海海洋资源利用国家重点实验室、南海地质科技创新基地、深海科技创新公共平台、南山深海科考码头基地、深蓝渔业科技创新平台等重大海洋科技创新基础设施和平台建设。大力引进一批涉海新型研究机构落地。鼓励本地高端涉海智库与国内外一流涉海智库、科研院所、咨询机构合作共建立足海南、面向东南亚、服务全球的高端海洋智库。

3. 论证建设国家级深远海综合试验场。充分发挥深远海优势,围绕海洋科技创新、高端海洋装备、海洋环境观测调查等需求,加大资金、用海、用地支持力度,论证建设功能完备、设施齐全、集科学观测、技术装备试验、方法研究、模式检验等多种功能的国家级深远海综合试验场,支撑我国深海、远海、极地等战略实施。争取国家支持,高标准推进深远海试验场的岸基基地、专业码头等陆上基础设施建设及锚系浮标、潜标、漂流浮标、试验工程船、交通艇等配套设施布局。

4. 整合涉海科技创新平台。鼓励省内高水平涉海科技创新平台发起和牵头国际海洋科技合作计划,与国内外知名涉海科研机构建立合作机制,共同承担科研任务,建设一批以海洋科技重大专项和重大工程为突破口的协同创新平台,构建"小核心 + 大网络"的深海科技开放协同创新平台体系。以平台共用共享为核心,以加强基础研究和源头创新、加快产业技术研发和成果转化为抓手,着眼于小试、中试、产业化、工程化等创新全过程,推动全省各类海洋科技创新平台分类聚集、整合归并,构建定位清晰、功能完善、上中下游紧密衔接的海洋科技创新平台网络。

5. 优化海洋科技研发公共服务。完善涉海科技资源开放共享管理体系。建立涉海科技资源开放共享引导激励机制。鼓励支持企业、研发机构等开展科学数据共享、科技文献服务、仪器设施共用等。强化对涉海创新主体的资源条件保障、专业技术服务、行业检测服务、技术转移服务、创业孵化服务和管理决策支持。

专栏5.1 海洋科技创新平台重大工程

1. 重大核心技术攻关工程。围绕深海资源开发、保护等领域关键核心技术,谋划一批重大核心技术攻关工程。建设"深海空间站"运维和保障基地建设,争取"深海空间站"重大科学装置落户海南,积极参与"种业自主创新""深海关键技术与装备""蓝色粮仓科技创新"等国家重点研发计划。

2. 海洋科研机构集聚工程。引进一批国内外海洋类创新型研发机构落户海南,建设一批涉海技术研究院和公共技术服务平台等新型创新载体,培育建设一批国家重点实验室。

3. 国家级海洋试验场建设工程。发挥深远海资源优势,通过政府、企业合作共建等形式建设国家级深远海综合试验场。

三、提升海洋科技成果转化成效

1. 打造海洋科技成果孵化转化平台。建设一批海洋产业技术研发转化中心、推广中心和孵化基地,构建多元化、多层次的海洋科技成果转化公共服务平台,打造深海科技成果孵化转化基地。鼓励发展智力资产评估机构、海洋高技术产业投资服务机构和中小企业担保中心等海洋科技中介机构和服务组织,构建全省统一的综合性海洋科技成果转化服务平台。利用中国(海南)国际海洋产业博览会等平台,促进海洋科技成果与企业对接,促进海洋科技成果交易和应用。

2. 构建海洋科技成果交易市场体系。依托现有的省公共资源交易平台和地方交易场所,构建集技术咨询、技术交易、成果评估与信息发布、人才技术服务、信息交流、资本运作、法律服务等于一体的全省统一、连接国内外的海洋科技成果交易平台。支持有条件的省内高校、科研院所定向开展海洋科技成果转移转化。支持省内涉海高校、科研院所对财政资金支持形成的海洋科技成果,自主决定采取转让、许可、作价入股等方式开展转移转化活动,拓展转化渠道。支持三亚崖州湾科技城建设涉海技术交易中心与成果转化示范中心。支持海南国际知识产权交易中心常设涉海技术市场。鼓励支持有条件的市（县）及产业园区建设涉海专业技术市场。支持海洋重大技术装备、海洋重点新材料等领域的自主知识产权市场化运营。探索通过天使投资、创业投资、知识产权证券化、科技保险等方式推动科技成果资本化。

3. 完善海洋科技成果转化公共服务。探索开展涉海技术对接、转移服务新模式，鼓励支持以企业技术需求为导向的调查机制和信息动态发布机制。实施培育海洋技术市场专项行动，建设一批专业市场，为技术供需双方提供信息收集、难题发布、联络选择合作对象，完善技术转移、科技成果转化产业化涉及的知识产权、投资融资、人才引进、政策法规等配套服务。

四、推进海洋领域专业人才集聚

1. 加大海洋人才培养力度。重点扶持海南大学、海南热带海洋学院等创建世界一流海洋学科。支持涉海院校扩大涉海办学与招生规模。加强与粤港澳高等院校和科研机构合作，联合开展海洋高端科技人才培养。围绕重点领域，推动建设一批海洋院士专家工作站、博士后流动站、博士后工作站等高端人才基地。积极引进国内国际知名海洋大学来琼办学。积极发展海洋职业教育，提升涉海人才综合素质。实施新型渔民科技培训工程。

2. 积极吸引海洋高端人才集聚。编制海洋经济高端人才、紧缺人才需求目录，利用海南重大引才引智工程，搭建全球海洋领域人才引进、技术交流与服务平台，加大涉海重点领域高端人才引进力度。对海洋领域高端人才及紧缺人才，其个人所得税实际税负超过 15% 的部分予以免征。针对海南经济社会发展所需作出重大科技、产品创新等成果转换贡献的，根据成果转换情况进行评级奖励。海南自由贸易港内企业以股权形式奖励高端人才和紧缺人才需缴纳的个人所得税可经主管税务机关审核，以 5 年为期分期缴纳。

3. 强化各类海洋人才激励。统筹加快涉海科研事业单位改革与劳动力市场化改革，畅通海洋科技企业、社会组织人员与涉海科研事业单位、国有企事业单位双向流动渠道。深化海洋科技体制改革，赋予项目承担单位和科研人员自主权，涉海科研经费使用方面试行"包干制"。鼓励各类企业通过股权、期权、分红等激励方式，完善海洋科技成果、知识产权归属和利益分享机制，提高骨干团队、主要发明人受益比例。

4. 强化海洋人才服务。创新服务模式，构建服务网络和机制，积极发挥"候鸟型"人才效应。构建统一开放的海洋产业人才信息服务平台，培育专业性海洋人才市场。完善人力资源市场服务功能,建设东南亚地区的海洋人才集聚中心和交流中心。

第六章　推进海洋经济绿色发展

统筹海陆生态环境保护与治理,探索海洋经济绿色发展新模式,集约高效利用海洋资源,严守海洋生态保护红线,维护海洋生态安全,打造国家海洋生态文明示范区。

一、严格海洋资源保护和集约利用

1. 编制实施陆海统筹的国土空间规划。编制实施《海南省国土空间规划》《海南省海岸带保护与利用综合规划》,加快推进各市(县)国土空间总体规划编制实施,构建完善的陆海统筹的国土空间规划体系。划定并落实海洋生态保护红线、海岸带建筑退缩线。建立陆海统筹的自然生态空间用途管制制度,强化陆海协同的生态空间管控,构建由岸到陆、由岸到海、由近及远的空间管控格局,实施差别化用途管制,推动形成生态、生产、生活空间的合理布局。

2. 强化海岸线、海域、无居民海岛保护。对海岸线实施分类保护与利用,严格保护自然岸线,严控生产岸线,对建设项目占用自然岸线实行"占用与修复平衡"制度,整治修复受损岸线,严控无居民海岛自然海岸线开发利用。加强围填海管控,海洋生态保护红线区范围内全面禁止实施围填海。除国家重大战略项目、省政府为落实党中央、国务院、中央军委决策部署提出具有重大战略意义的围填海项目外,在我省管辖海域全面禁止填海造地。加强无居民海岛保护和管理,已开发的要严格监管,严格管控新增无居民海岛开发利用。

3. 推进节约集约用海。推进海洋自然资源资产产权制度改革。严格落实资源使用价值评估制度,管控海域资源开发强度和规模,推进海域节约集约利用。根据海洋空间资源的区位、使用类型和功能,制定价值评估技术标准,定期更新并发布沿海市(县)域海域基准价格。科学管控建设用海空间,合理控制开发强度,探索混合产业用海供给。创新集中集约用海方式,引导海洋产业优化布局和集中适度规模开发,提高单位岸线和用海面积的投资强度。将海域海岛开发利用水平和生态保护要求纳入出让合同,提高用海用岛生态环境成本,提高占用自然岸线等对生态环境影响较大的海域使用金征收标准。加强用海用岛事中事后监管,开展用海用岛事后常态化评估。

二、完善海洋生态环境保护与治理

1. 强化海洋生态环境保护。完善海洋生态保护红线制度，按照"一区一策""一岛一策"要求，制定差别化管理办法与监督措施，分区分类提出海洋生态红线区的保护目标与管理要求，强化对岸线资源的保护，加强海洋类型各类保护地建设和规范管理。推进重点区域、重要生态系统实现集中成片的面上整体保护，结合现状海湾和流域水系分布，打造多条生态廊道，串联陆海生态屏障，全面维护生态系统稳定性和海洋生态服务功能。加强海洋生态系统和海洋生物多样性保护，开展海洋生物多样性调查与观测，恢复红树林、海草床、珊瑚礁等典型生态系统。构建以海岸带、海岛和自然保护地为支撑的海洋生态安全格局。

2. 完善"湾长制"制度体系，扎实推进美丽海湾建设。开展海域污染治理，建立"海上环卫"制度，推进海洋垃圾治理。在全省各主要港口推行船舶污染物接收、转运、处置监管联单制度。在港口所在地规划建设船舶污染物接收转运处置设施。落实湾长制，开展"一湾一策"精准治理，加快推进重点海湾污染综合整治和生态修复，修复受损或功能退化的砂质海滩和亲水岸线，拓展公众亲海岸滩岸线。分类、分批建设"水清滩净、鱼鸥翔集、人海和谐"美丽海湾先行示范区。到2025年，形成美丽海湾建设、评估、宣传长效管理制度，建设铺前湾、后水湾、海棠湾、清澜湾、博鳌港湾、小海潟湖、新村湾、黎安湾、龙沐湾、墩头湾（北黎湾）、棋子湾、盈滨内湾（边湾）等12个美丽海湾，走在全国前列。

3. 推进陆海生态污染同防同治。构建"流域—河口（海湾）—近海—远海"系统保护和污染防治联动机制。建立"纳污水体—入河（海）排污口—排污管线—污染源"全链条管理体系。建立重点海域入海污染物总量控制制度，加强对河流入海口、重点海湾、近岸海域的综合治理与监管，全面清理非法或设置不合理的入海排污口，科学合理布局沿海各市（县）的入海排污口。建立实施"海上环卫"制度。利用南海综合立体观测体系提升海洋生态环境监测能力。开展重点污染源排放、近岸海域环境、海洋生态质量等监测与评价工作，建立海洋资源环境承载力预警机制。对盗采海砂、违法倾倒、偷排污水、非法捕捞等违法违规行为始终保持高压态势，逐步完善疏堵结合的监管措施。

4. 加大海洋生态修复整治力度。实施海洋生物养护工程，严格执行近海海域禁渔、伏季休渔制度，加强南海海域重要海洋生物繁殖场、索饵场、越冬场、洄游通道及水产种质资源保护区的保护和修复。实施河口、海湾、海岛、海岸带、珊瑚礁、红树林、海草床等重要生态系统的保护与修复。保护修复东寨港、清澜港、铁炉港、新英湾等红树林生态系统,保护修复文昌、琼海、陵水、三亚等区域珊瑚礁、海草床和沿海自然岸线等,实施重要流域入海河口综合治理和生态修复。持续稳妥处理全省围填海历史遗留问题。

5. 完善海洋生态保护补偿制度。制定出台《海南省海洋生态保护补偿实施方案》,完善海南海洋生态保护补偿机制。坚持使用资源付费和谁污染环境、谁破坏生态谁付费原则,明确各领域的补偿主体、受益主体、补偿程序、监管措施等,综合运用财政、税收和市场手段,形成奖优罚劣的海洋生态效益补偿机制、损害赔偿和责任追究机制。

专栏6.1　海洋生态修复整治重点工程

1. 海洋生物养护工程。选取拥有珊瑚礁、红树林、海草床等高生产力、生态经济价值巨大的典型海洋生态系统和儋州、文昌、临高等渔业产量较高的市(县)实施海洋生物养护工程。

2. 海湾整治工程。重点对铺前湾、后水湾、海棠湾、清澜湾、博鳌港湾、小海潟湖、新村湾、黎安湾、龙沐湾、墩头湾(北黎湾)、棋子湾、盈滨内湾(边湾)等海湾以及万宁老爷海、小海,澄迈花场湾,陵水新村、黎安等潟湖进行生态环境整治与修复,逐步恢复海湾生态功能。

3. 重要河口生境修复工程。实施南渡江、昌化江、万泉河三大入海河口综合治理和生态修复、水土流失综合防治、沿海防护林体系建设等重要生态系统保护和修复重大工程,修复受损河口生境和自然景观。

三、推进海洋产业绿色发展

1. 探索建立科学的生态系统生产总值(GEP)核算制度。探索构建包含GEP核算技术规范、核算统计报表制度、核算自动化平台与GEP应用体系在内的生态产品价值核算制度体系,并将GEP核算结果应用于发展规划、部门考核、生态保护修复项目部署以及综合决策,以促进经济社会与生态保护的协调发展。

2. 推进海洋产业绿色低碳发展。优化调整海洋产业能耗结构,鼓励发展低耗能、低排放的海洋服务业和高新技术产业。推动产业政策、环保政策、节能减排政策有效衔接,倒逼海洋传统产业向绿色化、低碳化转型。以渔民转产转业推动近海养殖清退工作,鼓励渔民"往岸上走、往深海走、往休闲渔业走",发展工厂化养殖、深海网箱养殖和休闲渔业。推进海上船舶LNG动力改造,对满足适改条件的海南籍现有作业船舶进行LNG动力改造,减少船舶污染排放,并同步配套建设船用LNG加注站,推进船舶靠港使用岸电,推动绿色航运、绿色物流和绿色港口建设。积极发展沿海节能环保技术装备产业,实施节能环保知识产权战略,培育节能环保装备市场。

3. 发展海洋循环经济。促进企业循环式生产、园区循环式发展、产业循环式组合,构建循环型工业体系。积极扶持石化、浆纸下游产业项目和工业废物综合利用项目进入园区发展,增加主导产业关联度,构建石化和海产品加工两大产业循环生态产业链和废物代谢链。围绕海水养殖、海洋药物与生物制品、海水利用、海洋化工、海洋盐业等领域,持续开展循环利用示范。

4. 推进海洋生态产品价值实现。持续推动海口蓝碳试点工作,将海口市打造成全国乃至全球具有影响力的蓝碳示范区。积极开展蓝碳标准体系和交易机制研究,明确海洋碳汇标准体系、增汇措施、交易规则、激励办法等,明确分行业、分领域碳排放配额。试点研究生态渔业、大型藻类和贝类养殖的固碳机制、增汇途径和评估方法,建立并完善蓝碳统计调查及监测体系。建设蓝碳交易示范基地,利用全国碳排放权交易场所开展海洋碳汇交易、抵押质押、融资租赁等业务,推进与国际碳汇交易市场的对接,打造面向东南亚国家和印太小岛屿国家的碳交易服务平台。

第七章 加强海洋经济开放合作

以加强与东南亚国家交流合作、密切与北部湾经济合作、促进与粤港澳大湾区联动发展、深度融入国际陆海新通道为重点,不断扩大海洋经济合作网络,推动海南海洋经济深度融入国际国内双循环,打造向海开放高地。

一、加强北部湾区域海洋经济合作

1. 强化区域规划引领。推动编制并实施《北部湾区域海洋产业合作发展规划》,推进与广东、福建、广西等省区合作发展海洋经济,共同参与南海保护与开发。加强北部湾各城市在临港产业、海洋渔业、海洋旅游、海洋交通运输业、海洋医药与生物制品、海洋高端装备研发与制造等领域的海洋合作。率先共建北部湾海洋旅游城市联盟,联手打造海洋旅游精品线路。

2. 建设区域合作平台。探索建立区域科技项目合作机制和成果转化平台。推进区域内基础设施、公共服务、环境治理等协调联动,提升产业合作发展的层次和水平。推动桂粤琼三方共建共保洁净海湾,共同建设海洋经济示范区、海洋科技合作区。以资本为纽带,构建互补共享的产业协同布局体系,共同打造面向东盟的开放高地。鼓励区域内物流企业优化整合产业链,共同发展综合物流体系,构建北部湾区域物流网络。强化海上航线联合开发、共享,建立并完善区域港口物流合作协调机制,打造北部湾海上运输大通道。

二、推进与粤港澳大湾区海洋产业对接

1. 加强重点海洋产业合作。加强琼州海峡两岸海洋资源共同开发、海洋环境协同保护、海洋综合管理合作,打造琼粤海洋经济合作核心区。依托广东海洋产业集聚发展优势,通过产业合作重点培育壮大海洋战略性新兴产业,加快发展海洋信息、海上风电、海洋生物、海洋工程装备、天然气水合物、海洋公共服务等产业。加强海南与香港在国际航运服务、海洋金融服务、海事仲裁等海洋现代服务业领域的合作,强化两地规则、规制、管理、标准的对接。以邮轮游艇、海岛度假为重点加强琼澳海洋旅游合作,共建世界海洋旅游休闲中心。

2. 建立区域协同创新体系。与大湾区共同制定区域科技创新基础平台共享规则,率先相互开放国家级和省级重点实验室、中试基地等试验平台。加强区域内国家国际科技合作基地的横向交流和联系。深化产学研合作,共建海洋协同创新平台,联合开展涉海重大科技攻关,共同实施涉海科技创新工程。组建区域海洋产业技术创新战略联盟,联合开展产业重大共性科技攻关,推动科技成果转化和产业化。

3. 共建海洋合作示范区。重点加强海洋运输、物流仓储、海洋工程装备制造、旅游装备、邮轮旅游等方面的合作,加快提升区域海洋经济国际竞争力。以海洋生物技术、海洋信息技术、海洋生态环保技术等为重点,与周边省区合作共建海洋科技合作区,协同打造海洋科技创新高地。

三、服务构建蓝色伙伴关系

1. 深化海洋产业合作。

扩大海洋旅游合作网络。争取中央支持海南率先与马来西亚兰卡威岛、纳闽岛,菲律宾吕宋岛、长滩岛,新加坡,越南岘港、下龙湾、芽庄、富国岛,泰国苏梅岛等地开展滨海度假、邮轮游艇、海洋公园、海岛娱乐等海洋旅游合作。以邮轮游艇旅游为重点,推动构建"泛南海旅游经济圈"。

深化海洋渔业合作。支持省内有实力的企业到东南亚国家设立渔业(加工)基地。积极申请利用中国与东盟之间合作项目的资金支持,合作建设热带海水水产育种繁育中心、深海网箱养殖示范基地等项目。建设跨境海洋渔业产业园,打造全产业链海洋渔业产业化集群。推动建立马来西亚、菲律宾、印度尼西亚等周边国家远洋渔业基地。

推进海洋交通运输领域合作。加强海南与东南亚国家和地区在港口、国际中转、运输航线、物流配送等方面的密切合作,推进与新加坡港口全方位合作,建设区域港口联盟。扩大国际航运市场准入,放宽航线、航路审批限制。联合制定通关标准,推动通关检验检疫互认。加快开展与新加坡航运标准、管理制度、人才培养及港口运营、航运服务体系建设等方面的全面合作,提升海南航运国际化水平。

探索推进海洋高新技术产业合作。规划建设一批以精深加工、海洋科技研发与工程设计、海工设备高端低碳制造、新兴资源开发等为主题的跨境海洋产业合作园和海洋科技研发平台,实施一批国际海洋科技创新合作项目。重点开展与新加坡在海洋高新技术产业的全面合作。

2. 开展海洋公共服务合作。加强与东南亚国家和地区在海上安全、海上搜救、海洋生态环境保护、海事管理、海洋防灾减灾、海上联合执法等领域的合作,提高防范和抵御风险能力,共同维护海上安全。建设航道水上服务区,深化与东南亚国家和地区在海运服务方面的交流与合作。加强海上安全合作机制和制度建设,在航行安全、海上救援和应急处置、船舶防污染、新能效船舶研发、海事技术交流与人员培训等领域加强合作,共同打造南海海上交通安全保障体系。建立开放式的南海海上搜救合作机制,与东盟国家开展海上搜救实船演练、人员交流培训、海上搜救热线建设等务实合作;构建空中指挥平台、水面快速反应、水下潜水打捞三位一体的救捞网络,加快推进海上应急救援基地建设。以中国—东盟海洋公园生态健康合作为抓手,与周边国家共同建设以珊瑚礁和红树林为代表的典型热带海洋生态系统保护和修复网络。

3. 深化海洋人文交流。

丰富海洋人文交流平台。用好博鳌亚洲论坛、海洋合作与治理论坛,拓展中国—东盟省市长对话、南海主题分论坛、21世纪海上丝绸之路岛屿经济分论坛等海南主题活动的内容和形式,争取增设海洋产业合作议题。扩大"中国—东盟海洋法律与治理高级研修班""中国—东盟海洋教育培训中心"等项目规模,谋划一批与"21世纪海上丝绸之路"沿线国家在蓝色经济、海洋治理、旅游管理、海洋科技等领域的联合人才培养项目。

推进涉海教育、培训、科技的合作交流。探索通过举办专题培训班、国际夜校等多种方式,对东南亚各国渔民开展渔业养殖捕捞、生态环境保护、应急救援等领域的公益性培训,打造面向东盟的渔民教育培训基地。加强海洋观测、深海采矿、海洋医药与生物制品、海水综合利用等新技术的合作研究和海上勘探、调查等科技交流活动。

搭建海洋经济产业合作展会平台。重点提升打造中国(海南)国际海洋产业博览会,筹划开展中国—东盟海洋产业合作专场活动。

四、强化区域合作的基础设施保障

1. 畅通琼州海峡对外通道。加快提升琼州海峡运输通道过海运输能力,实现琼州海峡港航一体化。推进陆岛快速互联互通,最优先保障湛海高铁对外铁路主通道建设,融入国家高速铁路网,做好配套码头工程的规划建设。整合琼州海峡港航资源,完善琼州海峡客滚运输船舶定线制管理,实现港航资源"统一规划、统一建设、统一信息、统一管理、统一服务"。

2. 推进与东南亚国家和地区基础设施互联互通。加强海南与东南亚国家和地区基础设施方面的密切合作,打通区域贸易流、物流、人流、信息流通道。优化布局航线网络,加密现有国际航线,组织开行至新加坡、越南等国家主要港口的国际航线,形成放射性、网络化、便捷化的交通网络布局。推动组建区域港口联盟,提升海上基础设施互联互通和航运服务协同水平。

第八章　提升海洋服务保障能力

以海洋预警预报、防灾减灾、海上应急救援为重点,完善海洋公共服务体系,构建精细化、数字化的立体服务网络,提升海洋公共服务能力。

一、提高海洋防灾减灾能力

1. 提升海洋灾害预警预报能力。开展海洋灾害风险评估和区划工作,建立漫堤(滩)预警预报系统,跨部门建立"海洋—气象—测绘地信"耦合业务模式,提升海洋灾害预警预报和服务水平。建设海洋气象与灾害天气预报开放重点实验室、省级海洋预报台和海洋气象灾害预警中心。实施重点保障目标预警报精细化提升工程、海洋灾害风险调查和重点隐患排查专项工程、海洋灾害感知能力建设专项工程、海洋灾害预警服务专项工程。

专栏8.1　海洋灾害预警报能力提升工程

1. 重点保障目标预警报精细化提升工程。保证沿海各县和重点保障目标周边至少建有1个海洋观测站,省级海洋观测信息传输率达到99%以上。风暴潮和海浪精细化预报水平显著提高,预警报时效性提升至5—7天。加快滨海城市、重点海湾、重点工程、沿海工业园区和海上航线等精细化预警报保障能力建设,大力推进全省各地设立警戒潮位标志物,完成重点区域预警发布式警戒潮位标志物设立试点工作。灾害预警信息发布的准确性、时效性和社会公众覆盖率显著提高,满足政府管理决策和社会经济发展需求。

2. 海洋灾害风险调查和重点隐患排查专项工程。一是全面开展沿海各县基础地理信息、堤防工程、沿海重点保护目标、社会经济、人口现状等承灾体数据,气象、潮位、波浪等致灾要素和红树林、滨海湿地等典型生态系统等孕灾要素的收集整理和补充调查,实现海洋灾害风险要素数据动态管理与分析。二是加快完成海洋灾害隐患排查,重点对典型承灾体开展隐患排查工作。三是开展海洋减灾能力调查评估,重点对工程防御能力、监测预警能力、应急响应能力、备灾能力、宣传教育能力等进行评估。四是开展海洋灾害风险评估和区划,建立海洋灾害风险评估和区划集成应用平台,实现区划成果动态化管理。

3. 海洋灾害感知能力建设专项工程。开展港口水文气象观测设施建设;推进海南海域主要台风路径沿线海上观测设施建设,实现对台风的实时观测及数据传输;推进重点海域灾害防御区风暴潮漫滩监测设施建设;推进海洋灾害应急机动观测设施建设;建立海洋观测数据信息服务系统,形成统一开放的数据开放平台向政府、企业和公众等进行分级共享。

4. 海洋灾害预警服务专项工程。强化重点港口、滨海旅游区、重点工程等重点保障目标智能海洋预警报服务;开展重要航线海洋预警报服务与海上搜救应急辅助决策系统建设;建设重点防御区风暴潮漫滩漫堤预警系统;建设基于大数据的海洋灾害应急辅助决策平台。

---

2. 提升海洋灾害应急处理能力。打造涵盖备灾管理、风险评估、承灾体数据、隐患排查成果和灾情研判等功能的灾前系统,包括灾害应急处置、灾情实时采集分析、会商决策、应急指挥、救援管理的灾中系统,和包括灾情评估与灾后重建的灾后系统,全面形成一体化的海洋防灾减灾业务平台。加强海洋公共安全应急管理标准化建设,完善应急物资储备体系,提升省、市(县)两级海洋灾害应急指挥机构协调指挥能力,组织动员社会力量参与海洋安全突发事件的防范处置。健全滨海石化基地、港口海洋环境风险、海上溢油和危化品泄露事故应急处置预案。建设生态海堤,提升抵御台风、风暴潮等海洋灾害能力。

3. 加强避风港、避风码头建设。在本岛规划新建一批避风锚地,稳步推进三沙避风港建设,全面增加有效避风水域面积与渔船安全避风容量,推动防波堤改造升级,完善渔港码头、护岸配套设施。在西沙群岛有条件的岛礁建设避风码头及避风锚地,改建现有码头达到防风要求。

4. 完善海洋灾害管理体制。坚持"统一领导、分级负责、协同高效、社会参与、属地为主"原则,完善海洋预报减灾管理体制,健全涉海部门间应急联动和信息共享机制。建立健全灾害应急指挥调度平台,增强应急通信和信息保障能力。制定并细化完善省、市(县)政府及主管部门责权清单,明确划分主体责任,健全省、市(县)各级海洋预报减灾机构,强化海洋防灾减灾法规与应急预案制度建设。

二、提高海上应急救援能力

1. 优化应急救援港口布局与后勤保障。推进海口、三亚海上救助基地升级扩建,加强海上救助力量与人才队伍,提升船舶、通信、医药等装备,提高专业应急抢险打捞综合实力和快速反应能力。新建文昌、万宁、八所、永兴岛等应急救援基地,实现琼州海峡以海口港秀英港区为依托,琼东海域以文昌港清澜港区和乌场港为依托,琼西海域以八所港罗带河港区为依托,南部海域以三亚港南山港区、三沙永兴岛和乌场港为依托的海上救援救助布局。加快构建立体式、全功能、综合性服务保障体系,建设综合性后勤保障港口、基本生活物资和战略物资采购、仓储、加工和运输物流平台。建立南海联合应急协调中心,为南海及周边国家海域航行船舶、渔民安全生产、安全生活提供重要保障。

2. 健全海洋应急救援管理服务体系。开展海上应急能力综合评估。加强深远海救助打捞关键技术及装备研发应用,提升深远海和夜航搜救能力。推进南海海上综合救援保障体系智能化、信息化、科技化,实现海陆空救援保障设施全覆盖。

第九章 完善海洋经济发展政策

充分发挥市场在资源配置中的决定性作用和更好发挥政府作用,加快推进海洋相关产业开放,实现海洋经济重点领域与关键环节的制度集成创新,形成有利于集聚国际国内要素、发展海洋经济的大环境。

一、推进海洋产业高水平开放

1. 扩大海洋产业向社会资本开放。推进涉海垄断行业市场化改革。加快推进油气、航运、海洋工程建设、涉海金融等行业自然垄断环节和竞争环节分开,推动特殊业务和竞争性业务有效分离,实行网运分开,放开竞争性业务,鼓励支持社会资本进入;对港口、码头、海岸污水处理等基础设施建设,探索实行 PPP 等方式吸引社会资本参与,明确各方权责,保障社会资本合法合理取得收益的权利。

优化涉海政务服务。打通涉海部门间信息壁垒,实现部门间对申请材料的标准化与互通互认。提升"全程网办、一网通办"和"最多跑一趟""一趟不用跑"事项比例。推行代办服务,为企业投资建设项目审批等提供免费帮代办,对重大项目积极开展全程帮代办。着眼于海洋经济惠企政策落实"最后一公里",探索推行政府政策承诺诚信制度。

2. 稳步扩大海洋产业对外开放。明确细化外商准入前国民待遇标准,探索在海洋渔业、海洋现代服务业及海洋高新技术产业领域内部分行业实现要素供给、融资方式、进出口权、税收政策、法律保护、司法救济等一系列待遇标准平等。建立健全外资投诉机制与多元化纠纷解决机制,严格保护外商产权与知识产权。建立更加自由开放的航运制度,完善"中国洋浦港"船籍港制度,高标准建设海南自由贸易港国际船舶登记中心。

3. 加快涉海服务贸易发展。积极发展海洋旅游设计、设备维修、涉海商务咨询、船舶检验检测等领域服务外包,培育保税维修、融资租赁等服务贸易新增长点。促进海洋科技研发、海洋工程咨询、海洋金融服务、海洋设施设备融资租赁等具有潜在优势的涉海服务出口。研究设立以涉海商务服务为主体的特色海洋服务出口基地,打造涉海服务贸易集聚区。依托海南自由贸易港国际贸易"单一窗口",探索构建不低于我国标准且与东南亚国家相衔接并互认的海产品检验检疫标准,加快扩大第三方检验结果采信商品和机构范围。

二、推进投融资政策创新

1. 创新财政投入机制。加大财政资金对资源消耗少、环境污染小、科技含量高的海洋产业以及海洋公共基础设施、海洋重大科技专项、海洋公共服务等的支持力度,探索实施海南海洋战略性新兴产业发展示范计划,加大对海洋战略性新兴产业支持力度。省、市(县)各级财政根据海洋产业发展基础与目标,制定海洋经济发展年度投入计划,建立海洋基础设施和海洋公共服务财政投入稳定增长机制,综合运用国债、担保、贴息、风险补偿等政策措施,带动社会资金投入海洋产业。围绕海洋基础设施、海洋旅游、海洋交通运输、海洋环境保护、海洋科技等,积极申报国家相关资金支持。争取将深海科技、海洋信息、海洋医药与生物制品、海洋可再生能源、海洋工程装备制造等重点项目列入国家年度计划、专项计划。引导国际金融组织、外国政府贷款和境外大企业、大财团的资金投向海洋类基础设施、海洋旅游业、海洋高新技术产业等重点领域。

2. 拓展投融资渠道。分类完善投融资政策。按照竞争性项目投资、基础性项目投资和公益性项目投资三种类型,确定各类投资项目的投资主体和投融资方式。对于市场竞争力比较强、投资效益比较好的项目,企业作为投资主体,通过商业银行进行融资;对于投资比较大、收益相对较低的项目,在增加政府投入的同时鼓励多方集资;对以社会效益为主的公益性项目,主要由各级政府承担投资主体。

支持重点涉海企业上市融资。在海洋医药与生物制品、港口、船舶、海洋工程等领域选择一批骨干企业,支持开展私募股权融资、私募债券融资和股权质押融资。加强对企业上市的辅导服务,鼓励和支持有条件的企业在新三板挂牌和在境内外上市、发行企业债券。

加快对海洋产业的金融支持。鼓励金融机构降低企业融资成本、简化审批流程,加大对海洋渔业和海洋新兴产业的信贷支持力度,特别是对涉海中小企业、海洋高新技术企业提供融资支持。增加对现有海洋企业的技改贷款,集中扶持海洋产业发展的主要领域和重大项目。积极争取银行业机构的信贷投入和国家中长期政策性贷款的支持。利用政府融资担保体系,探索为海洋开发所需贷款提供担保。支持在琼金融机构开展涉海金融及"蓝色经济"创新。建立涉海中小企业金融服务体系,为处于创业阶段的海洋高新技术企业提供融资支持,建立分层次政府支持的中小企业信用担保体系,引导金融机构采取科技担保、知识产权质押、金融租赁等新型融资模式支持中小型新兴产业集群发展。

3. 强化海洋产业投资引导。发挥政府资金引导带动作用,撬动国有资本、金融资本等各类社会资本在海南设立投资基金,支持海南海洋产业发展。支持社会资本设立服务海洋经济的信托投资基金、股权投资基金、产业投资基金和风险投资基金,鼓励各类投资基金投资小型微型海洋科技企业。推动银行、保险、信托、金融租赁与股投、担保合作,组建海洋投贷联盟。拓展涉海保险业务。

三、完善用海用岛政策

1. 推进海域海岛资产产权制度改革。推动自然资源资产所有权与使用权分离,完善海域使用权人依法转让、抵押、出租、作价出资(入股)等权能。探索海域使用权立体分层设权,按照海域使用的水面、水体、海床、底土分别设立使用权。鼓励将对近海用海密集且立体分层用海需求大的海域纳入市(县)国土空间规划。

2. 强化重点项目用海用地保障。围绕服务国家重大战略、海洋强省建设,建立"十四五"海洋经济重点项目库,优先保障海洋旅游业、海洋新兴产业、海洋高新技术产业、国家重大项目等用地、用海需求,将重点项目所需土地、岸线、海域纳入国土空间规划,统筹布局、优先安排。开辟禁养区清退渔民申请深水网箱养殖用海绿色通道。

3. 推进海域资源市场化配置。全面实施经营性用海市场化出让制度。实施海砂采矿权和海域使用权"两权合一"招拍挂出让。建立海域价值评估体系,建立海洋资源开发主体产权保护制度,切实保证自然人、法人和非法人组织等各类市场主体依法平等使用海洋自然资源资产、公开公平公正参与市场竞争,同等受到法律保护。坚持"高效、绿色、循环、低碳"理念,严格用海项目准入标准,推进用海差别化供应。

第十章　组织实施

加强统筹协调与沟通合作,完善海洋管理体制机制,建立健全规划实施与评估机制,提高对海洋经济发展的管理和协调能力。

一、加强组织领导

1. 成立海洋经济发展领导小组。省委省政府成立海洋经济发展领导小组,负责全省海洋经济发展的重大政策制定、综合指导、统筹协调和督促检查等工作,重点协调解决跨区域、跨部门海洋资源开发与保护的重大问题,加强军地协调,建立职责明确、分工合理、配合协调的海洋经济发展体制机制。领导小组办公室设在海南省自然资源和规划厅,负责承担领导小组日常具体事务。沿海各市(县)建立相应的工作协调机制,其他市(县)根据需要建立相关工作体系。

2. 健全涉海法律法规体系和标准体系。完善海域使用、岸线利用、港口开发、海洋生态环境保护、海洋灾害防治、海岛保护等地方法规体系,形成配套完整、上下一致、协调统一的海洋综合管理体系。加强配套制度、配套措施、实施细则和工作规程等制度的制定与检查落实。完善标准体系,严格执行国家海洋污染防治、海域管理、生态保护修复、防灾减灾等标准,制定完善全省海洋环境监测与评级分级管理标准、涉海自然保护地分类管理标准、海洋生态补偿技术标准等;积极探索完善海洋环保评价技术体系,制定行业用海面积控制技术规范。

3. 创新海洋综合执法体制。海事、海警、海岸警察、海监、渔政等涉海单位建立紧密型、常态化的海上协作执法机制,共同开展协同巡航、执法监管、海上安全预警预控、突发事件应急处理等工作。开展海洋综合执法体制改革试点,成立海洋综合执法局,统一行使海洋执法职能。推进海上综合执法智能监管,探索快速处置、非现场执法等新型执法模式。待时机成熟时,在全省建立省—市(县)垂直综合执法体制。

二、完善规划落实机制

1. 推进任务分解和责任落实。通过年度计划分解落实主要目标和重点建设任务,实行规划实施年度报告制度,建立规划中期评估制度,形成有效的分类分时实施机制。制定规划实施责任清单,建立完善政府职责事项和约束性指标落实目标责任制,健全重大项目推进机制,明确进度、明确要求、明确责任,确保各项指标、重大项目和重大工程的实施。各市(县)和省直有关部门要制定专项规划实施方案及年度工作计划,细化分解各项任务及具体发展目标,明确时间表、路线图、责任单位和责任人。

2. 强化监督考核。对规划确定的重点任务、重大工程等进展情况进行定期督查和通报,督促加快推进落实。健全政府与企业、公众沟通机制,推进规划实施信息公开。制定考核工作细则,完善考核指标体系,将海洋经济发展纳入各市(县)经济社会发展综合考核体系,考核结果作为评价领导班子和领导干部工作实绩、扶持资金拨付的重要内容,全面推动各项工作任务落实到位。

3. 健全海洋经济统计与监测体系。加强海洋经济统计调查核算工作,建立健全海洋经济统计制度,畅通海洋经济数据采集渠道,建立完善涉海企业直报系统,健全省、市(县)两级海洋经济运行监测评估体系,加快完善市(县)海洋生产总值核算、涉海产业监测和海洋经济运行评估机制,健全数据管理、发布、共享机制。

三、强化海洋意识

1. 推动海洋意识大众传播。树立陆海统筹理念,从根本上转变以陆看海、以陆定海的传统观念,转变传统海洋产业思维,确立多层次、大空间、海陆资源综合利用的现代海洋经济发展意识。积极利用电视、广播、报刊、网络等国内外主流媒体,深入宣传海洋重大政策法规和规划、重要科技成果、重要会议活动、重点项目以及极地考察、载人深潜、大洋调查等海上活动,及时报道海洋经济发展、海洋强省建设的新进展、新成效,先进经验和典型案例等,调动全社会参与支持海洋经济发展、海洋强省建设的积极性。依托世界海洋日暨全国海洋宣传日,创新海洋活动类型,创建具有海南特色的海洋主题宣传品牌。开展党政领导干部、企业家等专题培训,提升经略海洋的能力。

2. 增强海洋基础知识教育。把增强全民海洋意识纳入全省各级政府宣传思想教育工作体系和精神文明建设体系,健全相关规章制度和统筹协调机制,完善海洋宣传教育机构。持续推进海洋知识"进教材、进课堂、进校园",加强海洋基础知识教育。加强公民海洋意识社会教育,开展"海洋大讲堂""海洋专题报告会""海洋公开课"。依托涉海机构、媒体、社会组织,健全海洋意识公众参与机制,建设海洋意识公众参与平台,提升全社会亲海活动服务品质,形成亲海、爱海、强海的社会氛围。

3. 完善海洋文化公共服务体系。增加海洋文化公共服务投入,有关部门在各类海洋工作专项经费中安排一定比例的宣传教育工作经费。鼓励各类公益性社会机构、行业协会、青年志愿者组织积极投入和参与海洋意识宣传教育和文化建设活动。定期开展海洋意识宣教骨干业务培训交流,大力培养创新和经营复合型海洋文化人才。用好博鳌亚洲论坛,精心设计策划议题,拓展海洋文化交流的内涵和空间。加强与国际上有影响的海洋文化科学研究机构、国际组织、专家学者的交流与合作。

《海南省海洋经济发展"十四五"规划（2021—2025 年）》高频词图

资料来源：

天津市人民政府

http：//www. tj. gov. cn/zwgk/szfwj/tjsrmzfbgt/202107/t20210705_5496422.
html

河北省自然资源厅（海洋局）

http：//zrzy. hebei. gov. cn/heb/gongk/gkml/gggs/tz/hygh/1068800154813
6378368. html

辽宁省农业农村厅

http：//nync. ln. gov. cn/zfxxgk ＿ 145801/fdzdgknr/lzyj/szfgfxwj/202205/
t20220509_4555394. html

上海市水务局（上海市海洋局）

http：//swj. sh. gov. cn/shshyhjjcybzx － zcfg/20220105/fcbb787716d0435fa
acbfee367a481bc. html

江苏省自然资源厅

http：//zrzy. jiangsu. gov. cn/gggs/2021/08/1310014567860. html

浙江省人民政府

http：//www. zj. gov. cn/art/2021/6/4/art_1229505857_2301550. html

福建省人民政府

https：//www. fujian. gov. cn/zwgk/zxwj/szfbgtwj/202111/t20211124_57803
20. htm

山东省人民政府

http：//www. shandong. gov. cn/art/2021/11/9/art_107851_115119. html

广东省人民政府

http：//www. gd. gov. cn/zwgk/wjk/qbwj/yfb/content/post_3718595. html

广西壮族自治区发展和改革委员会

http：//fgw. gxzf. gov. cn/zwgk/zfxxgkzl/fdzdgknr/ghjh/zxgh/t10198566. shtml

海南省自然资源和规划厅

http：//lr. hainan. gov. cn/xxgk_317/0200/0202/202106/t20210608_2991346.
html